後漢書

列伝 〔二〕

劉宋・范曄 著
唐・李賢 注
渡邉義浩 訳

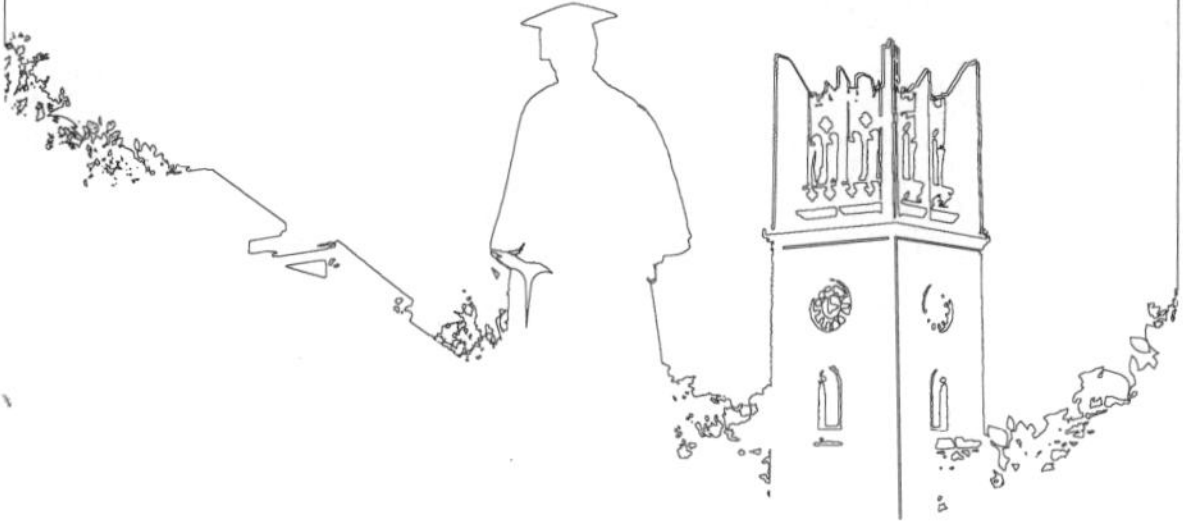

早稲田文庫
008

目次

凡例

・本シリーズの底本は、「上杉本」と通称される米沢上杉氏の旧蔵した宋慶元四年建安黄善夫刊『後漢書』百二十巻六十冊（国立歴史民俗博物館蔵）を百衲本や中華書局標点本で校勘した『全譯後漢書』全十九巻（汲古書院、二〇〇一～一六年）である。正字で表現された本文および注の原文と諸本との校勘、訓読と詳細な引用を伴う補注、および参校については、汲古書院本を参照されたい。

・上杉本では、李賢注は、割注の形式により本文に注記されている。本書では、煩を避けるため、主として底本の段落に従って本文を分け、〔 〕で囲まれた漢数字を附して本来の注記の位置を明らかにし、注自体は本文の後に一括して掲げた。また、本文の意味を補う場合には（ ）を用い、簡単な注記を補う場合には〔 〕を用いて、その中に語句を補った。

・李賢注の中には、対象となっている漢字がすでに翻訳されて置き換わっているため、本文と呼応しないものがある。その場合（原文の）などを補った。また、李賢注に示される地名は、唐代のそれであるため、適宜本文中の地名に〔 〕により現在の地名を補った。

任李万邳劉耿列伝第十一

任光伝　子の隗

任光《じんこう》は、字《あざな》を伯卿《はくけい》といい、南陽郡宛県《なんようぐんえんけん》〔河南省南陽市〕の出身である。若いころから忠厚で、郷里の人々に愛された。はじめ郷《きょう》の嗇夫《しょくふ》となり、郡県の吏となった〔一〕。漢の兵が宛県に至ると、漢の兵卒は任光の冠と衣服が新しく美しいことを見て、衣服を脱がせ、（任光を）殺して衣服を略奪しようとした。光禄勲《こうろくくん》〔九卿の一つ、宮殿警備を担当〕の劉賜《りゅうし》〔劉玄の従兄弟〕がたまたま通りがかり、任光の容貌が長者であるのを見て、救って任光を生かした。任光は、このため仲間を率いて劉賜に従い、安集掾《あんしゅうえん》となり、偏《へん》将軍《しょうぐん》〔軍の部隊長〕を拝命し、世祖《せいそ》〔光武帝〕に従って王尋《おうじん》〔王莽の大司徒〕と王邑《おうゆう》〔王莽の大司空〕を破った。

〔李賢注〕

〔一〕『続漢志《しょくかんし》』（志二十八　百官五）に、「三老《さんろう》と游徼《ゆうきょう》は、郡が任命する（郷官である）。官秩《かんちつ》は百石で、一つの郷の人々を担当する。その郷が小さい場合には、（郡が任命する三老と游徼ではなく）県が嗇夫《しょくふ》一人を任命する。（これらの属吏は）人々の善悪を知り、傜役《ようえき》の前後を定め、人々の貧富を知り、賦役《ふえき》の多少を調整する」とある。

更始帝《こうしてい》は、洛陽《らくよう》〔河南省洛陽市〕に至ると、任光を信都太守《しんとたいしゅ》とした。王郎《おうろう》が挙兵するに及び、（ほかの）郡国はみな王郎に降服したが、任光（の信都郡）だけは降らず、最後まで信都都尉《しんととい》の李忠《りちゅう》、信都県令《しんとけんれい》の万脩《ばんしゅう》〔一〕、（信都郡の）功曹従事《こうそうじゅうじ》の阮況《げんきょう》・五官掾《ごかんえん》の郭唐《かくとう》たちと一緒に〔二〕、心を一つにして固く守った。（王郎に従った扶柳県の）廷掾《ていえん》が王郎の檄文を持ち〔三〕、郡府に至り任光に（降伏するように）言った。任光はこれを市《いち》で斬り、それにより人々に決意を示し、精兵四千人を徴発して信都城に立て籠もった。更始二〔二四〕年春、（王郎と呼応した劉接《りゅうせつ》が城内で挙兵したので）劉秀は薊《けい》〔北京市南西〕から逃げ出したが、狼狽してどこに向かうべきか分からなかった。（そのとき）信都郡《しんとぐん》だけが、漢のために邯鄲《かんたん》〔河北省邯鄲市〕（の王郎）を防いでいると伝え聞き、急いで信都郡に赴いた。任光は、孤立した城に独《ひと》り立て籠もっており、守りきれないのではないかと恐れていた〔四〕。劉秀が来たと聞いて大いに喜び、官吏も民草もみな万歳を唱えた。（任光は）すぐに門を開き、李忠と万脩と共に、属官を率いて出迎え（劉秀に）謁見した。劉秀は宿舎に入ると、任光に、「伯卿《はくけい》よ、いま我が勢力は弱体化している。一緒に城頭子路《じょうとうしろ》〔爰曾《えんそう》〕と力子都《りきしと》の軍に入ろうと思うが、どうであろうか」と尋ねた。任光は、「なりません」と答えた。劉秀は、「卿《きみ》の兵は少ない。どうするのだ」と尋ねた。任光は、「募集して奔命《ほんめい》〔緊急時に、郡国に置かれた材官《さいかん》・騎士より集める精鋭〕を出動させ、出撃して近隣の県を攻めるべきです。もし降服しない県があれば、ほしいままにその県の略奪を許しましょう。人々が財物を貪れば、兵士として使うことができます」と答えた。劉秀は、この策に従った。任光を任命して左大将軍《さだいしょうぐん》とし、武成侯《ぶせいこう》に封じ、南陽郡出身の宗広《そうこう》を留めて、信都太守の職務を代行させ、任光は兵を率いて従軍させた。任光は、そこで大量に檄文《げきぶん》を作り、「大司馬《だいしば》の劉公《りゅうこう》〔劉秀〕が、城頭子路と力子都の兵百万を率いて東方より来て、諸々の敵対勢力を撃つ」と書いた。騎兵を走らせて鉅鹿郡《きょろくぐん》〔河北省寧晉一円〕の境界に至ら〔せて檄文を届けさ〕せた。人々は檄文を手にすると、次々と〔その内容を〕告げ知らせた。劉秀はこうして任光たちと、暮には堂陽県《どうようけん》〔河北省新河県北西〕の県境に入り[五]、騎兵にそれぞれ炬火《たいまつ》を持たせ、湿地を埋め尽くさせた。炎の光は天地を照らし、〔それを見た堂陽県の〕城中は震え恐れ、夜のうちにすぐに降伏した。十日の間に、兵力は大いに盛んになった。そこで〔他の〕城も攻め、ついには邯鄲《かんたん》〔の王郎）を破り、その後に任光を信都郡に帰らせた。

〔李賢注〕

〔一〕（原文の令とは）信都県令《しんとけんれい》のことである。

〔二〕『続漢志《しょくかんし》』（志二十八 百官五）に、「五官掾《ごかんえん》は、諸曹の事務の統括を掌る」とある。

〔三〕『東観漢記《とうかんかんき》』に、（王郎の檄文を持ってきたのは）扶柳県《ふりゅうけん》〔河北省冀県北西〕の廷掾であるという。

〔四〕（任光たちは）独りで守って援軍がなく、（信都郡を）守りきれないと恐れたのである。

〔五〕（原文の）投は、至という意味である。堂陽《どうよう》は、唐の冀州《きしゅう》県である。

城頭子路《じょうとうしろ》は、東平郡《とうへいぐん》〔山東省東平一円〕の人である。姓は爰《えん》、名は曾《そう》、字は子路という。肥城県《ひじょうけん》〔山東省肥城〕の出身の劉詡《りゅうく》と一緒に、兵を盧県《ろけん》〔山東省長清の南西〕の城頭で起こした〔二〕。このため爰曾の兵を城頭子路と呼んだ。爰曾は自ら都従事《とじゅうじ》と称し、劉詡は校三老《こうさんろう》と称し、黄河《こうが》から済水《せいすい》一帯で略奪をして、兵力は二十万以上にのぼった。更始帝《こうしてい》が即位すると、爰曾は使者を派遣して降伏した。（更始帝は）爰曾を東萊《とうらい》太守〔山東省竜口市東一円〕に[三]、劉詡を済南《せいなん》太守〔山東省済南市一円〕に拝命し、共に大将軍の職を兼ねさせた。この歳、爰曾は部下により殺され、兵たちは劉詡を推して〔自分たちの〕主君とした。更始帝は劉詡を助国侯《じょこくこう》に封じ、兵を解散させ故郷に帰らせた。

〔李賢注〕

〔一〕盧《ろ》は、県の名であり、太山郡《たいざんぐん》〔山東省泰安市の北東一円〕に属する。唐の済州《せいしゅう》県である。

〔二〕〔東萊郡は〕唐の萊州である。

力子都《りきしと》は、東海郡《とうかいぐん》〔山東省郯城一円〕の人である。兵を郷里で起こし、徐州《じょしゅう》・兗州《えんしゅう》の境界で略奪し、兵は六、七万であった。更始帝《こうしてい》が即位すると、使者を派遣して降伏した。〔更始帝は〕力子都を徐州牧《じょしゅうぼく》に任命した。〔力子都は〕部下に殺されたが、残党は再び集まり、その他の賊と共に檀郷《だんきょう》〔山東省曲阜市北西〕に集結し[一]、それに因《ちな》んで檀郷と号した。檀郷の首領である董次仲《とうじちゅう》は、はじめ茌平《しへい》県〔山東省茌平南西〕で起兵し[二]、やがて黄河を渡って魏郡《ぎぐん》〔河北省臨漳市一円〕や清河郡《せいがぐん》〔山東省臨清市北東一円〕に入り、五校《ごこう》〔高扈を頭領に魏郡・清河郡界に活動した反乱集団〕と合流し、兵力は十万以上となった。建武《けんむ》元〔二五〕年、光武帝は洛陽に入ると、大司馬《だいしば》の呉漢《ごかん》たちを派遣して檀郷を撃たせ、翌〔建武二、二六〕年春、大いに破って檀郷を降した。

　この歳〔建武二、二六〕、改めて任光を阿陵侯《ありょうこう》に封じ〔三〕、食邑を一万戸とした。建武五〔二九〕年、（任光は）徴召《ちょうしょう》されて京師《けいし》に至り、奉朝請《ほうちょうせい》とし〔朝廷の儀礼に参加させた〕た。その冬に卒した。子の任隗《じんかい》が（阿陵侯を）嗣《つ》いだ。

　のちに阮況《げんきょう》は、南陽太守《なんようたいしゅ》となり、郭唐《かくとう》は河南《かなん》〔河南省洛陽市北東一円〕の尹《いん》〔長官〕に至った。共に有能との評判があった。

［李賢注］
〔一〕唐の兗州《えんしゅう》瑕《か》丘《きゅう》県《けん》の東北に檀郷《だんきょう》がある。
〔二〕茌平《しへい》は、県の名であり、東郡《とうぐん》に属する。故城は唐の博州聊城《りょうじょう》県の東にある。茌は音が仕《し》疑《ぎ》の反《はん》〔前の文字の子音と後の文字の母音を組み合わせた音〕である。
〔三〕阿陵《ありょう》は、県の名であり、涿郡《たくぐん》に属する。

任隗《じんかい》は、字を仲和《ちゅうわ》という。若いころから黄老《こうろう》思想を好み、清静で無欲で、（官僚として）得た俸禄は、いつも宗族《そうぞく》に分け与え、孤児や寡婦を引き取り養った。明帝《めいてい》は、これを聞き、奉朝請《ほうちょうせい》に抜擢した。羽林左監《うりんさかん》〔一〕・虎賁中郎将《こほんちゅうろうしょう》〔天子の衛兵である虎賁士を率いる〕に転任し、また長水校尉《ちょうすいこうい》〔北軍中候に属し、宿衛の兵を掌る〕に遷った。章帝が即位すると、敬愛し、たびたび任隗の行いを称えて、将作大匠《しょうさくたいしょう》〔宗廟・路寝・宮室・陵園の土木工事を掌る〕に任命した〔二〕。将作大匠は（光武帝の）建武《けんむ》年間〔二五～五六年〕以来、常に謁者《えつしゃ》〔光禄勲に属し、儀礼の補助や、皇帝の使者となる〕が兼任していたが、任隗になって初めて専任を置いた。建初《けんしょ》五〔八〇〕年、太僕《たいぼく》〔九卿の一つ。天子の車駕の管理を職掌とする〕に遷った。建初八〔八三〕年、竇固《とうこ》に代わって光禄勲《こうろくくん》となり、経歴した官ではみな良い評判があった。章和《しょうわ》元〔八七〕年、司空《しくう》〔三公の一つ。全土の地図を管理し、治水や宮城の造営等の工事計画立案を職掌とする〕を拝命した。

〔李賢注〕

〔一〕『続漢志《しょくかんし》』（志二十五 百官二）に、「羽林《うりん》には、左監《さかん》と右監《ゆうかん》が一人ずつ置かれる。それぞれ（官秩は）六百石で、左羽林騎と右羽林騎を掌る」とある。

〔二〕『漢書《かんじょ》』（巻十九上 百官公卿表上）に、「将作少府《しょうさくしょうふ》は、秦の官である。景帝《けいてい》が名を将作大《しょうさくたい》匠《しょう》と改めた。官秩は二千石である」という。

任隗《じんかい》は、義行を内に修め名誉を求めず、沈着で正直で世に重んじられた。和帝《わてい》が即位すると、大将軍《だいしょうぐん》〔武官の最高位〕の（外戚である）竇憲《とうけん》は権力を握り、勝手に賞罰をして、内外の朝臣は震え恐れた。このとき竇憲は匈奴《きょうど》を撃ち、国費が浪費された。任隗は奏議して、竇憲を召し帰らせようと、前後十回ほど上奏した。ただ司徒《しと》〔三公の一。民政全般を職掌とする〕の袁安《えんあん》だけが共に心を合わせて力を尽くし、正しいことを譲らず、自説を明確に主張し、憚《はばか》らなかった[一]。このときの言葉は（『後漢書』列伝三十五の）袁安伝に記録した。

永元《えいげん》四〔九二〕年に薨じ、子の任屯《じんとん》が（阿陵侯を）嗣いだ。和帝は、任隗の忠義を追思し、任屯を歩兵校尉《ほへいこうい》〔北軍中候に属し、宿衛の兵を掌る〕に抜擢し、西陽侯《せいよう》〔河南省光山県南西〕に徙封した[二]。

任屯が卒すると、子の任勝《じんしょう》が（西陽侯を）嗣いだ[三]。任勝が卒すると、子の任世《じんせい》が（西陽侯を）嗣ぎ、北郷《ほくきょう》侯に徙封された[四]。

［李賢注］

［一］（原文の）持重《じちょう》とは、正しいことを守る様子である。（原文の）鯁言《こうげん》とは、議論をして（主張が）変わらないことをいう。（原文の）回は、邪という意味である。（原文の）隠は、避という意味である。

［二］西陽《せいよう》は、県の名であり、山陽郡《さんようぐん》に属する。

［三］『東観漢記《とうかんかんき》』に、「勝の字は騰《とう》に作る」とある。

［四］北郷《ほくきょう》は、県の名であり、斉郡《せいぐん》に属する。

李忠伝

李忠《りちゅう》は字を仲都《ちゅうと》といい、東莱郡黄県《とうらいぐんこうけん》〔山東省竜口市東〕の人である［一］。父は高密《こうみつ》〔山東省高密県〕の都尉《とい》〔中尉が正しい〕となった［二］。李忠は、元始《げんし》年間〔一～五年〕に、父が役人のため郎となり、（郎が所属する五官署・左署・右署の）署中の数十人の中で、李忠は一人礼を好み、行いが修まっていると評価された。王莽の時に新博《しんはく》〔河北省冀県〕の属長《ぞくちょう》となり［三］、郡中は、みな李忠を敬い信じた。

更始帝《こうしてい》は即位すると、使者を各地の郡国に行かせ、そこで李忠を都尉に任命した。李忠は、任光《じんこう》と共に劉秀を奉戴し、それにより右大将軍《ゆうだいしょうぐん》となり、武固侯《ぶここう》に封じられた。このとき劉秀は自分が佩《お》びていた綬《じゅ》を解いて、李忠に帯びさせた［四］。こうして〔劉秀に〕従い攻めて属県を下し、苦陘県《くけいけん》〔河北省定県南東〕に至った［五］。劉秀は諸将を集めて、財物をどれほど得たかと質問すると、李忠だけは略奪していなかった。劉秀は、「我《わたし》は特別に李忠に賜わろうと思う。諸卿は妬むなよ」と言った。直ちに自分が乗っていた大驪馬《だいりば》と刺繡入りの衣物を李忠に賜わった［六］。

［李賢注］

［一］黄県《こうけん》は、唐の萊州県《らいしゅう》である。故城は県の東南にある。

［二］臣賢《わたくしけん》が考えますに、『東観漢記《とうかんかんき》』と『続漢書《しょくかんじょ》』は、共に〔都尉を〕中尉《ちゅうい》〔諸侯国に置かれた軍事を掌る官職〕としています。また郡国志（『後漢書』志二十二 郡国四）に、「高密侯《こうみつこう》」とあります。百官志（『後漢書』志二十八 百官五）に、「皇子が封建されれば、国ごとに傅《ふ》・相《しょう》をそれぞれ一人を置く。中尉は一人で、〔官秩は〕比二千石、職は郡都尉と同じく盗賊を掌る」とあります。高密は、郡ではないので、都の字は誤りで〔中尉が正しいので〕す。

［三］王莽《おうもう》は、信都国《しんとこく》を改めて新博《しんはく》と呼び、都尉を属長《ぞくちょう》と呼んだ。

〔四〕『東観漢記《とうかんかんき》』に、「陛下が初めて（信都郡に）至ったときには、衣帯を脱がず、衣服は垢《あか》まみれで薄汚かった。そこで、李忠に長襦袢《ながじゅばん》を洗わせた。李忠は、改めて新しい袍袴《ほうこ》〔上着と袴〕・鮮支《せんし》〔絹〕の小単衣《しょうたんい》〔シャツ〕・襪《べつ》〔たび〕を作って差しあげた」とある。

〔五〕苦陘《くけい》は、県の名であり、中山国《ちゅうざんこく》に属する。章帝は改めて漢昌《かんしょう》と呼び、これ以降、国家が代わるごとに（国名に合わせて）改名された。唐の定州唐昌《とうしょう》県がこれである。

〔六〕馬の毛色が黒く青いものを驪《り》という。

（劉秀軍は）進軍して（王郎の拠点の）鉅鹿郡《きょろくぐん》を包囲したが、まだ下らなかった。王郎《おうろう》は、武将を派遣して信都郡《しんとぐん》を攻撃させた。信都郡の豪族である馬寵《ばちょう》たちは、城を開いて王郎の武将を入れ、信都太守の宗広《そうこう》や李忠の母と妻を捕らえ、親族により李忠を呼ばせた。このとき馬寵の弟は、李忠に従い校尉《こうい》となっていた。李忠は、すぐに召し出して、（馬寵が）恩に背いて城を明け渡したことを責め、それを理由に馬寵の弟を殴り殺した。諸将はみな驚いて、「家族が他人の手中にあるのに、家族を捕らえている者の弟を殺すとは。何と勇敢な」と言った。李忠は、「もし賊を許して誅さなければ、それは二心である」と答えた。劉秀は、これを聞いて褒め、李忠に、「今わたしの兵力はすでに整った。

将軍は帰って老母と妻子を救うべきである。自分で属吏や民草の中から、家族を救出できる者を募るがよい。銭千万を下賜しよう。わたしに従って来て取れ」と言った。李忠は、「明公の大恩を蒙り、命を捧げようと思っております。あえて自分のために宗親を顧みようとは思いません」と答え（救出に行こうとしなかっ）た。劉秀は、そこで任光《じんこう》に兵を率いて信都郡を救わせようとしたが、任光の兵は途中で逃げ散って王郎に降り、戦功なく帰ってきた。たまたま更始帝《こうしてい》が武将を派遣して信都郡を攻め破り、李忠の家族は無事であった。劉秀はそこで李忠を（信都郡に）帰して太守の職務を代行させた。（李忠は）郡中の豪族で邯鄲《かんたん》（を拠点とする王郎）の味方をした者を捕らえ、数百人を誅殺した。（太守の）任光が信都郡に帰ると、李忠は再び都尉《とい》となった。建武《けんむ》二〔二六〕年、改めて中水侯《ちゅうすいこう》〔河北省献県北西〕に封じ［一］、食邑は三千戸とした。その年、徴召されて五官中郎将《ごかんちゅうろうしょう》を拝命し、光武帝に従って龐萌《ほうぼう》や董憲《とうけん》たちを平定した。

〔李賢注〕

［一］中水《ちゅうすい》は、県であり、涿郡《たくぐん》に属する。『前書音義《ぜんしょおんぎ》』に、「この県は（易水《えきすい》と滱水《こうすい》という）二つの河の間にあるので中水と呼ぶ」とある。故城は、唐の瀛《えい》州楽寿県の西北にある。

建武《けんむ》六〔三〇〕年、丹陽太守《たんようたいしゅ》〔安徽省当涂県の北東一円〕に遷った。このとき天下は新たに定まったばかりで、南方の海岸である長江《ちょうこう》・淮水《わいすい》のあたりでは、（各地で）多く（の豪族が）兵を擁して割拠していた。李忠は、丹陽郡に到着すると、かれらを招いて降服させ、それでも服さない者は尽《ことごと》く誅して、一ヵ月もしないうちにすべて平定した。李忠は、丹陽郡が越《えつ》の風俗のために学問を好まず、結婚の礼儀も、中華と比べて劣っていたので学校を建て、礼儀を習わせ、春と秋に郷飲酒礼《きょういんしゅれい》をし〔一〕、経典に明らかな者を登用したので、郡中の者は李忠を懐き慕った。墾田は増加し、三年の間に流民が定住した数は五万口以上におよんだ〔二〕。建武十四〔三八〕年、三公《さんこう》は（李忠の太守としての）成績を天下第一であると上奏し、（その結果）豫章太守《よしょうたいしゅ》〔江西省南昌市〕に遷った。病気になって官を去り〔三〕、徴召されて京師に赴いた。建武十九〔四三〕年に、卒した。

子の李威《りい》が（中水侯を）嗣《つ》いだ。李威が卒し、子の李純《りじゅん》が（中水侯を）嗣いだ。永平《えいへい》九〔六六〕年、（李純の）母が李純の叔父を殺したことに連坐し、中水侯国は廃止された〔四〕。永初《えいしょ》七〔一一三〕年、鄧皇太后《とうこうたいごう》は再び李純を琴亭侯《きんていこう》に封じた。李純が卒し、子の李広《りこう》が（琴亭侯を）嗣いだ。

［李賢注］

［一］（原文の）校もまた、学という意味である。『礼記《らいき》』（郷飲酒儀）に、「郷飲酒の意義。主人は賓《ひん》を（郷の学校の）庠門《ようもん》の外に出迎えて拝礼をし、（門を入って）三度揖《ゆう》の礼を交わした後に階段の下に至り、三度譲り合った後に（階段を）昇るのは、相手を尊んで譲りあう精神の現れである。六十歳の者は座り、五十歳の者は（その傍らに）侍立して、命を聞いて使役に応じるのは、年長者を尊ぶことを明らかにするものである。人々を集合させて郷射の儀礼をし、郷飲酒の礼をして教え示すことで、はじめて孝悌の道が行われる」とある。（春秋に郷飲するについて）鄭玄《じょうげん》は「春と秋に礼により人々を州序《しゅうじょ》に集めるのである」と注をつけている。

［二］（原文の）著は、音が直略の反である。

［三］『東観漢記《とうかんかんき》』に、「（李忠は）痛風を病み、免官された」とある。

［四］『東観漢記』に、「永平《えいへい》二（五九）年、李純の母の礼《れい》が李威《りい》の弟の李季《りき》を殺したことで罪に問われた」とある。

万脩伝

万脩《ばんしゅう》は字を君游《くんゆう》といい、扶風茂陵県《ふふうもりょうけん》〔陝西省興平県北東〕の人である。更始帝《こうしてい》の時に信都令《しんとれい》となり、信都太守の任光《じんこう》・信都都尉の李忠《りちゅう》と共に信都城を守り、劉秀を迎えた。（劉秀は）任命して偏将軍とし、造義侯《ぞうぎこう》に封じた。邯鄲《かんたん》（を拠点とする王郎）を破るにおよび、右将軍《ゆうしょうぐん》を拝命し、（劉秀に）従って河北を平定した。建武《けんむ》二〔二六〕年、（劉秀は万脩を）改めて槐里侯《かいりこう》〔陝西省興平県南東〕に封じた。揚化将軍《ようかしょうぐん》の堅鐔《けんたん》と共に南陽郡《なんようぐん》を攻撃し、まだ勝利をしないうちに病気となり、軍中で卒した。

子の万普《ばんふ》が（槐里侯を）嗣ぎ、泫氏侯《げんしこう》〔山西省高平県〕に徙封された[一]。万普が卒し、子の万親《ばんしん》が嗣ぎ、扶柳侯《ふりゅうこう》に徙封された[二]。万親が卒し、子が無いため、国は除かれた。永初《えいしょ》七〔一一三〕年、鄧皇太后《とうこうたいごう》は万脩の曾孫の万豊《ばんほう》を紹封して曲平亭侯《きょくへいていこう》とした。万豊が卒し、子の万熾《ばんし》が嗣いだ。永建《えいけん》元〔一二六〕年、万熾が卒し、子が無いため、国は除かれた。延熹《えんき》二〔一五九〕年、桓帝《かんてい》は万脩の玄孫の万恭《ばんきょう》を紹封して門徳亭侯《もんとくていこう》とした。

［李賢注］

［一］泫氏《げんし》は、県の名であり、上党郡《じょうとうぐん》に属する。西に泫谷水《げんこくすい》があり、それにより名づけられた。唐の沢州高平県である。泫は音が胡涓《こけん》の反である。

〔一〕扶柳《ふりゅう》は、県の名である。故城は唐の冀州信都県の西にある。

邳彤伝

邳彤《ひとう》は字を偉君《いくん》といい、信都郡《しんとぐん》の人である。父の邳吉《ひきつ》は、遼西太守《りょうせいたいしゅ》〔遼寧省義県〕であった。邳彤は、はじめ王莽の和成卒正《わせいそつせい》となった〔一〕。劉秀が河北を従え、下曲陽県《かきょくようけん》に至ると、邳彤は城をあげて降服し、そのまま和成太守となった。留まること数日で、劉秀は北方の薊県《けいけん》に至った。王郎《おうろう》の兵が蜂起し、その将に各地を従えさせると、行く先々の県で王郎を迎え入れないものはなかった。ただ和成と信都の二郡だけは、堅く守って降らなかった。邳彤は、劉秀が薊県から戻ったものの軍を失い、信都郡に至ろうと考えていると聞くと、五官掾《ごかんえん》の張万《ちょうまん》と督郵《とくゆう》の尹綏《いんすい》に、精騎二千を選び、道沿いに劉秀の軍を迎えさせた。邳彤は、そののちに劉秀と信都郡で面会した。劉秀は、（信都と和成の）二郡の助力を得たが、（配下の）兵力はまだ合流しなかった。議者は多く、「信都郡の兵力で自分たちを送らせ、西方の長安《ちょうあん》に帰るべきである」と言った。邳彤は（劉秀の）面前で対《こた》え、「議者の言は、みな間違っております。官吏も民草も歌を口ずさむほど漢の統治を久しく思っております。そのため更始帝《こうしてい》が皇帝を名乗ると、天下は響くように応じ、三輔《さんぽ》〔長安を含む関中〕は、宮殿を清め道を掃除して更始帝を迎えたのです。（あたかも）一人の男が戟を担ぎ（漢の復興を）大声で呼びかけると、（王莽の）千里を駆ける名将でも城を棄てて逃げ出し、敵は降服を願いました。はるか昔より、これほどまでに万物を感じさせて民を動かすことはありませんでした。また卜者《うらないし》の王郎ですら、（漢の天子の）名を借りると勢いに乗り、烏合の衆を集めて、燕《えん》や趙《ちょう》の地を震わせるほどになりました。ましてや明公《との》が二郡の兵を奮い立たせ、（人々が）響き応じるような威勢を揚げれば、それどころではないでしょう。そうして攻めれば、すべての城に勝てるでしょう。そうして戦えば、すべての軍が降服するでしょう。今こうした状況を棄てて（長安に）帰れば、ただ空しく河北を失うだけでは済みません。必ずや三輔《さんほ》を驚き混乱させ、（漢の）威厳を地に落とすでしょう。（長安に帰る策は）当を得た計略ではありません。もし明公がここで征伐する意志が無ければ、信都郡の兵でも合流は難しいでしょう。明公が西に向かえば、直ちに邯鄲《かんたん》（の王郎の河北統一）が成り、（信都郡の）民は父母を棄て、城主（を束ねる王郎）に背いてまで、千里の彼方（の長安）に公を送ることを承知せず、信都郡の兵が離散し逃亡することは、間違いないからです」と述べた。劉秀は、この言を善しとして留まった。その日のうちに、邳彤を後大将軍に拝命し、和成太守は元のままで、兵を率いて先行させた。（邳彤が）北方の堂陽県《どうようけん》に至ると、堂陽県はすでに背いて王郎に服属していた。邳彤は、先に張万と尹綏をやり、属吏や民草に教え諭させた。（そのため堂陽城は）劉秀が夜に到着すると、直ちに門を開いて出迎えた。（邳彤はさらに）兵を率いて白奢《はくしゃ》の賊を中山国《ちゅうざんこく》〔河北省定県一円〕で撃破した。これより常に（劉秀の）戦いに付き従った。

〔李賢注〕
〔一〕『東観漢記《とうかんかんき》』に、「王莽《おうもう》は鉅鹿郡《きょろくぐん》を分けて和成郡《わせいぐん》をつくり、下曲陽《かきょくよう》に治所を置き、邳彤を卒正《そつせい》〔太守〕とした」とある。

信都郡《しんとぐん》が（王郎の部将に攻撃され）また背いて王郎に従った。王郎が置いた信都王は、邳彤の父弟と妻子を捕らえて牢に繋ぎ、手紙を書いて邳彤に、「降服すれば封爵されるでしょう。降服しなければ族滅されるでしょう」と呼びかけさせた。邳彤は涙を流して、「君主に仕える者は家を顧みることができません。彤《わたくし》の親族が今に至るまで信都郡で安寧に暮らせたのは、劉公のお陰なのです。劉公が国家の事を争っているのに、彤が個人的なことを思うわけには参りません」と返答した。たまたま更始帝《こうしてい》の派遣した将軍が信都を攻めて抜き、王郎の兵は敗走し、邳彤の家族は免れられた。

（劉秀は）邯鄲（を拠点とする王郎）を破ると、（邳彤を）武義侯《ぶぎこう》に封建した。建武《けんむ》元〔二五〕年、改めて霊寿侯《れいじゅこう》〔河北省霊寿県〕に封じ〔一〕、大司空《だいしくう》〔三公の一つ、治水や土木工事を掌る〕を兼ねさせた。光武帝が洛陽に入ると、邳彤を太常《たいじょう》〔九卿の一つで、礼儀・祭祀の統括を掌《つかさど》る〕に拝命し、一月あまりで少府《しょうふ》〔九卿の一つ。内朝の衣服・飲食ほか諸事の統括を掌る〕に転じた。この年に免職となった。また左曹侍中《さそうじちゅう》〔皇帝の左右に侍し、諮問に応対する官〕となり〔二〕、常に征伐に従軍した。建武六〔三〇〕年、封国に赴いた。

〔李賢注〕

〔一〕霊寿《れいじゅ》は、県の名である。故城は唐の恒州《こうしゅう》霊寿県の西北にある。

〔二〕『漢書《かんじょ》』（巻十九上 百官公卿表上）に、「侍中《じちゅう》には左曹と右曹がある」という。（殿中に）入って天子に侍るので、そのため侍中という。

邳彤が卒し、子の邳湯《ひとう》が（武義侯を）嗣《つ》いだ。建武《けんむ》九〔三三〕年、楽陵《がくりょう》〔山東省楽陵市〕侯《こう》に徙封された[一]。建武十九〔四三〕年、邳湯が卒し、子の某が嗣いだ[二]。子が無いため、国は除かれた。元初《げんしょ》元〔一一四〕年、鄧皇太后《とうこうたいごう》は邳彤の孫である邳音《ひおん》を紹封して平亭侯《へいていこう》とした。邳音が卒し、子の邳柴《ひさい》が（平亭侯を）嗣いだ。

これよりさき、張万《ちょうまん》と尹綏《いんすい》は、邳彤と共に劉秀を迎え、みな偏将軍《へんしょうぐん》を拝命し、また征伐に従軍した。張万は重平侯《じゅうへいこう》に封ぜられ、尹綏は平台侯《へいだいこう》に封ぜられた[三]。

〔李賢注〕

〔一〕楽陵《がくりょう》は、県の名であり、平原郡《へいげんぐん》に属する。故城は唐の滄州《そうしゅう》楽陵県の東にある。

〔二〕（某は）史書にその名を欠いている。

〔三〕重平《じゅうへい》は、県の名であり、勃海郡《ぼっかいぐん》に属する。故城は唐の安徳県の西北にある。臣《わたくし》李賢が考えますに、平台は県であり、常山郡に属します。諸本は多く平壹としていますが誤りです。

論に言う、およそ成就した事について語るのは、功業が確かなので明示しやすく、物事のわずかな兆しを考えるのは、道理が隠れていて明らかにし難い[二]。それは、まことに物事の実情を検討して由来を調べ、それにより推察できる類《たぐい》のことである。ここでは、議者は、（信都・和成の）二郡の兵力に頼り、関中（の長安）に帰る策を建てて、成業を捨て予測できない事態に臨もうとした。しかも劉秀は、まだ（その危険を）悟らず、参謀もみな賛成したのに、邳彤が反論したのは、物事の兆しを知ると言ってよいであろう。『論語《ろんご》』（子路篇）に、「たった一言で邦を興すことができる」とある〔二〕。邳彤の言葉はこれに近い。

〔李賢注〕

〔一〕（原文の）幾は、ある事柄が先に現れることである。

〔二〕『論語《ろんご》』（子路篇）にある。魯の定公《ていこう》が孔子に述べた言葉である。

劉植伝

劉植《りゅうしょく》は、字を伯先《はくせん》といい、鉅鹿郡《きょろくぐん》昌《しょう》城県《じょうけん》〔河北省阜城県東〕の人である。王郎が挙兵すると、劉植は弟の劉喜《りゅうき》と従兄の劉歆《りゅうきん》と共に宗族や賓客を率いて〔一〕、兵数千人を集め昌城《しょうじょう》に立て籠もった。劉秀が薊県《けいけん》から帰ったと聞き、そこで門を開いて劉秀を迎えた。劉秀は劉植を驍騎《ぎょうき》将軍《しょうぐん》に、劉喜と劉歆を偏《へん》将軍《しょうぐん》とし、三人を列侯とした。このとき真定王《しんていおう》〔河北省正定県南〕の劉揚《りゅうよう》は、兵を挙げて王郎に味方し、その軍勢は十万余りであった。劉秀は、劉植を派遣して劉揚を説得させ、（それにより）劉揚は降伏した。劉秀はそのため真定国《しんていこく》に留まり、郭后《かくこう》を娶った。郭后は、劉揚のめいである。（劉秀は）郭后により劉揚と結んだのである。こうして劉揚と諸将と共に郭氏の漆里《しつり》の家に酒を置いて（宴会を開き）〔三〕、劉揚は、筑を弾いて慶びを表現した。こうして兵を進めて（王郎の拠点である）邯鄲《かんたん》を抜くことができ、（劉植は劉秀に）従軍して河北を平定した。

〔李賢注〕
〔一〕『東観漢記《とうかんかんき》』に、「劉喜《りゅうき》は劉嘉《りゅうか》に作り、字は共仲《きょうちゅう》である。劉歆《りゅうきん》の字は細君《さいくん》である」という。
〔二〕漆里《しつり》は、郭氏が住んでいた里の名である。

建武《けんむ》二〔二六〕年、改めて劉植を昌城侯《しょうじょうこう》に封じた。密県《みつけん》〔河南省密県南〕の賊を討って、戦没した。子の劉向《りゅうきょう》が（昌城侯を）嗣いだ。光武帝は、劉喜に劉植の軍営を率いさせ、また驍騎将軍に任命して、観津侯《かんしんこう》〔河北省武邑県南東〕に封じた〔一〕。劉喜が卒すると、また劉歆を驍騎将軍に任命して、浮陽侯《ふようこう》〔河北省滄県南東〕に封じた〔二〕。劉喜と劉歆は征伐に従軍し、二人とも国を後世に伝えた。劉向は東武陽侯《とうぶようこう》〔山東省莘県南東〕に徙封されて卒した[三]。子の劉述《りゅうじゅつ》が（東武陽侯を）嗣いだ。永平《えいへい》十五〔七二〕年、（劉述は）楚王《そおう》の劉英《りゅうえい》と共に謀反した罪に連坐し、国は除かれた。

[李賢注]

[一] 観津《かんしん》は、県の名であり、故城は唐の徳州彙県《いけん》の西北にある。

[二] 浮陽《ふよう》は、県の名であり、勃海郡《ぼっかいぐん》に属し、浮水の陽《きた》にある。唐の滄州清池県《せいちけん》である。

[三] 東武陽《とうぶよう》は、県であり、東郡に属し、武水の陽《きた》にある。故城は唐の魏州華県の南にある。

耿純伝

耿純《こうじゅん》は、字を伯山《はくざん》といい、鉅鹿郡宋子県《きょろくぐんそうしけん》〔河北省趙県北東〕の人である。父の耿艾《こうがい》は、王莽《おうもう》の済平尹《せいへいいん》となった[一]。耿純は長安《ちょうあん》で学び、それにより任命されて納言《のうげん》の士《し》となった[二]。

王莽が敗れ、更始帝《こうしてい》が即位すると、舞陰王《ぶいんおう》〔河南省泌陽県北西〕の李軼《りいつ》に多くの郡国を従わせた。耿純の父である耿艾は降服し、また済南太守《せいなんたいしゅ》となった。このとき李軼《りいつ》（と李通）の兄弟は権力の中枢におり、地方で専権を握っていたので、賓客で游説に訪れる者はたいへん多かった。耿純は、しきりに拝謁を求めたが面会が適《かな》わず、しばらくしてようやく謁見できた。そこで李軼に、「大王は龍虎のような姿で、風雲の時に遭遇し［三］、奮迅してにわかに興り、わずかの間に兄弟が王を称するに至りました［四］。しかし（大王の）徳や信は士民の耳に届かず、その功労はまだ人々に施されておりません。恩寵による高禄が急に手に入るのは、智者の忌むところです［五］。びくびくとして我が身を戒めたとしても、それでも終わりを全うできないことを恐れます。まして（大王のように）余裕をもち満足することは、功績をあげる者のすべきことでしょうか」と説いた［六］。李軼は、これを評価し、また耿純が鉅鹿郡《きょろくぐん》の名族であったため、そこで承制《しょうせい》（天子の命を代行）して拝命して騎都尉《きとい》〔羽林の騎兵を監督する〕となし、節《せつ》〔使者に授けられ、専断権を象徴する〕を授けて、趙《ちょう》と魏《ぎ》を巡撫させた。

［李賢注］

［一］王莽は、定陶国《ていとうこく》を改めて済平《せいへい》と呼んだ。

［二］王莽は、古《いにしえ》（の周代）に則り納言《のうげん》の官を置いた。（漢の）尚書《しょうしょ》〔後漢では「曹」（部門）ごと

に分担して、国家行政を担当）のことである。（また）官ごとにみな士を置いた。そのために納言の士という。

［三］遭は、遇という意味である。『周易《しゅうえき》』（乾卦　九五　文言伝）に、「雲は龍が興ることに従い、風は虎が嘯《うそぶ》くことに従う」とある。

［四］（原文の）抜は、卒のような意味である。抜は音が歩末の反である。（原文の）期は音が朞である。

［五］『漢書《かんじょ》』（巻三十一　項籍伝）に、「〔秦末、反乱を起こした青年たちに首領とされた〕陳嬰《ちんえい》の母は陳嬰に、「急に富貴を得ることは不詳である」と言った」とある。そのため智者の忌むところと言うのである。

［六］『春秋公羊伝《しゅんじゅうくようでん》』（文公十四年）に、「力は沛然《はいぜん》として余りあるようであった」とある。〔後漢末の儒者で『春秋公羊伝解詁』を著した〕何休《かきゅう》は、「沛は、余りある様子である」と注をつけている。

劉秀が黄河を渡って邯鄲《かんたん》に至ると、耿純は謁見し、劉秀は丁重に耿純に接した。耿純は退き、（劉秀の）官属や将兵の規律が他の将軍と違うのを見て、自ら深く結びつくことを求め、馬と縑帛《ねりぎぬ》数百匹を献上した。劉秀は北に向かい中山国《ちゅうざんこく》に至ると、耿純を邯鄲に留めた。たまたま王郎が（邯鄲で）反乱を起こし〔一〕、劉秀は薊県《けいけん》から東南に馳せた。耿純は従兄弟の耿訢《こうきん》・耿宿《こうしゅく》・耿植《こうしょく》と共に宗族や賓客二千人あまりを率い〔二〕、老病の者はみな棺を自ら引きずって、育県《いくけん》（河北省寧晋県北東）に出迎えた〔三〕。（劉秀は）耿純を任命して前将軍《ぜんしょうぐん》とし、耿郷侯《こうきょうこう》（山西省河津県南東）に封じ〔四〕、耿訢・耿宿・耿植はみな偏将軍とし、耿純と先に行かせた。宋子県を降服させ、（劉秀に）従軍して下曲陽《かきょくよう》県《けん》および中山国を攻めた。

〔李賢注〕

〔一〕『東観漢記《とうかんかんき》』に、「王郎は尊号を称すると、耿純を捕らえようと考えた。耿純は、節《せつ》を持ち従吏と共に夜のうちに城から逃れ出て、節を道中に突き立て、詔により旅人の車馬を取り、数十を得て、馳せて宋子県《そうしけん》に帰り、従兄の耿訢《こうきん》・耿宿《こうしゅく》・耿植《こうしょく》と共に陛下がいた盧奴県《ろどけん》〔河北省定県〕に至り、王郎が背いたと伝えた」とある。

〔二〕『続漢書』に、「（耿純の一行は）みな縑《ねりぎぬ》で襜褕《つつそで》の絳《あか》い衣を着ていた」とある。

〔三〕『春秋左氏伝《しゅんじゅうさしでん》』（僖公 伝二十三年）に、「（隗氏は）このように嫁するのであれば、木《ひつぎ》に就くことになります」とある。（原文の）木とは棺のことである。老病の者は死を恐れたので、棺を載せて行軍に従った。育《いく》は県の名であり、故城は冀州《きしゅう》にある。

［四］酈道元《れきどうげん》は『水経《すいけい》』（巻十　濁漳水《だくしょうすい》）に、「成郎水《せいろうすい》の北に耿郷《こうきょう》がある。光武帝が耿純を封じて侯国とした、俗にこの地を宜安城《ぎあんじょう》という」と注をつけている。その故城は唐の恒州《こうしゅう》欒城《たんじょう》県の西南にある。

このとき郡国は邯鄲《かんたん》（を拠点とする王郎）に降服するものが多く、耿純は一族の者が異心を抱くことを恐れ、そこで耿訢《こうきん》と耿宿《こうしゅく》に（郷里に）帰って自分たちの屋敷を焼かせた。劉秀は耿純にその理由を尋ねた。耿純は、「秘かに見ますに、明公《との》は車一つで河北にやって来たのであり、財物の蓄えや褒美や甘い言葉により、人を集めるような方ではありません［二］。ただ恩徳によって人々を懐かせ、そのために部下や兵士は味方しようと願ったのです。いま邯鄲（の王郎）が自立し、河北の諸州は疑い惑っております。純《わたくし》は一族を挙げて天命に帰順し、老人や子供も行軍中にありますが、それでもなお宗人や賓客の半数に心を同じくしない者がいるのではないかと恐れております。そのため家屋を焼き、彼らの帰ろうとする望みを絶ったのです」と答えた。劉秀は歎息した。鄗《こう》県《けん》〔河北省柏郷県北〕に至ると、劉秀は伝舎《でんしゃ》に泊まった。鄗の豪族である蘇公《そこう》は城内から背いて門を開き、王郎の将軍である李惲《りうん》を引き入れた。耿純は先にそれを知り、兵を率いて李惲を迎え撃ち、大いに破って李惲を斬った。（劉秀に）従軍して邯鄲（の王郎）を平定し、また銅馬《どうば》の賊を破った。

〔李賢注〕

〔一〕『黄石公記《こうせきこうき》』に、「おいしい餌の下には必ず魚が懸《か》かり、重い賞の下には必ず命を投げ出す夫《おとこ》がいる」とある。『周易《しゅうえき》』（繫辞下伝《けいじかでん》）に、「何によって人を集めるのか。それは財である」という。そのため耿純は、これらを引いたのである。

このとき赤眉《せきび》・青犢《せいとく》・上江《じょうこう》・大彤《だいとう》・鉄脛《てっけい》・五幡《ごはん》の十万以上の軍勢がみな射犬《しゃけん》に揃っていた。劉秀は兵を率いてこれらを撃とうとしていた。耿純の軍営は前にあり、多くの営から離れること数里であった。賊は突如、夜に耿純を攻め、雨のように陣営の中に射かけ〔二〕、兵士は多く死傷した。耿純は手勢を整え、堅く守って動かなかった。決死隊二千人を選び、みな強弩《きょうど》を持たせ、各々に三矢をつがえさせ、枚《ばい》を銜《ふく》んで間道から行き〔二〕、賊の背後に回り込み、声を合わせて呼び叫ばせた。強弩を同時に発射すると、賊軍は驚いて敗走した。追撃してさらに賊を破り、騎兵を馳せて劉秀に報告させた。劉秀は翌朝諸将とともに耿純の陣営に至り、耿純を労《ねぎら》って、「昨夜は大変だったか」と述べた。耿純は、「明公《との》の威徳のおかげで、幸いにも無事であります」と答えた。劉秀は、「大軍は夜に動くことはできない。だから救援しなかったのだ。軍営はあちこち移動するので、卿《きみ》の宗族すべてが軍中にいるべきではない」と言った。そこで耿純の一族である耿伋《こうきゅう》を蒲吾長《ほごちょう》〔河北省平山県南東〕として〔三〕、ことごとく親族を率いてそこに住まわせた。

〔李賢注〕
〔一〕矢の降ること雨のようであった。
〔二〕（原文の）傅は、著という意味である。
〔三〕蒲吾《ほご》は、県の名であり、常山郡《じょうざんぐん》に属する。故城は唐の恒州霊寿《れいじゅ》県の南にある。

光武帝が即位すると、耿純を高陽侯《こうようこう》〔河北省高陽県東〕に封じた。劉永《りゅうえい》を済陰《せいいん》に撃ち、定陶県《ていとうけん》〔山東省定陶県〕を下した。これよりさき耿純は従軍して王郎を攻めた際に、馬から落ちて肩を折っていた。このとき病を発し、そこでかえって懐県《かいけん》〔河南省武渉《ぶしょう》県〕の宮殿に到着した〔一〕。光武帝は、「卿《きみ》の兄弟は、誰が使えるのか」と尋ねた。耿純は従弟の耿植を挙げた。ここにおいて、耿植に耿純の軍営を率いさせたが、耿純は依然として前将軍のまま従軍した。

〔李賢注〕
〔一〕懐《かい》は、河内郡《かだいぐん》の県の名であり、離宮があった。

このとき真定王《しんていおう》の劉揚《りゅうよう》は、また（予言書である）讖記《しんき》を偽造して「赤九の後、癭揚《えいよう》が主君となる」と言っていた〔一〕。劉揚は（首にできる瘤《こぶ》である）癭《えい》を病んでおり、それによって人々を惑わそうと考え、（また）綿曼《めんまん》〔河北省獲鹿《かくろく》県北東〕の賊と通じていた〔二〕。建武《けんむ》二〔二六〕年春、騎都尉《きとい》の陳副《ちんふく》と游撃将軍《ゆうげきしょうぐん》の鄧隆《とうりゅう》を派遣して、劉揚を徴召させた。劉揚は城門を閉ざし、陳副たちを入れなかった。そこでまた耿純を派遣して節《せつ》を持たせ、恩赦令を幽州《ゆうしゅう》と冀州《きしゅう》に発布させ、通過する各地で王侯を慰労させた。さらに耿純に密勅を下して、「劉揚がもし面会すれば、それを利用して劉揚を捕らえよ」と命じた。耿純は、官吏や騎士百騎余りを従え、陳副・鄧隆と元氏県《げんしけん》〔河北省元氏県北西〕で合流し、一緒に真定郡《しんていぐん》に至り、宿舎に泊まった。劉揚は病と称して謁見しなかったが、耿純が真定王の宗室の出身であったため〔三〕、使者を派遣して耿純に手紙を与え、会ってもよいとした。耿純は、「使者のお役目を奉じて王侯・牧守と会見しておりますので、先にこちらから出向くことはできません。もし面会したいとお考えならば、どうか宿舎にいらしてください」と返書した。このとき劉揚の弟である臨邑侯《りんゆうこう》〔山東省東阿〕の劉譲《りゅうじょう》と従兄の劉細《りゅうさい》は〔四〕、それぞれ兵一万人余りを擁していた。劉揚は、自分たちの軍勢の強さを恃《たの》み、また耿純の物腰が穏やかだったので、官属を従えて宿舎に至り、（劉譲と劉細）兄弟は、軽装備の兵士を率いて門の外で控えていた。劉揚が入って耿純に会うと、耿純は礼儀正しく尊敬をもって接し、さらにその兄弟を招くことをお願いした。みなが入ると、たちまち門を閉じてすべてこれを誅殺し、そして兵を整えて出た。真定国の人々は震え怖き、あえて刃向かおうとする者は無かった。光武帝は、劉揚と劉譲の陰謀が未遂であった（のに誅殺された）ことを憐んで、二人の子を封じ、もとの国を復興させた。

〔李賢注〕

〔一〕漢は、火徳であるために赤という。光武帝は高祖《こうそ》（劉邦）から九代の孫であるために九という。

〔二〕綿曼《めんまん》は、県の名であり、真定国《しんていこく》に属する。故城は唐の恒州石邑県の西北にある。俗に音が訛《なま》り、この地を人文故城と呼んでいる。

〔三〕（原文の）「出」は、男子で姉妹の子のことである。

〔四〕『東観漢記《とうかんかんき》』・『続漢書《しょくかんじょ》』は、ともに劉細《りゅうさい》を劉紺《りゅうこん》に作る。

耿純は京師《けいし》に帰り、そこで自ら、「臣《わたくし》はもともと小役人の子孫でしたが、幸いにも大漢が復興し、聖帝が天命を受ける機会に遭遇し、位は将軍となり、爵は通侯《つうこう》となりました。天下はほぼ定まり、臣は志《こころざし》を用いる所がございません。願わくは試みに一郡を治め、力を尽くしてお役に立ちたいと存じます」と願った。光武帝は「卿《きみ》はすでに武を治め、さらに文を修めようと考えるのか」と笑った。そこで耿純を任命して東郡太守《とうぐんたいしゅ》〔河南省濮陽県南西〕とした。このとき東郡は、まだ安定していなかったが、耿純が職務に当たって数ヵ月で、盗賊はいなくなった。建武《けんむ》四〔二八〕年、耿純に詔して兵を率いて更始帝《こうしてい》の東平太守《とうへいたいしゅ》である范荊《はんけい》を撃たせ、范荊は降服した。進軍して太山郡《たいざん》〔山東省泰安市北東〕・済南国《せいなん》および平原国《へいげん》〔山東省平原県〕の賊を撃ち、これらをみな平定した。東郡太守となって四年、あるとき発干長《はつかんちょう》〔山東省冠県南東〕に罪があった。耿純は、上奏して判決を仰ぐことにし、県長を軟禁していたが、上奏への返事が来ないうちに、県長は自殺した。耿純は、罪に問われて免職となり、奉朝請《ほうちょうせい》〔列侯の位で朝廷の儀礼に参加〕となった。（光武帝に）従軍して董憲《とうけん》を撃ち、途中で東郡を過ぎた。人々は老人から子供まで数千人が、光武帝の車駕にすがって涙を流し、「どうかまた耿君を太守にしていただきたい」と言った。光武帝は公卿《こうけい》に、「耿純は、若いころから甲冑を着て軍吏としてのみ働いてきた。（それなのに）郡を治めてこれほどまでに慕われるのか」と言った。

建武《けんむ》六〔三〇〕年、（耿純の）封地を定めて東光侯《とうこうこう》〔河北省東光県東〕とした〔二〕。耿純が封国に行こうと辞去すると、光武帝は、「文帝《ぶんてい》は周勃《しゅうぼつ》〔代王の劉恒《りゅうかん》を迎えて文帝とし、右丞相に就任していた〕に、「丞相《じょうしょう》はわたしの重んじる者である。君はわたしのため諸侯に率先して封国に赴け」と言われた。今もまたそうである」と言った。耿純は、詔を受けて去った。鄴《ぎょう》に至ると穀物一万斛を賜わった。東光侯国に到着すると、死者を弔い病気を見舞ったので、人々は耿純を愛し尊敬した。建武八〔三二〕年、東郡と済陰郡《せいいんぐん》の盗賊が次々と起こり、大司空《だいしくう》の李通《りつう》と横野大将軍《おうやだいしょうぐん》の王常《おうじょう》を派遣してこれを撃たせた。光武帝は耿純の威信が衛《えい》の地に行き渡っていることから〔二〕、使者を派遣して太中大夫《たいちゅうたいふ》〔天子の補佐官〕に拝命し、大軍と一緒に東郡で合流させた。東郡の人々は耿純が境界に入ったと聞き、盗賊九千人余りが耿純のもとに来て降伏し、大軍は戦わずに帰った。璽書《じしょ》を発して（耿純を）また東郡太守に任じ、吏民は喜んで服した。建武十三〔三七〕年、在官のまま卒し、成侯《せいこう》と諡《おくりな》した。子の耿阜《こうふ》が（東光侯を）嗣《つ》いだ。

〔李賢注〕

〔一〕東光《とうこう》は、唐の滄州《そうしゅう》県である。『続漢書《しょくかんじょ》』に、「建武六〔三〇〕年、陛下は諸侯を封国に赴かせた。耿純は上書して自ら、「以前東郡太守であったころ、涿郡太守《たくぐんたいしゅ》の朱英《しゅえい》の親族を誅殺しました。いま（耿純の）封国は涿郡に属しているので、たいへん不安に思っております」と述べた。制書《せいしょ》を下して、「侯は先に公のために法律を執行した。朱英《しゅえい》は久しく官僚となっており、はっきりと義理を知っている。どのような時に公の事をとやかく非難するであろうか。それでも堯《ぎょう》・舜《しゅん》の罰を受けた者でも自暴自棄になるやもしれぬ。これから改めて国土を選び、侯にわずかの心配も無いようにしよう」と返事をした。そこで改めて耿純を封じて東光侯としたのである」という。

〔二〕東郡《とうぐん》は、古《いにしえ》の衛の地である。

耿植は後に輔威将軍《ほいしょうぐん》となり、武邑侯《ぶゆうこう》（河北省武邑）に封ぜられた〔一〕。耿宿は代郡太《だいぐんたい》守《しゅ》（山西省陽高の北西）に至り、遂郷侯《すいきょうこう》（山東省肥城の南）に封ぜられた。耿訢は赤眉《せきび》将軍《しょうぐん》となり、著武侯《ちょぶこう》に封ぜられたが、鄧禹《とうう》に従って西征し、雲陽《うんよう》（陝西省淳化の北西）で戦死した。（耿純の）宗族で列侯に封ぜられた者は四人、関内侯《かんだいこう》は三人、二千石（の太守）となった者は九人であった。

耿阜は、莒郷侯《きょきょうこう》に徙封され、永平《えいへい》十四（七一）年、同族の耿歙《こうきゅう》が楚の顔忠《がんちゅう》の証言で罪に問われたのに連坐して、国は除かれた。建初《けんしょ》二（七七）年、章帝《しょうてい》は耿純の功績を思い起こし、耿阜の子である耿盱《こうく》に後を嗣がせて高亭侯《こうていこう》とした。耿盱が卒すると、嗣《あとつぎ》がなく、章帝はまた耿盱の弟である耿騰《こうとう》を封じた。卒すると、子の耿忠《こうちゅう》が（高亭侯を）嗣いだ〔二〕。耿忠が卒すると、孫の耿緒《こうちょ》が（高亭侯を）嗣いだ。

〔李賢注〕
〔一〕武邑《ぶゆう》は、県の名であり、信都郡《しんとぐん》に属する。唐の冀州県である。
〔二〕『続漢書《しょくかんじょ》』に、「耿騰《こうとう》を高亭侯《こうていこう》に封ずる」とある。

賛《さん》にいう、「任光《じんこう》と邳彤《ひとう》は（物事の）兆《きざ》しを知り、堅く守った城は（光武帝のために）扉を開いた〔一〕。（光武帝は）行く当てを失って軍を返し、二人の太守に頼った〔二〕。耿《こう》純《じゅん》と劉植《りゅうしょく》は義を発し、兵を奉じて威光を佐《たす》けた」と。

〔李賢注〕
〔一〕（原文の）解は、開というような意味である。
〔二〕（原文の）委は、音が於危の反である。（原文の）佗は、音が移である。行く様子である。（原文の）旅は、衆〔軍隊〕という意味である。旅を還すとは、薊県《けいけん》から引き返したことをいう。（原文の）二守とは、任光《じんこう》が信都太守《しんとたいしゅ》となり、邳彤《ひとう》が和成太守《わせいたいしゅ》となったことをいう。『春《しゅん》秋《じゅう》左氏伝《さしでん》』（隠公伝六年）に、「平王《へいおう》が東遷すると、晋《しん》と鄭《てい》に頼った」とある。光武帝が軍を失って南に逃れ、任光と邳彤を頼ってやがて成功したことを指す。

朱景王杜馬劉傅堅馬列伝第十二

朱祐伝

朱祐《しゅゆう》は、字を仲先《ちゅうせん》といい、南陽郡宛県《なんようぐんえんけん》〔河南省南陽市〕の人である〔一〕。幼くして父を失い、母方の実家である復陽《ふくよう》〔河南省桐柏県東〕の劉氏に引き取られた〔二〕。舂陵《しょうりょう》に行き来し、劉秀と劉縯《りゅうえん》は共に朱祐を親愛した。劉縯が大司徒《だいしと》を拝命すると、朱祐を護《ご》軍《ぐん》とした〔三〕。劉秀が大司馬《だいしば》となり、河北を討つと、また朱祐を護軍とした。常に親愛され、（劉秀の）宿舎の中に寝泊まりした。朱祐は、宴会に参加し、従容として、「長安の（更始帝の）政治が乱れる。公《との》に（高貴な）日角《じっかく》の相がある。これは天命であります」と言った〔四〕。劉秀は、「刺姦《しかん》を召して、護軍を捕らえさせよ」と言った〔五〕。朱祐はそこで再び言おうとしなかった。（劉秀に）従軍して河北を征伐し、つねに力戦して敵陣を陥れた〔六〕。それにより（劉秀は朱祐を）偏将軍《へんしょうぐん》とし、安陽侯《あんようこう》〔陝西省洋県北〕に封じた。光武帝が即位すると、任命して建義大将軍《けんぎだいしょうぐん》とした。建武二〔二六〕年、あらためて堵陽侯《しゃようこう》〔河南省方城東〕に封じられた〔七〕。冬、諸将と共に鄧奉《とうほう》を淯陽《いくよう》〔河南省南陽県南〕で攻撃したが、朱祐の軍は敗れ、鄧奉に捕らえられた。翌〔建武三、二七〕年、鄧奉は破れると、朱祐を仲介に肉袒《はだぬぎ》して降伏した。光武帝は、朱祐の位を元に戻し、厚く慰労の賜物を与えた。派遣して新野県《しんやけん》〔河南省新野県〕・隨県《ずいけん》を撃たせ、（朱祐は）みなこれらを平定した〔八〕。

〔李賢注〕
〔一〕『東観漢記《とうかんかんき》』に、朱祐を朱福《しゅふく》とするのは、安帝《あんてい》の諱《いみな》を避けたためである。
〔二〕復陽《ふくよう》は、県の名であり、南陽郡《なんようぐん》に属する。
〔三〕『漢書《かんじょ》』（巻十九上 百官公卿表上）に、「護軍都尉《ごぐんとい》は、秦の官。平帝《へいてい》の元始《げんし》元〔一〕年に名を護軍〔軍を指揮する将軍が皇帝の命に従うかを監視する軍目付け〕に改めた」とある。
〔四〕日角《じつかく》は、解説が（『後漢書』本紀一上）光武帝紀上に（日のような角状の骨の隆起と）ある。
〔五〕王莽は、左右の刺姦《しかん》〔監察官〕を置き、姦猾な人間を取り締まらせた。
〔六〕『続漢書《しょくかんじょ》』に、「朱祐が南緜《なんれん》〔河北省鉅鹿の北〕に到ったときに賊に傷つけられると、陛下は親しく朱祐を見舞った」とある。
〔七〕堵陽《しゃよう》は、県の名であり、南陽郡に属する。故城は唐の唐州方城県にある。堵は、音が者である。

〔八〕隨《ずい》は、県の名であり、南陽郡に属する。故城は唐の隨州随県にある。

延岑《えんしん》は、穰県《じょうけん》で敗れると、秦豊《しんほう》の将軍である張成《ちょうせい》と合流した。朱祐《しゅゆう》は、征虜将軍《せいりょしょうぐん》の祭遵《さいじゅん》を率いて東陽《とうよう》〔河南省新陽県の東〕で戦い、延岑と張成を大破し〔一〕、敵陣に乗り込んで張成を斬った。延岑は、敗走して秦豊の部下となった。朱祐は（武帝廟より盗まれていた）九十七個の印綬《いんじゅ》を回収し〔二〕、軍を進めて黄郵県《こうゆうけん》〔河南省新野県東〕を撃ち、延岑を降した。（光武帝は功績を賞し）朱祐に黄金三十斤を賜った。建武《けんむ》四〔二八〕年、（朱祐は）破姦将軍《はかんしょうぐん》の侯進《こうしん》と輔威将軍《ほいしょうぐん》の耿植《こうしょく》を率いて征南大将軍《せいなんだいしょうぐん》の岑彭《しんほう》に代わって黎《れい》丘県《きゅうけん》〔湖北省宜城県北〕で秦豊を包囲し、秦豊の将軍である張康《ちょうこう》を蔡陽県《さいようけん》〔湖北省棗陽市南西〕で破り、これを斬った。光武帝は自ら黎丘県に至り、御史中丞《ぎょしちゅうじょう》の李由《りゆう》に璽書を持たせて秦豊を招かせたが、秦豊は悪態をつき、降伏しなかった。光武帝は引き返し、朱祐に攻略を命じた。朱祐は力を尽くして秦豊を攻めた。翌〔建武五、二九〕年夏、城中は困窮し、秦豊はついに母や妻子九人を連れて肉袒《はだぬぎ》して降伏した。朱祐は、檻車《かんしゃ》に乗せて秦豊を駅伝で洛陽に送り、（光武帝は）これを斬った。大司馬《だいしば》の呉漢《ごかん》は、朱祐が詔を無視して降伏を受け入れ、将軍としての任務に背いたと弾劾したが、光武帝は罪に問わなかった。朱祐は帰ると、騎都尉《きとい》の臧宮《ぞうきゅう》と共に、延岑の残党である陰県《いんけん》〔湖北省老河口市北西〕・酇県《さんけん》〔湖北省老河口市北西〕・筑陽県《ちくようけん》〔湖北省谷城北東〕の三県の賊を撃ち、これらをすべて平定した。

〔李賢注〕
〔一〕東陽《とうよう》は、聚の名であり、南陽郡《なんようぐん》にある。
〔二〕『東観漢記《とうかんかんき》』に「盗まれていた茂陵《もりょう》〔陝西省興平県の北東〕にある武帝廟《ぶていびょう》の衣服と印綬《いんじゅ》を取得した」とある。

朱祐の人柄は、質朴で正直で、儒学を貴んだ。兵士を指揮し軍隊を率いて、多く降伏を受け入れ、城市の平定を基本として、首を挙げる功績に意を注がなかった。また兵士を厳しく取り締まり人々から略奪させないようにした。軍人は勝手に振る舞うのを楽しみとしていたので、このことで怨みを持つ者も多かった。建武《けんむ》九〔三三〕年、南行唐《みなみこうとう》県《けん》〔河北省行唐県北西〕に駐屯して、匈奴を防いだ〔一〕。建武十三〔三七〕年、封邑を増し、定めて鬲侯《かくこう》〔山東省平原の北〕に封じ〔二〕、食邑は七千三百戸とした〔三〕。

［李賢注］

［一］行唐《こうとう》は、唐の恒州県である。

［二］鬲《かく》は、県の名であり、平原郡《へいげんぐん》に属する。

［三］『東観漢記《とうかんかんき》』に、「朱祐は自ら、「功績が少ないのに封国は大きい。どうか南陽郡で五百戸を受け、それで十分とさせてください」と述べた。陛下は許さなかった」とある。

建武《けんむ》十五〔三九〕年、（朱祐は）京師に参内し、大将軍《だいしょうぐん》の印綬を返上し、そのまま都に留まって奉朝請《ほうちょうせい》となった。朱祐は、「古《いにしえ》は人臣は封建されても、王爵《おうしゃく》を加えませんでした。（臣下に与えている）多くの王爵を改めて公爵《こうしゃく》とすべきです」と上奏した。光武帝はすぐに施行した。また、「三公《さんこう》〔大司馬・大司徒・大司空〕からそれぞれ大の名を取り去り、経典《けいてん》に合致させるすべきです」と上奏した。のちに（光武帝は）その建議に従った。

これよりさき、朱祐が長安に遊学していたころ、劉秀は朱祐を訪ねたことがあった。朱祐はそのとき挨拶もせず、先に講義がある教室に聞きに行った。後に光武帝は朱祐の屋敷に御幸した。光武帝はそこで、「この主人《あるじ》は、わたしを放ったらかして講義に行くことはないだろうな」と言って笑った。古くからの恩義があったため、たびたび賞賜を受けた〔一〕。建武二十四〔四八〕年に、卒した。

子の朱商《しゅしょう》が（鬲侯《かくこう》を）嗣いだ。朱商が卒し、子の朱演《しゅえん》が（鬲侯を）嗣いだ。永元《えいげん》十四〔一〇二〕年、従兄《いとこ》伯の外孫が陰皇后の巫蠱《ふこ》の事件に連坐したため、免ぜられて庶人となった〔二〕。永初《えいしょ》七〔一一三〕年、鄧皇太后《とうこうたいごう》は朱演の子の朱沖《しゅちゅう》に爵を嗣がせて鬲侯とした。

〔李賢注〕

〔一〕『東観漢記《とうかんかんき》』に、「陛下が長安にいたころ、かつて朱祐と一緒に蜜を買って薬を作った。陛下は、これを後から思い出し、朱祐に白蜜一石を下賜して、「長安にいたころ一緒に蜜を買ったが（それと比べて）どうだろうか」と尋ねた。その親しくされることは、このようであった」とある。

〔二〕和帝《わてい》の陰皇后は、呉房侯《ごぼうこう》〔河南省遂県〕の陰綱《いんこう》の娘であり、巫蠱《ふこ》〔呪い〕の事件を起こして廃位された。

景丹伝

景丹《けいたん》は、字を孫卿《そんけい》といい、馮翊郡櫟陽県《ひょうよくぐんれきようけん》〔陝西省臨潼の北〕の人である。若くして長安で学んだ。王莽《おうもう》の時に（徳行・言語・政事・文学の）四科《しか》を選挙し〔一〕、景丹は言語科によって固徳侯相《ことくこうしょう》となり、有能との評判があった。朔調連率《さくちょうれんそつ》〔上谷太守〕の副弐《ふくじ》〔次官〕に遷った〔二〕。

更始帝《こうしてい》が即位すると、使者を派遣して上谷郡《じょうこくぐん》〔河北省北部一円〕を従えさせた。景丹は、連率《れんそつ》の耿況《こうきょう》と共に降り、改めて上谷長史《じょうこくちょうし》となった。王郎《おうろう》が兵を起こすと、景丹は耿況と相談してこれを拒んだ。耿況は、景丹に子の耿弇《こうえん》および寇恂《こうじゅん》たちと一緒に、兵を率いて南に向かって劉秀に帰順させた。劉秀は景丹たちを引見し、笑って「邯鄲《かんたん》の将軍、はしばしば、「我々は（強いことで有名な）漁陽郡《ぎょようぐん》と上谷郡の兵を徴発する」と言っていた。「わたしも、それでは対抗（して自分たちもそう）しよう」と応えていた〔三〕。どうして、（漁陽・上谷の）二郡（の兵）が、わたしのために本当に来てくれると思ったであろうか〔四〕。君たちと一緒に功名を分かち合おう」と言った。景丹を任命して偏将《へんしょう》軍《ぐん》とし、奉義侯《ほうぎこう》とした。（景丹は劉秀に）従軍して王郎《おうろう》の将軍である児宏《げいこう》たちを南䜌《なんれん》で撃った〔五〕。王郎の兵は迎撃し、漢の軍は退却したが〔六〕、景丹たちは突騎《とっき》を放って攻撃し、大いにこれを破り、敗走者を十里あまり追い、死傷者の山を築いた。景丹が帰還すると、劉秀は、「わたしは突騎が天下の精兵だと聞いていたが、いま〔実際に〕その戦いを見た。その喜びは、言葉にできないほどである」と言った。こうして〔劉秀に〕従軍して河北を征討した。

〔李賢注〕
〔一〕『東観漢記《とうかんかんき》』に、「王莽のとき、徳行があり、言語に長《た》け、政事に通じ、文学に明るい士を〈四科として〉選挙した」とある。
〔二〕朔調とは、上谷のことである。副弍とは、属官のことである。
〔三〕王郎の将軍は、しばしば、「（上谷・漁陽の）二郡の兵を徴発して劉秀を防ごうと考えている」と言った。そのとき劉秀も、「わたしも、それでは対抗〔して自分たちもそう〕しよう」と応えた。〔共に実態が無いので〕いまも〔行われている〕両軍が遠くから互いにからかい合うことと同じである。
〔四〕『東観漢記』に、「陛下が広阿県《こうあけん》〔河北省隆尭の東〕にいるときに、外に大軍がやって来た。陛下は自ら城壁に登り、兵を整えて西門の楼にいた。陛下は〔大軍に〕、「どこの兵か」と問うた。景丹たちは、「上谷郡《じょうこくぐん》・漁陽郡《ぎょようぐん》の兵です」と答えた。陛下は、「誰のために来たのか」と尋ねた。（景丹たちは）「劉公のためです」と答えた。（劉秀は）直ちに景丹たちを城内に招き入れ、一人一人を労《ねぎら》い励まし、とても丁寧であった」とある。

［五］児《げい》は、音が五兮の反である。

［六］『続漢書《しょくかんじょ》』に、「南緜《なんれん》の賊は陛下の軍を迎え撃ち、陛下の鼓車《こしゃ》（指揮車）・輜重《しちょう》（輸送車）数台を得た」とある。

光武帝が即位すると、讖緯《しんい》の文章により平狄将軍《へいてきしょうぐん》の孫咸《そんかん》を用いて大司馬《だいしば》を兼ねさせたが、諸将はみな不満であった。詔を下して大司馬となすべき者を挙げさせたところ［一］、群臣が推したのは呉漢《ごかん》と景丹だけであった。光武帝は、「景将軍は北州の大将であり、まさに（大司馬に）相応《ふさわ》しい人物である。だが呉将軍には（漁陽郡の兵を徴発する）大策を建てたという勲功がある［二］。また（呉漢は）苗幽州《びょうゆうしゅう》（苗曾。更始帝の幽州牧）と謝《しゃ》尚書《しょうしょ》（謝躬。更始帝の尚書僕射）を誅殺しており、功績は大きい［三］。旧制では驃騎将《ひょうきしょう》軍《ぐん》（大将軍に次ぐ武官第二位）の官は大司馬が兼任していた」と言った［四］。こうして呉漢を大司馬《だいしば》としたが、景丹を任命して（大司馬に匹敵する）驃騎大将軍《ひょうきだいしょうぐん》とした。

〔李賢注〕

〔一〕『東観漢記《とうかんかんき》』に載せる讖文《しんぶん》には、「孫咸は狄を征す」とある。

〔二〕（呉漢が）漁陽郡の兵を徴発したことをいう。

〔三〕（苗幽州・謝尚書とは）苗曾《びょうそう》と謝躬《しゃきゅう》のことである。

〔四〕『漢書』（巻十九上 百官公卿表上）に、「武帝は大司馬《だいしば》を置き、大将軍《だいしょうぐん》・驃騎将軍《ひょうきしょうぐん》に冠した」とある。

建武《けんむ》二〔二六〕年、（封地を）定めて景丹を櫟陽《れきよう》侯に封じた。光武帝は景丹に、「いま関東に昔からある王国は、数県を領しているが、それでも櫟陽県の一万戸の邑より劣る。富貴となったのに故郷に帰らないのは、繡《ぬいとり》を着て夜に出歩くようなものである。そのため卿を（櫟陽に）封じた」と言った〔一〕。景丹は、頓首して感謝した。秋、呉漢・建威《けんい》大将軍《だいしょうぐん》の耿弇《こうえん》・建義大将軍の朱祐・執金吾《しっきんご》の賈復《かふく》・偏将軍の馮異《ふうい》・強弩将軍《きょうどしょうぐん》の陳《ちん》俊《しゅん》・左曹《さそう》の王常・騎都尉《きとい》の臧宮《ぞうきゅう》たちと共に、（光武帝に）従って五校《ごこう》を羛陽《きよう》〔河南省内黄の南〕で撃破し〔二〕、その兵五万人を降伏させた。このとき陝県《せんけん》〔河南省三門峡市西〕

の賊である蘇況《そきょう》が、弘農郡《こうのうぐん》を攻め破って郡守を生け獲りにした。景丹はそのころ病に臥《ふ》せっていたが〔三〕、光武帝は景丹が（信頼できる）旧将であることから、強いて起用して郡守の職事を任せようと考えた。そこで夜に召し入れ、「賊が京師《けいし》に迫っている。将軍の威重を得られれば、（将軍が）寝ていても賊を十分鎮圧できる」と言った。景丹は、あえて断らず、病を押して拝命し、軍営を率いて弘農郡に到ったが〔四〕、十日あまりで薨去《こうきょ》した。

子の景尚《けいしょう》が（櫟陽侯を）嗣《つ》ぎ、余吾侯《よごこう》〔山東省屯留の西北〕に徙封された〔五〕。景尚が卒すると、子の景苞《けいほう》が（余吾侯を）嗣いだ。景苞が卒すると、子の景臨《けいりん》が（余吾侯を）嗣いだが、子がなく国は絶えた。永初《えいしょ》七〔一一三〕年、鄧皇太后《とうこうたいごう》は、景苞の弟の景遽《けいきょ》に後を嗣がせて監亭侯《らんていこう》とした。

〔李賢注〕

〔一〕『漢書』（巻六十四上 朱買臣《しゅばいしん》伝）に、武帝が朱買臣に言った言葉である。

〔二〕（蕢陽《きよう》は）聚の名である。解説は（『後漢書』本紀一）光武帝紀に見える。

〔三〕『東観漢記《とうかんかんき》』に「景丹は陛下に従って懐県《かいけん》に至り、瘧《おこり》〔マラリア〕を病んだ。陛下が目の前にいるときに、瘧が悪化して寒気で震えた。陛下は笑って、「壮士は瘧を病まないと聞いていたが、いま漢の大将軍は瘧を病んでいるな」と言った。小黄門《しょうこうもん》に助け起こさせて、医薬を賜った。洛陽に帰還して、病はさらに悪化した」とある。

〔四〕『続漢書《しょくかんじょ》』に、「（景丹は）軍隊を率いて西に向かい弘農郡《こうのうぐん》に到った」とある。

〔五〕余吾《よご》は、県の名であり、上党郡《じょうとうぐん》に属する。故城は唐の潞州《ろしゅう》屯留県の西北にある。

王梁伝

王梁《おうりょう》は、字を君厳《くんげん》といい、漁陽郡要陽県《ぎょようぐんようようけん》〔河北省豊寧の東〕の人である。郡吏《ぐんり》となると、漁陽太守の彭寵《ほうちょう》は王梁に狐奴令《こどれい》〔北京市順義県北東〕を代行させた。（王梁は）蓋延《こうえん》と呉漢《ごかん》と共に兵を率いて南に向かい、劉秀に広阿県《こうあけん》で追いつき、偏将軍《へんしょうぐん》を拝命した。のち〔光武帝が王郎の拠点である〕邯鄲郡《かんたんぐん》を抜くと、関内侯《かんだいこう》の爵位《しゃくい》を賜わった。〔劉秀に〕従って河北を平定し、野王令《やおうれい》〔河南省沁陽〕を拝命した。河内太守《かだいたいしゅ》の寇恂《こうじゅん》と共に南は洛陽《らくよう》を拒み、北は天井関《てんせいかん》〔山西省西晉城南〕を守った。朱鮪《しゅい》たちは、あえて兵を出さなかった。劉秀はこれを王梁の功績とした。光武帝が即位すると、大司空《だいしくう》を選ぶことが議論となった。「赤伏符《せきふくふ》」〔予言書である河図《かと》の一つ〕には、「王梁は、衛《えい》を主《つかさど》り玄武《げんぶ》となる」とあった〔一〕。光武帝は、野王が衛の遷った土地であり〔二〕、玄武が水神の名であり、司空が水土の官であることから、王梁を抜擢して大司空に任命して、武強侯《ぶきょうこう》〔河北省武強〕に封じた。

〔李賢注〕
〔一〕玄武《げんぶ》は、北方の神で、亀と蛇が合体したものである。
〔二〕『史記《しき》』（巻十五 六国年表）に、「衛の元君《えいのげんくん》は、濮陽《ぼくよう》から野王《やおう》に遷った」とある。

建武《けんむ》二（二六）年、（王梁は）大司馬《だいしば》の呉漢《ごかん》たちと共に檀郷《だんきょう》を撃った。詔があり軍事についてはすべて大司馬（の呉漢）に委ねられた。しかし、王梁はたびたび（かつて県令を勤めた）野王《やおう》の兵を徴発した。光武帝は、王梁が詔に従わないため、所在の県に留まらせた。しかし王梁は、またその場の判断で軍を進めた。光武帝は、王梁が前後二度も軍令に違反したので大いに怒り、尚書《しょうしょ》の宗広《そうこう》を派遣して節《せつ》を持って軍中で王梁を斬らせようとした。宗広は忍びず、檻車に乗せて京師に送った。到着すると、（光武帝は）王梁を赦した。一月余りして、中郎将《ちゅうろうしょう》となり、執金吾《しっきんご》の職事を兼ねた。北方の箕関《きかん》

〔河南省済源の西〕を守り、赤眉《せきび》の別働隊を撃って降した。建武三〔二七〕年春、転戦して五校《ごこう》を撃ち、追って信都郡《しんとぐん》・趙国《ちょうこく》〔河北省邯鄲市一円〕に至り、これを破って多くの拠点をすべて平定した。冬、〔光武帝は〕使者を派遣して節を持たせ、王梁に前将軍《ぜんしょうぐん》を拝命させた。建武四〔二八〕年春、〔王梁は〕肥城県《ひじょうけん》〔山東省肥城〕・文陽県《ぶんようけん》〔山東省寧陽の北東〕を撃って、これを抜いた[一]。進軍して驃騎大将軍の杜茂《とぼ》と共に、佼強《こうきょう》・蘇《そ》茂《ぼ》を楚《そ》・沛《はい》のあたりで撃ち、大梁県《だいりょうけん》〔河南省開封市〕・齧桑県《げつそうけん》〔江蘇省沛県の南西〕を抜き[二]、また捕虜将軍《ほりょしょうぐん》の馬武《ばぶ》・偏将軍の王覇《おうは》も、それぞれ別の道から同時に進み、一年ほどでこれらをすべて平定した。建武五〔二九〕年、〔光武帝に〕従って桃城《とうじょう》を救い、龐萌《ほうぼう》たちを破った。王梁は非常に力戦した。山陽太守《さんようたいしゅ》を拝命し、新たな領地を鎮撫したが、兵を率いることは以前と変わらなかった。

〔李賢注〕

〔一〕肥城《ひじょう》は、県の名であり、太山郡《たいざんぐん》に属する。故城は唐の済州平陰県の東南にある。文は音が汶、故城は唐の兗州泗水県の西にある。

〔二〕『前書音義《ぜんしょおんぎ》』に、「齧桑《げつそう》は、県の名である」という。あるいは城の名ともいう。『史記《しき》』〔巻

七十　張儀《ちょうぎ》伝）に、「張儀は斉と楚と齧桑《げっそう》で会戦した」とある。

（王梁が山陽太守となって）数ヵ月で徴召されて（京師に）戻り、欧陽歙《おうようきゅう》に代わって河《か》南尹《なんいん》となった。王梁は、渠《きょ》（運河）を穿《うが》ち穀水《こくすい》を引いて洛陽の城下に注《そそ》ぎ、東に向かって鞏川《きょうせん》に注がせようとしたが、渠が完成しても水は流れなかった。建武七（三一）年、役人はこれを弾劾した。王梁は恥じ恐れ、上書して辞任を求めた。そこで詔が下り、「王梁は先に兵を率いて征伐し、多くの人が賢を称した。そのため抜擢して京師を掌《つかさど》らせた。建議して渠を開き、人々のために利を興そうとした。（しかし）多くの力を費やしても、ついに成功せず〔一〕、人々は怨嗟《えんさ》し、議者は非難した〔二〕。（王梁は）許されても、なお謙《へりくだ》って身を引こうとしている。（『論語』顔淵篇には）「君子は人の美徳を完成させる」とある〔三〕。そこで王梁を済南太守《せいなんたいしゅ》とせよ」とした。建武十三（三七）年、封邑を増し、（封地を）定めて阜成侯《ふせいこう》（河北省冀県の北西）に封じた〔四〕。建武十四（三八）年、在官中に卒した。

子の王禹《おうう》が（阜成侯を）嗣《つ》いだ。王禹が卒すると、子の王堅石《おうけんせき》が（阜成侯を）嗣いだ。王堅石は、後に父の王禹および弟の王平《おうへい》が、楚王の劉英《りゅうえい》と共に謀反したことに連坐し、棄市《きし》されて、国は除かれた。

〔李賢注〕

〔一〕（原文の）旅は、衆という意味である。（原文の）愆は、過という意味である。多くの力を費やしても、功績が見られないことを言っている。

〔二〕（原文の）讟《とく》は、誹《そし》るという意味である。

〔三〕『論語《ろんご》』（顔淵篇）に載っている孔子の言葉である。

〔四〕阜成《ふせい》は、渤海郡《ぼっかいぐん》に属し、唐の冀州《きしゅう》県である。

杜茂伝

杜茂《とぼ》は、字を諸公《しょこう》といい、南陽郡冠軍県《なんようぐんかんぐんけん》〔河南省鄭州市の北西〕の人である。はじめ劉秀に河北で配下となり、中堅将軍となり、常に征伐に従った。光武帝が即位すると大将軍を拝命し、楽郷侯《がくきょうこう》〔河北省深州の南東〕に封ぜられた〔一〕。北に向かって五校《ごこう》を真定《しんてい》〔河北省正定の南〕で撃ち、進んで広平《こうへい》〔河北省鶏沢県の南東〕を降した。建武二〔二六〕年、改めて苦陘侯《くけいこう》〔河北省定県の南東〕に封ぜられた。中郎将《ちゅうろうしょう》の王梁《おうりょう》と共に五校の賊を魏郡《ぎぐん》〔河北省臨漳《りんしょう》の南西〕・清河郡《せいがぐん》〔河北省清河県〕・東郡《とうぐん》〔河南省濮陽《ぼくよう》の南西〕に撃ち、その砦をすべて平定し、五校《ごこう》の節を持った大将を三十人余り降した〔二〕。三郡はきれいに静まり、道路は流通するようになった。翌〔建武三、二七〕年、使持節《しじせつ》を派遣して杜茂を任命し、驃騎大将軍とした。沛郡《はいぐん》を撃ち、芒《ぼう》〔河南省永城の北東〕を陥落させた〔三〕。このとき西防《せいぼう》〔山東省単県の西〕が再び背き、佼強《こうきょう》を迎え入れた。建武五〔二九〕年春、杜茂は捕虜将軍の馬武《ばぶ》を率いて、進んで西防を攻め、数ヵ月でこれを陥落させ、佼強は董憲《とうけん》のもとに走った。

〔李賢注〕

〔一〕楽郷《がくきょう》は、信都国に属する。

〔二〕『続漢書《しょくかんじょ》』に、「五校《ごこう》の首領である大将軍《だいしょうぐん》の杜猛《ともう》、持節《じせつ》・光禄大夫《こうろくたいふ》の董敦《とうとん》たちを降した」とある。

〔三〕芒《ぼう》は、県の名である。（『後漢書』志二十）郡国志《ぐんこくし》二に、「（芒は）のちに臨睢《りんしょ》と名づけた。沛《はい》国《こく》に属する」とある。

東方が平定されると、建武《けんむ》七〔三一〕年、〔光武帝は〕杜茂に詔して兵を率いて北に向かい、晉陽県《しんようけん》〔山東省太原市の南西〕・広武県《こうぶけん》〔山西省代県の南西〕に屯田して、それにより胡《こ》の侵寇に備えさせた[一]。建武九〔三三〕年、雁門太守《がんもんたいしゅ》の郭涼《かくりょう》と共に盧芳《ろほう》の将軍である尹由《いんゆう》を繁時《はんじ》〔山西省渾源の北西〕で撃った[二]。盧芳《ろほう》の将である賈覧《からん》は胡騎一万余りを率いて尹由を救援した。杜茂は〔賈覧と〕戦ったが敗れ、退いて楼煩城《ろうはんじょう》〔山西省寧武の北〕に入った[三]。このとき盧芳は、高柳県《こうりゅうけん》〔山西省の陽高〕に拠点を構え、匈奴と兵を合わせ、しばしば辺境の民草を侵寇し、光武帝はこれを憂えていた。建武十二〔三六〕年、謁者《えつしゃ》の段忠《だんちゅう》を派遣して各郡の赦免された囚人を率いて杜茂に配属し、北辺を鎮守させた。そのため辺境の人々を徴発して物見台を築き、烽火台《のろしだい》を修理し、また輸送されてきた金帛・繒絮《そうじょ》〔絹や綿〕を出して兵士に供給し、併せて辺境の人々にも賜わり、〔それを輸送するための〕役人が互いに見えるほど〔次々と行ったの〕であった。杜茂もまた屯田を建て、驢馬《ろば》の牽《ひ》く車で輸送した。これよりさき、雁門郡《がんもんぐん》の人である賈丹《かたん》と霍匡《かくきょう》と解勝《かいしょう》たちは、尹由に連れ去られた。尹由はかれらを将帥とし、共に平城県《へいじょうけん》〔山西省大同市の北東〕を守っていた。賈丹たちは、盧芳が敗れたと聞き、共に尹由を殺して郭涼のもとに到った。郭涼は、書状を〔京師に〕送り、〔光武帝はかれらを〕みな列侯に封じた。詔を下して、車で金帛を輸送し、杜茂・郭涼の軍吏および平城の降伏した人々に賜った。これより盧芳の配下の城邑が次第に降伏してくるようになった。郭涼は豪族の郇《じゅん》氏《し》のたぐいを誅殺し、弱者を労《いたわ》った。わずかの間に雁門郡は、平定されようとした。盧芳は、すると逃れて匈奴に入った。光武帝は、郭涼の子を抜擢して中郎《ちゅうろう》とし、身近に宿衛させた。

［李賢注］

［一］広武《こうぶ》は、県の名であり、太原郡《たいげんぐん》に属する。

［二］繁畤《はんじ》は、県の名であり、唐の代州県である。

［三］楼煩《ろうはん》は、県の名であり、雁門郡《がんもんぐん》に属する。故城は唐の代州崞《かく》県の東北にある。崞は音が郭である。

郭涼《かくりょう》は、字を公文《こうぶん》といい、右北平郡《ゆうほくへいぐん》の人である。身長は八尺、気力は勇壮で、武将であって経書に通じ、智略も多かった。とても辺境の事情に明るく、北方で名声があった。これよりさき、幽州牧の朱浮《しゅふ》は、辟召《へきしょう》して兵曹掾《へいそうえん》とした。（郭涼は）彭寵《ほうちょう》を撃って功績があった。広武侯《こうぶこう》に封ぜられた。建武十三〔三七〕年、杜茂の封邑を増し、改めて脩侯《しゅうこう》〔湖南省脩県の北東〕に封じた[一]。建武十五〔三九〕年、（杜茂は）軍隊の食料・衣料を横領し[二]、軍吏に人を殺させた罪で官を免ぜられ、戸邑を削られた。（のち封地を）定められて参蘧郷侯《さんきょきょうこう》に封ぜられた。建武十九〔四三〕年に卒した。

子の杜元《とげん》が（参蘧郷侯を）嗣いだ。永平《えいへい》十四〔七一〕年、楚王の劉英たちの謀反に連坐し、死一等を許されたが、国は除かれた。永初《えいしょ》七〔一一三〕年、鄧皇太后《とうこうたいごう》は、杜茂の孫である杜奉《とほう》に後を嗣がせて安楽亭侯《あんらくていこう》とした。

[李賢注]

[一] 脩《しゅう》は、県の名であり、信都国《しんとこく》に属する。

[二]（原文の）断とは、上前をはねるという意味である。

馬成伝

馬成《ばせい》は、字を君遷《くんせん》といい、南陽郡棘陽県《なんようぐんきょくようけん》〔河南省南陽県の南東〕の人である。若くして県吏《けんり》となった。劉秀は潁川《えいせん》郡を従えると、馬成を安集掾《あんしゅうえん》とし、転任して郟令《きょうれい》〔河南省郟県〕を代行させた〔一〕。劉秀が河北を討つに及んで、馬成は官を棄てて、徒歩で追いかけて蒲陽《ほよう》〔河北省完県の北西〕で追いついた。馬成を期門《きもん》〔騎射に長けた近衛兵〕として、征伐に従わせた。光武帝が即位すると、再び遷って護軍都尉《ごぐんとい》となった。

［李賢注］

〔一〕郟《きょう》は、県の名であり、唐の汝州県である。

建武《けんむ》四〔二八〕年、揚武将軍《ようぶしょうぐん》を拝命した。誅虜将軍《ちゅうりょしょうぐん》の劉隆《りゅうりゅう》・振威将軍《しんいしょうぐん》の宋登《そうとう》・射声校尉《せきせいこうい》の王賞《おうしょう》を督し、会稽郡《かいけいぐん》〔浙江省紹興市一円〕・丹陽郡《たんようぐん》・九江郡《きゅうこうぐん》〔安徽省定遠の北西一円〕・六安郡《りくあんぐん》〔安徽省六安市の北一円〕の四郡の兵を発して李憲《りけん》を撃った。このとき光武帝は、寿春県《じゅしゅんけん》〔安徽省寿県〕まで行幸し、祭壇を設け道祖神を祀って、馬成を派遣した〔二〕。進軍して李憲を舒県《じょけん》〔安徽省廬江県の南西〕に包囲し、諸軍にそれぞれ溝を深く土塁を高くさせた。李憲はしばしば戦いを挑んだが、馬成は防壁を堅く守って出なかった。舒県を包囲すること一年余、建武六〔三〇〕年春に至り、城中の食料が尽きたので、李憲を攻めた。こうして舒県を屠《ほふ》り、李憲を斬り、その残党を追撃して、江淮の地をすべて平定した。

〔李賢注〕

〔一〕応劭《おうしょう》の『風俗通義《ふうぞくつうぎ》』に、「謹んで礼伝を調べてみると、共工氏《きょうこう》の子を修《しゅう》という。遠出を好み、舟や車の至る所、足跡の及ぶ所で、行かない場所はなかった。そのためこれを道祖神として祀った」とある。祖は、徂《そ》（ゆく）という意味である。

建武《けんむ》七〔三一〕年夏、平舒侯《へいじょこう》〔山西省広霊の北西〕に封じられた〔一〕。建武八〔三二〕年、（光武帝に）従軍して隗囂《かいごう》を征討して破った。馬成を天水太守《てんすいたいしゅ》とし、揚武将軍はそのままとした。冬、徴召されて京師に帰った。建武九〔三三〕年、来歙《らいきゅう》に代わって中《ちゅう》郎将《ろうしょう》を兼任し、武威将軍《ぶいしょうぐん》の劉尚《りゅうしょう》たちを率いて河池県《かちけん》〔甘粛省徽県の北西〕を破り、そうして武都郡《ぶとぐん》を平定した〔二〕。翌〔建武十、三四〕年、大司空の李通《りつう》が罷免された。馬成に大司空の職事を兼ねさせた。（馬成が大司空の）官府で職務を執る様子は、真の大司空のようであった。数ヵ月でまた揚武将軍を拝命した。

〔李賢注〕

〔一〕平舒《へいじょ》は、代郡《だいぐん》に属する。

〔二〕河池《かち》は、県であり、一名を仇池といい、武都郡《ぶとぐん》に属する。唐の鳳州《ほうしゅう》県である。

建武《けんむ》十四〔三八〕年、常山《じょうざん》国〔河北省元氏の北西一円〕・中山《ちゅうざん》国に駐屯して北方の辺境に備え、あわせて建義大将軍《けんぎだいしょうぐん》の朱祐《しゅゆう》の軍を領した。また驃騎大将軍《ひょうきだいしょうぐん》の杜茂《とぼ》に代わって城塞を修繕し、西河《せいが》〔山西省離石〕から渭橋《いきょう》〔陝西省西安市の北〕に至り〔一〕、河《か》上《じょう》から安邑《あんゆう》〔山西省夏県の北西〕に至り〔二〕、太原《たいげん》〔山西省太原市〕から井陘《せいけい》〔河北省井陘県の北東〕に至り〔三〕、中山《ちゅうざん》より鄴《ぎょう》に至るまでに、みな堡塁を築き、烽燧台《のろしだい》を十里ごとに一つずつ建てた。工事に五・六年もあたり、光武帝は馬成の勤務を労《ねぎら》うため、京師に召し帰らせた。（しかし）辺境の人々が、上書して（馬成を）求め請うことが多かったので、再び馬成を派遣して駐屯地に戻した。〔漢に服属した匈奴の〕南単于《みなみぜんう》が城塞を防衛し、北方が無事になると、中山《ちゅうざん》太守を拝命した。将軍の印綬《いんじゅ》を返上したが、屯兵を領することは、以前と同じであった。建武二十四〔四八〕年、南方の武谿《ぶけい》〔湖南省瀘渓県〕の蛮賊を攻撃したが功績がなく[四]、中山太守の印綬を返上した。建武二十七〔五一〕年、定めて全椒侯《ぜんしゅくこう》〔安徽省全椒〕に封ぜられ[五]、国に赴いた。建武三十二〔五六〕年に卒した。

子の馬衛《ばえい》が（全椒侯を）嗣いだ。馬衛が卒すると、子の馬香《ばこう》が（全椒侯を）嗣ぎ、棘陵侯《きょくりょうこう》に徙封された。馬香が卒すると、子の馬豊《ばほう》が（棘陵侯を）嗣いだ。馬豊が卒すると、子の馬玄《ばげん》が（棘陵侯を）嗣いだ。馬玄が卒すると、子の馬邑《ばゆう》が（棘陵侯を）嗣いだ。馬邑が卒すると、子の馬醜《ばしゅう》が（棘陵侯を）嗣ぎ、桓帝《かんてい》の時に罪により国を失った。延熹《えんき》二〔一五九〕年、桓帝はまた馬成の玄孫である馬昌《ばしょう》を益陽亭侯《えきようていこう》に封じた。

〔李賢注〕

[一] 西河《せいが》は、唐の勝州富昌県である。渭橋《いきょう》は、もとの名を横橋《おうきょう》という。唐の咸陽県の東南にある。

[二]『漢書《かんじょ》』（巻二十八上 地理志上）に、「河上《かじょう》は、地名である。もとの秦の内史《だいし》である。高帝二〔前二〇五〕年、改めて河上郡とした。武帝は分割して左馮翊《さひょうよく》とした」とある。

[三] 太原《たいげん》は、唐の并州である。井陘《せいけい》は、常山郡《じょうざんぐん》に属する。唐の恒州県である。

［四］武溪水《ぶけいすい》は、唐の辰州瀘溪《ろけい》県の西にある。
［五］全椒《ぜんしゅく》は、県の名であり、唐の滁州《ちょしゅう》県である。

劉隆伝

劉隆《りゅうりゅう》は、字を元伯《げんはく》といい、南陽郡《なんようぐん》の安衆侯《あんしゅうこう》〔河南省鄧州市の北東〕の宗室である。王莽の居摂《きょせつ》年間〔六～八年〕、劉隆の父である劉礼《りゅうれい》は、安衆侯の劉崇《りゅうすう》と共に兵を起こして王莽を誅そうとしたが、事は発覚した。劉隆は、七歳になっていなかったので、（連坐を）免れられた。成人すると長安で学び、更始帝は（劉隆を）任命して騎都尉《きとい》とした。暇をもらって帰郷し［一］、妻子を迎えて洛陽に住まわせた。劉秀が河内郡《かだいぐん》にいると聞き、ただちに追いかけて射犬《しゃけん》〔河南省博愛の南東〕で追いついた。（劉秀は）劉隆を騎都尉とし、馮異《ふうい》と共に朱鮪《しゅい》と李軼《りいつ》たちを防がせた。李軼は、このため劉隆の妻子を殺した。建武二〔二六〕年、亢父侯《こうほこう》〔山東省済寧市の南〕に封じられた［二］。建武四〔二八〕年、誅《ちゅう》虜将軍《りょしょうぐん》を拝命し、李憲《りけん》を討伐した。李憲が平らぐと、劉隆を派遣して武当《ぶとう》に屯田させた［三］。

〔李賢注〕
〔一〕（原文の）謁は、請うという意味である。仮《ひま》を請うて帰ることをいう。
〔二〕亢父《こうふ》は、県の名であり、東平国《とうへいこく》に属する。故城は唐の兗州任城《じんじょう》県の南にある。
〔三〕武当《ぶとう》は、唐の均州県である。

建武《けんむ》十一〔三五〕年、南郡太守《なんぐんたいしゅ》〔湖北省江陵一円〕を代行し、一年余りで、誅虜《ちゅうりょ》将軍の印綬を返上した。建武十三〔三七〕年、封邑《ほうゆう》を増し、改めて竟陵《きょうりょう》〔湖北省潜江県の北西〕侯《こう》に封じた。この時、天下の墾田《こんでん》（に関する申告）は多く実情と食い違っており、また戸籍と年齢の登録は互いに（人数の）増減があった。建武十五〔三九〕年、詔を州郡に下し、それについて厳密な調査をさせたが、それでも刺史《しし》や太守《たいしゅ》は多く公平にしなかった。あるものは豪族を優遇し、弱者を侵害したので、人々は怨み、道を遮《さえぎ》って大声で泣き叫んだ。やがて諸郡は、使者を派遣して調査結果を上奏させた。光武帝は、陳《ちん》留《りゅう》郡〔河南省開封県の南東一円〕の吏の（差し出した）木の札の上に書《かきつけ》があるのを見て、これを読むと、「潁川郡《えいせんぐん》と弘農郡《こうのうぐん》には問うべきであるが、河南郡《かなんぐん》と南陽郡《なんようぐん》には問うべきではない」とあった。光武帝が吏にその理由を糺《ただ》したが、吏は言うことを聞かず、偽って長寿街《ちょうじゅがい》でこれを拾ったと言った〔一〕。光武帝は怒った。このとき明帝は東海公《とうかいこう》であり、年は十二歳であった。幄《とばり》のうしろから、「吏は郡の命令を受けて、墾田を互いに比較しようとしただけなのでしょう」と言った。光武帝は、「もしそうであれば、なぜ河南郡と南陽郡には問うべきではないのか」と尋ねた。（明帝は）「河南郡は、皇帝のいる帝城で側近の臣が多く、南陽郡は皇帝の故郷の帝郷で皇族がたくさんいます。田宅は制《きまり》を越えており、比較対象とすべきではないのです」と答えた。光武帝が虎賁中郎将《こほんちゅうろうしょう》に吏を詰問させ、吏がようやく白状した内容は、明帝の答えた通りであった。ここにおいて（光武帝は）謁者《えつしゃ》を派遣し（墾田の調査の）実態を調べさせ、詳細に（刺史や太守の）不正の実状を知った。翌〔建武十六、四〇〕年、劉隆は罪に問われ徴《め》されて獄に繋《つな》がれ、その同輩十人あまりはみな死罪となった。光武帝は劉隆が功臣であったため、特別に免じて庶人《しょじん》とした。

〔李賢注〕

〔一〕（原文の）抵《てい》とは、欺《あざむ》くという意味である。

翌〔建武十七、四一〕年、ふたたび扶楽郷侯《ふらくきょうこう》に封ぜられ、中郎将《ちゅうろうしょう》となって伏波将軍《ふくはしょうぐん》の馬援《ばえん》の副官として、交阯《こうし》の蛮夷である徴側《ちょうそく》たちを撃った。劉隆は別働隊として禁谿《きんけい》口《こう》でこれを破り〔一〕、指導者の徴弍《ちょうじ》を獲らえ〔二〕、数千級以上を斬首して、二万人余りを降伏させた。（京師に）凱旋すると、（光武帝は）改めて大国に封じ、長平侯《ちょうへいこう》〔河南省西華の北東〕とした〔三〕。大司馬の呉漢《ごかん》が薨去すると、劉隆は驃騎将軍《ひょうきしょうぐん》となり、大司馬の職事を兼任した。

〔李賢注〕

〔一〕交阯郡鞭冷県《こうしぐんびれいけん》に、金溪穴《きんけいけつ》という場所があり、代々伝えるうちに音が訛《なま》って、禁溪《きんけい》と呼ばれるようになった。これが徴側たちが敗れた場所である。その地は、唐の岑州《しんしゅう》新昌県である。
鞭《び》は音が麋、冷《れい》は音が零である。

〔二〕（徴弍は）徴側の妹である。

〔三〕長平《ちょうへい》は、県であり、汝南郡《じょなんぐん》に属する。

劉隆は法を尊んで自ら遵守し、職にあること八年で、将軍の印綬《いんじゅ》を返上して辞職した。

宮中の牛と上樽《じょうそん》の酒十斛《と》を賜い[一]、列侯の身分で奉朝請《ほうちょうせい》とした。建武三十〔五四〕年、〔封地を〕定めて慎侯《しんこう》〔安徽省潁上の北西〕とした[二]。中元《ちゅうげん》二〔五七〕年、卒し、諡《おくりな》して靖侯《せいこう》とよんだ。子の劉安《りゅうあん》が〔慎侯を〕嗣いだ。

[李賢注]

[一]『前書音義《ぜんしょおんぎ》』に、「稲米《こめ》一斗から酒一斗を得るものを上樽とし、稷米《きび》一斗からのものは中樽とし、粟米《あわ》一斗からのものは下樽とする」とある。

[二]慎《しん》は、県の名であり、汝南郡《じょなんぐん》に属する。

傅俊伝

傅俊《ふしゅん》は、字を子衛《しえい》といい、潁川郡襄城県《えいせんぐんじょうじょうけん》〔河南省襄城県〕の人である。劉秀が襄城県を従えようとすると、傅俊は、県の亭長《ていちょう》であったが〔劉秀の〕軍を迎え、拝命して校《こう》尉《い》となった。襄城〔の県令〕は、傅俊の母と弟と宗族を捕らえ、みなこれを殺した。〔劉秀に〕従って王尋《おうじん》たちを破り[一]、偏将軍《へんしょうぐん》となった。別働隊として京県《けいけん》〔河南省滎陽の南東〕、密県《みつけん》〔河南省密県の南東〕を撃ち、これを破った。〔光武帝は傅俊を〕潁川郡に帰らせ、家族の亡骸《なきがら》を納めて葬らせた。

劉秀が河北を討つに及び、傅俊は賓客十人余りと共に北に追いかけ、邯鄲郡《かんたんぐん》で追いついて見《まみ》えた。劉秀は潁川郡の兵を率いさせ、（傅俊は）常に征伐に従った。光武帝が即位すると、傅俊を侍中《じちゅう》とした。建武二〔二六〕年、昆陽侯《こんようこう》に封じられた。建武三〔二七〕年、傅俊を積弩将軍《せきどしょうぐん》に拝命した。征南大将軍《せいなんだいしょうぐん》の岑彭《しんほう》と共に秦豊《しんほう》を撃破し、さらに兵を率いて江東を従え、揚州はすべて定まった。建武七〔三一〕年、卒した。謚《おくりな》して威《い》侯《こう》とした。

子の傅昌《ふしょう》が（昆陽侯を）嗣ぎ、蕪湖侯《ぶここう》〔安徽省蕪湖県の東〕に徙封された〔二〕。建初《けんしょ》年間〔七六〜八四年〕、母が亡くなった。そこで上書して、「（封建された）国が貧しいので封国には行かず、銭五十万を下賜されて、関内侯《かんだいこう》としてください」とした。章帝《しょうてい》は怒り、関内侯に貶し、そうして銭は賜わらなかった。永初《えいしょ》七〔一一三〕年、鄧皇太后《とうこうたいごう》は、傅昌の子である傅鉄《ふてつ》を高置亭侯《こうちていこう》に封じた。

〔李賢注〕

〔一〕『東観漢記《とうかんかんき》』に、「傅俊は、陛下に従って王尋たちを陽関《ようかん》で迎撃した。漢の兵は敗走し、汝《じょ》水《すい》の上《ほとり》に引き返した。陛下は、手で水を汲んで飲み、鬚《ひげ》や眉の塵垢《じんこう》を洗い濯《すす》ぎ、傅俊に、「今日はとても疲れた。君らもくたびれたか」と言った」とある。

[二] 蕪湖《ぶこ》は、県の名であり、丹陽郡《たんようぐん》に属する。

堅鐔伝

堅鐔《けんたん》は字を子伋《しきゅう》といい[一]、潁川郡襄城県《えいせんぐんじょうじょうけん》の人である。郡県の吏となった。劉秀が河北を討つと、堅鐔を薦める者があり、それにより召見された。堅鐔が事務に有能であったので、（光武帝は）主簿《しゅぼ》に署した。また偏将軍を拝命し、（劉秀に）従って河北を平定した。別働隊として大槍《だいそう》を盧奴《ろど》〔河北省定県〕で撃破した。光武帝が即位すると、堅鐔を揚化将軍《ようかしょうぐん》に任命し、濦強侯《いんきょうこう》〔河南省臨潁の東〕に封じた[二]。

[李賢注]

[一]『東観漢記《とうかんかんき》』は、「伋」の字を「皮」につくる。

[二] 濦強《いんきょう》は、県の名であり、汝南郡《じょなんぐん》に属する。濦は音が於靳の反である。

（堅鐔は）諸将と共に洛陽を攻めた。そのおり朱鮪《しゅい》の部将で（洛陽の）東城を守っていた者が内通し、密かに堅鐔と約束して、明け方に上東門《じょうとうもん》を開くことにした[一]。堅鐔は、建義大将軍《けんぎだいしょうぐん》の朱祐《しゅゆう》と共に明け方に乗じて侵入し、朱鮪と武庫《ぶこ》の付近で大いに戦い[二]、多くの者を殺傷し、昼飯時にようやく（戦いを）止めた。朱鮪はこれにより降服した。また別に内黄県《だいおうけん》を撃ち、これを平定した。建武二〔二六〕年、右将軍《ゆうしょうぐん》の万脩《ばんしゅう》と共に南陽郡《なんようぐん》の諸県を平定した。しかし、堵郷《しゃきょう》〔河南省方城〕出身の董訢《とうきん》が宛城《えんじょう》で背き、南陽太守の劉驎《りゅうりん》を捕らえた。堅鐔は、軍を率いて宛県《えんけん》に赴き、決死隊を選び、夜に自ら城に登り、城門の守備兵を斬って侵入した。董訢は、城を棄てて堵郷に逃げ帰った。鄧奉《とうほう》が、また新野県《しんやけん》でそむき、呉漢《ごかん》を攻め破った。このときは万脩が病で卒し、堅鐔は孤立して、南は鄧奉を拒み、北は董訢に当たった。一年の間、道路は隔絶し、兵糧は至らなかった。堅鐔は、野菜を食べ、士卒と苦労を共にした。敵襲があるたび、真っ先に矢や石に身をさらし[三]、身に三ヵ所の傷を負ったが、これにより部下を守りきった。光武帝が南陽郡を征伐し、董訢と鄧奉を撃破すると、堅鐔を左曹《さそう》とし、常に征伐に従わせた。建武六〔三〇〕年、（封地を）定めて合肥侯《ごうひこう》〔安徽省合肥市〕とした。建武二十六〔五〇〕年、卒した。

子の堅鴻《けんこう》が（合肥侯を）嗣いだ。堅鴻が卒すると、子の堅浮《けんふ》が（合肥侯を）嗣いだ。堅浮が卒すると、子の堅雅《けんが》が（合肥侯を）嗣いだ。

〔李賢注〕

〔一〕上東門は、洛陽故城の東側の一番北寄りの門である。

〔二〕『洛陽記《らくようき》』に「建始殿《けんしでん》の東に太倉《たいそう》がある。太倉の東には武庫がある。兵器を収める所である」という。

〔三〕石とは、石を発して人に投げるものをいう。『墨子《ぼくし》』に「攻城戦に備える者は、重さ十鈞《きん》以上の石百枚を積んでおく」とある。

馬武伝

馬武《ばぶ》は、字を子張《しちょう》といい、南陽郡湖陽県《なんようぐんこようけん》〔河南省唐河県の南西〕の人である。若いとき復讐を避け、江夏郡《こうかぐん》〔湖北省新洲の西〕に仮住まいをした。王莽の末年、竟陵《きょうりょう》と西陽《せいよう》〔河南省光山県の南西〕の三老《さんろう》が兵を郡境で起こした。馬武は行ってこれに従い、後に緑林軍《りょくりんぐん》の中に入り、やがて漢の軍と合流した。更始帝が即位すると、馬武を侍郎《じろう》とした。劉秀と共に王尋《おうじん》たちを破り、任命されて振威将軍《しんいしょうぐん》となり、尚書令《しょうしょれい》の謝躬《しゃきゅう》と共に王《おう》郎《ろう》を攻めた。

劉秀は（王郎の根拠地である）邯鄲《かんたん》を抜くと、謝躬および馬武たちを招いて盛大な酒宴を開き、それに乗じて（更始帝側の）謝躬を暗殺しようとしたが、果たせなかった。宴会がお開きになると、一人馬武と叢台《そうだい》に登り［一］、寛《くつろ》いだ様子で馬武に、「わたしは漁《ぎょ》陽郡《ようぐん》と上谷郡《じょうこくぐん》の突騎《とっき》を手に入れ、将軍に率いさせたいと思う。どうだ」と言った。馬武は、「（わたしは）のろまで臆病で、何の策略も持っていません」と答えた。劉秀は、「君は熟練した将軍であり、軍事に通暁している。わたしの部下たちと同じではない」と言った。馬武は、これにより心を（光武帝に）寄せた。

［李賢注］

［一］（叢台は）むかしの趙王の台《うてな》である。唐の祇州《ししゅう》邯鄲城の中にある。

謝躬《しゃきゅう》が誅殺されると、馬武は馳せて射犬《しゃけん》に至り（劉秀に）帰順した。劉秀は、馬武を見てたいへん喜び、引きたてて身近に置いた。諸将を労《ねぎら》いもてなすたびに、馬武は、立ちあがり進み出て酒を酌み交わし、劉秀はそれを楽しんだ。また馬武の手勢を率いて鄴《ぎょう》に至らせようとしたが、馬武は、叩頭して辞退して、それを願いませんとした。劉秀は、いよいよ馬武の思いを褒めた。そうして（劉秀に）従って群賊を撃った。劉秀が尤来《ゆうらい》と五幡《ごはん》などを撃ち、慎水《しんすい》で敗れたときには、馬武が一人で殿《しんがり》を勤め、引き返して敵陣を陥とした。このため賊は追いつけなかった〔一〕。（劉秀は）進んで安次《あんじ》〔河北省廊坊市の北西〕・小広陽《しょうこうよう》〔河北省涿州市の南西〕に至り〔二〕、馬武は常に先鋒となり、力戦して前を阻むものはなかった。諸将は、みな馬武の後に続き、それにより賊を破り、平谷《へいこく》〔河北省平谷の北東〕・浚靡《しゅんび》〔河北省興隆の南東〕に至り戻った〔三〕。

〔李賢注〕
〔一〕殿《しんがり》とは、後ろを守ることである。（殿は）音が丁殿の反である。軍が敗れて、その後ろに鎮守することを言う。
〔二〕（小広陽とは）広平亭のことである。唐の幽州范陽《はんよう》県の西南にある。広陽国があるため、この亭を小広陽と呼ぶのである。
〔三〕平谷《へいこく》は、県の名であり、漁陽郡《ぎょようぐん》に属する。浚靡《しゅんび》は、県の名であり、右北平郡《ゆうほくへいぐん》に属する。靡は音が糜である。

光武帝が即位すると、馬武を侍中《じちゅう》・騎都尉《きとい》とし、山都侯《さんとこう》〔湖北省襄陽県北西〕に封じた。建武四〔二八〕年、虎牙《こが》将軍《しょうぐん》の蓋延《こうえん》たちと劉永《りゅうえい》を討った。馬武は、別に済陰郡《せいいんぐん》を撃ち、成武《せいぶ》〔山東省成武〕、楚丘《そきゅう》〔山東省曹県の南東〕を下し、捕虜将軍を拝命した。翌〔建武五、二九〕年、龐萌《ほうぼう》が背いて桃城《とうじょう》を攻めると、馬武は先んじて龐萌と戦い、これを破った。光武帝がやって来ると、龐萌は敗走した。建武六〔三〇〕年夏、建威大将《けんいだいしょう》軍《ぐん》の耿弇《こうえん》と西方の隗囂《かいごう》を撃ったが、漢軍は勝てず、引きあげて隴より下った。隗囂軍の追撃は急であった。馬武は、精鋭の騎兵を選び、引き返して殿《しんがり》となった。鎧を身につけ、戟《げき》を持って奔《はし》り撃ち、数千人を殺した。隗囂の兵は、このために退き、諸将の軍は長安に帰ることができた。

建武十三〔三七〕年、封邑を増し、改めて鄃侯《ゆこう》〔山東省平原の南西〕に封じた[二]。兵を率いて北方の下曲陽県《かきょくようけん》〔河北省晉県の西〕に駐屯し、匈奴に備えた。軍吏を殺した罪に問われ、詔を受けると、妻子を連れて国に赴けとのことであった。馬武はすぐさま洛陽に出向き、将軍の印綬を返上した。（封邑より）五百戸を削り、（封地を）定めて封建して楊虚侯《ようきょこう》とし、（京師に）留まって奉朝請《ほうちょうせい》となった。

［李賢注］

［一］鄃《ゆ》は、県の名であり、平原郡《へいげんぐん》に属する。故城は唐の徳州平原県の西南にある。鄃は音が兪である。

光武帝は後に功臣や諸侯と寛《くつろ》いで語り合い、ゆったりとして、「諸卿《きみたち》はこのような乱世に遭わなければ、自分では爵録はどのくらいまで至ったと思うか」と尋ねた。高密侯《こうみつこう》の鄧禹《とうう》が、最初に、「臣《わたくし》は、若いときに学問をしました。郡の文学博士《ぶんがくはくし》にはなれたでしょう」と答えた。光武帝は、「どうしてそんなに謙遜するのか。卿《きみ》は（南陽郡で有力な）鄧氏の子であり、志《こころざし》も行《おこない》も整っている。どうして（郡の属吏のうち高位の）掾《えん》や功曹《こうそう》にならないことがあろうか」と言った。他の者もそれぞれ答え、馬武の番になった。（馬武は）「臣《わたし》は武勇により、郡の太守《たいしゅ》や都尉《とい》、督盗賊《とくとうぞく》にはなれたでしょう」と言った。光武帝は笑って、「（守尉は無理だし、盗賊を捕らえる督盗賊ではなく）せめて盗賊にはならないようにな。（県の警察官の）亭長《ていちょう》にでもなれれば、上出来であろう」と言った。

馬武の人柄は酒を嗜《たしな》み、度量が大きく言いたいことを言った［一］。時には酔って皇帝の御前で、面と向かって同輩をやりこめ、その短所と長所を言い、避けることがなかった。光武帝は特別に馬武の放言を許して、楽しみとしていた。光武帝は功臣を抑え御したとはいえ、何かあるたびに法を曲げて、その小さな過失を赦した［二］。遠方から珍味が貢献されると、必ず先に列侯にあまねく賜わり、（光武帝の食事を用意する）太官《たいかん》には余りがなかった。功績があれば、すぐに封邑を増して賞し、（功臣を）任命するときに（事務を失敗すると罰せられる）吏職にはつけなかった。そのため（功臣は）みな幸福を保ち、誅殺される者はなかった。

［李賢注］

［一］（原文の）闊達とは、度量が大きいことである。（原文の）敢言とは、ものを言うことに果敢であり、隠すことがないことをいう。

［二］（原文の）回は、曲という意味である。法を曲げて赦すことである。

建武《けんむ》二十五〔四九〕年、馬武は中郎将《ちゅうろうしょう》として兵を率いて武陵郡《ぶりょうぐん》の蛮夷《ばんい》を撃った。帰還して印綬を返上した。明帝《めいてい》の初め、西羌《せいきょう》が隴右《ろうゆう》に侵入し、軍を破り将軍を殺した。朝廷はこれを憂えた。再び馬武を捕虜将軍に拝命し、中郎将の王豊《おうほう》を副とし、監軍使者《かんぐんししゃ》の竇固《とうこ》、右輔都尉《ゆうほとい》の陳訢《ちんきん》と、烏桓《うがん》・黎陽《れいよう》（河南省浚県の北東）の軍営[一]・三輔《さんぽ》の徴募兵・涼州《りょうしゅう》諸郡の羌胡の兵、および赦免した四人の合わせて四万人を率いて、西羌を撃たせた。金城郡《きんじょうぐん》の浩亹《こうもん》（甘粛省永登の南西）に到り[二]、羌族と戦い、首を六百級も斬った。また洛都谷《らくとこく》（青海省楽都の北）で戦い[三]、羌に敗れて千人余りが死んだ。羌は兵を率いて撤退して長城から出た。馬武は追撃して東邯《とうかん》・西邯《せいかん》（青海省化隆の南）に到り、大いにこれを破り[四]、四千六百級を斬首し、捕虜千六百人を生け獲りにし、それ以外はみな降伏して散り散りとなった。馬武は京師《けいし》に凱旋し、七百戸の封邑を増し、前と併せて千八百戸となった。永平四（六一）年に、卒した。

子の馬檀《ばだん》が（楊虚侯を）嗣いだが、兄の馬伯済《ばはくさい》が楚王の劉英の一味である顔忠《がんちゅう》の謀反に関わったことから、国が除かれた。永初七（一一三）年、鄧皇太后は馬武の孫の馬震《ばしん》に後を嗣がせ、漻亭侯《こうていこう》とした[五]。馬震が卒すると、子の馬側《ばそく》が（漻亭侯を）嗣いだ。

［李賢注］

［一］光武帝は、黎陽営《れいようえい》を設置した。（『後漢書』列伝六 鄧禹伝附）鄧訓《とうくん》伝に見える。

［二］浩亹《こうもん》は、県の名であり、金城郡《きんじょうぐん》に属する。故城は唐の蘭州《らんしゅう》広武県の西南にある。浩は音が閣、亹は音が門である。

［三］湟水《こうすい》は一名を洛都水という。西は吐谷渾《とよくこん》との境界から流れてくる。唐の鄯州《ぜんしゅう》湟水県にある。

［四］酈道元《れきどうげん》の『水経注《すいけいちゅう》』（巻二 河水）に「邯川城《かんせんじょう》の左右に川がある。北から流れ出て南に流れ、邯亭《かんてい》を経て黄河《こうが》に注ぐ」とある。おそらくこの川が流れを分けているので、これを東邯・西邯と呼んだのであろう。唐の廓《かく》州化隆県の東にある。

［五］漻《こう》は、音が胡巧の反、又は力彫の反である。

論にいう、（漢の）中興に功績のあった（雲台）二十八将は、前代では上は（天界の）二十八宿に対応したものとされるが、まだこれを解明できてはいない。しかし（二十八将は）みな、うまく風雲の時に出会い［一］、智勇を振るい、佐命の臣と称される志も才能もある人物であった［二］。議者は多く光武帝を非難するとき、功臣に職務を任《まか》せず、優れた実績を持つ英雄たちを捨てて用いなかったという。しかし光武帝の深謀遠慮を推し量ると、本当は理由があったのではなかろうか。（周の）王道《おうどう》がすでに衰え、（時代が）降って（春秋時代の）覇者《はしゃ》の徳が及ぶ時代でも〔三〕、まだ（官爵の）授受は能力だけで行われ、功臣と賢者は所を得ていた。管仲《かんちゅう》と湿朋《しっぽう》は、ともに桓公《かんこう》のとき宰相にのぼり、先軫《せんしん》と趙衰《ちょうすい》が、ともに文公《ぶんこう》の朝廷に列したようなことは、（賢者と功臣を）いずれも登用したものと言えよう〔四〕。（ところが時代が）降って秦漢《しんかん》より以降になると、代々武力を評価するようになった。国家の命運を助け支えた者は、みな武人から身を起こし〔五〕、なかには繒《きぬ》売り（の灌嬰）や狗《いぬ》殺し（の樊噲）のような悪賢い者もいた〔六〕。ある者はいくつもの城を賞賜されて尊ばれ、ある者は宰相の地位に任じられた〔七〕。したがって、いったん（天子に）権勢を疑われれば（天子との間に）隙を生じ、（天子と）勢力が拮抗すれば反乱が起きた〔八〕。蕭何《しょうか》や樊噲《はんかい》ですら牢獄に繋がれ、韓信《かんしん》と彭越《ほうえつ》がついに誅殺されたのは、当然ではなかろうか〔九〕。これより以降、武帝《ぶてい》に至るまで五代で宰相となった者は、すべて公侯であった〔一〇〕。こうして知識人の立身の道は塞がれ、賢能の士の行く手をふさぎ〔一一〕、朝廷には世襲による私物化が起こり、下々には（用いられないという）抱関《ほうかん》の怨みが多かった〔一二〕。正しい道を懐きながら名を知られず、その身を在野に眠らせたままの者も、数えきれないほどであった。そのため光武帝は前代の誤りを鑑《かんが》みて、間違いを正そうという志をもった〔一三〕。寇恂《こうじゅん》・鄧禹《とうう》のような勲功や、耿弇《こうえん》・賈復《かふく》のような功績があっても、封土を分けることは大県四つに過ぎず、加えられた待遇は特進《とくしん》と奉朝請《ほうちょうせい》だけであった〔一四〕。光武帝は政治に公平に臨み、仕事を与え責任を取らせており、それはいわゆる「人々を導くに政治により、人々を整えるに刑罰による」（『論語』為政篇）というものであろう〔一五〕。

もしこれを功臣に適用すれば、功臣は甚だしく傷つく〔一六〕。それは、法律を厳密に適用すれば古くからの恩を失い、情実により法を曲げれば法律の意味が失われ、徳のある人間を選べば功績のある者が必ずしも優遇されず、苦労した者を抜擢すればその人が賢人だとは限らず、功臣と賢者を互いに任用すれば臣下の望みを塞がず、功臣ばかりを並べればその弊害は遠い昔のことではない〔一七〕。その是非を比較し、事情に応じてその得失を量らなければならない〔一八〕。そのため官秩を高くし礼を厚くして、元勲の功績に報い、法令を厳しくし憲法を厳格にして、事務職の責任を明確にした。（光武帝の）建武《けんむ》年間〔二五～五六年〕に、侯《こう》となった者は百名余りいたが、あの（鄧禹・李通・賈復ら）数公だけが、国家の議論に参与し、禍福を分かちあった〔一九〕。それ以外はいずれも法令を寛大に扱われ、その封禄を全うし、世を終えるまで功名によって、余慶（である封爵）を子孫に伝えないものはなかった。むかし張良《ちょうりょう》は、劉邦《りゅうほう》が蕭何や曹参《そうしん》など故旧《ふるなじみ》だけを用いていると考えた[一〇]。そして郭伋《かくきゅう》も南陽出身者が多く顕官にあると非難し[一一]、鄭興《ていこう》も功臣ばかりが官に任じられることを戒めた[一二]。そもそも恩義を尊んで（官職を授けるのに）贔屓《ひいき》があれば、私情に溺れる過ちが起きやすく、公平な態度が国中を覆えば、必ずや賢者を招く道が広がろう。考えてみれば当然のことではないか。

［李賢注］

［一］風雲は、すでに（『後漢書』列伝一 劉玄）聖公伝《せいこうでん》で（虎が嘯き龍がうなれば、その感応として風が起こり雲が湧く）と説明している。

［二］『易通卦験《えきつうかけん》』に、「黄の佐命」とある。鄭玄《じょうげん》の注には、「黄というものは、火の子である。佐命とは、張良《ちょうりょう》がこれである」という。ここまでは、みな華嶠《かきょう》（の『漢後書』）の言葉である。

［三］王とは、周《しゅう》のことをいう。覇《は》とは、斉《せい》の桓公《かんこう》・晋《しん》の文公《ぶんこう》をいう。

［四］『史記《しき》』（巻三十二 斉太公世家）に、「管仲《かんちゅう》と隰朋《しっほう》は、斉国《せいこく》の政事を治め、斉の人々はみな喜んで仕えた」とある。『管子《かんし》』（戒篇）に、「管仲が病に倒れたので、桓公が管仲に、「もし

万が一のことがあったら、政治はいったい誰に委《ゆだ》ねればよかろうか」と尋ねた。（管仲は）「湿朋がよいでしょう」と答えた」とある。『国語《こくご》』（晉語四）に、「文公《ぶんこう》は趙衰《ちょうすい》を卿にしようとしたが、（趙衰は）辞退して、「先軫《せんしん》は知謀があり、臣《わたくし》はそうではありません」と言った。そこで先軫に下軍の副官をさせた。文公は、「趙衰は三たび（地位を）譲り、趙衰が譲った者はみな国家を守るに足る賢臣である」と言った」とある。

［五］（原文の）屈起とは、勃興といった意味である。（屈の）音は其勿の反である。

［六］灌嬰《かんえい》は、睢陽《すいよう》の繒《きぬ》売りであった。樊噲《はんかい》は、沛の人で、狗《いぬ》の屠殺を生業としていた。みな劉邦に従った。

［七］樊噲は、封ぜられて舞陽侯《ぶようこう》となり、灌嬰は、丞相となり、潁陰侯《えいいんこう》に封ぜられた。（原文の）阿は、倚という意味である。（原文の）衡は、平という意味である。（原文の阿衡とは）天下が頼って公平を掌るもの（である宰相のこと）をいう。

［八］（臣下の）勢力と地位が強過ぎれば、君臣は互いに疑いあう。（原文の）侔は、等という意味である。

［九］蕭何《しょうか》は丞相《じょうしょう》になると、人のために上林苑《じょうりんえん》のなかの空き地を（流民のために開放してもらうよう）請うた。高祖《こうそ》（劉邦）は（蕭何が商人から賄賂をもらって言っていると勘繰って）大いに

怒り、廷尉《ていい》に命じて蕭何《しょうか》を牢に繋がせた。燕王《えんおう》の盧綰《ろわん》が背くと、樊噲《はんかい》は相国《しょうこく》となって燕を撃った。ある人は樊噲が呂氏に味方することを憎んでいた。高祖は大いに怒り、陳平《ちんぺい》に軍中で樊噲を斬らせようとした。陳平は、呂氏（の権勢）を畏れ、樊噲を捕らえて長安に移送した。韓信《かんしん》は、封ぜられて淮陰侯《わいいんこう》になったが、ある人が上書して韓信が反乱したと告げた。呂后は武士に韓信を縛らせ、韓信を斬った。彭越《ほうえつ》は梁王《りょうおう》となったが、呂后はその召使いに彭越の謀反を告げさせ、ついに三族を平らげた。（『漢書』巻二十三）刑法志に、「三族を夷《たい》らぐとは、その首を梟《さら》し、その骨肉を菹《なます》にすることである」という。彭越と韓信は、ともにこの誅滅を受けた。

〔一〇〕高祖《こうそ》（劉邦）から武帝《ぶてい》に至るまで合計五代である。その（武帝期の公孫弘《こうそんこう》までの）間の宰相は、すべて公侯の勲貴《くんき》が就いていた。

〔一一〕（原文の）縉《そう》は、赤色という意味である。（原文の）紳は、帯という意味である。ある本では搢《しん》につくっている。搢は、插という意味である。笏《こつ》を帯に挿すことをいう。

〔一二〕（原文の）世及《せきゅう》とは、父子で受け継ぐことをいう。『礼記《らいき》』（礼運《らいうん》篇）に、「大人は世襲することで礼をなす」とある。抱関《ほうかん》とは、門を守る者のことである。『漢書』（巻七十八　蕭望之伝）に、「蕭望之《しょうぼうし》は小苑東門《しょうえんとうもん》の門番に任ぜられた。王仲翁《おうちゅうおう》は蕭望之に、「平々凡々とすることを拒否して、かえって門番となったのか」と言った」とある。

〔一三〕（原文の）矯は、正という意味である。枉は、曲という意味である。『孟子《もうし》』に、「曲がった者を矯正しようとしてその正しい道を過ぎてしまう」とある。

〔一四〕鄧禹《とうう》は大司徒《だいしと》となり、高密侯《こうみつこう》（山東省高密の南西）に封ぜられたが、食邑は四県である。耿弇《こうえん》は好畤侯《こうじこう》（陝西省乾県の東）となったが、食邑は二県で、奉朝請《ほうちょうせい》であった。賈復《かふく》は膠東《こうとう》侯《こう》に封ぜられ、合計六県を食《は》み、列侯により特進《とくしん》を加えられた。

〔一五〕『論語《ろんご》』（為政篇）に「人々を導くときに政治により、人々を整えるときに刑罰によれば、人々はそれを免れようとし恥を感じなくなる」とある。

〔一六〕（原文の）格は、正という意味である。もし法律によって功臣を正せば、その人に害がおよぶということである。

〔一七〕（原文の）参任とは、功臣と賢者をどちらも任用することをいう。それは群臣の心にはそれぞれ望みがあり、塞ぐことは難しい。もし高祖劉邦（の先例）に従い、功臣を並べれば、その弊害は遠い昔のことではない。

〔一八〕（原文の）勝否は、可否のような意味である。（原文の）即は、就という意味である。（原文の）権とは、その軽重をはかることをいう。

［一九］（『後漢書』列伝七）賈復伝《かふくでん》に、「光武帝は、事務処理（の不備）について三公を責める。そのため功臣を最後まで（三公には）用いなかった。このとき列侯は、ただ高密侯《こうみつこう》（の鄧禹）、固始侯《こしこう》（の李通）、膠東侯《こうとうこう》（の賈復）の三侯のみが、公卿と国家の大事を議論し、たいへん厚く遇された」とある。

［二〇］『漢書《かんじょ》』（巻四十 張良伝）に、「高祖が諸将を見かけると、しばしば話し合っていた。張良は、「これは謀反の相談をしています。陛下は平民から挙兵して天子となりましたのに、封建するのはみな蕭何や曹参といった故旧《ふるなじみ》ばかりです。そのため集まって謀反しようとしているのです」と言った」とある。高祖本紀に見える。

［二一］（『後漢書』列伝二十一）郭伋伝に、「光武帝は郭伋《かくきゅう》を并州牧《へいしゅうぼく》とした。光武帝が引見すると、郭伋は、「様々な職に人を選ぶときには、天下の賢俊より選ぶべきです。南陽郡の出身者ばかりを専ら用いるべきではありません」と言った。光武帝は、深くその言葉をおさめた」とある。

［二二］（『後漢書』列伝三十六）鄭興伝に、「鄭興は、徴召《ちょうしょう》されて太中大夫《たいちゅうたいふ》となり、上疏して、「道々では皆、陛下は功臣を用いようとされていると申しております。功臣が用いられれば人物と官位がそぐわなくなります」と言った。

永平《えいへい》年間〔五八〜七五年〕、明帝は改めて先代の功臣に感謝し、二十八将の絵を南宮《なんぐう》の雲台《うんだい》に描かせた。その外に王常《おうじょう》・李通《りつう》・竇融《とうゆう》・卓茂《たくぼ》の絵もあった。合わせて三十二人。このためその本来の順序により、これを篇末に載せ、それによって功臣の順序を以下のように記す。

太傅《たいふ》・高密侯《こうみつこう》の鄧禹《とうう》
大司馬《だいしば》・広平侯《こうへいこう》の呉漢《ごかん》
左将軍《さしょうぐん》・膠東侯《こうとうこう》の賈復《かふく》
建威大将軍《けんいだいしょうぐん》・好畤侯《こうじこう》の耿弇《こうえん》
執金吾《しつきんご》・雍奴侯《ようどこう》の寇恂《こうじゅん》
征南大将軍《せいなんだいしょうぐん》・舞陽侯《ぶようこう》の岑彭《しんほう》
征西大将軍《せいせいだいしょうぐん》・陽夏侯《ようかこう》の馮異《ふうい》
建義大将軍《けんぎだいしょうぐん》・鬲侯《かくこう》の朱祐《しゅゆう》
征虜将軍《せいりょしょうぐん》・潁陽侯《えいようこう》の祭遵《さいじゅん》
驃騎大将軍《ひょうきだいしょうぐん》・櫟陽侯《れきようこう》の景丹《けいたん》
中山太守《ちゅうざんたいしゅ》・全椒侯《ぜんしゅくこう》の馬成《ばせい》
河南尹《かなんいん》・阜成侯《ふせいこう》の王梁《おうりょう》
琅邪太守《ろうやたいしゅ》・祝阿侯《しゅくあこう》の陳俊《ちんしゅん》
驃騎大将軍《ひょうきだいしょうぐん》・参蘧侯《さんきょこう》の杜茂《とぼ》
積弩将軍《せきどしょうぐん》・昆陽侯《こんようこう》の傅俊《ふしゅん》
左曹《さそう》・合肥侯《ごうひこう》の堅鐔《けんたん》
上谷太守《じょうこくたいしゅ》・淮陵侯《わいりょうこう》の王霸《おうは》
信都太守《しんとたいしゅ》・阿陵侯《ありょうこう》の任光《じんこう》
豫章太守《よしょうたいしゅ》・中水侯《ちゅうすいこう》の李忠《りちゅう》
右将軍《ゆうしょうぐん》・槐里侯《かいりこう》の万脩《ばんしゅう》

虎牙大将軍《こがだいしょうぐん》・安平侯《あんぺいこう》の蓋延《こうえん》
衛尉《えいい》・安成侯《あんせいこう》の銚期《ちょうき》
東郡太守《とうぐんたいしゅ》・東光侯《とうこうこう》の耿純《こうじゅん》
城門校尉《じょうもんこうい》・朗陵侯《ろうりょうこう》の臧宮《ぞうきゅう》
捕虜将軍《ほりょしょうぐん》・楊虚侯《ようきょこう》の馬武《ばぶ》
驃騎将軍《ひょうきしょうぐん》・慎侯《しんこう》の劉隆《りゅうりゅう》
太常《たいじょう》・霊寿侯《れいじゅこう》の邳彤《ひとう》
驍騎将軍《ぎょうきしょうぐん》・昌成侯《しょうせいこう》の劉植《りゅうしょく》
横野大将軍《おうやだいしょうぐん》・山桑侯《さんそうこう》の王常《おうじょう》
大司空《だいしくう》・固始侯《こしこう》の李通《りつう》
大司空《だいしくう》・安豊侯《あんほうこう》の竇融《とうゆう》
太傅《たいふ》・宣徳侯《せんとくこう》の卓茂《たくぼ》

賛《さん》にいう、（光武）帝の治績がここに治まったのは、（功臣の）勲功がここにあるためである[一]。集まり来《き》った（功臣の）諸侯たちが、我が軍隊を勝たせた[二]。（功臣たちは）龍の姿（の皇帝）の親愛を受け、影を並べて大きく羽ばたいた[三]。

[李賢注]

[一]（原文の）庸《よう》は、勲という意味である。言いたいことは、皇帝の業績を興そうとすれば、勲功の臣下（の功績）を思い出すべきということである。

[二]（原文の）捷《しょう》は、勝という意味である。寇恂《こうじゅん》・鄧禹《とうう》といった人々が、王の功績を輔佐し、

軍隊の行く先々で、みな勝利を得たことをいっているのである。

〔三〕（原文の）婉孌《えんれん》は、親愛というような意味である。（原文の）龍姿《りゅうし》とは、光武のことをいう。（原文の）儷《れい》は、斉という意味であり、偶という意味である。言いたいことは、諸将が影を並べて羽ばたき大功を挙げたということである。

竇融列伝第十三

竇融伝　弟子固　曾孫憲　玄孫章

竇融《とうゆう》は、字を周公《しゅうこう》といい、扶風平陵県《ふふうへいりょうけん》の人である。七世祖である竇広国《とうこうこく》は、文帝《ぶんてい》の竇皇后《とうこうごう》の弟であり、章武侯《しょうぶこう》〔河北省黄驊県北西〕に封ぜられた〔一〕。竇融の高祖父は、宣帝のとき官僚（となり太守である）二千石（を輩出している家であること）により常山《じょうざん》から徙《うつ》された。竇融は幼くして父を失った。王莽《おうもう》の居摂《きょせつ》年間〔六～八年〕、強弩将軍《きょうどしょうぐん》の司《し》馬《ば》となり〔二〕、東に向かい翟義《てきぎ》を撃ち、戻って槐里《かいり》〔陝西省興平県南東〕を攻め〔三〕、その軍功により建武男《けんぶだん》に封ぜられた〔四〕。妹は大司空《だいしくう》の王邑《おうゆう》の妾となった。長安に住み、貴戚のもとに出入りし、故郷では豪傑と結び、任俠であるという名声を得た。それでも母や兄に仕え、幼い弟を養い、（家庭）内では行いを慎んでいた。王莽の末年に、青州《せいしゅう》と徐州《じょしゅう》で賊軍が挙兵すると、太師《たいし》の王匡《おうきょう》は〔五〕、竇融を招いて助軍《じょぐん》とし、共に東征した。

［李賢注］

〔一〕章武《しょうぶ》は、県であり、勃海郡《ぼっかいぐん》に属する。故城は唐の滄州《そうしゅう》魯城県にある。

〔二〕強弩将軍は、王莽の明義侯《めいぎこう》の王俊《おうしゅん》である。
〔三〕槐里の趙明《ちょうめい》・霍鴻《かくこう》たちは、兵を起こして翟義《てきぎ》に応じた。王邑《おうゆう》たちは、翟義を破ると引き返し、軍を合わせて趙明・霍鴻らを攻撃して滅ぼした。竇融は、このときその軍に随っていた。『漢書』（巻九十九上 王莽伝上）に見える。
〔四〕『東観漢記《とうかんかんき》』と『続漢書《しょくかんじょ》』はいずれも（建武男を）寧武男《ねいぶだん》とする。
〔五〕王匡は、王舜《おうしゅん》の子である。

漢の兵が挙兵すると、竇融はまた王邑《おうゆう》に従ったが、昆陽《こんよう》〔河南省葉県〕付近での戦に敗れ、長安に帰った。漢の軍は、長駆して関中《かんちゅう》に入った。王邑は竇融を推薦して、波《は》水将軍《すいしょうぐん》とし〔二〕、黄金千斤を賜い、兵を率いて新豊《しんほう》に至らせた。王莽《おうもう》が敗れると、竇融は軍を率いて更始帝《こうしてい》の大司馬《だいしば》である趙萌《ちょうぼう》に降服した。趙萌は竇融を校尉《こうい》とし、たいへん竇融を重んじて、竇融を推薦して鉅鹿太守《きょろくたいしゅ》とした。

竇融は更始帝が新たに即位したのに、東方がまだ混乱しているのを見て、関中から出ることを望まなかった。（竇融は）高祖父が、かつて張掖太守《ちょうえきたいしゅ》〔甘粛省張掖市一円〕となり、従祖父が護羌校尉《ごきょうこうい》となり、従弟もまた武威太守《ぶいたいしゅ》〔甘粛省の武威市一円〕となり、代々河西《かせい》に居たため、その地方の習俗を知っていた。こっそりと兄弟に、「天下の行く末は、まだ分からない。河西は豊かな土地であり、めぐる黄河が天然の要塞となっている。張掖属国《ちょうえきぞくこく》には精兵一万騎があり［二］、一度変事が起これば、黄河の渡しを封鎖して、自分たちで守れる。これこそ我が一族が生き延びる場所である」と言った［三］。兄弟はみなその通りであるとした。竇融はそこで毎日のように趙萌のもとに陳情に行き［四］、鉅鹿太守を辞退して、河西に出ることを謀った［五］。趙萌は竇融のため更始帝に言上し、こうして張掖属国都尉《ちょうえきぞくこくとい》となることができた。竇融は、大いに喜び、すぐさま一族郎党を率いて西へ向かった。到着すると、英雄・豪傑と結び、羌族を懐柔し［六］、大いにかれらの歓心を得た。河西の人々は次々と彼の元に集った。

［李賢注］

［一］『前書音義《ぜんしょおんぎ》』に、「波水《はすい》は、長安の南にある」という。

［二］漢の辺境の郡では、みな属国《ぞくこく》〔異民族を支配する地域〕を置いた。

［三］（原文の）遺は、留という意味である。それにより安全を確保して、絶滅を心配しなくてよいのである。

［四］（原文の）守は、求というような意味である。
［五］（原文の）図は、謀という意味である。
［六］（原文の）輯は、和という意味である。

このとき酒泉太守《しゅせんたいしゅ》（甘粛省酒泉市一円）の梁統《りょうとう》と金城太守《きんじょうたいしゅ》（甘粛省永靖県一円）の厙《しゃ》鈞《きん》［一］・張掖都尉《ちょうえきとい》の史苞《しほう》［二］・酒泉都尉《しゅせんとい》の竺曾《じくそう》・敦煌都尉《とんこうとい》（甘粛省敦煌県）の辛彤《しんとう》は、いずれも州郡の英俊であった。竇融は、かれらと親密に付きあった。更始帝が敗れると、竇融は梁統たちと計議して、「いま天下は騒乱し、いまだ帰する所を知らない。河西は孤立して、羌族や胡族の中に置かれている［三］。心を一つにして力を戮《あわ》せなければ［四］、自分たちを守れない。権限が等しく力も釣り合っていては、互いに統率が取れない。一人を推薦して大将軍として、共に五郡を全うし、時の変動を窺《うかが》って動くべきである」と言った。議論は定まったが、それぞれが（大将軍となることを）謙遜して辞退した。皆は、竇融は代々河西（の地方長官）に任ぜられ（た家柄出身で）、官吏や人々の尊敬を受けていると考えた。そこで竇融を推して、河西五郡大将軍《かせいごぐんだいしょうぐん》の職務を兼任させた。このとき武威太守《ぶいたいしゅ》の馬期《ばき》と張掖太守《ちょうえいたいしゅ》の任仲《じんちゅう》は、どちらも孤立して味方がいなかった。そこで（竇融は）書簡を送って二人に（攻撃の意志を）告示すると、二人は印綬《いんじゅ》を解いて（辞職し）立ち去った。そこで梁統を武威太守とし、史苞を張掖太守とし、竺曾を酒泉太守とし、辛彤を敦煌太守とし、厙鈞を金城太守とした。竇融は張掖属国におり、都尉の職を領するのは前と同じで、従事《じゅうじ》を置き五郡を監察させた。河西の民の気質は質樸で、竇融たちの政治も寛和であったので、上下があい親しみ、（人々の暮らしは）落ち着いて豊かであった。兵馬を整え、戦争のために射撃を訓練した。烽燧《のろし》によって警戒し、羌族や胡族が塞《とりで》に侵入すると、竇融はしばしば自ら将として諸郡と互いに救いあうことは、割符のよう（に約束の時期どおり）であり〔五〕、常にしばしば自ら羌族や胡族を破った。そののち匈奴は、これに懲《こ》り〔六〕、ほとんど侵寇せず、辺境を守る羌族や胡族はみな心服して懐《なつ》いた。安定郡《あんていぐん》〔甘粛省鎮原県一円〕・北地郡《ほくちぐん》〔寧夏回族自治区呉忠市一円〕・上郡《じょうぐん》〔陝西省楡林県一円〕で、飢饉を避け流浪していた者は、竇融のもとへ絶え間なくやって来た。

［李賢注］

〔一〕『前書音義《ぜんしょおんぎ》』に、「厙《しゃ》という姓は、倉庫の吏の後裔である。いま羌中《きょうちゅう》に厙を姓とするものがある。音は舎、承鈞《しょうきん》の後裔であるという」とある。

［二］『三輔決録《さんぽけつろく》』の注に、「史苞《しほう》は、字を叔文《しゅくぶん》といい、茂陵県《もりょうけん》の人である」という。

［三］（原文の）斗《と》は、けわしい絶壁のことである。『漢書《かんじょ》』（巻二十五 郊祀志上）に、「成山《せいざん》は海に絶壁のまま入る」とある。

［四］戮は、并という意味である。

［五］（割符のようとは）敵に赴くときに約束の時期を違わないことである。

［六］懲は、創《こりる》という意味である。『説文解字《せつもんかいじ》』に、「乂《がい》もまた懲《こら》しめるである」という。

竇融たちは、遥かに（中原で）光武帝《こうぶてい》が即位したと聞いた。そして内心は東（の光武帝のもと）に向かいたいと思ったが、河西は遠隔の地であるため、まだ自分から連絡できなかった。このとき隗囂《かいごう》は（竇融たちに）先立って（従い、光武帝の元号である）建武《けんむ》の年号を称した。（そのため）竇融たちは（隗囂に）従って正朔《せいさく》〔暦。これを受けると授ける者の時空の支配の承認になる〕を受けた。隗囂は、（竇融たちの将軍の）印綬をみな（光武帝に）代わって与えた。隗囂は、外向きには人望に順（い光武帝に従）うふりをしていたが、心の中では（独立しようとの）異心を懐いており、弁士の張玄《ちょうげん》を河西（の竇融のもと）に遊説させ、「更始帝は事業が完成しましたが、後に滅亡しました。これは一つの（劉という）姓が再び興ることがない証拠です。今もし天下の主となる者が現れて、それに従って一度拘束を受け入れれば、自分の権力を失います。その後で危機があれば、後悔しても間に合いません。いま豪傑は競い合い、雌雄はまだ決しておりません［一］。それぞれ自分の根拠地に拠り、隴《ろう》（の隗囂）と蜀《しょく》（の公孫述）に合従《がっしょう》すべきです［二］。上手くいけば（戦国時代の）六国のようになれ、失敗しても（南越国王となった）趙佗《ちょうだ》にはなれるでしょう」と言わせた［三］。竇融たちは、そこで豪傑や諸郡の太守を召して相談した。その中の智者はみな、「漢は尭《ぎょう》の運《めぐり》を承け［四］、その（天から授かった国家の寿命である）歴数《れきすう》は長く続いています。いま皇帝の姓（が劉であること）は（孔子が著した予言書である）図讖《としん》の書に見え［五］、先代の博物の方術家である谷永《こくえい》や夏賀良《かがりょう》たちは、漢が再び天命を受ける証を明らかにし、これが言われてから時間がたっています［六］。このため劉子駿《りゅうししゅん》（劉歆）は、名字を（予言書にあわせ劉秀と）改め、占いに応じようと願ったのです［七］。王莽の末に、方術家の西門君恵《せいもんくんけい》は、「劉秀《りゅうしゅう》が天子となる」と言い、やがて劉子駿を（皇帝に）立てようと謀りました。事は発覚して殺されましたが、（刑場に）引き出された時に見物していた人々に、「劉秀は真にお前たちの主である」と言っています。（これらは）みな最近の事として明確であり〔八〕、智者の共通認識です。天命を言うことは置き、しばらく人事でこれを論じれば、いま皇帝を称している者が数人おりますが、洛陽《らくよう》（を首都とする光武帝）が、土地は最も広く、兵士は最も強く、号令は最も明らかかです。（天命が下されることを告げる）予言書を見て人事を察するに、他姓の者は（光武帝に）対抗することなどできません」と述べた。諸郡の太守は、それぞれ賓客を抱えており、ある者は賛同し、ある者は異論があった。竇融は細心の注意を払って検討し、ついに策を決して東（の光武帝）に従うことにした。建武《けんむ》五〔二九〕年夏、長史《ちょうし》の劉鈞《りゅうきん》を派遣して（帰順を告げる）書を奉じ馬を献上させた。

［李賢注］

［一］（『史記』巻七 項羽本紀に）項羽《こうう》は高祖《こうそ》（劉邦）に、「願わくは沛公《はいこう》（劉邦）と雌雄を決したい」と言った。

［二］『漢書音義《かんじょおんぎ》』に、「利によって連合することを従といい、威勢によって互いに脅し合うことを横という」とある。

［三］佗《だ》の姓は、趙といい、真定《しんてい》の人である。陳勝《ちんしょう》が挙兵すると、趙佗は、南海《なんかい》の尉《い》を兼ね、や

がて王となって南越を支配した。そのため尉佗と呼ぶのである。

［四］『春秋《しゅんじゅう》左《さ》氏《し》伝《でん》』（昭公伝二十九年）に、「（帝尭）陶唐《とうとう》氏《し》は、衰えたが、その後裔に劉累《りゅうるい》がいた。（劉累は）龍を馴《な》らすことを学び、（夏の）孔甲《こうこう》に仕え（氏を賜わり）御龍氏《ぎょりゅうし》となった」とある。春秋の時に晉《しん》の卿となった士会《しかい》は、劉累の後裔である。士会は、秦に亡命し、後に晉に帰国した。その際（秦に）残った者は（劉累にちなみ）劉氏《りゅうし》と称した。戦国のとき、劉氏は秦から魏に捕らえられた。魏が都を大梁《だいりょう》に遷《うつ》すと、（劉氏は）豊《ほう》〔江蘇省豊県〕に拠点を置き、豊公と号した。これが（劉邦の父である）太上皇《たいじょうこう》の父である。そのため漢は尭の運を承けている、と言うのである。

［五］『河図赤伏符《かとせきふくふ》』に、「劉秀は兵を発して不道《ふどう》の者を捕らえる」とある。

［六］『漢書』（巻八十五　谷永《こくえい》伝）に、成帝《せいてい》のとき、谷永は上書して、「陛下は（災厄《さいやく》のめぐりあわせとされる）陽数の摽季《ひょうき》〔陽九の末期〕に当たり、（国家の創業から）三七（二一〇年目の災厄の）節紀《せっき》に渉《わた》ります」と申し上げた。（また、『漢書』巻十一　哀帝紀に）哀帝《あいてい》のとき、夏賀良《かがりょう》は、「『赤精子讖《せきせいししん》』に、「漢家の暦運は、中ほどに衰えるので、再び天命を受けるべきである」とあります」と申し上げた。

［七］劉歆《りゅうきん》は、哀帝の建平《けんぺい》元〔前六〕年に名を秀、字を穎叔《えいしゅく》に改め、符命《ふめい》〔符瑞を伴った予言〕

に応ずることを願った。

［八］（原文の）暴は、露という意味である。（原文の）著は、見という意味である。

これよりさき、光武帝は、河西が戦争に巻き込まれず豊かで、土地が（隗囂の拠点である）隴《ろう》と（公孫述の拠点である）蜀《しょく》に接していると聞き、つねに竇融を招いて隗囂と公孫述を圧迫しようと考え、使者を派遣して竇融に信書を送ろうとしていた。（光武帝の使者は竇融の使者である）劉鈞《りゅうきん》に道中で出会い、そこで一緒に戻ってきた。光武帝は劉鈞と会ってとても歓び、礼を尽くしてもてなし、そののち帰らせて竇融に璽書を賜わり、「行河西五郡大将軍事《こうかせいごぐんだいしょうぐんじ》・属国都尉《ぞくこくとい》（の竇融）に制詔《せいしょう》する。（竇融が）辺境の五郡を鎮守することを労《ねぎら》う。（河西の）兵馬は精強で、倉庫に蓄えがあり、民草は富み栄えて、外は羌族や胡族を破り、内は人々が恩恵を蒙っているという。その威徳を耳にして、心を虚しくして互いに（誼《よしみ》を通じることを）望んでいたが、道路が隔絶され、これまで上手くいかなかった。長史《ちょうし》（の劉鈞）が奉じた信書と馬はすべて受け取り、深く（竇融の）厚意を知った。いま益州《えきしゅう》には公孫子陽《こうそんしよう》〔公孫述〕がおり、天水《てんすい》には隗将軍《かいしょうぐん》〔隗囂〕がいる。蜀（の公孫述）と漢（の光武帝）が攻めあう際には、勝敗は竇将軍にかかっている。足をあげ左に行くか右に行くかで、大きな差ができる［一］。このような状況であるから、将軍を厚く遇さないこととあろうか。諸々の事は詳細に長史が見、将軍の知る通りである。王者が同じ時に興るのは、千年に一度である［二］。最終的に桓公《かんこう》や文公《ぶんこう》（が周を輔《たす》けた故事）のように衰えた国（である漢）を輔佐《ほさ》しようと思うのであれば［三］、努力をして功業を立てるまでやり遂げるべきである。（そうではなく）天下を三分して鼎足《ていそく》し、合従連衡《がっしょうれんこう》しようというのであれば、それも時を見て実行に移せばよい［四］。天下はまだ統一されず、わたしと君とは遠く離れ、併呑しあう関係にはない。いま議者は、必ずや任囂《じんごう》が尉佗《いだ》に七郡を支配させた（ように河西で独立するという）計を言うであろう［五］。しかし、王者は、封土を分けて封建することはあっても、（独立国を認めて）人々を分けることはない。自然と自分に相応《ふさわ》しいことをさせるだけである。いま黄金二百斤を将軍に賜おう。（他に）必要があれば言うがよい」と伝えた。こうして竇融に涼州《りょうしゅう》牧《ぼく》を授けた。

［李賢注］

［一］蒯通《かいとう》が（韓信に）楚の（項羽の）味方をすれば楚が勝ち、漢の（劉邦の）味方をすれば漢が

勝つと言ったようなものである。

〔二〕千載一遇の好機は、得がたく失いやすいことをいう。

〔三〕周室が弱体であるため、斉《せい》の桓公《かんこう》と晉《しん》の文公《ぶんこう》は、周室を輔けて天下の覇者《はしゃ》となった。

〔四〕蒯通は韓信《かんしん》に、「（劉邦と項羽と共に）天下を三分し、鼎《かなえ》のように（三つの足の一つとなって）立つべきです」と説いた。

〔五〕秦《しん》の（二世皇帝）胡亥《こがい》のとき、南海尉《なんかいい》の任囂《じんごう》は、病気で死ぬ間際に、龍川令《りゅうせんれい》の趙佗《ちょうだ》を召して、「番禺《ばんぐう》は山の険阻をたのみ、南北東西数千里である。中国の人が助け合うことができれば、これもまた一州の主であるから、国を建てることができる。そのため君を召して南海尉の職務を兼ねさせようと思う」と語った。（『漢書』巻二十八下）地理志に、「蒼梧《そうご》〔広西省梧州市〕・鬱林《うつりん》〔広西省桂平県西〕・合浦《ごうほ》〔広東省合浦県北東〕・交阯《こうし》・九真《きゅうしん》〔ヴェトナムの清化省清化県西北〕・南海・日南《にちなん》〔ヴェトナムの平治天省広治河・甘露河一帯〕は、みな越の一部である」とある。これを七郡という。（原文の）效は、致という意味である。世間に流通している本で「教」の字に作っているものは誤りである。

璽書《じしょ》が至ると、河西（の諸将）はみな驚き、天子は万里の外を見通し、張玄《ちょうげん》の〔隗囂が竇融と共に自立しようと誘った）事情を網羅していると思った[一]。竇融は直ちにまた劉鈞《りゅうきん》を派遣して上書し、「臣《わたくし》融が秘かに伏して考えますに、（わが一族は）幸いにも前漢の竇皇后の末裔に生まれ、（漢の）恩を蒙って外戚《がいせき》となり、世々二千石の（太守の）官を継続して得られました。臣の身に至り、また爵位を与えられ、妄《みだ》りに将帥となり[二]、（天下の）一隅を守らせていただいております。（そこで）人質を送れば事情を説明しやすく、（それにより）忠を示せば力を発揮しやすくなります。信書では深く至誠を明らかにするには足りませんので、劉鈞を遣わして口頭で本心を陳べさせました。わたくしが思うには、腹の底まで明らかにして、他に思うところは微塵もありません[三]。それなのに璽書は盛んに、蜀（の公孫述）と漢（の光武帝）の二主が立つ今、（竇融が独立すれば）三分鼎足できるという権謀や、任囂《じんごう》や尉佗《いだ》の（ように自立する）謀略があるとされています。秘かにわたくしは痛み傷ついております。臣融は知識のない人間ですが、それでも利害の際、順逆の分は知っています。昔からの真の君主に背き、姦偽《いつわり》の人に仕え、忠貞《ちゅうてい》の節を廃し、天下を傾け、成功した基を棄て、望むべくもない利を求めるでしょうか。この三者は狂人に聞いても、去就を知っていることです。それなのに臣だけが心に余計なことを考えるでしょうか。謹しんで同母弟の竇友《とうゆう》を派遣して闕《けつ》に詣らせ、口頭で詳細を陳《の》べさせます」と伝えた。竇友が高平《こうへい》〔寧夏回族自治区固原〕に至った時〔四〕、ちょうど隗囂が反乱を起こしたので、道路は途絶して（竇友は）馳せ戻った。（そこで改めて）司馬《しば》の席封《せきほう》を派遣して、間道を抜けて信書を届けさせた〔五〕。光武帝は、また席封を遣わして竇融と竇友に信書を賜い、これを慰労することたいへん手厚かった〔六〕。

〔李賢注〕
〔一〕ある本では（原文の立の字は）玄の字に作る（ので本書は、それに依拠して玄の字とした）。
〔二〕（原文の）仮は、濫《みだ》りにというような意味である。
〔三〕（原文の）底裏はみな露《あら》わであるとは、隠すところのないことをいう。
〔四〕高平は、唐の原州平高県である。
〔五〕『東観漢記《とうかんかんき》』と『続漢書《しょくかんじょ》』は、「席」の字を共に「虞」の字に作る。
〔六〕（原文の）慰藉《いせき》は、（慰労であるとの）解説が隗囂伝に見える。

竇融は、こうして光武帝の考えを知り、そこで書を送って隗囂を責め、「伏して考えますに、将軍は（勢力下に置く）国が富み政治も修まり、兵士も懐いています。（隗将軍は）自ら漢が王莽に簒奪され、国家の危機に巡り会い［一］、節を守り邪《よこしま》なことをせず［二］、漢によく仕えました。後に伯春《はくしゅん》〔隗恂〕を遣わし［三］、その身を国家に（人質として）委ね、疑いのない誠意は、そこに現れていました。融《わたくし》たちがその高義に感服し、将軍に従って働こうと望んだ理由は、誠にこのためです。しかし憤りの感情に流され［四］、これまでの忠節と意図を変え、（光武帝に背いて）君臣が分かれて争い、上下が兵を交えています［五］。成功を捨てて［六］、困難を生み出し、義に従うことを止めて、邪悪な謀略を巡らしては［七］、百年かけて積み重ねた功績を一朝に台無しにします。なんと残念なことではありませんか。恐らく（隗囂の）政務を執っている者たちが、功績を挙げるために謀略をたて、このような事態に至ったのでしょう［八］。融《わたくし》は秘かにこれを傷んでいます。いま西州は地勢が手狭で、人も兵も離散し、人を助けることには向きますが、自立するのは困難です。考えますに、もし路に迷っても引き返さず、道を聞いてもなお迷うのならば［九］、南に向かって子陽《しよう》〔公孫述〕と合流するか、北に向かって文伯《ぶんはく》〔盧芳〕のもとに逃げ込むしかありません［一〇］。偽りの親交を当てにして強力な敵を侮り、遠くの救援を頼みにして近くの敵を軽んじることは［一一］、いまだ上手くいった例を見たことがありません。融が聞くところでは、智者は人々を危険に晒《さら》してまで事を成そうとはせず、仁者は義に背いてまで成功を求めたりはしないと言います。いま小によって大と戦うことは、人々を危うくするものです〔一二〕。子を棄てて成功を求めることは、義に違《たが》うことです〔一三〕。はじめ漢朝に仕え、稽首《けいしゅ》して北面したのは、忠臣の節です〔一四〕。伯春を（人質に）遣《や》るに及び、涙を流して見送ったのは、慈父の恩です。俄《にわ》かに漢朝に背けば、吏士に何と言うのでしょう。忍んで伯春を棄てれば、伯春に何と言うのでしょう〔一五〕。兵を起こして以来、攻撃しあい、城郭はみな丘墟となり、人々は谷間に（死体となり）横たわっています。いま生き残っている者は、戦争の生き残りでなければ、流亡の孤児たちです。今に至るまで傷ついた身体はまだ癒えず、泣き叫ぶ声はなお聞こえています。幸いに天運が少し戻って（天下の統一が近づいて）きたというのに、将軍はまた困難を重ね、長年にわたる傷病者を癒すことも許さず、幼少の孤児をまた流離させようとしています。その悲痛なことは、憐れみ傷《いた》むに十分です。これを言えば涙なくして語れません〔一六〕。一般の人間ですら忍びないのに、まして仁者であればなおさらでしょう。融が聞くには、忠を成すことは容易であるが、その宜しきを得るのは実に難しく〔一七〕、人を憂うことも、大いに過ぎれば、徳によって怨みを受けると言います〔一八〕。言葉により罪を得ようとしていることを知るべきです。細々と献じた所を将軍はよく省《かえり》みてください」

と言った。隗囂は納《い》れなかった。竇融は、そこで五郡の太守と共に兵馬を励まし、上疏して（隗囂を討伐する）軍隊の合流する時期を（光武帝に）尋ねた。

［李賢注］

［一］（国家の危機とは）漢《かん》が王莽《おうもう》の簒奪に遭ったことをいう。

［二］（原文の）回は、邪という意味である。

［三］（伯春《はくしゅん》は）隗囂《かいごう》の子である隗恂《かいじゅん》の字である。

［四］（原文の）悁《えん》は、恚《いかる》という意味である。

［五］（君臣が分かれて争うとは）光武帝に背いたことをいう。

［六］（原文の）委は、棄という意味である。

［七］（原文の）従を去るとは、山東《さんとう》（の光武帝）に背くことである。（原文の）横を為すとは、西《せい》蜀《しょく》（の公孫述）と通じたことである。

［八］隗囂の政事を執る者たちが、功績を建てるのを望み、逆謀を立てたといっている。

［九］『淮南子《えなんじ》』（斉俗訓《せいぞくくん》）に、「道《みち》に通じた者は、車軸のようである。自らは動かないのに、轂《こしき》と共に数千里を旅する。道に通じていない者は、（路に）迷い惑う者のようである。東西南北

を告げても、それでもまた迷い惑う」とある。
〔一〇〕文伯《ぶんはく》とは、盧芳《ろほう》のことである。
〔一一〕（原文の）負は、恃《たの》むという意味である。（原文の）易は、軽んじるという意味である。公孫述《こうそんじゅつ》を恃んで光武帝を軽んじることをいう。易は、音が以豉の反である。
〔一二〕人々を危うくすることをいう。
〔一三〕義に違《たが》うことをいう。
〔一四〕稽首は、天子を拝するときの礼である。礼に、君主が南に向くのは、陽に答える意義が、臣下が北面するのは、君主に答える意義がある、という。
〔一五〕（原文の）留子は、いま在る子のことをいう。伯春を留子といっている。
〔一六〕宋玉《そうぎょく》は（『文選《もんぜん》』巻十九 高唐賦《こうとうのふ》に）、「孤子や寡婦は、心を寒くし鼻にしみて、涙が出るほど悲しい」と述べている。
〔一七〕『春秋左氏伝《しゅんじゅうさしでん》』（成公 伝十年）に、「忠は美しい行為であるが、相手が悪いと災いを招く。まして真の忠でなければなおさらである」という。
〔一八〕『詩経《しきょう》』（邶風《へきふう》 谷風）に、「我を徳とせず、かえって我を仇《かたき》のように憎む」とある。

光武帝は深く竇融（の隗囂討伐の決意）を褒め称え、そこで竇融に外戚の系図と司馬《しば》遷《せん》（の『史記』）の（巻五十九の景帝の十三人の子を載せる）五宗世家《ごそうせいか》と（巻四十九の竇皇后を載せる）外戚世家《がいせきせいか》〔一〕、（巻百七の竇嬰《とうえい》の列伝である）魏其侯列伝《ぎきこうれつでん》を賜わった〔二〕。詔を報じて、「いつも外戚を思うと、景帝は竇皇后から生まれ〔三〕、長沙定王《ちょうさていおう》の劉発《りゅうはつ》は、景帝の子であり、朕《ちん》の祖先である（ように自分と竇氏との係わりは深い）。むかし魏其侯《ぎきこう》竇嬰《とうえい》は一言により、皇統を継承する方法を正しく導き〔四〕、長君《ちょうくん》と（竇融の七世祖である）少君《しょうくん》（竇広国）は師傅《しふ》を尊び奉り〔五〕、淑《よ》き徳を修め、敷衍《ふえん》して子孫（の竇融）に及ぼした〔六〕。これは竇皇太后の神霊と、上天が漢を助けたためである。天水から来る者は、将軍が隗囂を責めた書を写し、痛み骨髄《こつずい》に入る思いをしている。叛臣《はんしん》がこれを見れば、足を震わせて恥じ入るべきである。忠臣は鼻をつまらせ涙を流し、義士は無知を啓《ひら》かれる思いをしよう〔七〕。忠孝で誠実な人間でなければ、誰がこれをできようか〔八〕。徳の薄い者にできるはずはない。隗囂は河西の（竇融の）助けを失い、族滅の禍いが及ぼうとしていることを知り、離間の言説を設け、真心を惑乱し、互いに相手を陥れようとして〔九〕、それにより邪《よこしま》な計画を成そうとしている。また京師《みやこ》の官僚たちは、国家《わたし》と将軍の本意をよく知らず、多くは虚偽の説を耳にして、誇張して益体《やくたい》もないことを語り、忠孝の臣に希望を失わせ、実態から離れた言説を伝えている。毀誉褒貶の由来は、理由があると思わずにはいられない。今や関東《かんとう》の盗賊はすでに平定され、大兵は今まさに悉《ことごと》く西へ向かうべき時である。将軍は威武《いぶ》を宣揚して、約束の時期に応じよ」と述べた。竇融は詔を受けると、直ちに諸郡の太守の将兵と共に金城郡《きんじょうぐん》に入った。

〔李賢注〕

〔一〕（前漢の）景帝《けいてい》の子のうち十三人は王となったが、それらの子の母は五人であった。（そこで）同母の者を一宗《いっそう》とした。そのため五宗と呼ぶ。景帝は、竇皇后《とうこうごう》が生んだ子であることと子孫を残すことが多かったことを言っているのである。

〔二〕竇嬰《とうえい》は、竇皇太后の従兄の子である。魏其侯《ぎきこう》に封ぜられた。魏其は、県であり、琅邪郡《ろうやぐん》（山東半島南東部一帯）に属する。

〔三〕（原文の）出《しゅつ》は、生むという意味である。『爾雅《じが》』（釈親）に、「男子とは、姉妹の子を出するをいう」とある。

〔四〕梁孝王《りょうこうおう》（の劉武）は、景帝《けいてい》の弟である。また竇皇太后《とうこうたいごう》の生んだ子であった。梁王が朝廷に出仕すると、それを機に（景帝は）兄弟で宴会をした。このとき景帝はまだ太子を立てていなかった。酒宴もたけなわの頃、景帝は真面目な顔で、「わたしの死後は（帝位を）梁王《りょうおう》に伝えよう」と言った。竇皇太后は喜んだ。竇嬰《とうえい》は、杯に注いだ酒を取ると、景帝に進めながら、「天下というものは、高祖《こうそ》の天下であり、父子あい伝えることは、漢家の約束です。陛下は、どうして（弟の）梁王に（帝位を）伝えられましょうか」と言った。景帝はこうして止めた。

[五] 長君《ちょうくん》は、竇皇太后の兄である。少君《しょうくん》は、竇皇太后の弟である竇広国《とうこうこく》の字である。絳侯《こうこう》（の周勃《しゅうぼつ》）と灌嬰《かんえい》たちは、二人が微賤の出身なので、（二人の）ために師傅《しふ》に人格者で行いに節度がある者を選び一緒に過ごさせた。長君と少君はこうして謙譲の君子となり、富貴となっても人に驕《おご》らなかった。（この記事は）『漢書《かんじょ》』（巻九十七上 外戚伝上）に見える。

[六]（原文の）施《し》は、延という意味である。音は羊豉の反である。

[七]（原文の曠《こう》と矇《もう》について）『説文解字《せつもんかいじ》』（第七篇上）に、「曠《こう》は、明という意味である」という。眸子《ひとみ》があるのに見えないことを矇《もう》という。『漢書』（巻八十七 揚雄《ようゆう》伝）に、揚雄は、「そこで今日矇を発して、はっきりと光り明らかである」と書いている。

[八]（原文の愨《かく》について）『説文解字』（第十篇下）に、「愨《かく》は、謹という意味である」という。愨は、ある本では、懿《い》に作る。

［九］（原文の相い解搆《かいこう》すとは）たがいに言辞を弄して相手を陥れることをいう。

　これよりさき更始帝《こうしてい》の時、先零羌《せんれいきょう》の封何《ほうか》の諸族は金城太守《きんじょうたいしゅ》を殺し、金城郡に居すわった。隗囂《かいごう》は、使者を送って封何に金品を贈り、盟約を結んで兵を徴発しようと考えた。竇融たちは軍を出すに及び、（金城郡に）進軍して封何を撃ち、大いにこれを破り、千級余りを斬首し、牛・馬・羊を一万頭、穀物数万斛を得た。さらに黄河に沿って威武を揚げ［一］、（皇帝の）車駕を待ち受けた。このとき大軍はまだ進まず、竇融はそこで引きあげて帰った。

　光武帝は竇融の信義が明らかとなったので、益々竇融を褒めた。右扶風《ゆうふふう》〔陝西省興平の南東〕に詔して、竇融の父の墳墓を修理させ、太牢《たいろう》〔牛と豚と羊の犠牲を捧げる最も高位の祭祀〕で祭祀させた。（また、竇融に）しばしば早馬を走らせ、四方の珍しいものを賜与した。（これを見た）梁統《りょうとう》は、そこで人に（隗囂の使者の）張玄《ちょうげん》を刺殺させ、そうして隗囂と絶縁し、すべて（隗囂から）受けていた将軍の印綬を解いた。建武《けんむ》七〔三一〕年夏、酒泉太守《しゅせんたいしゅ》の竺曾《じくそう》は、弟が怨みに報いて人を殺したことで酒泉郡を去った［二］。竇融は（天子に代行して職務をおこなう）承制《しょうせい》により、竺曾を拝命して武鋒将軍《ぶほうしょうぐん》とし、改めて辛彤《しんとう》を酒泉太守として竺曾に代えた。

［李賢注］

［一］（原文の）竝《ふう》は、音が蒲浪の反である。

［二］『東観漢記《とうかんかんき》』に、「竺曾の弟である竺晏《じくえい》は怨みに報い、属国侯《ぞくこくこう》の王胤《おういん》たちを殺した。竺曾は恥じて郡を去った」とある。

秋、隗囂《かいごう》が兵を発して安定郡《あんていぐん》に侵入したとき、光武帝は自ら西に向かって隗囂を征討しようとしており、先立って竇融に（戦争の）期日に間に合うように戒めた。（しかし）たまたま大雨に遇い、道路が断たれ、かつ隗囂の兵がすでに撤退したため、（光武帝は征西を）止めた。竇融は姑臧県《こぞうけん》〔甘粛省武威市〕に至ったが［一］、詔を受けて進軍を罷めて帰った。竇融は（光武帝の）大軍がそのまま久しく出て来なくなることを恐れ、そこで上書して、「隗囂は陛下が西に向かわれ、臣融《わたくし》が東に下ろうとしていると聞き、（軍の）兵士たちが騒ぎ動揺したので、しばらく戦わないよう考え（軍を安定郡から撤退させ）たのです。隗囂の将である高峻《こうしゅん》などは、みな（陛下の）大軍を迎え入れようとしていました。（しかし）後に兵が引き返したと聞き、高峻たちはまた（陛下に降服すること）疑いを懐きました。隗囂は（陛下が来ないのは）東方に変事があったからだと言いふらし、（そのため）西州の豪傑は、そうしてまた隗囂に付き従いました。隗囂はまた公孫述の将軍を引き入れ、突門《とつもん》を守らせています［二］。臣融は孤立して弱く、その間に介《はさ》まれています［三］。（陛下の）威霊を承けているとはいえ（対抗することは難しいので）、どうか速やかに救助してください。陛下が隗囂の前に当たり、臣融が隗囂の後に迫り、緩急を交互に用い、首尾が互いに助け合えば、隗囂の勢いも追い詰められ［四］、進退できなくなるでしょう。こうすれば必ず破ることができます。もし兵を速やかに進めず、長く疑念を生じたままにすれば、外は侵入者を勢いづかせ、内は困弱を示すことになり、讒言により付け入る隙を与えます。臣は秘かに心配しております。どうか陛下は憐れみください」と述べた。光武帝は、深くよしとした。

［李賢注］

［一］姑臧《こぞう》は、県の名であり、武威郡に属する。唐の涼州県である。『西河旧事《せいがきゅうじ》』に、「涼州《りょうしゅう》城《じょう》は、むかし匈奴のもとの蓋臧城《がいぞうじょう》であった。後人は音が訛り、姑臧と呼んだのである」と

いう。

〔二〕突門《とつもん》は、守城の門である。『墨子《ぼくし》』（備突篇）に、「城の百歩ごとに一つの突門を作る」とある。

〔三〕杜預《どよ》は、『春秋左氏伝』（襄公 伝九年）に、「介は、間のような意味である」と注をつけている。

〔四〕（原文の）排迮《はいさく》とは、逼迫することをいう。

建武《けんむ》八〔三二〕年夏、光武帝が西に向かって隗囂《かいごう》を征伐すると、竇融は五郡の太守および羌族《きょうぞく》や小月氏《しょうげつし》などの歩騎数万〔一〕、輜重《しちょう》五千輛余りを率いて、（光武帝の）大軍と高平県《こうへいけん》の第一城《だいいちじょう》〔寧夏回族自治区固原〕で待ち合わせた〔二〕。竇融は予《あらかじ》め従事《じゅうじ》を派遣して、会見の際の細かい儀注を尋ねた〔三〕。このとき遠征軍が代わるがわる興り、諸将は三公と道中で交錯し、あるいは使者に背を向けて私語を交《かわ》し（礼儀を弁《わきま》えない振る舞いが多かっ）た。光武帝は、竇融があらかじめ礼儀を尋ねてきたと聞き、とてもこれを評価し、百官に述べ伝えた。そして酒を用意して盛大な宴会を開き、竇融たちを招き寄せて会見し、特別な礼で対応した。（竇融の）弟の竇友《とうゆう》を任命して奉車都尉《ほうしゃとい》とし、従弟の竇士《とうし》を太中大夫《たいちゅうたいふ》とした。その後に共に軍を進めた。隗囂の軍勢は大いに潰え、城邑はみな降った。光武帝は竇融の功績を高く評価し、詔を下して、安豊県《あんほうけん》〔河南省固始の南東〕・陽《よう》泉県《せんけん》〔安徽省霍丘の北西〕・蓼県《りょうけん》〔河南省固始の北東〕・安風県《あんぷうけん》〔安徽省霍丘の南西〕の四県に、竇融を封じて安豊侯《あんほうこう》とし〔四〕、弟の竇友を顕親《けんしん》〔甘粛省秦安の北西〕侯《こう》とした〔五〕。さらに序列に応じて諸将を封じ、武鋒《ぶほう》将軍の竺曾を助義侯《じょぎこう》とし、武威太守の梁統を成義《せいぎ》侯《こう》とし、張掖太守の史苞を褒義侯《ほうぎこう》とし、金城太守の厙鈞を輔義侯《ほぎこう》とし、酒泉太守の辛肜を扶義侯《ふぎこう》とした。封爵が終わると、光武帝は東に帰り、竇融たちをすべて派遣して西の鎮所に帰らせた。

竇融は、兄弟が揃って爵位を受け、久しく一地域に専制してきたので、恐れて不安を抱き、しばしば上書して代わることを求めた。（光武帝は）詔を下して、「わたしと将軍とは、左右の手のようなものである〔六〕。（それなのに）しばしば謙退を申し出るとは、わたしの考えを分かってくれないのか。勉《つと》めて士民を寧んじ、勝手に軍から離れてはならぬ」と返書した。

〔李賢注〕

［一］小月氏《しょうげっし》は、西域の胡国の名である。

［二］高平《こうへい》は、唐の原州県である。（『後漢書』志二十三）郡国志に、「高平県に、第一城がある」という。

［三］（原文の儀適は）儀注と同じようなものである。

［四］（安豊・陽泉・蓼・安風の）四県は、いずれも廬江郡《ろこうぐん》に属する。安豊は、唐の寿州県である。故城は唐の霍山県《かくざん》の西北にある。安風は、もと漢の六安国《りくあんこく》である。これと陽泉の故城は、どちらも唐の安豊県の南にある。杜預は、『春秋左氏伝』（文公 伝五年）に、「蓼《りょう》は安豊にある」と注をつけている。蓼は、音が了である。

［五］顕親《けんしん》は、県である。故城は唐の秦州成紀《せいき》県の東南にある。

［六］韓信《かんしん》が（用いられず劉邦の軍から）逃げると、（韓信を評価する）蕭何《しょうか》は（劉邦に告げずに）自らこれを追った。ある人が、「丞相《じょうしょう》の蕭何が逃げました」と言った。劉邦はこれを聞くと、まるで左右の手を失ったようであった。『漢書』（巻三十四 韓信伝）に見える。

隴《ろう》（の隗囂）と蜀《しょく》（の公孫述）が平定されると、竇融に詔して五郡の太守と共に（これまでの）事を京師に奏上させた。（竇融たちの一行には）属官や賓客がつき従い、駕乗《のりもの》は千輌以上、馬や牛や羊は野を覆うほどであった。竇融は到着すると、洛陽の城門に出向き、涼州牧《りょうしゅうぼく》・張掖属国都尉《ちょうえきぞくこくとい》・安豊侯《あんほうこう》の印綬を返上した。（光武帝は）詔を下し使者を遣わして、（竇融に）安豊侯の印綬を返還した。引見の際には、（竇融を）諸侯の位置に就かせ、賞賜や恩寵は、京師を揺るがすほどであった。数ヵ月して、（竇融は）冀州《きしゅう》牧《ぼく》を拝命し、十日あまりで、また大司空《だいしくう》に遷った。竇融は、古くからの臣下ではないのに、一度入朝すると、功臣の上に置かれた（ことはよくない）と考えた。（そこで）召されて進み謁見するたびに、容貌や言葉遣いをとても遜《へりくだ》って恭《うやうや》しくした。光武帝は、これにより益々竇融に親しみ、厚遇した。竇融は細やかに気配りをしていたが、久しく不安を感じてしばしば爵位を辞退しようとし、侍中《じちゅう》の金遷《きんせん》に頼んでその口から真心を伝えてもらった[一]。また上疏して、「臣融《わたくし》は、五十三歳になります。十五歳の子供がいますが、地味な性格で頑固で鈍いものです。臣融は、朝夕に経書《けいしょ》で教導しておりますが、天文を観たり、讖記《しんき》を読ませるまでには至りません。誠に恭しく事に慎重となり、慎み深く道に従わせたいと思いますが、才能に溢れることは願っておりません。まして多くの城市と広い封土を伝え、昔の諸侯王のように国を受け継がせることはできません」と述べた。そしてまた折を見て謁見を求めたが、光武帝は許さなかった。のちに朝儀が終わったあと、席の後でうろうろしていた。光武帝は（竇融が爵位を）譲りたいと考えて（うろうろして）いることを知り、左右の者に命じて出るように伝えさせた。別の日に謁見する時には、竇融を迎えると詔して、「先に公《きみ》が職務を譲り封土を返そうと望んでいることを知った[二]。そのため公に命じて暑い日が続くのでしばらく気楽にせよと命じたのである。今また顔を合わせたので、他のことを論じよう。（辞譲のことは）再び言わないで欲しい」と伝えた。竇融は、あえて重ねて陳情しなかった。

［李賢注］

［一］金遷《きんせん》は、金安上《きんあんじょう》の曾孫である。金安上は、金日磾《きんじってい》の弟である金倫《きんりん》の子である。官を遷って哀帝《あいてい》の時に尚書令《しょうしょれい》となった。『漢書』（巻六十八 金日磾伝）に見える。

［二］（原文の）日者とは、往日《むかし》というような意味である。

建武《けんむ》二十〔四四〕年、大司徒《だいしと》の戴渉《たいしょう》は、推挙した人物が金を盗んだことに連坐し、獄に下った。光武帝は、三公が職務を三人で行っていたため、やむを得ず竇融を罷免した。翌〔建武二十一、四五〕年、特進《とくしん》の位を加えた。建武二十三〔四七〕年、陰興《いんこう》に代わって衛尉《えいい》の職務を兼ねさせ、特進は前のままとした。また将作大匠《しょうさくたいしょう》を兼ね領した。弟の竇友は城門校尉《じょうもんこうい》となり、兄弟揃って禁兵を掌《つかさど》った。竇融はまた引退を願ったが〔一〕、（光武帝は）銭帛を賜い、太官《たいかん》から珍味を届けさせた。竇友が卒すると、光武帝は竇融が年衰えたことを憫《あわれ》み、中常侍《ちゅうじょうじ》・中謁者《ちゅうえつしゃ》を遣わして竇融の寝所に行き（喪中のため本来は口にしてはいけないのに）無理矢理に酒食を摂らせた。

竇融の長子の竇穆《とうぼく》は、内黄公主《ないこうこうしゅ》と結婚し、竇友に代わって城門校尉となった。竇穆の子の竇勳《とうくん》は、東海恭王《とうかいきょうおう》の劉強《りゅうきょう》の娘である沘陽公主《ひようこうしゅ》と結婚した。竇友の子の竇固《とうこ》も、光武帝の娘の涅陽公主《でつようこうしゅ》と結婚した。明帝が即位すると、竇融の従兄の子である竇林《とうりん》を護羌《ご》《きょう》校尉《こうい》とした。竇氏は一人の公、二人の侯、三人の尚公主《しょうこうしゅ》、四人の二千石に〔二〕、同時に就いた。（それは）祖父から孫まで及び、（竇氏のいる）官府と邸宅は京邑《けいゆう》で互いに望見でき、奴婢は千を単位に数え、親戚・功臣の中で、（高貴であることで竇氏に）比べられるものはなかった。

［李賢注］

〔一〕『説苑《ぜいえん》』（政理篇）に、「晏子《あんし》が、東阿県《とうあけん》〔山東省陽谷の北東〕の統治に任命されると、辞表を出して賢者の（ために）路を空けた」とある。

［二］一つの公とは、大司空《だいしくう》である。二つの侯とは、安豊侯《あんほうこう》・顕親侯《けんしんこう》である。四つの二千石とは、衛尉《えいい》・城門校尉《じょうもんこうい》・護羌校尉《ごきょうこうい》・中郎将《ちゅうろうしょう》である。

永平《えいへい》二〔五九〕年、竇林《とうりん》は罪により誅された。その事は（『後漢書』列伝七十七）西羌伝《せいきょうでん》に記した。明帝《めいてい》は、何度も詔を下して竇融を頻《しき》りに責め、（かつて祖先の）竇嬰《とうえい》が田蚡《でんふん》により禍を受けた事例を出して戒めた［二］。竇融は、恐れ畏まって引退を申し出た。詔して、屋敷に帰り病気を養生させた。一年ほどして、衛尉《えいい》の印綬の返上を許し、宮中の牛と特級酒を賜った。竇融は十年余り宿衛におり、年老い、子孫は身勝手に振る舞い、不法行為が多かった。竇穆たちは、軽薄な輩《やから》と交わりを結び、郡県に請託《せいたく》を行い、政事に干渉した。封地が安豊《あんほう》にあったため、姻族をみな昔の六安国《りくあんこく》に集めたいと思った。そうして偽って陰皇太后《いんこうたいごう》の詔と称し、六安侯《りくあんこう》の劉旴《りゅうう》に妻を離婚させ、次いで（竇穆の）娘を劉旴に娶らせた。永平五〔六二〕年、劉旴の前妻の家は上書して事情を述べた。明帝は大いに怒り、竇穆たちの官を尽《ことごと》く免じ、竇氏一族の郎吏はみな家族を連れ故郷に帰らせ、竇融だけを京師に残した。竇穆たちが西に向かい函谷関《かんこくかん》〔河南省新安の東〕に至ると、詔をしてまた（京師に）呼び戻した。このとき竇融は卒した。時に年七十八、謚《おくりな》して戴侯《たいこう》といい、弔いの贈品はとても手厚かった。

［李賢注］

［一］田蚡《でんふん》は、武帝の王皇后《おうこうごう》の異父弟である。丞相《じょうしょう》となり、竇嬰《とうえい》の罪をでっちあげ、誅殺に至らせた。その事は『漢書《かんじょ》』（巻五十二 田蚡伝）に見える。

明帝《めいてい》は、竇穆《とうぼく》が行いを修められず［二］、それなのに莫大な財産を擁し、大邸宅に住んでいるので、常に謁者《えっしゃ》一人に家を監視させた。数年たち、謁者は上奏して、竇穆父子は権勢を失ってより、たびたび恨み言を述べております、と申し上げた。明帝は（竇穆に）家族を連れて故郷に帰らせた。ただ竇勳《とうくん》だけは、沘陽公主《ひようこうしゅ》の婿であったので京師に留まった。（故郷で）竇穆は、小役人に贈賄して罪に問われた。扶風郡は（竇穆を）逮捕して牢に繋ぎ、（竇穆は）子の竇宣《とうせん》と共に平陵県《へいりょうけん》の獄で死去し、竇勳もまた洛陽の獄で死去した。しばらくして、詔して竇融の夫人と幼い孫一人を戻して洛陽の家に住まわせた。

永平《えいへい》十四〔七一〕年、竇勳の弟の竇嘉《とうか》を封じて安豊侯《あんほうこう》となし、食邑は二千戸とし、竇融の後を奉養させた。和帝《わてい》の初め、（竇嘉は）少府《しょうふ》となった。竇勳の子である大将軍の竇憲《とうけん》が誅殺されると、（竇嘉は）官を免ぜられて封国に赴いた。竇嘉が卒し、子の竇万《とうばん》全《ぜん》が嗣いだ。竇万全が卒し、子の竇会宗《とうかいそう》が嗣いだ。竇万全の弟の子である竇武《とうぶ》は、別に（『後漢書』列伝五十九に）列伝がある。

［李賢注］

〔一〕わが身を修め整えて、自ら高尚となることができなかったのである。

論にいう、竇融《とうゆう》は、はじめ豪俠として名をあげ、俄《にわ》かに風塵の中から起こり〔一〕、天の隙間に身を投じた〔二〕。ついに王侯という尊位まで上りつめ〔三〕、ついには卿相《けいしょう》の位に就いた。これこそ功を求め、勢いを手にした士である。その爵位が高く満ちると、権力や寵愛を捨てて遠ざけ、慎み深くして已《や》むを得ずその地位にあるかのように振る舞ったことは、なんと智者であることか〔四〕。かつて一人で事細かにこの男の風格を吟味したが、国を経営する手段はほとんど語るべき所はないが、しかし進退の礼はまことに称賛されるべきである。

［李賢注］

［一］（原文の）抜は、音が歩末の反である。抜とは、卒《にわか》という意味である。また音は彭八の反でもあり、意味はどちらも通じる。

［二］（天隙に投ずとは）天の隙間に身を投じたのである。

［三］（原文の蟬蛻について）『説文解字《せつもんかいじ》』（第十三篇上）に、「蟬蛻とは、脱ぎ去った皮（蟬の抜け殻）である」という。言いたいことは、微賤の身を去って富貴に至ったということである。蛻は、音が税である。

［四］言いたいことは、竇融の心は、実は権力者の地位を去りたいと考えたが、光武帝が許さなかったので、常に慎み深く恭順で、已《や》むを得ず権力者の地位にあるようだったということである。

竇固《とうこ》は、字を孟孫《もうそん》といい、若くして公主と結婚したため黄門侍郎《こうもんじろう》となった［一］。好んで書物を読み、兵法を喜び、高貴な身分で要職に就いた。中元《ちゅうげん》元〔五六〕年、父の竇《とう》友《ゆう》を襲《つ》いで顕親侯《けんしんこう》に封ぜられた。明帝《めいてい》が即位すると、中郎将《ちゅうろうしょう》に遷り、羽林《うりん》の兵士を監督した[二]。後に従兄の竇穆《とうぼく》が罪を犯したことに連坐して、十年余り家に打ち捨てられた。このときは天下太平であり、明帝は武帝の故事に遵《なら》い、匈奴を撃ち、西域と通じたいと考え、竇固が辺境の事情に詳しいため[三]、永平《えいへい》十五〔七二〕年冬、任命して奉車《ほうしゃ》都尉《とい》とし[四]、騎都尉《きとい》の耿忠《こうちゅう》を副官とした[五]。謁者僕射《えっしゃぼくや》の耿秉《こうへい》を駙馬都尉《ふばとい》とし、秦彭《しんほう》を副官とした。共に従事《じゅうじ》と司馬《しば》を置き、一緒に（京師から）出て涼州《りょうしゅう》に駐屯させた。翌〔永平十六、七三〕年、竇固は耿忠と共に酒泉郡《しゅせんぐん》・敦煌郡《とんこうぐん》・張掖郡《ちょうえきぐん》の歩兵および盧水《ろすい》〔青海省湟源の南東〕の羌族と胡族の一万二千騎を率いて[六]、酒泉塞《しゅせんさい》より出撃した。耿秉《こうへい》と秦彭《しんほう》は、武威郡《ぶいぐん》・隴西郡《ろうせいぐん》・天水郡《てんすいぐん》〔甘粛省通謂の西〕の徴募兵と羌族と胡族の一万騎を率いて、居延塞《きょえんさい》〔内蒙古自治区額済納旗の南東〕より出撃した[七]。また、太僕《たいぼく》の祭肜《さいゆう》と度遼将軍《どりょうしょうぐん》の呉棠《ごとう》は、河東郡《かとうぐん》・北地郡《ほくちぐん》・西河郡《せいがぐん》の羌族と胡族および南単于《みなみぜんう》の兵一万一千騎を率いて、高闕塞《こうけつさい》〔内蒙古自治区烏拉特中後連合旗の南西〕より出撃した[八]。騎都《きと》尉《い》の来苗《らいびょう》と護烏桓校尉《ごうがんこうい》の文穆《ぶんぼく》は、太原郡《たいげんぐん》・雁門郡《がんもんぐん》・代郡《だいぐん》・上谷郡《じょうこくぐん》・漁陽郡《ぎょようぐん》・右北平《ゆうほくへい》郡《ぐん》・定襄郡《ていじょうぐん》の兵および烏桓《うがん》と鮮卑《せんぴ》の一万一千騎を率いて、平城塞《へいじょうさい》より出撃した。竇固と耿忠は、天山《てんざん》に至り[九]、呼衍王《こえんおう》を撃ち、千級余りを斬首した。呼衍王は敗走し、追って蒲類海《ほるいかい》〔新疆維吾爾自治区巴里坤湖〕に至った[一〇]。兵士たちを留めて伊吾盧城《いごろじょう》〔新疆維吾爾自治区哈密市〕に駐屯した[一一]。耿秉と秦彭は砂漠を六百里以上渡り、三木楼山《さんぼくろうざん》〔内蒙古自治区阿拉善右旗一帯〕に至った[一二]。来苗と文穆は、匈奴河水《きょうどかすい》の上《ほとり》に至った。匈奴はみな走り逃れ、獲得したものはなかった。祭肜と呉棠は、涿邪山《たくやざん》〔モンゴル共和国マンダルゴビの南〕まで至らなかった罪で、免ぜられて庶人とされた。このとき諸将のなかで、竇固だけが功をあげ、特進《とくしん》の位を加えられた。翌〔永平十七、七四〕年、再び玉門《ぎょくもん》〔甘粛省敦煌市の北西〕より出て西域を撃った。耿秉および騎都尉の劉張《りゅうちょう》に詔して、みな〔軍の指揮権をしめす〕符伝《ふでん》を取り上げて、竇固〔の指揮下〕に所属させた[一三]。竇固はこうして白山《はくさん》を破り、車師《しゃし》〔新疆維吾爾自治区吐魯番市一帯〕を降した。事は〔『後漢書』列伝九 耿弇伝附〕耿秉伝に詳しい。竇固は、辺境にあること数年、羌族や胡族は、その恩情と信義に服した[一四]。

〔李賢注〕

〔一〕『続漢書《しょくかんじょ》』〔志二十六 百官三〕に、「給事黄門侍郎《きゅうじこうもんじろう》は、〔官秩が〕六百石である」という。

〔二〕『続漢志《しょくかんし》』〔志二十五 百官二〕に、「宣帝《せんてい》は、中郎将《ちゅうろうしょう》・騎都尉《きとい》に命じて羽林を監督させた。

官秩は比二千石である」という。

[三] 竇固は、むかし竇融に従って河西にいたため、辺境の事情を熟知していたのである。

[四] 『続漢志』（志二十五 百官二）に、「（奉車都尉は官秩が）比二千石、皇帝の車を掌る」とある。

[五] 耿忠《こうちゅう》は、耿弇《こうえん》の子である。

[六] 考えてみると、湟水《こうすい》は東に流れ臨羌県《りんきょうけん》〔青海省湟源南東〕の故城の北を経て、また東に流れ盧溪水《ろけいすい》が湟水に注ぐ。水は西南の盧川より出る。そこがこの土地である。

[七] 居延塞《きょえんさい》は、唐の甘州張掖県の東北にある。

[八] 高闕《こうけつ》は、山の名であり、朔方《さくほう》の北にある。

[九] （天山とは）祁連山《きれんざん》のことである。唐の西州交河県の東北にある。唐は祁県羅漫山《らまんざん》と呼んでいる。

[一〇] 蒲類海《ほるいかい》は、唐は婆悉海《ばしつかい》と呼んでいる。唐の庭州蒲昌《ほしょう》県の東南にある。

[一一] 伊吾《いご》は、唐の伊州県である。もとは匈奴の土地である。明帝《めいてい》は宜禾都尉《ぎかとい》を置いて屯田させた。故地は唐の伊州納職《のうしょく》県の伊吾故小城の地である。

[一二] （三木楼山は）匈奴の領域中の山の名である。

[一三] 専断して兵を率いる者は、みな符伝《ふでん》〔割り符〕を持つ。これを突き合わせて確認を取る。

いま符伝を取り上げ、みな竇固の指揮を受けさせたのである。

〔一四〕『東観漢記《とうかんかんき》』に、「羌族や胡族が、客を迎えるときには、肉を炙りまだ生焼けのものを人々は立ち膝で進んでこれを割く。血は指の間を流れ、それを竇固《とうこ》に進めた。竇固は（羌族や胡族の風俗を尊重する）ためにそれを喰らい、汚れたとして卑しむことはなかった。これにより（羌族や胡族が）竇固を愛することは、父母のようであった」とある。

章帝が即位すると、公主は身を修めて慈愛深く、代々高貴であったため、長公主を加号し、食邑を三千戸増した。竇固を徴召して魏応《ぎおう》に代えて大鴻臚《だいこうろ》とした。章帝は竇固が辺境の事情を熟知しているので常に諮問した。建初《けんしょ》三〔七八〕年、以前の功績を改めて記録し、一千三百戸の封邑を増した。建初七〔八二〕年、馬防《ばぼう》に代わり光禄勳《こうろくくん》となった。翌〔建初八、八三〕年、また馬防に代わって衛尉《えいい》となった。

竇固は、長い間高位を歴任し、非常に尊重され、恩賞や俸給により資産は巨億に及んだ。しかし、性格は謙虚で質素で、人を愛して施しを好んだ。士人はこれにより竇固を称賛した。章和《しょうわ》二〔八八〕年に卒し、諡《おくりな》して文侯《ぶんこう》と呼んだ。子の竇彪《とうひょう》は、射声校尉《せきせいこうい》に至り、竇固より先に卒した。子はなく、国は除かれた。

竇憲《とうけん》は、字を伯度《はくど》という。父の竇勳《とうくん》が誅殺されたため、竇憲は幼くして孤児となった。建初《けんしょ》二〔七七〕年、妹が立って皇后となると、竇憲を任命して郎《ろう》とした。しばらくして侍中《じちゅう》・虎賁中郎将《こほんちゅうろうしょう》に遷った。弟の竇篤《とうとく》は、黄門侍郎《こうもんじろう》となった。兄弟とも（皇帝に）親しく寵愛され、共に宮中に侍った。恩賞は積み重なり、寵愛は日々盛んとなったので、王や公主および（外戚である）陰氏や馬氏の諸家ですら、畏れ憚《はばか》らないものはなかった。竇憲は、後宮の権勢を恃《たの》んで、不当に安い価格で沁水公主《しんすいこうしゅ》の荘園を奪った［一］。公主は（竇憲に）迫られて恐れ、泣き寝入りをした。のちに章帝が車で外出してその荘園を過ぎ、指さして竇憲に尋ねた。竇憲はしどろもどろになって答えられなかった［二］。後に事が発覚すると、章帝は激怒して、竇憲を召し、「深く前の過ちを思え。（竇憲が）公主の田園を奪ったときと、趙高《ちょうこう》が鹿を指して馬としたのとどう違うと言うのか［三］。久しく人を驚かし怖れさせ（それにより人に言うことをきかせ）てきたことを思え。むかし永平《えいへい》年間〔五八～七五年〕には、（明帝は）常に陰党《いんとう》・陰博《いんはく》・鄧畳《とうじょう》の三人に、互いに監察し糾弾させ［四］、諸外戚であえて法を犯す者はなかった。それでも（明帝の）詔書はさらに細かく、舅の田宅にまで言及した［五］。いま貴い公主ですら無理矢理（荘園を）奪われた。一般の人々は言うまでもない。国家《わたし》が竇憲を棄てることなど、はぐれた雛や腐った鼠を捨てるようなものだぞ」と厳しく責めた［六］。竇憲は、大いに震え懼れ、（妹の）竇皇后は（竇憲の）ために粗末な服を着て深く陳謝した。暫《しばら》くしてようやく許され、荘園を公主に返した。（章帝は）竇憲の罪を罰しなかったが、重要な任務を授けることはなかった。

［李賢注］

［一］沁水公主《しんすいこうしゅ》は、明帝の娘である。

［二］（原文の）陰喝《いんかつ》とは、言葉が詰まるようなことである。陰は、音が於禁の反、喝は、音が一介の反である。ある本では嗚に作る。音は、烏故の反である。

［三］（原文の）愈は、差《たが》うというような意味である。趙高の説明は、（『後漢書』本紀八）霊帝紀《れいていき》に見える。

［四］陰氏《いんし》と鄧氏《とうし》は共に外戚であり、その度を超えた奢侈を恐れ、互いに糾弾し監察させたのである。陰博《いんはく》は、陰興《いんこう》の子である。

［五］（原文の）切切とは、熱心に勧めるというような意味である。

[六] 鳥の子の生れたばかりで餌を啄《ついば》んでいるものを雛という。

和帝《わてい》が即位し、竇皇太后《とうこうたいごう》が臨朝《りんちょう》すると、竇憲は侍中《じちゅう》となり、内は機密を司り[一]、外は皇帝の命を宣《の》べた。章帝は、遺詔により竇篤《とうとく》を虎賁中郎将《こほんちゅうろうしょう》とし、竇篤の弟の竇景《とうけい》と竇瓌《とうかい》は、共に中常侍《ちゅうじょうじ》とした。ここにおいて兄弟は、みな（皇帝の）側近の重要な地位についた。竇憲は、前の太尉《たいい》である鄧彪《とうひょう》に義譲があり、先帝（の章帝）に尊敬され、仁義も厚く人と争わないため[二]、鄧彪を尊崇して太傅《たいふ》となし、百官を統《す》べさせて、自分の言うことを聞かせた。その施政は、外では鄧彪に上奏させ、内では竇皇太后に言上して、従われないことはなかった。また屯騎校尉《とんきこうい》の桓郁《かんいく》は、代々皇帝の師となり、性は穏和で控えめで、自らの分を守っていた。そのため上書して桓郁を薦めて、経書を禁中で教授させた。このようにして内外ともに同調させ、異議が挟まれることはなかった。

[李賢注]

[一]（原文の）幹は、主という意味である。あるいは（幹は）古《いにしえ》は、「管」の字であったという。

[二]（原文の）委随《いずい》は、従順というような意味である。

竇憲の性格は果断で激しく、睨《にら》まれた程度の怨みも報復しないことはなかった[一]。これよりさき、永平《えいへい》年間〔五八～七五年〕のころ、謁者《えっしゃ》の韓紆《かんう》は、かつて父の竇勳《とうくん》を取り調べて断罪した。竇憲は、刺客に韓紆の子を斬らせ、その首を竇勳の冢《はか》に捧げた。斉《せい》殤王《しょうおう》の劉石《りゅうせき》の子である都郷侯《ときょうこう》の劉暢《りゅうちょう》は[二]、上京して（章帝の崩御という）国憂を弔った[三]。劉暢は、素行がひねくれており、歩兵校尉《ほへいこうい》の鄧畳《とうじょう》と親戚であった。（そこで）しばしば京師に往来し、鄧畳の母の元氏を頼って（竇皇太后の住む）長楽宮《ちょうらくきゅう》に入り、竇皇太后に可愛がられて、詔を受け、召されて上東門に至った。竇憲は、（劉暢が皇太后に）可愛がられて宮中での権力を分かたれることを恐れ、刺客をやって劉暢を屯衛の中で殺させ[四]、しかもその罪を劉暢の弟である利侯《りこう》の劉剛《りゅうごう》になすりつけ、侍御史《じぎょし》に青《せい》州《しゅう》刺史《しし》と共に劉剛たちを取り調べさせた。後に事が発覚すると、竇皇太后は怒り、竇憲を内宮に閉じこめた。

[李賢注]

[一]（原文の）睚《がい》は、音が語解の反、（原文の）眦《さい》は音が仕懈の反である。『広雅《こうが》』（巻二）に、

「睚とは、裂という意味である」という。あるいは眦《まなじり》を裂き、目を瞋《いか》らせた表情のことをいう。『史記《しき》』（巻七十九 范雎伝）に、「范雎《はんしょ》は、睚眦の怨みも必ず報いた」とある。

[二] 斉殤王《せいしょうおう》は、名を劉石《りゅうせき》といい、劉伯升《りゅうはくしょう》〔光武帝の兄の劉縯《りゅうえん》〕の孫である劉章《りゅうしょう》の子である。

[三]（国憂とは）章帝が崩御したのである。

[四]（屯衛とは）屯兵《とんへい》の宿衛する場所である。

竇憲は誅されることを懼れ、自ら匈奴を撃ち死罪を贖うことを求めた。たまたま南《みなみ》単于《ぜんう》が、兵を要請し北匈奴《きたきょうど》を伐とうとした。そこで竇憲を車騎将軍《しゃきしょうぐん》に拝命し、金印紫綬《きんいんしじゅ》を与え、属官は司空に準拠させた[一]。執金吾《しっきんご》の耿秉《こうへい》を副官として、北軍五校《ほくぐんごこう》[二]、黎《れい》陽《よう》・雍《よう》〔陝西省鳳翔県南西〕の軍営[三]、辺境十二郡の騎士、及び羌族と胡族の兵を発して長城より出撃した。翌年、竇憲は、耿秉と共に、それぞれ四千騎と南匈奴の左谷蠡王《さよくれいおう》である師子《しし》の一万騎を率いて[四]、朔方《さくほう》の雞鹿塞《けいろくさい》〔内蒙古自治区杭錦後旗の西〕より出撃した。南単于《みなみぜんう》の屯屠河《とんとが》は[五]、一万余騎を率いて満夷谷《まんいこく》〔内蒙古自治区包頭市北〕より出撃し、度遼将軍《どりょうしょうぐん》の鄧鴻《とうこう》[六]、および辺境の義従の羌胡八千騎は、左賢王《さけんおう》の安国《あんこく》の一万騎と共に、稒陽塞《こようさい》〔内蒙古自治区包頭市南東〕より出撃した[七]。みな涿邪山《たくやさん》に集まった。

竇憲は部隊を分けて、副校尉の閻盤《えんばん》・司馬の耿夔《こうき》・耿譚《こうたん》を遣わし、（竇憲自らは）左谷蠡王の師子と右呼衍王《うこえんおう》の須訾《しゅし》たちの精鋭騎兵一万余騎を率い［八］、北単于と稽落山《けいらくざん》〔モンゴル南西部〕で戦い、大いにこれを破った。北匈奴の軍勢は崩潰し、北単于は遁走した。諸部族を追撃し、私渠比鞮海《しきょひていかい》〔モンゴル共和国バヤンオンドル省中部〕に臨み［九］、（北匈奴の）名王より下の一万三千級を斬り、生口・馬・牛・羊・橐駝《らくだ》など百万頭以上を獲得した［一〇］。これにより、温犢須《おんとくしゅ》・日逐《にっちく》・温吾《おんご》・夫渠王《ふきょおう》の柳鞮《りゅうてい》など八十一の部族を率いて降伏する者（が率いていた人）は、前後二十万人以上に及んだ。竇憲と耿秉は、こうして燕然山《えんぜんざん》〔モンゴルの杭愛山脈〕に登った。長城より三千余里の彼方で、石に功績を刻んで、漢の威徳を紀《しる》した。

［李賢注］

［一］（原文の）依は、準という意味である。（司空の属官は）長史《ちょうし》は一人で千石、掾属《えんぞく》は二十九人、令史《れいし》と御属《ぎょぞく》は三十二人である。『続漢志《しょくかんし》』（志二十四 百官一）に見える。

［二］漢には、南軍と北軍があった。北軍中候《ほくぐんちゅうこう》は一人で、六百石、五営の監督を職掌とする。『続漢志』（志二十七 百官四）に見える。

〔三〕『漢官儀《かんかんぎ》』に、「光武帝が中興する際には、幽州《ゆうしゅう》と冀州《きしゅう》と并州《へいしゅう》の騎兵を用いて天下を平定した。そのため黎陽県《れいようけん》に軍営を立て、謁者《えつしゃ》にこれを監督させた」とある。また、「扶風都尉《ふふうとい》部《ぶ》は雍県《ようけん》にある。涼州《りょうしゅう》は羌族に近く、（羌族が）たびたび三輔《さんぽ》に侵入したので、兵を率いて園陵を護衛させた。そのため俗に雍営と呼んだ」とある。

〔四〕師子《しし》は、その名である。

〔五〕屯屠河《とんとが》は、南単于の名である。

〔六〕（鄧鴻《とうこう》は）鄧禹《とうう》の少子である。

〔七〕稒陽塞《こようさい》は、五原郡にある。稒は、音が固である。

〔八〕呼衍《こえん》は、匈奴の王号であり、それに因《ちな》んで姓とした。匈奴の貴種である。唐代の呼延という姓はその末裔である。須訾《しゅし》は、名である。

〔九〕（私渠比鞮海は）匈奴の領域内の海の名である。

〔一〇〕橐《たく》は、音が託である。

班固《はんご》に（燕然山に封ずる）銘を作らせて、次のように述べた。

これは永元《えいげん》元〔八九〕年秋七月、漢の元舅《げんきゅう》を車騎将軍《しゃきしょうぐん》の竇憲という。（竇憲は）聖明

（なる天子）を敬信し、（高官に登って）王室を翼《たす》け［一］、万機を総覧し、清く光明である［二］。執金吾《しつきんご》の耿秉とともに、職務を果たすため地方を巡り、兵を朔方《さくほう》に出した［三］。鷹《おう》揚《よう》たる将校、螭虎《ちこ》たる兵士は、ここに（天子の）六軍《りくぐん》に備わった［四］。南（匈奴の）単于・東烏桓《ひがしうがん》・西戎《せいじゅう》の氐《てい》族・羌《きょう》族の王侯・君長のたぐいは、驍騎《ぎょうき》三万を率いてやって来た。元戎《げんじゅう》は素早く強く、長轂《ちょうこく》は四つに分かれ［五］、雲輜《うんし》は路を覆うほど、（これらの兵車は）一万三千輛あまりである［六］。八陣《はちじん》を整え、威神をもって臨んだ［七］。鉄《くろがね》の鎧は日に耀《かがや》き、朱い旗は天を絳《あか》く染めた［八］。こうして高闕塞《こうけつさい》を陵ぎ、雞鹿塞《けいろくさい》を下し、荒野を巡り、砂漠を渡った［九］。温禺《おんぐう》を斬って軍鼓を血塗り、尸逐《しちく》の血で刃を染めた［一〇］。その後に四軍が縦横に征《ゆ》くことは、星の流れ彗《ほうきぼし》の掃くようであり、もの寂しい万里の荒野に、敵の生き残りはいなくなった。ここにおいて（匈奴の）地域は亡び、国は単《ひとつ》になり、旆《はた》を廻《めぐ》らして帰った。伝承を考察して地図を験《あらた》め、その山川を窮め尽くした。ついに涿邪《たくや》山《さん》を越え、安侯河《あんこうが》〔内蒙古自治区鄂爾渾河〕を跨《また》ぎ、燕然山《えんぜんざん》に登り、冒頓単于《ぼくとつぜんう》の集落を踏み、老上単于《ろうじょうぜんう》の龍庭を焚《や》いた［一一］。上は高祖《こうそ》劉邦《りゅうほう》や文帝《ぶんてい》の宿憤を晴らし、祖先の神霊を輝かし、下は後嗣の安全を固め、国境を広げることで、偉大なる漢の雷声を振わせた［一二］。これこそいわゆる一たび苦労して久しく安逸となり、暫《しば》しの間費《ついや》して永く寧《やす》らかになるというものである［一三］。そこで山に封じ石に刊《きざ》み、昭かに上徳を銘《しる》す［一四］。

その辞にいう、

美しき王師《おうし》は最果ての荒野を征し［一五］、凶虐（な匈奴）を滅ぼして海外を平定した［一六］。
遥かなるかな、その遠きは地の果てまで及び［一七］、神丘（の燕然山）に封じて顕彰碑を建てた［一八］。皇帝の事績を広めて万世に振るわせたいと［一九］。

［李賢注］

［一］（原文の）寅は、敬という意味である。（原文の）亮は、信という意味である。『尚書《しょうしょ》』（周官篇）に、「公にそって（道の）化育を広め、天地を敬んで明らかにする」とある。（原文の）登は、升という意味である。（原文の）翼は、輔という意味である。

［二］（原文の大麓・緝熙について）孔安国《こうあんこく》は『尚書』（堯典篇）に、「麓は、録という意味である。これを納れて、万機を総攬させる」と注をつけている。（『詩経』）周頌《しゅうしょう》（維清）に、「ああ清くして光明である」という。鄭玄《じょうげん》は、「（緝熙は）光明である」と注をつけている。

［三］（原文の述職・巡御・理について）『春秋《しゅんじゅう》左《さ》氏《し》伝《でん》』（昭公伝五年）に、「小としては（諸侯が天子にまみえて職事を報告する）述職《じゅっしょく》があり、大としては（天子が諸侯の国々を巡視する）巡《じゅん》

功《こう》があるという。また（『春秋穀梁伝』荘公八年に）「出ることを兵を理《おさ》むという」とある。

［四］鷹揚《おうよう》は、鷹の飛揚するようなものである。『詩経《しきょう》』（大雅 大明）に、「師尚父《ししょうほ》（の太公望の勇武の有り様）は、鷹が奮い起こって撃とうとするような勢いであった」とある。螭《ち》は、山の神、獣の形である。『史記』（巻四 周本紀）に、「熊のようであり羆《ひぐま》のようであり、豺《やまいぬ》のようであり離《みずち》のようである」という。徐広《じょこう》は、「離は螭と同じである」という。（原文の）該は、備という意味である。『詩経』（大雅 常武）に、「（宣王は皇父に命じて）我が六軍《りくぐん》の軍勢を整頓し、我が兵馬武具の事を修め（て、大功を立てるようにと命ぜられ）た」とある。

［五］（原文の）暨《き》は、及ぶという意味である。元戎《げんじゅう》は、兵車という意味である。『詩経』（小雅 六月）に、「大きな兵車は十輌ならび、先導となって突進する」とある。（原文の）軽武は、疾いことをいう。長轂《ちょうこく》は、兵車という意味である。

［六］輜《し》は、車という意味である。雲と称するのは、（数が）多いことをいう。

［七］兵法に、八陣図《はちじんのず》がある。

［八］（原文の）玄甲《げんこう》は、鉄の鎧である。『漢書』（巻五十五 霍去病伝）に、「属国の玄甲を徴発した」とある。

［九］（原文の漠・絶について）沙土《すな》を漠という。直ちに渡ることを絶という。

［一〇］温禺《おんぐう》と尸逐《しちく》は、共に匈奴の王号である。周の礼に、「人を殺してその血で軍鼓を塗《ぬ》る、これを釁《きん》という」とある。（原文の）鍔《がく》は、刃という意味である。

［一一］（原文の）四校《しこう》は、四面の部隊である。（原文の）横徂《おうそ》は、横行することである。（原文の）星流彗掃《せいりゅうすいそう》とは、疾いことをいう。安侯《あんこう》は、川の名である。冒頓《ぼくとつ》は、頭曼単于《とうまんぜんう》の子である。（原文の）区落（領地）とは、東は東胡《とうこ》を滅ぼし、西は月氏《げっし》を走らせ、南は楼煩《ろうはん》を取り、ことごとく秦が奪った匈奴の土地を手に入れたことをいう。冒頓単于の子である稽粥《けいしゅく》は、老上《ろうじょう》単于《ぜんう》と号した。匈奴は、五月に龍庭《りゅうてい》に集まり、その祖先・天地・鬼神を祀る。今みなこれを焼き尽くしたのである。

［一二］高祖《こうそ》劉邦《りゅうほう》は、冒頓単于に平城《へいじょう》で七日間包囲された。文帝のとき、匈奴は辺境に侵入し、太守を殺した。文帝は自ら征伐しようと考えたが、薄皇太后は許さなかった。（原文の）拓は、開という意味である。（原文の）天声は、雷霆《かみなり》の音である。（『文選』巻七 郊祀に引く揚雄の「甘泉賦《かんせんふ》」に、「天声が起こり、勇士は励む」とある。）

［一三］（『漢書』巻九十四 匈奴伝上に）揚雄《ようゆう》は、「思うに、一度も苦労しない者は久しく安逸ではいられず、暫《しば》しの間でも費《ついや》さない者は長く安らかではいられない」と言っている。

［一四］（原文の）上は、至るというような意味である。『老子《ろうし》』（論徳）に、「最上の徳は徳らしく

ない、それでこそ徳がある」という。

〔一五〕（原文の）鑠は、美という意味である。『詩経』（周頌 酌）に、「ああ美しき（武）王の軍勢よ、（殷の紂王《ちゅうおう》の）暗蒙を自然にまかせていた」とある。

〔一六〕（原文の）勦は、絶という意味である。（原文の）截は、整えるという意味である。『詩経』（商頌 長発）に、「（契の孫の）相土《しょうど》も威武の功績が輝いて、四海の外までもその教令により整わないものはなかった」とある。

〔一七〕（原文の）夐と邈は、ともに遠いという意味である。（原文の）亙は、竟という意味である。

〔一八〕神丘は、燕然山《えんぜんざん》のことである。四角いものを碑といい、円いものを碣《けつ》という。（原文の）蝎も碣のことである。協韻であり、音は其例の反である。

〔一九〕（原文の）熙は、広という意味である。（原文の）載は、事績という意味である。『尚書』（尭典篇）に、「職事をよく努めて帝（尭）の事績を広げる」とある。

竇憲は、こうして軍を返して帰還した。軍司馬《ぐんしば》の呉汜《ごし》と梁諷《りょうふう》を派遣して、金や絹を奉じて北単于《きたぜんう》に贈らせ、国威を発揚して、軍はその後に従った。このとき匈奴の内部では反乱が起こり、呉汜と梁諷は行く先々で、前後一万人余りを招き降伏させた。ようやく北単于に西海《せいかい》〔モンゴル西部ハルウス湖〕のほとりで追いつき、国の威信を述べ、詔賜を贈った。北単于は稽首して拝受した。梁諷は、そこで呼韓邪単于《こかんやぜんう》の故事のように、国を保ち人を安寧にする福徳をなすべきと説いた［一］。北単于は喜び、すぐに軍勢を率いて梁諷と共に引き返し、私渠海《しきょかい》に到ったが、漢軍がすでに長城の中に入ったことを聞くと、そこで弟の右温禺鞮王《ゆうおんぐうていおう》を派遣し、朝貢して人質にさせようと、梁諷に随って闕《けつ》に詣らせた。（しかし）竇憲は、北単于が自身で来なかったため、上奏して人質の弟を帰らせた。（一方）南単于は、漠北で竇憲に古い鼎《かなえ》を贈った。容量は五斗、その傍銘《ぼうめい》には、「仲山甫《ちゅうざんほ》の鼎、それ万年、子子孫孫 永《とこしえ》に保ち用いよ」とあった。竇憲は、そこで鼎を（天子に）献上した。（天子は）詔を下して、中郎将に節を持って五原郡《ごげん》に行き、竇憲を大将軍《だいしょうぐん》に拝命し、武陽侯《ぶようこう》〔山東省莘県南東〕に封じ、食邑は二万戸とした。竇憲は固く封爵を辞退したので、策を賜って（辞退を）許した。

［李賢注］

［一］（呼韓邪単于《こかんやぜんう》の故事とは）漢に依附して、自らその国を保護することを言う。宣帝《せんてい》のとき、呼韓邪単于《こかんやぜんう》は辺境の砦を訪れ、甘泉宮《かんせんきゅう》に参内した。光禄塞《こうろくさい》の近くに居留し、急に事が起これ

ば、漢の受降城《じゅこうじょう》を守ることを請うた。

もと大将軍《だいしょうぐん》の位は三公の下にあり、属官の配置も太尉に準《なぞら》えられていた[一]。竇憲の権威が朝庭を震わすと、公卿は忖度して、竇憲の位を太傅《たいふ》の下、三公の上にすべしと上奏した。（大将軍の）長史《ちょうし》と司馬《しば》の官秩は中二千石、従事中郎《じゅうじちゅうろう》の二人は六百石とし、以下それぞれ加増した。（竇憲は）凱旋して京師に入った。そして、大いに倉府を開いて、労《ねぎら》って士吏に賜与した。竇憲が率いていた諸郡の二千石〔太守〕の子弟は、すべて太子《たいし》舎人《しゃじん》に任命された[二]。

このときに竇篤《とうとく》は衛尉《えいい》となり、竇景《とうけい》と竇瓌《とうかい》は共に侍中《じちゅう》で奉車都尉《ほうしゃとい》と駙馬都尉《ふばとい》であった。（竇憲を含めて）四家は、競って第宅を修理し、意匠を窮めた。翌年、詔して、「大将軍の竇憲は、昨年出征し、北狄《ほくてき》を討ち滅ぼした。朝廷は恩賞として封爵を加えようとしたが、固く辞譲して受けなかった。皇帝の舅《しゅうと》は（漢家の）故事によれば、みな爵土を受ける[三]。そこで竇憲を冠軍侯《かんぐんこう》に封じ、邑は二万戸とする。竇篤は郾侯《えんこう》、竇景は汝陽侯《じょようこう》〔河南省商水県北西〕、竇瓌は夏陽侯《かようこう》〔陝西省韓城市南西〕とし、それぞれ六千戸とする」とした。竇憲は、一人封爵を受けず、兵を率いて涼州に出鎮した。侍中の鄧畳《とうじょう》に征西将《せいせいしょう》軍《ぐん》の職務を兼ねさせて副官とした。

［李賢注］

［一］『続漢志《しょくかんし》』（志二十四 百官一）に、「太尉《たいい》（の属官は）、長史《ちょうし》は（一人で官秩は）千石、掾属《えんぞく》は二十四人、令史《れいし》および御属は二十二人である」という。

［二］『続漢志』（志二十七 百官四）に、「太子舎人《たいししゃじん》は、官秩は二百石で定員はなく、交代で宿衛に当たる」とある。

［三］前漢の故事《こじ》では、帝の舅《しゅうと》はみな侯に封じられた。

北単于《きたぜんう》は、漢が人質とした弟を返してきたので、また車諧儲王《しゃかいちょおう》たちを派遣して居延塞《きょえんさい》を訪れさせ、入貢して朝見したいと望み、大使の派遣を願った。竇憲は、上書して大《だい》将軍中護軍《しょうぐんちゅうごぐん》の班固《はんこ》を派遣し中郎将《ちゅうろうしょう》を兼ねさせ、司馬《しば》の梁諷《りょうふう》と共に北単于を迎えに行かせた。たまたま北単于は南匈奴に敗れ、傷を負って逃走し、班固は私渠海《しきょかい》まで行って戻った。竇憲は、北匈奴が弱体化しているので、これを滅ぼそうとした。翌年、再び右《ゆう》校尉《こうい》の耿夔《こうき》と司馬《しば》の任尚《じんしょう》や趙博《ちょうはく》たちを派遣して、兵を率いて北匈奴を金微山《きんびざん》で攻撃させて大破し、多くの物資を獲得した。北単于は逃走し、所在が知れなくなった。

竇憲は、すでに匈奴を平定し、その威名は大いに盛んになった。耿夔《こうき》と任尚《じんしょう》たちを爪牙とし、鄧畳《とうじょう》と郭璜《かくおう》を腹心とし、班固《はんご》や傅毅《ふき》などをみな幕府に置き、文章を典《つかさど》らせた。刺史や太守・県令の多くは、竇氏の一門から出た。尚書僕射《しょうしょぼくや》の郅寿《しつじゅ》と楽恢《がくかい》は、竇憲の意に逆らったため、相継いで自殺した。これにより朝臣は震え怖れ、率先して迎合するようになった。竇篤《とうとく》は、位を特進《とくしん》とされ、官僚の推挙を許され、礼遇は三公に依拠した[二]。竇景《とうけい》は執金吾《しっきんご》となり、竇瓌《とうかい》は光禄勲《こうろくくん》となり、明らかで貴く権力のある様子は、京都《けいと》を覆すほどであった。（竇篤と竇景は）二人とも驕り高ぶり放縦であったが、なかでも竇景がひどかった。下僕や部下は権勢を笠にきて、人々を侵害し[三]、財貨を強奪し、罪人を奪取し、婦女を略奪した。商人は店を閉じ、仇討ちを避けるかのようで、役人も恐れ、上奏しなかった。竇皇太后はこれを聞き、謁者《えつしゃ》に竇景の官を免じさせ、特進《とくしん》の位で奉朝請《ほうちょうせい》とした。竇瓌は若いころから経書を好み、節約して行いが修まり、外に出て魏郡太守《ぎぐんたいしゅ》となり、潁川太守《えいせんたいしゅ》に遷った。竇氏の父子・兄弟は、みな官爵の上位におり、朝廷に満ちあふれた。（竇憲の）叔父の竇覇《とうは》は、城門校尉《じょうもんこうい》となり、竇覇の弟の竇褒《とうほう》は、将作大匠《しょうさくたいしょう》となり、竇褒の弟の竇嘉《とうか》は、少府《しょうふ》となり、竇氏一族で侍中・将軍・大夫・郎吏となるものは十人以上にのぼった。

［李賢注］
［一］郅寿《しつじゅ》は、郅惲《しつうん》の子である。
［二］漢の法では、三公は官僚を推挙できた。
［三］『漢官儀《かんかんぎ》』に、「執金吾《しつきんご》の緹騎《ていき》は（定員）二百人である」という。『説文解字《せつもんかいじ》』（第十三篇上）に、「緹《てい》は、丹黄色の絹である」という。言いたいのは、（竇氏の）下僕および緹騎は、いずれも好き勝手に振る舞ったということである。

竇憲は、功労を重ねたことを頼み、ますます横暴をなした。永元《えいげん》四〔九二〕年、鄧《とう》畳《じょう》を穰侯《じょうこう》に封じた。鄧畳とその弟である歩兵校尉《ほへいこうい》の鄧磊《とうらい》および母の元《げん》、また竇憲の女婿である射声校尉《せきせいこうい》の郭挙《かくきょ》、郭挙の父である長楽少府《ちょうらくしょうふ》の郭璜《かくこう》は［二］、みな互いに親交を結んだ。鄧元と郭挙は、共に禁中に出入りし、郭挙は竇皇太后に寵愛されて、ついに（皇帝の）殺害を図った。和帝は密かに陰謀を知り、近臣で寵愛する中常侍《ちゅうじょうじ》の鄭衆《ていしゅう》と相談して、かれらを誅そうとした。（しかし）竇憲が外で（兵権を）握っており、竇憲が誅殺を恐れ乱を起こすことを心配し、我慢して（誅殺の命を）発しなかった。たまたま竇憲と鄧畳が、軍を返して京師に戻った。（そこで）詔を下して大鴻臚《だいこうろ》に節を持って郊外で迎えさせ、軍吏に恩賞を差をつけて賜わった。竇憲たちが参内すると、和帝は北宮に行き、執金吾《しつきんご》と（屯騎・越騎・歩兵・長水・射声の）五校尉《ごこうい》に詔して、兵を整えて南宮と北宮を守衛させ、城門を閉じて、鄧畳・鄧磊・郭璜・郭挙を逮捕させ、みな獄へ下して誅殺した。家族は合浦《ごうほ》に移した。（また）謁者僕射《えつしゃぼくや》を派遣して、竇憲の大将軍の印綬を回収させ、あらためて（竇憲を）冠軍侯《かんぐんこう》に封じた。竇憲および竇篤・竇景・竇瓌をすべて追い出して封国に赴かせた。和帝は、竇皇太后のために、名指して竇憲を誅することを望まず、わざわざ厳しく有能な相を選んでかれらを監察させた。竇憲・竇篤・竇景が封国に到ると、みな迫って自殺させ、宗族や賓客で竇憲により官に就けられた者は、みな免官して故郷に帰らせた。竇瓌は、もともと行いが修まっていたので、（自殺を）迫られなかった。（しかし）翌年、貧民に穀物を貸与した罪で[二]、羅侯《らこう》〔湖南省汨羅の北西〕に徙封し[三]、吏民を臣下できなくした。これよりさき、竇后が梁氏を陥れたとき、竇憲たちは陰謀に参与した。永元《えいげん》十〔九八〕年、梁棠《りょうとう》兄弟が流されていた九真郡《きゅうしんぐん》から帰る途中[四]、長沙を経由し、竇瓌に逼《せま》って自殺させた。のちに和帝の鄧皇太后《とうこうたいごう》が臨朝すると、永初《えいしょ》三〔一〇九〕年、竇氏の以前に故郷に帰された者と安豊侯《あんほうこう》の竇万全《とうばんぜん》に詔して、みな京師に帰らせた。竇万全の少子が竇章《とうしょう》である。

［李賢注］

［一］竇皇太后《とうこうたいごう》は、長楽宮《ちょうらくきゅう》にいた。そのため、長楽少府《ちょうらくしょうふ》（という官職）があり、官秩は二千石である。

［二］（原文の）稟《りん》は、給という意味である。貧民に貸し与えるのは、侯家の法では行ってはならないことであった。そのため罪に問われたのである。

［三］羅《ら》は、県であり、長沙郡《ちょうさぐん》に属する。唐の岳州湘陰県の東北にある。

［四］梁棠《りょうとう》および兄の梁雍《りょうよう》、梁雍の弟の梁翟《りょうてき》は、いずれも梁竦《りょうしょう》の子である。


論にいう、衛青《えいせい》と霍去病《かくきょへい》は、強い漢の軍隊により、毎年匈奴と戦い、国の費用の大半を使い果たした。それでも匈奴に勝てなかったが、後世なお二人は良将と伝えられる。身体と名声を全うして一生を終えたためであろう。竇憲は、羌族や胡族や辺境の雑軍を率いて、一挙に匈奴の王庭を空にし、逃れたものを稽落山《けいらくざん》の麓に追い、馬に比鞮海《ひていかい》の水を飲ませ、石に銘文を残し、鼎を背負って、天子の祖廟に（匈奴の撃滅を）報告するに至った。その功績を比較すると、前代（の衛青と霍去病）より優れた点が非常に多い。それなのに後世、（竇憲を）称える者はなく、晩年の罪ばかりを暴き立て、実際の功績を低くみている[一]。このため（『論語』子張篇に言うように）下流（にいること）は、君子がたいへん憎むものなのである[二]。そもそもこれら二、三の人々は、みな後宮の恩遇を得たに過ぎず、民間を捜索し、選挙により登用されたわけではない[三]。衛青がまだ奴僕で病気となった時[四]、竇将軍が（南宮に閉じこめられ）咎を思った日には[五]、それこそ力を尽くすのに精一杯で余裕もなく、鳴こうと思っても朝が来な（い鶏のように名声を挙げる機会などな）かった[六]。封土を分かたれ、高い官爵を受けることなど考えられない。東方朔《とうほうさく》は、これを用いれば虎となり、用いなければ鼠となると言っている。その通りである。これによって言えば、士で玉（の立派な資質）を持って（いながら、それを発揮する機会がなく）、身を滅ぼしてしまう例も、数えきれないほどあるのである[七]。

［李賢注］

［一］（原文の）降は、損なうという意味である。

［二］『論語《ろんご》』（子張篇）に、「紂王《ちゅうおう》の不善も、言われるほど酷《ひど》くはない。このことから君子は下流に身を置くことを嫌う。天下の悪事がみなそこに帰されるからである」という。

［三］二、三子とは、衛青《えいせい》と霍去病《かくきょへい》、および竇憲《とうけん》のことをいう。みな後宮の恩によって出世した。

［四］衛青は、もと平陽公主《へいようこうしゅ》の家童の子である。人相見が衛青を見て、「貴人である。官は封侯に至るだろう」と言った。衛青は笑って、「奴隷の人生です。笞《むちう》たれ罵《ののし》られなければ十分です。侯に封ぜられることなどありましょうか」と言った。

［五］竇皇太后が、竇憲を南宮に閉じこめ、竇憲を誅殺しようと考えた日のことをいう。

［六］（『三国志《さんごくし》』）呉志《ごし》に、諸葛瑾《しょかつきん》は「朝を無くした鶏に、もう一度鳴くことを思い起こさせよ」と言っている。

［七］（原文の）琬琰《えんたん》は、美玉のことである。『楚辞《そじ》』（七諫《しちかん》自悲）に、「琬琰を懐いて心とする」とある。（原文の）支は、計という意味である。数えきれないとは、多いことを言っている。


竇章《とうしょう》は、字を伯向《はくきょう》という。若いころから学問を好み、文章を得意とした。馬融《ばゆう》・崔瑗《さいえん》と好みを同じくして、互いに推薦しあった［一］。

永初《えいしょ》年間〔一〇七〜一一三年〕、三輔《さんぽ》は羌族の侵入に遭い、竇章は難を東国に避け、外《がい》黄県《おうけん》〔河南省民権の北西〕に家をおいた[二]。貧困の中で、蓬《よもぎ》を戸にし蔬食《そし》（するような貧乏な暮らしを）したが[三]、自ら孝養に勤め、読書して止まなかった。太僕《たいぼく》の鄧康《とうこう》が[四]、その名声を聞き、招いて交友しようと思ったが、竇章は行かなかった。鄧康はこれにより益々竇章を重んじた。このとき学者たちは東観《とうかん》を老氏の蔵室、道家の蓬萊山《ほうらいさん》と称していた[五]。鄧康はそこで竇章を推薦し、（竇章は）東観に入り校書郎《こうしょろう》となった。

[李賢注]

[一]『馬融集《ばゆうしゅう》』に（収める）「竇伯向に与《あた》える書」に、「孟陵《もうりょう》の奴が来て、書を賜わった。手跡を見たときの、歓喜はどうやって量れるだろうか。顔に表れていたはずである。書は二枚であったが、一枚に八行ずつ、一行は七字ずつであった」とある。

[二] 外黄《がいおう》は、県であり、陳留郡《ちんりゅうぐん》に属する。故城は唐の汴州《べんしゅう》雍丘県の東にある。

[三]『荘子《そうじ》』に、原憲《げんけん》は蓬《よもぎ》を編んで戸としたとあり、『論語《ろんご》』に顔回《がんかい》は蔬食《そし》（粗末な野菜だけの食事）を飯としたとある。

[四]（鄧康は）鄧珍《とうちん》の子であり、鄧禹《とうう》の孫である。

［五］老子《ろうし》は守蔵史《しゅぞうし》となり、また柱下史《ちゅうかし》となった。天下で書かれた文書はすべて柱下に集められた。この事は『史記』（巻六十三 老子伝）に見える。東観に経籍が多いことを（たとえて）言うのである。蓬萊山《ほうらいさん》は、海中の神山であり、仙府である。珍しい書物や秘密の記録は、みなここにあるという。

順帝《じゅんてい》の初め、竇章の娘は十二歳で、文を上手に綴《つづ》り、才能と容貌により選ばれて後宮に入った。皇帝の寵愛を受け、梁皇后《りょうこうごう》と同時に貴人となった。竇章を抜擢して羽林《うりん》中郎将《ちゅうろうしょう》とし［二］、屯騎校尉《とんきこうい》に遷した。竇章は、謙虚で士人に遜《へりくだ》り、時の俊才を集めて推薦し、高い名声を博した。このとき梁氏・竇氏は、共に貴人を出し、それぞれ賓客を抱えており、（賓客の）多くは互いに相手の家を陥れようとしたが、竇章は真心をもって対処し、禍を免れることができた。

竇貴人は、若くして卒した。順帝は、貴人を追思して已まなかった。史官に詔して、碑を建て貴人の徳を顕彰させ、竇章は自らその辞を作った。竇貴人の没後も、順帝が竇章を礼遇することは衰えなかった。永和《えいわ》五〔一四〇〕年、少府《しょうふ》に遷った。漢安《かんあん》二〔一四三〕年、大鴻臚《だいこうろ》に転じた。建康《けんこう》元〔一四四〕年、梁皇太后《りょうこうたいごう》が政治を執ると、竇章は辞職し、家で卒した。中子の竇唐《とうとう》は、俊才で官は虎賁中郎将《こほんちゅうろうしょう》に至った。

〔李賢注〕

〔一〕『続漢志《しょくかんし》』（志二十五 百官二）に、「羽林郎《うりんろう》は、官秩が二百石であり、定員がない。常に宿衛して皇帝の側に侍する」とある。

賛にいう、純粋で誠実な安豊《あんほう》（侯竇融）は、英雄の才を称された〔一〕。河西をまとめ上げ、外戚の系図を奉じて漢に忠誠を誓った〔二〕。孟孫《もうそん》（竇固）は辺事に明るく、北狄を伐ち、西域を開いた〔三〕。竇憲は、まことに砂漠を制圧し、兵を金微山《きんびざん》より遠くへ派遣した。笳《か》〔管楽器の一種〕を龍庭で聴き、石碑を燕然山《えんぜんざん》に鏤《ほ》った〔四〕。その地位に勝《た》えず晩節を汚したが、帝王の威霊は竇憲により宣揚された〔五〕。

〔李賢注〕

〔一〕（原文の悃悃について）『楚辞《そじ》』（卜居）に、「悃悃款款《こんこんかんかん》」とある。王逸《おういつ》は、「志は純一である」と注をつけている。実直というような意味である。

［二］（原文の）図《と》を奉るとは、外戚の系図を奉り、漢に帰順したことをいう。

［三］（原文の西は）叶韻《きょういん》して音は先となる。

［四］笳《か》は、胡《えびす》の楽器である。老子《ろうし》がこれを作った。

［五］（原文の）鼎《かなえ》は三足であり、三公の象徴である。足を折るとは、その任務に堪えられなかったことをいう。『周易《しゅうえき》』（繫辞下伝《けいじかでん》）に、「鼎は足を折り、公の食膳を覆す」とある。

馬援列伝第十四

馬援　子廖　子防　兄子厳　族孫棱

馬援《ばえん》は、字を文淵《ぶんえん》といい、扶風茂陵県《ふふうもりょうけん》の人である。その先祖の趙奢《ちょうしゃ》は、趙の将となり、号して馬服君《ばふくくん》と呼ばれた。子孫はそこで（馬服君に）因《ちな》んで（馬を）氏とした〔一〕。武帝のとき、（馬氏は）官僚（となり太守である）二千石（を輩出している家であること）により邯鄲《かんたん》から（茂陵に）徙《うつ》された〔二〕。曾祖父の馬通《ばつう》は、功により重合侯《じゅうごうこう》（山東省楽陵の北西）に封ぜられたが、兄の馬何羅《ばから》が背いたのに連坐して、誅殺された〔三〕。このため馬援の祖父と父は、高官に就けなかった〔四〕。馬援の三人の兄である馬況《ばきょう》・馬余《ばよ》・馬員《うん》は〔五〕、いずれも才能があった。王莽《おうもう》の時みな二千石〔太守〕の官に就いた〔六〕。

〔李賢注〕

〔一〕馬服《ばふく》という名は、馬を乗りこなすことが上手という意味である。『史記《しき》』（巻八十一　廉頗藺相如列伝）に、「趙《ちょう》の恵文王《けいぶんおう》は、趙奢《ちょうしゃ》に功績があったので、爵号を賜い馬服君《ばふくくん》とした」とある。

〔二〕『東観漢記《とうかんかんき》』に、「（馬氏は）茂陵県《もりょうけん》の成懽里《せいかんり》に移った」とある。

[三] 重合《じゅうごう》は、県であり、勃海《ぼっかい》郡に属する。故城は唐の滄州《そうしゅう》楽陵県の東にある。馬何羅《ばから》は、江充《こうじゅう》と仲が良く、（武帝の衛太子を反乱に追い込んだ）江充が誅殺されると、罪が自分に及ぶことを恐れ、反乱を謀ったが誅に伏した。この事は『漢書《かんじょ》』（巻六十八 金日磾《きんじつてい》伝）に見える。

[四]（原文の再世顕れずとは）祖父と父は高官に就けなかった（ことをいう）。『東観漢記』に、「馬通《ばつう》は馬賓《ばひん》を生み、宣帝《せんてい》のとき郎官として節を持ち、使君《しくん》と号した。使君は馬仲《ばちゅう》を生み、馬仲の官は玄武司馬《げんぶしば》に至った。馬仲は馬援を生んだ」とある。

[五]『東観漢記』に、「馬況《ばきょう》は字を長平《ちょうへい》といい、馬余《ばよ》は字を聖卿《せいけい》といい、馬員《ばうん》は字を季主《きしゅ》という」とある。

[六] 馬況は、河南太守《かなんたいしゅ》となった。馬余は、中塁校尉《ちゅうるいこうい》となった。馬員は、増山連率《ぞうざんれんそつ》となった。

馬援は、十二歳で父を失い、若くして大志を懐き、兄たちはそれを評価していた。かつて斉詩《せいし》を学んだが、（一言一句を解釈する学問方法の）章句《しょうく》を守れず[一]、そこで馬況《ばきょう》に言って、辺郡で牧畜を営もうと考えた[二]。馬況は、「お前には大才がある。きっと晩成するだろう。優秀な工人は、他人には加工前の玉を見せないという。しばらく好きなようにしなさい」と言った[三]。たまたま馬況が卒したため、馬援は一年の間喪に服し、墓所を離れなかった。敬って兄嫁に仕え、冠をせずに部屋に入らなかった[四]。後に郡の督郵《とくゆう》となり、囚人を送って司命府《しめいふ》に至った[五]。囚人には重い罪があった。馬援は、哀れんでこれを逃し、自分も北地郡《ほくちぐん》に亡命した。恩赦にあい、そのまま留まって牧畜した。賓客の付き従う者が多く、そうして数百の家を使役するほどになった[六]。そこで隴漢《ろうかん》一帯に遊学し、いつも賓客に、「男が志《こころざし》を立てるならば、困難にあっては益々堅実であるべきである。老いては益々盛んになるべきである」と言った。こうして北地郡に止まり、牧畜によって牛・馬・羊を数千頭・穀物数万斛《と》を手に入れた。そして嘆息して、「そもそも財産を増やすのは、他人に施《ほどこ》せることを貴ぶためである。さもなければ、ただの守銭奴だ」と言った。そしてすべて（の財産を）配って兄弟や昔馴染みに贈り、自分は羊の皮を着て、皮の袴《はかま》を穿《は》いた。

［李賢注］

［一］『東観漢記《とうかんかんき》』に、「斉詩《せいし》を受け、潁川《えいせん》の満昌《まんしょう》に師事した」とある。

［二］『東観漢記』に、「馬援は、馬況が出て河南太守《かなんたいしゅ》となり、二人の兄が京師で官吏となり、家計が苦しいのを見て、馬況に言って、辺境で牧畜業に就こうと考えた」とある。

［三］（馬況は馬援の）願う通りにさせたのである。

［四］（原文の）廬は、舎《へや》という意味である。

［五］王莽《おうもう》は司命という官を置き、上公より下すべてを監察・糾弾させた。

［六］『続漢書《しょくかんじょ》』に、「馬援は、北地郡《ほくちぐん》の任氏《じんし》を頼って牧畜した。馬援の祖父の馬賓《ばひん》は、もともと天水郡《てんすいぐん》に仮住まいしており、父の馬仲《ばちゅう》も、かつて牧師令《ぼくしれい》となっている。このとき馬員《ばうん》が、護《ご》苑使者《えんししゃ》となっており、縁故ある者や賓客がみな馬援に依拠した」とある。

王莽《おうもう》の末、四方に兵が起こると、王莽の従弟である衛将軍《えいしょうぐん》の王林《おうりん》は、広く雄俊を招いた。（王林は）馬援と同県の原渉《げんしょう》とを辟召《へきしょう》して掾《えん》となし［一］、王莽に推薦した。王莽は、原渉を鎮戎大尹《ちんじゅうだいいん》とし［二］、馬援を新成大尹《しんせいだいいん》とした［三］。王莽が敗れたときに、馬援の兄の馬員《ばうん》は増山連率《ぞうざんれんそつ》であった［四］。馬援と共に上郡《じょうぐん》を去り、また涼州の地に難を避けた。光武帝が即位すると、馬員は先に洛陽（の光武帝のもと）に帰順した。光武帝は、馬員を派遣して上郡太守《たいしゅ》に戻したが、官にあるうちに卒した。馬援はそのまま西州に留まっていた。隗囂《かいごう》は、馬援をとても尊重し、馬援を綏徳将軍《すいとくしょうぐん》として、一緒に戦略を決めた。

［李賢注］

［一］原渉《げんしょう》は、字を巨先という、『漢書《かんじょ》』（巻九十二 游俠 原渉伝）に見える。

［二］王莽は、天水《てんすい》を改め鎮戎とし、太守《たいしゅ》を改めて大尹とした。

［三］王莽は、漢中《かんちゅう》を改め新成とした。

［四］王莽は、上郡《じょうぐん》を改め増山とした。連率《れんそつ》もまた太守《たいしゅ》のことである。王莽の法制では、郡を典《つかさど》る者で、公爵の者は牧《ぼく》とし、侯爵は卒正《そつせい》と称し、伯爵は連率と称し、封爵が無い者は尹《いん》とした。

このとき公孫述《こうそんじゅつ》は、皇帝を蜀で称していた。隗囂《かいごう》は、馬援に様子を窺わせに行かせた。馬援は、もともと公孫述と同郷で［一］、仲が良かった。（馬援は公孫述のもとに）着いたならば手を握って喜ぶことは、以前の通りであるべきと考えた。しかし、公孫述は、大勢の衛兵を並べ、馬援を招き入れた。互いに拝礼を交《か》わし終えると、（宮殿から）出て館に入らせ、馬援のために木綿の単衣［二］・交譲冠《こうじょうかん》を用意し（て着替えさせ）、百官を宗廟の中に集め、（馬援を）旧交の位置に立たせた。公孫述は旗を並べ騎馬を走らせ［三］、先払いをさせてから車に乗り、腰を曲げて入り［四］、属官たちを盛大かつ丁重に持てなした。馬援には封侯して、大将軍の地位を授けようとした。賓客はみな（蜀に）留まることを願ったが、馬援はこれを諭して、「天下の雌雄が定まっていないのに、公孫述は食べかけを吐きだし走って国士を迎えて［五］、一緒に成敗を図ろうとはしなかった。かえってどうでも良いことを装飾し［六］、木偶《でく》人形のようである［七］。あいつがどうして久しく天下の士を留められよう」と言った［八］。そうして辞去して帰り、隗囂に、「（公孫述）子陽《しよう》は、井の中の蛙です［九］。それなのに無闇《むやみ》に尊大です。注意を東方（の光武帝）に専ら向けた方がよいでしょう」と告げた。

［李賢注］

［一］（原文の閈について）『説文解字《せつもんかいじ》』（第十二篇上）は、「閈《かん》は、閭という意味である」という。杜預《どよ》は、『春秋左氏伝』（襄公《じょうこう》伝三十一年）に、「閈は、閭の門である」と注をつけている。

［二］『東観漢記《とうかんかんき》』は、「都」の字を「荅」の字に作る。『史記《しき》』（巻百二十九 貨殖列伝）に、「荅布千匹」とある。『前書音義』に、「荅布は、白畳《もめん》の布である」という。何承天《かしょうてん》の『纂文《さんぶん》』に、「都致《とち》・錯履《さくり》・無極《むきょく》は、みな布の名前である」という。『方言《ほうげん》』に、「禅衣《ぜんい》は、江淮・南楚のあたりでは𧝓《ちょう》と呼び、関中の東西では禅衣と呼ぶ」とある。

［三］（原文の鸞旗旄騎の）解説は、公孫述伝にある。

［四］（原文の）磬折とは、身を磬《けい》の折れ曲がっているように屈めて、敬うことである。

［五］（原文の）哺は、食という意味である。『史記』（巻三十三 魯周公世家）に「周公《しゅうこう》は伯禽《はくきん》を戒めて、「わたしは（賢人が会いに来るたび）一度沐浴するごとに三度髪を握って（慌てて沐浴から上がろうとし）、一食に三度食べ物を吐き戻して（慌てて食事を中断して人材に面会するが）、それでも天下の士の心を失うことを恐れている」といった」とある。

［六］（原文の修飾邊幅とは）布帛の縁の形を整えることをいう。『春秋左氏伝《しゅんじゅうさしでん》』（襄公《じょうこう》伝十八年）に、「布帛の幅が決まっているようなものである。これにより長さを測り、むやみに移し替えさせない」とある。

［七］（原文の偶人について）『礼記《らいき》』（檀弓《だんぐう》篇下）に、「俑《よう》を作る者を不仁という」とある。鄭玄《じょうげん》は「俑は、偶人《でく》である。顔と機発《からくり》があって、生きた人に似ている」という。俑は、音が勇である。

［八］（原文の）稽は、留という意味である。

［九］公孫述の志も知識も偏狭で、井の中の蛙のようであることをいう。この（井の中の蛙の）故事は『荘子《そうじ》』（秋水篇）に見える。

建武《けんむ》四〔二八〕年冬、隗囂《かいごう》は馬援に信書を洛陽《らくよう》（の光武帝）に届けさせた。馬援が至ると、（光武帝は）宣徳殿《せんとくでん》で引見した。光武帝は迎えると馬援に笑って、「卿《きみ》は二帝の間を悠々と見物しながら往来している。いま卿に会って、（比べられる）わたしはとても恥ずかしいよ」と言った。馬援は頓首して謝り、「今の世では、君主が臣下を選ぶだけではありません。臣下もまた君主を選ぶのです〔一〕。臣は公孫述と同じ県の出身で、若いころから付き合いがありました。臣が前《さき》に蜀に至ると、公孫述は戟兵《げきへい》を並べて臣を引見しました。臣はいま（距離も関係も）遠くから来たのに、陛下はどうして刺客や悪人ではないと知って、このような簡単な会い方をするのですか」と申し上げた〔二〕。光武帝はまた笑って、「卿《きみ》は刺客ではないだろう。ただ説客であるだけだ」と言った。馬援は、「天下はひっくり返り、（天子の）名号を盗む者は数え切れません〔三〕。（しかし）いま陛下にお会いすると、その度量が大きいこと、高祖《こうそ》〔劉邦〕にそっくりでした。このように（本物の）帝王は自然と本物なことを知りました」と申し上げた。光武帝はかれをとても立派であるとした。馬援は（光武帝が）南に向かって黎丘《れいきゅう》に行幸し、転じて東《とう》海《かい》に至ることに従った。帰る際には、（光武帝は馬援を）待詔《たいしょう》とし、太中大夫《たいちゅうたいふ》の来歙《らいきゅう》に節を持ち馬援を送り、西に向かって隴右《ろうゆう》まで帰らせた。

〔李賢注〕

〔一〕『孔子家語《こうしけご》』（六本）に、「君主は臣下を選びこれに委任し、臣下もまた君主を選びこれに仕える」とある。

〔二〕『東観漢記《とうかんかんき》』に、「馬援がはじめて到着すると、（光武帝は）勅《ちょく》して中黄門《ちゅうこうもん》（宦官が任じられ、宮中の雑務に従事）に（馬援を）連れて入らせた。このとき陛下は、宣徳殿《せんとくでん》の南の廊下におり、ただ頭巾をつけて座っていた」とある。このため簡易というのである。

〔三〕盗は、竊《かす》めるというような意味である。

隗囂《かいごう》は、馬援と寝起きを共にして、東方の噂や京師の情勢について質問した〔一〕。馬援は隗囂に、「先に朝廷に参内したとき、陛下はわたしを引見すること十数回で〔二〕、うち解けて語り合うごとに、いつも夕方から夜明けに至りました。（陛下は）才略に明るく勇気があり、他の者の敵《かな》う相手ではありません。しかも心を開いて誠意を見せ、隠し立てしません。闊達《かったつ》で気が大きいことは、ほぼ高祖《こうそ》（劉邦）と同じです。経学《けいがく》は博覧、政事は手際のよいことは、前代に比べられる者はありません」と説いた。隗囂は、「卿《きみ》が思うには、高祖と比べてどうかね」と尋ねた。馬援は、「敵わないでしょう。高祖は可もなく不可もなく（なにごとも受け入れる立場）です[三]。いま陛下は実務を好み、何事にも節度があり、酒を飲むことを好みません」と答えた。隗囂は内心面白くなく、「卿の言うとおりならば、逆に勝っているではないか」と言った。しかし、もとより馬援を信じていたので、ついに長子の隗恂《かいじゅん》を（洛陽に）派遣して人質とした。馬援は、そこで家族を連れ、隗恂に随って洛陽に戻った。（洛陽に着いて）数ヵ月たっても他の職務がなかった。馬援は、三輔《さんぽ》の土地が広く肥沃で、連れている賓客が大勢いたため、上書して上林苑《じょうりんえん》で屯田することを求めた。光武帝はこれを許した。

［李賢注］

［一］（原文の）流は、伝のような意味である。

［二］『東観漢記《とうかんかんき》』に、「あわせて十四回も会った」とある。

［三］これは『論語《ろんご》』（微子篇）で、孔子が自分の立場を表明した言葉である。

隗囂は王元《おうげん》の計を用いたが、心でそれでも（自立するか否か）決断をつけかねていたので〔一〕、馬援は何度も書簡で隗囂を責め諭した。隗囂は馬援が自分に背いたことを怨み、書簡を読み、さらに怒った。その後ついに兵を発して漢軍を拒んだ。馬援はそこで上疏して、「臣援《わたくし》が思いますに、この身を聖（なる漢）朝に帰し、働きを陛下に奉る際に、もとより大臣から推薦の言葉があったわけでも、側近が助け飾り立ててくれたわけでもありませんでした〔二〕。臣が自分で述べなければ、陛下はどうやってこのことを聞いたでしょうか。そもそも前にいて人を低くすることはできず、後ろにいて人を高くすることはできない（ように、わたしは他人によって態度を変えない）ものです〔三〕。他人と恨みあっているのに、相手の害になれないことは、臣の恥とするところです。そのためあえて罪を犯し、死を覚悟して誠意を述べさせていただきます。臣は隗囂と、以前は本当に交友しておりました。これより先、隗囂が臣を遣わして東（の洛陽）に行かせた時には、（隗囂は）臣に、「もとより漢のために働きたいと思っている。足下は行って、様子を見て来てもらいたい。君が良いと思うのであれば、（わたしも）心を専らに（漢のために）尽くそう」と言いました。臣は帰ると、報告する際に包み隠すことなく、隗囂を善に導きたいと考え、欺くために理屈にあわないことをしたわけではありません。それなのに隗囂は、自分から邪《よこしま》な心を差し挟み、盗人が主人を憎むように〔四〕、怨恨の情を臣に帰しました。臣が言うまいと思えば、お耳に達しません。どうか行在所に詣《いた》り、隗囂を滅ぼす術を徹底的に述べさせてください。胸の中を空にして、愚策を述べられれば、引退して野に下り、死んだとしても怨みはありません」と述べた。光武帝は、そこで馬援を召して計略を相談した。馬援は事細かに計画を述べた。こうして馬援に突騎五千を率いさせ、敵地に往来して隗囂の将軍である高峻《こうしゅん》や任禹《じんう》といった者たちから、下は羌族の豪雄に及ぶまでに遊説させ、かれらのために得失を述べ、隗囂の部下を離間させた。

〔李賢注〕

〔一〕（原文の狐疑について）狐は、本質的に疑い深い。そのため狐疑というのである。

〔二〕鄒陽《すうよう》の手紙に、「折れ曲がった木が君主の器となったのは、側近が形を整えた」とある。

〔三〕（馬援は）他人のために左右されることがないと言っている。『詩経《しきょう》』（小雅 六月）に、「前が下がったと思ったら、後ろが下が（って安定す）る」とある。（原文の）輊は、音が丁利の反である。

〔四〕『春秋左氏伝《しゅんじゅうさしでん》』（成公 伝十五年）に、「晉の伯宗《はくそう》は、その妻に、「盗人が主人を憎むように、民は支配者を憎む」と言った」とある。

馬援は、また書簡を隗囂の将軍である楊広《ようこう》に与え、隗囂に諭し勧めさせて、「春卿《しゅんけい》は恙《つつが》ないであろうか〔一〕。むかし冀県《きけん》〔甘粛省甘谷県の東〕の南で別れてから〔二〕、一向に音沙汰が無かった。援《わたし》は先ごろ長安に戻り、上林苑《じょうりんえん》に留まっている。わたしが見るに、天下はすでに定まり、民草は心を一つにしている。それなのに季孟《きもう》〔隗囂〕は拒絶して（漢に）背き、天下の標的となっている〔三〕。（わたしが）いつも心配なのは、天下が歯ぎしりをして、（隗囂を）八つ裂きにしようと思っていることである。そこで書簡を送り綿々と憐憫の情からの計略を伝える。聞くところでは、季孟は罪を援に帰し、王游翁《おうゆうおう》〔王元〕の諂《へつら》い邪《よこしま》な説を納れ〔四〕、函谷関《かんこくかん》より西は、足を挙げれば（やすやすと）平定できると考えているという。今になってみるとどうであろうか。援は先ごろ河内郡《かだいぐん》に行き、途中で（人質の）伯春《はくしゅん》〔隗恂〕を訪ね〔五〕、その奴隷の吉《きつ》が西方から帰ってきたのに出会った。（吉が）言うには、伯春の小弟である仲舒《ちゅうじょ》は、吉を遠くから見て、伯春が無事かどうかを尋ねようとしたが、（隗囂のてまえ）言い出せず、朝晩号泣して、埃《ほこり》の中で転げ回っているという。また、家の悲愁な様子は、口にできないほどであるという。そもそも怨みに讎《むく》いるには、刺殺すべきで誹謗すべきではないという。援は吉の言葉を聞き、思わず涙を流した。援は素より季孟が孝愛なこと、曾参《そうしん》・閔子騫《びんしけん》すら及ばないと知っている。そもそも、その親に孝であれば、その子を慈まないことがあろうか。子（の伯春）が、手枷足枷《てかせあしかせ》されているのに、思い上がって妄《みだ》りに動き、自分から（殺された子の）羹《あつもの》を分けられる故事と同じになってよいだろうか〔六〕。季孟《きもう》は平生から、軍勢を擁する理由は、父母の国を全《まっと》うし墳墓を完うしたいからだと言う。また、少なくとも士大夫を厚遇したいからだと言う。しかし今、全うしたいと考えた家族を破滅させようとし、完うしたいと考えた墳墓を破壊させようとし、厚遇したいと考えた士大夫を反乱に追い込もうとしている。季孟は、むかし子陽《しよう》〔公孫述〕を辱めて〔七〕、その爵位を受けなかった。（それなのに）いま改めて一緒に耄碌《もうろく》して〔八〕、公孫述のもとに随おうと考えている。いったいどの面を下げて行こうというのか。もしまた（公孫述から）人質を求められたら、（すでに伯春は見捨てているのに）どこから子を得てこれに与えるというのか。往時《むかし》子陽は、ただ王の地位で待遇しようとしたが〔九〕、春卿はそれを拒んだ。いま老いてから、あらためて頭を垂れ小人たちと槽櫪《かいばおけ》を共にして食らい、肩を並べて身を恨みのある朝廷に置こうというのか〔一〇〕。男子〔隗囂〕は溺れ死にそうなのに、（春卿は）何を憐れんで泳ぎ続けることにこだわるのか〔一一〕。いま国家（光武帝）は、春卿を待遇しようと熱心に考えている。どうか牛孺卿《ぎゅうじゅけい》に多くの耆老《きろう》や大人《たいじん》と一緒に季孟を説得させ[一二]、もし計策に従わなければ、首を揃《そろ》えて退去すべきである。先ごろ地図を開き、天下の郡国を見ると、〔すべてで〕百六ヵ所あった。どうしてわずか二つの国で、中華の百四に当たろうと考えるのか。春卿は季孟に仕え、外には君臣の義があり、内には朋友の道がある。君臣関係で言えば、まことに諌め争うべきである。朋友関係で語れば、互いに意見をぶつけ合うべきである[一三]。見込みがないことを知りながら、ぐずぐずして舌を噛み、手を拱《こまぬ》いて一族滅亡に付き合うことがあろうか[一四]。今のうちに計をなせば、まだ良いことがあるだろう。これを過ぎれば、旨みは少なくなろう[一五]。また来君叔《らいくんしゅく》〔来歙〕は天下の信士であり、朝廷に重んじられている。その意はしみじみと、いつも一人西州〔隗囂〕のために発言している。援がはかるに、朝廷はこれに信用を置こうと考えており[一六]、必ず約束に背くことはない。援は長く留まることはできない。早く返事をいただきたい」と述べた。楊広は、返事をしなかった。

〔李賢注〕

〔一〕春卿《しゅんけい》は、楊広《ようこう》の字である。

[二] 天水郡の冀県《きけん》のことである。

[三]（原文の）表は、目印という意味である。標準となり射的となると言っている。言いたいことは、反逆の罪は、天下が指弾するということである。

[四] 游翁《ゆうおう》は、王元《おうげん》の字である。

[五]（原文の）存は、問《たず》ねるという意味である。

[六]（原文の）三木とは、桎《くびかせ》・梏《てかせ》・械《あしかせ》をいう。司馬遷《しばせん》は、「赭《しゃ》〔囚人服〕を衣て三木を付けられる」と言っている。羹を分けるとは、楽羊《がくよう》の逸話である。解説は（『後漢書』列伝三）公孫述伝に見える。

[七]（原文の）愧は、辱めるという意味である。

[八]（原文の）陸陸は、碌碌《ろくろく》という意味である。

[九]（公孫述が隗囂を）朔寧王《さくねんおう》に封建しようと考えたことを指す。

[一〇]（原文の併について）『字林《じりん》』に、併は、音が卑正の反とする。

[一一]（原文の）游は、浮という意味である。

[一二] 大人は豪傑のことである。

[一三]（原文の切磋について）骨（を削ること）を切といい、象（牙を削ること）を磋という。言い

たいことは、朋友の道は、切磋して器を作るよう、ということである。『詩経《しきょう》』（衛風淇奥《きおう》）に、「（玉を）切するように磋するように、琢《たく》するように磨するように（修養に勉めて止まない）」とある。

〔一四〕（原文の）萎腇《いし》は、軟弱という意味である。萎は、音が於罪の反である。腇は、音が乃罪の反である。

〔一五〕（原文の少味とは）食を喩えとしているのである。

〔一六〕（原文の）商は、度という意味である。

建武《けんむ》八〔三二〕年、光武帝は自ら西に向かって隗囂を征し、漆《しつ》〔陝西省彬県〕に至った〔一〕。諸将の多くは、皇帝の軍隊は重大で、遠い険阻の地に入るべきではないと考えた。（そのため）計略はぐずぐずと決まらなかった〔二〕。このとき馬援を召すと、夜にやって来た。光武帝は大いに喜び、引き入れて、つぶさに軍議を馬援に相談した〔三〕。馬援はそこで隗囂の将帥《しょうすい》に雪崩をうって崩壊する兆《きざ》しがあり、兵を進めれば必ず破ることができると説明した。また光武帝の前に米を集めて山谷をつくり、形勢を指で描き、軍勢の通るべき道々を示し、紆余曲折を明らかにし、事細かに説明して分かりやすかった。光武帝は、「敵はわたしの目の内にある」と言った。翌朝、ついに軍を進めて第一《だいいち》に至ると〔四〕、隗囂の軍勢は大敗した。

［李賢注］

［一］漆《しつ》は、県であり、右扶風《ゆうふふう》に属する。

［二］（原文の）冘は、行く様子である。意味は『説文解字《せつもんかいじ》』（第五篇下）に見える。（原文の）豫も、まだ定まらないことである。冘は、音が以林の反である。

［三］『広雅《こうが》』に、「（原文の）質は、定という意味である」という。

［四］第一は、解説が（『後漢書』列伝十三）竇融伝に見える。


建武《けんむ》九〔三三〕年、馬援を任命して太中大夫《たいちゅうたいふ》とし、来歙《らいきゅう》の副将となり諸将を監督して涼州《りょうしゅう》を平定させた。王莽《おうもう》の末から、西羌《せいきょう》は辺境に侵寇し、ついに長城の内に入って居すわり、金城郡《きんじょうぐん》の属県《ぞくけん》の多くは、西羌の保有となっていた。来歙は上奏して、隴西《ろうせい》の侵され打ち破られた状況は、馬援でなければ定められないとした。建武十一〔三五〕年夏、璽書《じしょ》により馬援を隴西太守に拝命した。馬援はそこで歩騎三千人を徴発し、先零《せんれい》羌《きょう》を攻撃して臨洮《りんとう》〔甘粛省岷県〕で破り、数百級の首を斬り、馬・牛・羊など一万頭余りを獲た。長城を守っていた諸羌の八千人余りは、馬援に出向いて降った。（またこのほか羌族の）諸部族は数万おり、集まって略奪し、浩亹《こくもん》県の隘路《あいろ》で拒んだ[一]。馬援は、揚武《ようぶ》将軍《しょうぐん》の馬成《ばせい》と共にこれを撃った。羌族はその妻子や輜重《しちょう》を連れて移り允吾谷《えんがこく》〔甘粛省蘭州市の北西〕で阻んだ[二]。馬援は、そこで密かに間道を行き、陣営を急襲した。羌は大いに驚き崩壊し、また遠く唐翼谷《とうよくこく》〔青海省西寧市〕の中に徙った。馬援は、また追いかけてこれを討った。羌族は、精兵を率いて北山の山に集まり、馬援は軍を連ねて山に向かい、そして同時に数百騎を分遣し、迂回してその背後から襲わせ、夜に乗じて火を放ち、鼓を打ち鳴らして大声で叫ばせた。羌族はついに大いに潰《つい》え、あわせて千級以上を斬首した。馬援は兵が少ないため、追い詰められず、その穀粮や畜産を手に入れて帰った。（その際）馬援は矢に中《あた》り脛《すね》を貫いた。光武帝は、璽書によって馬援を労《ねぎら》い、牛や羊数千頭を賜わった。馬援は（それを）尽《ことごと》く賓客たちに分け与えた。

〔李賢注〕

〔一〕浩亹《こくもん》は、音が告門である。県の名であり、金城郡《きんじょうぐん》に属する。浩は、川の名である。亹というものは、川が峡山の間を流れ、両岸が深く門のようになっていることである。『詩経』（大雅 鳧鷖《ふえい》）に、「鳧《ふ》〔かも〕と鷖《えい》〔かもめ〕は亹《もん》〔水門〕にいる」というのは、その意味である。いま俗にこの川を閤門河《こうもんが》と呼ぶのは、おそらくこれを早口で言ったものであろう。

〔二〕允吾《えんが》は、音が鈆牙である。

このとき朝臣は、金城郡《きんじょうぐん》の破羌県《はきょうけん》〔青海省楽都の南東〕よりも西は〔一〕、道が遠く侵寇が多いため、この地を棄てるべしと議論した。馬援は、「破羌県より西は、城は多く無傷で堅牢であり、それにより（守りを）固めることは容易です。その田土は肥沃で〔二〕、灌漑の設備も整っています。もし羌族を湟中《こうちゅう》にいさせれば〔三〕、害は止まないでしょう。棄てるべきではありません」と進言した。光武帝は、正しいとした。こうして武威太守《ぶいたいしゅ》（の梁統）に詔して〔四〕、金城郡から避難していた民をすべて還らせた〔五〕。帰る者は三千人以上で、それぞれを元の村に戻らせた。馬援は上奏して、かれらのために長吏《ちょうり》を置き、城郭を繕い、塢候《うこう》〔防衛用の砦と見張台〕を建て〔六〕、田を開き水を導き、耕作と牧畜を勧めた。（こうして）金城郡中が仕事を楽しんだ。また羌族の豪族である楊封《ようほう》を派遣して、長城外の羌族を諭し説得させると、みなやって来て和親した。また武都郡《ぶとぐん》〔甘粛省成県の西〕の氏族《ていぞく》で、公孫述に背いて来降した者に、馬援はその侯王や君長〔の位〕を復し、印綬を賜わるように上奏した。光武帝は、すべて上奏の通りにした。そして馬成《ばせい》の軍を解散した。

〔李賢注〕

〔一〕破羌《はきょう》は、県の名であり、金城郡《きんじょうぐん》に属する。故城は唐の鄯州《ぜんしゅう》湟水県の西にある。

〔二〕〔原文の肥壌について〕土塊がないことを壌という。

〔三〕湟《こう》は、川の名である。『漢書』〔巻二十八下 地理志下〕によれば、「〔湟水は〕金城郡臨羌県《りんきょうけん》に出て、東に流れ允吾《えんが》に至って黄河に合流する」とある。唐の鄯州湟水県はその名から取っている。一名を楽都水《らくとすい》という。

〔四〕〔武威太守は〕『東観漢記《とうかんかんき》』に、梁統《りょうとう》であるという。

〔五〕金城郡の出身者で、武威郡《ぶいぐん》にいる者のことである。

〔六〕〔塢候《うこう》について〕『字林』に、「塢は、小さい障《とりで》である。あるいは小さい城であるという。字はあるいは隖に作ることもある」という。〔塢の〕音は、一古の反である。

建武《けんむ》十三〔三七〕年、武都郡《ぶとぐん》の参狼羌《さんろうきょう》は、長城外の諸部族と共に侵寇し、長吏《ちょうり》を殺した。馬援は、四千人余りを率いてこれを撃ち、氐道県《ていどうけん》〔甘粛省礼県の北西〕に至った〔一〕。羌族は山上にあり、馬援は軍を動きやすい土地に置き、羌族の水と草を奪い、戦おうとしなかった。羌族はこうして困窮し、豪帥の数十万戸は逃亡して長城より出で、諸部族の一万人余りはみな降伏した。これにより、隴右《ろうゆう》は静寧になった。

馬援は、つとめて恩信を施し、寛大を旨に下々の者に接し、吏を任命するときには仕事に相応《ふさわ》しい者を選び、自分はただおおよその事を統べるだけであった。賓客や古なじみは、日々に馬援の門に溢《あふ》れた。各部門の部下が時に世間の雑事を言上すると、馬援はそのたびに、「これは丞《じょう》や掾《えん》の仕事である。どうしてわしを煩わせるに足りよう〔二〕。少しはこの老人を憐れみ、ぶらぶらさせて欲しい。もし豪族が人々を虐げ、まつろわぬ羌族が集団で挑んでくれば、それこそ太守《たいしゅ》の仕事であるが」と言った〔三〕。近隣の県で、かつて仇に報いた者がいた。吏や民は驚き羌族が背いたと言い、人々は走って城郭に入った。狄道県長《てきどうけんちょう》〔甘粛省臨洮〕は隴西郡《ろうせいぐん》の門に出向き〔四〕、城を閉じて兵を発するように要請した。馬援は、このとき賓客と飲んでいた。大いに笑って、「焼羌がどうしてわしの支配地を犯そうとしようか〔五〕。狄道県長を諭して、帰って官舎を守らせ〔六〕、それでも恐ろしくて堪らぬ者は、牀《ベッド》の下で小さくなっておれ」と言った［七］。後にようやく（騒ぎが）収まり、郡中はこれにより敬服した。職事を視ること六年、徴召され（宮中に）入って虎賁中郎将《こほんちゅうろうしょう》となった。

［李賢注］

［一］氐道《ていどう》は、県であり、隴西郡《ろうせいぐん》に属する。県が蛮夷を管理すれば道という。

［二］『続漢志《しょくかんし》』（志二十八 百官五）に、「郡が辺境の守りにあたれば、丞を長史とする」とある。また、諸曹の掾史《えんし》を置く。

［三］（原文の）旅距は、従わない様子である。

［四］狄道《てきどう》は、県であり、隴西郡に属する。唐の蘭州県である。

［五］（原文の）焼虜とは、焼光のことである。

［六］（原文の）曉は、喩という意味である。（原文の）寺舎は、官舎という意味である。

［七］（原文の）良は、甚という意味である。

これよりさき、馬援は隴西郡《ろうせいぐん》にあって上書し、昔のように五銖銭《ごしゅせん》を鋳造すべきであると言った。事案は三公府に下されたが、三公府はまだ許可すべきではないとし、事案はついに行われなかった。馬援が（京師に）戻ると、公府に求めて前の上奏への難論〔上奏への批判〕十数条を得、そこで文書をもとに反論して〔一〕、あらためて詳細に上奏した。光武帝はこれに従い、天下は五銖銭の便宜に浴することができた。馬援は京師に戻ってから、たびたび（光武帝に）謁見された。（馬援の）人となりは鬚《ひげ》と頭髪は黒々しており、眉目は墨で書いたようであった〔二〕。進み出てご下問に答え、よく先代の行事について述べた。いつも三輔《さんぽ》の長者から、下は閭里《りょり》の少年に至るまで話は及び、みな直接見聞きするようであった。皇太子も諸王も側で話を聞き、耳を傾けて飽きることを忘れた。また兵法を得意とし、光武帝は常に、「伏波将軍〔馬援〕が兵を論じると、わたしの考えとぴったり合う」と言っていた。相談があるたびに、用いられないことはなかった。

これよりさき、巻県《けん》〔河南省原陽の北西〕の人である維汜《いし》は〔三〕、怪しげな言葉で神と称し、弟子数百人がいた。罪に問われて誅に伏した。のちにその弟子の李広《りこう》たちは、維汜は神となり不死となったと宣言して、人々を惑わした。建武十七〔四一〕年、こうして共に徒党を集め、晥城《かんじょう》〔安徽省潜山県〕を攻め落とし〔四〕、晥侯《かんこう》の劉閔《りゅうびん》を殺し、自ら南嶽大師《なんがくだいし》と称した。（光武帝は）謁者《えつしゃ》の張宗《ちょうそう》を遣わし、兵数千人を率いて李広たちを討たせたが、李広に破られた。ここにおいて馬援に諸郡の兵を合わせて一万人余り徴発させ、（馬援は）李広たちを撃破し、これを斬った。

〔李賢注〕

〔一〕『東観漢記《とうかんかんき》』に、「（三府の奏難は）合計で十三難、馬援は一つ一つそれに反論し、内容を箇条書きにして上奏した」とある。

〔二〕『東観漢記』に、「馬援は身長は七尺三寸（172㎝）、肌の色・頭髪・眉目・容貌は絵に画いたようであった」とある。

〔三〕巻《けん》は、県の名であり、河南郡《かなんぐん》に属する。故城は唐の鄭州原武県の西北にある。

〔四〕睆《かん》は、県の名であり、廬江郡《ろこうぐん》に属する。唐の舒州《じょしゅう》懐寧県である。睆は、音が下板の反、または下管の反である。

また交阯《こうし》の女子の徴側《ちょうそく》と女弟《いもうと》の徴弐《ちょうじ》が反乱を起こし〔一〕、交阯郡《こうしぐん》を攻め落とした。九真郡《きゅうしんぐん》・日南郡《にちなんぐん》・合浦郡《ごうほぐん》の蛮夷は、みなこれに応じ、嶺南《れいなん》の六十余城を略奪した。徴側は自立して王となった。ここにおいて璽書により馬援を伏波将軍《ふくはしょうぐん》に拝命し〔二〕、扶楽《ふがく》侯《こう》〔河南省太康の北西〕の劉隆《りゅうりゅう》を副将とし〔三〕、楼船将軍《ろうせんしょうぐん》の段志《だんし》たちを督して、南に向かって交阯郡を撃たせた。軍が合浦に至ると段志は病気で卒し、馬援に詔して併せてその軍も率いさせた。さらに海岸に沿って進み、山に沿って千里余り道を進んだ〔四〕。建《けん》武《む》十八〔四二〕年春、軍は浪泊《ろうはく》〔ヴェトナム北部〕の近くに至り、賊と戦ってこれを破り、数千級を斬首し、一万人余りが降伏した。馬援は、徴側たちを追って禁谿《きんけい》〔ヴェトナム永富省白鶴県の南〕に至り、しばしばこれを撃ち破った。賊はついに散り散りとなった。翌〔建武十九、四三〕年正月、徴側と徴弐を斬り、首を洛陽に伝えた〔五〕。馬援を新息侯《しんそくこう》〔河南省息県の南西〕に封じ、食邑は三千戸とした。馬援はそこで牛を打ち殺し、酒を醸《かも》して、軍士を労《ねぎら》う宴会を開いた〔六〕。打ち解けた様子で属官たちに、「わしの従弟の馬《ば》少游《しょうゆう》は、いつもわしが威勢が良く、大志が多いことを憐れんで、「士がこの世に生まれては、ただ衣食がどうにか足り、下沢車《かたくしゃ》に乗り〔七〕、款段馬《かんだんば》を御し〔八〕、郡の掾史《えんし》となり、墳墓を守り、郷里で善人と称されれば、それで十分である。それ以外のことを求めるのは、ただ自分から苦しむだけである」と言っていた。わしが浪泊や西里のあたりで、敵がまだ亡んでいないとき、下には水たまりがあり、上には霧があって、毒気はあたりに充満していた。仰げば飛んでいる鳶《とび》が真っ逆さまに水中に堕ちるのを見〔九〕、臥しては馬少游がふだん語っていたことを思い出したが、どうして言うとおりにできよう。いま士大夫《きみたち》の力に頼り、大恩を被り、忝《かたじけな》くも諸君に先んじて金印紫綬《きんいんしじゅ》を帯び（諸侯となっ）た。喜び半分恥しさ半分である」と述べた。吏士はみな伏して万歳と称した。

［李賢注］

［一］徴側という者は、麊泠県《びれいけん》〔ヴェトナム永福省永寧の北〕の雒将《らくしょう》の娘である。嫁いで朱鳶《しゅよく》〔ヴェトナム河西省の南東部〕の人である詩索《しさく》の妻となり、非常に勇敢であった。交阯太守《こうしたいしゅ》の蘇定《そてい》は、法により彼女を捕らえた。徴側は怨み怒り、それにより反乱を起こした。

［二］『東観漢記《とうかんかんき》』に、「馬援は上奏して、「臣が頂いている伏波将軍《ふくはしょうぐん》の印は、伏の字を書くのに、犬が外を向いています。城皐令《じょうこうれい》の印は、皐の字を白の下に羊があります。（城皐県の）丞の印は四の下に羊があります。（城皐県の）尉の印は白の下に人、人の下に羊があります。一つの県の（令・丞・尉という）長吏《ちょうり》で、印の文字が同じではありません。（これでは）天下に正しくない事例が多いのではないかと心配します。符印は信用の根本です。等しく同じにせねばなりません。古文字に詳しい者を推薦させ、事案を大司空に下し、郡国の印章を正してください」とした。上奏は可とされた」とある。

〔三〕扶楽《ふらく》は、県の名であり、九真郡《きゅうしんぐん》に属する。
〔四〕（原文の）刊は、除という意味である。
〔五〕『南越志《なんえつし》』に、「徴側の兵が起きると、麊泠県《びれいけん》を都とした。馬援がこれを討つと、逃れて金溪究《きんけいきゅう》の中に入り、二年にかけてようやくこれを捕らえた」とある。
〔六〕（原文の）醧《こ》は、濾《ろ》という意味である。『詩経《しきょう》』（小雅 伐木）に、「酒を醧《こ》して蕇《うま》いものができた」とある。毛萇《もうちょう》は「筐《はこ》〔竹器〕を用いるものを醧という」と注をつけている。醧は、音が所宜の反である。
〔七〕『周礼《しゅらい》』（車人）に、「車人は車を製作する。沢地を行く車は短い轂《こしき》を用いなければならず、山地を行く者は長い轂を用いなければならない。短轂は小回りが利き、長轂は乗り心地が良い」とある。
〔八〕（原文の）款《かん》は、緩のような意味である。歩く速度がゆっくりなのである。
〔九〕（原文の）鳶《えん》は、鴟という意味である。（原文の）跕跕《ちょうちょう》は、堕ちる様子である。跕《ちょう》は音が都牒・泰牒の二反がある。

馬援は、大小二千艘余りの楼船《ろうせん》と戦士二万余人を率いて、進んで九真郡の賊で徴側の残党である都羊《とよう》たちを撃った。無功県《むこうけん》〔ヴェトナム南寧《ナムディン》省寧平《ニンビン》付近〕から居風県《きょふうけん》〔ヴェトナム清化《タンホア》省清化の北〕に至り[一]、五千余人を斬獲して、嶠南《きょうなん》はすべて平定された[二]。馬援は上奏して、「西県《せいけん》于《う》〔ヴェトナム永福省東英《トンエン》県古螺〕の戸数は三万二千であります[三]。一番遠い所は県の政庁から千里以上離れているので[四]、分割して封渓県《ほうけいけん》〔ヴェトナム永福省安朗の東〕・望海県《ぼうかいけん》〔ヴェトナム北寧省北寧の北西〕の二県にしましょう」と伝えた[五]。これを許した。馬援は通る先々で、郡県のために城郭を修理し、用水路を掘って灌漑し、それにより民を利した。越の法律と漢の法律の異なっている所十数条を箇条書きにして上奏し[六]、越人と旧来の制度を申し合わせて守らせた。これ以来、駱越は、馬将軍の故事を尊重して守っている[七]。

建武《けんむ》二十〔四四〕年秋、凱旋して京師に還った。軍吏の疫病で死んだ者は十人中に四、五人であった。馬援に兵車一台を賜い、朝見する際には、位は九卿《きゅうけい》に次いだ。

［李賢注］

［一］無功《むこう》と居風《きょふう》は、二県の名であり、どちらも九真郡《きゅうしんぐん》に属する。居風は、唐の愛州である。

［二］（原文の）嶠《きょう》は、嶺嶠《れいきょう》のことである。『爾雅《じが》』（釈山）に、「山が鋭く高いものを嶠という」

とある。嶠は、音が渠廟の反である。『広州記《こうしゅうき》』に、「馬援は、交阯に到ると、銅の柱を立て、漢との境界とした」とある。

[三] 西于《せいう》は、県であり、交阯郡《こうしぐん》に属する。故城は唐の交州龍編《りゅうへん》県の東にある。

[四]（原文の）庭は、県庭（県の政庁）のことである。

[五] 封溪《ほうけい》と望海《ぼうかい》は、県であり、どちらも交阯郡に属する。

[六]（原文の）駮は、離れ異なっていることである。

[七] 駱というものは、越の別名である。

馬援は、馬に乗るのを好み、よく名馬を見分けられた。交阯《こうし》で駱越《らくえつ》の銅鼓《どうこ》を手に入れると、これを鋳て馬式《ばしき》を作り[一]、戻ってからこれを（光武帝に）献上した。「そもそも天を行くには龍に敵《かな》うものはなく、地を行くには馬に敵うものはありません[二]。馬は軍隊の基本で、国家の大用です。安寧であれば馬により尊卑の序を分けられますし、有事には馬により遠近の危機を救えます。むかし騏驥《きき》は、一日に千里（を走る名馬）でした。伯楽《はくらく》はこれを見ると、一日で判断し惑いませんでした[三]。近ごろでは西河《せいが》の子輿《しよ》という人物がおり、（馬の）相法に通じていました。子輿は西河の儀長孺《ぎちょうじゅ》に伝え、長孺は茂陵《もりょう》の丁君都《ていくんと》に伝え、君都は成紀《せいき》〔甘粛省静寧の南西〕の楊子阿《ようしあ》に〔馬の相法を〕伝えました。臣援《わたくし》は、かつて楊子阿に師事し、相馬の骨法を学びました。これを実際に試しますと、明確な効果がありました。臣愚《わたくし》が考えますに、伝聞は直接見ることには敵わず、影を視ることは形を観察することには敵いません。（しかし）いま馬の相法を生きている馬で形に示そうと考えると、骨法をすべて具備させることは難しく、またこれを後世に伝えられません。孝武皇帝のとき、相馬を善くする東門京《とうもんけい》という者は〔四〕、銅を鋳て銅馬法を作り献上しました。詔がありその馬を魯班門の外に立て、そして魯班門の名を改めて金馬門と呼びました。臣は謹んで儀氏《ぎし》の騎《おもがい》、中帛氏《ちゅうはくし》の口と歯、謝氏《しゃし》の脣看《しんき》〔くちびるとたてがみ〕、丁氏《ていし》の身中《しんちゅう》〔馬高〕に依り、数家の骨相を備えて法則を示しました」と上表した〔五〕。馬の高さは三尺五寸〔約80.6㎝〕、周囲は四尺四寸〔約101㎝〕。詔により宣徳殿《せんとくでん》の下に置き、名馬式と呼んだ。

〔李賢注〕

〔一〕（原文の）式は、法という意味である。裴氏の『広州記《こうしゅうき》』に、「俚獠《りりょう》は、銅を鋳て鼓を作る。鼓は、高く大きいことだけを大切にし、面の広さは一丈を超える。初めて完成すると庭に懸け、夜明けを待って酒を置き、同類を招致し、やって来る者は門から溢《あふ》れるほどである。富豪の子女は、金銀で大きな鈸《ばち》を作り、それを持って鼓を叩き、叩き終わると、それを遺して主人に贈る」とある。

［二］『史記《しき》』（巻三十）平準書《へいじゅんしょ》に、「考えるに、天にあっては龍に敵《かな》うものはなく、地にあっては馬に敵うものはない」とある。

［三］伯楽《はくらく》は、秦の穆公《ぼくこう》の時の相馬の名人である。桓寛《かんかん》の『塩鉄論《えんてつろん》』（頌賢）に、「騏驥《きき》は、塩《しお》の車を引っ張り、頭を太行山《たいこうざん》の坂道に垂れ、伯楽を見るといなないて長く鳴いた」とある。

［四］東門《とうもん》は、姓である。京《けい》は、名である。

［五］馬援の「銅馬相法《どうばそうほう》」に、「水火《すいか》は明確で分かれていることが望ましい。水火は鼻の二つの孔の間にある。上脣は締まって尖っていることが望ましい。口の中は紅色で光沢があることが望ましい。このような馬は、千里の名馬である。頷《あご》の下は深いほうが望ましく、下の脣は緩やかなことが望ましい。牙は前に向いていることが望ましい。牙が歯から一寸離れていれば、四百里の名馬である。牙が尖っていれば、千里の名馬である。目は満ちていて光沢があることが望ましい。腹は十分に張っていることが望ましい。腹から腰にかけては小さいことが望ましい。肋骨は長いことが望ましい。県薄《けんはく》は厚くて柔らかいことが望ましい。県薄とは、

股のことである。腹の下は平らで張りのあることが望ましい。汗溝《かんこう》は深く長いことが望ましい。膝の本は起きていることが望ましい。脇の下は開いていることが望ましい。膝は角張っていることが望ましい。蹄《ひづめ》は厚さ三寸、石のように堅いことが望ましい」とある。輢《き》は、音が居奇の反である。

これよりさき、馬援の軍が帰り、到着しようとすると、知り合いが大勢これを迎え労《ねぎら》った。平陵《へいりょう》の孟冀《もうき》は、知恵者との名声があり、同席して馬援に祝賀した。馬援は孟冀に、「わしは、君から善言が聞けると期待したが、他の人と同じなのか。むかし伏波将軍《ふくはしょうぐん》の路博徳《ろはくとく》は、七郡を開置したが、わずか数百戸に封じられただけであった〔二〕。今わしは、わずかな功労で、みだりに大県を受けた。功は少なく賞は厚い。久しくこの地位におられようか。先生どのようにすればよろしいのですかな」と言った。孟冀は「愚かにして、考えが及びません」と答えた。馬援は、「いま匈奴と烏桓《うがん》はまだ北辺を騒がせている。（そこで）自分からお願いして撃とうと思う。男子たるもの野辺に死することを求め、馬の革で屍を包まれて還り、葬られるべきである。どうして畳の上で横になって、児女子の手の中で死ぬべきであろうか」と言った。孟冀は、「まことに烈士であられますな。

そのようになさるべきでしょう」と言った。

［李賢注］

［一］『漢書』に、「南越を平らげて、南海《なんかい》・蒼梧《そうご》・鬱林《うつりん》・合浦・交阯・九真・日南・朱崖《しゅがい》・儋耳《たんじ》の九郡を置いた」とある。今これを七郡というのは、『漢書』と異なっている。

（馬援が故郷に）帰ってから一月余り、たまたま匈奴《きょうど》と烏桓《うがん》が扶風《ふふう》に侵寇した。馬援は三輔《さんぽ》が荒らされ、（歴代皇帝の墓所である）園陵《えんりょう》が危険なため、出征することを請うて許された。九月に京師に至り（準備をし）、十二月に出征して襄国《じょうこく》（河北省邢台市一円）に駐屯した［二］。（光武帝は）百官に詔して、（旅立つ者を見送る宴会である）祖道《そどう》をさせた。馬援は、黄門郎《こうもんろう》の梁松《りょうしょう》と竇固《とうこ》に、「およそ人というものは貴くなれば、また賤しくなるかもしれない。卿等《きみたち》がもし、また賤しくなりたくないのであれば、高い地位にあっても、自らを堅固にしなさい。よくよくわしのつまらぬ言葉を思い出して欲しい」と言った。梁松は、果たして後に富貴となって災いを招き、竇固もまた危うく免ぜられそうになった。

翌年の秋、馬援は、三千騎を率いて高柳県《こうりゅうけん》より出て、雁門郡《がんもんぐん》・代郡《だいぐん》・上谷郡《じょうこくぐん》の城塞を巡った。烏桓の斥候が漢軍の来たのを見て、異民族はすぐに散去し、馬援は戦功なく引き返した。

馬援は、かつて病に臥《ふ》した。梁松が来てこれを見舞い、ひとり牀の下で拝礼したのに、馬援は答礼しなかった。梁松が去ってから、子たちが、「梁伯孫《りょうはくそん》は、皇帝の婿で［二］、朝廷で貴く重んじられています。公卿以下、梁松を憚《はばか》らないものはありません。大人《ちちうえ》は、どうしてひとり答礼をなさらないのですか」と尋ねた。馬援は、「わしは梁松の父（梁統）の友である［三］。たとえ（梁松が）貴くとも、順序を失ってよいであろうか」と答えた［四］。梁松は、これにより馬援を恨んだ。

［李賢注］

［一］襄国《じょうこく》は、県の名であり、趙国《ちょうこく》に属する。唐の邢州《けいしゅう》龍崗県である。

［二］梁松《りょうしょう》は、舞陰公主《ぶいんこうしゅ》と尚した。『爾雅《じが》』（釈親）に、「娘の夫を婿という」とある。

［三］梁松の父の梁統《りょうとう》である。

［四］『礼記《らいき》』（曲礼篇上《きょくらい》）に、「父の友人と会うときには、相手に進めと言われなければ進もう

とせず、相手に退けと言われなければ退こうとせず、質問されなければ答えようとしてはならない」とある。鄭玄《じょうげん》は、「父の同志を敬うことは、父に仕えるのと同じようにする」と注を付けている。

建武《けんむ》二十四〔四八〕年、武威将軍《ぶいしょうぐん》の劉尚《りゅうしょう》は、武陵郡《ぶりょうぐん》の五渓《ごけい》の蛮夷《ばんい》を撃ったが〔一〕、深入りして軍は全滅した。馬援はそこでまた行くことを願った。時に年六十二、光武帝はその老を憐れみ、まだ行くことを許さなかった。馬援は自ら、「臣《わたし》はまだ鎧を身につけて馬に乗れますぞ」と請うた。光武帝はこれを試させた。馬援は鞍に乗って周囲を睥《へい》睨《げい》し、役に立てることを示した。光武帝は笑って、「矍鑠《かくしゃく》としているな。この翁は」と言った〔二〕。こうして馬援を遣わして中郎将《ちゅうろうしょう》の馬武《ばぶ》・耿舒《こうじょ》・劉匡《りゅうきょう》・孫永《そんえい》たちを率い、十二郡から募集した兵士と釈放した囚人四万人を率いて、五渓を征伐させた。馬援は、夜に見送りに来た者たちと別れ、友人で謁者《えつしゃ》の杜愔《といん》に、「わしは厚恩を受けたが、年をとり残された日々は少ない〔三〕。いつも国のために死ねないことを恐れていた。いま願いが叶い、心は満ちて瞑目すべきである。ただ恐れることは、権臣の家の子弟が側近となり、あるいは共に職事に従い、なかなか上手く調整できないことである。このことだけを心配している」と言った〔四〕。翌年春、軍は臨郷《りんきょう》に至った〔五〕。賊が県城を攻めてきたので、馬援は迎撃して、これを破って二千人以上斬獲し、（賊は）みな散り散りに逃れて竹林の中に入った。

〔李賢注〕

〔一〕酈道元《れいどうげん》は『水経《すいけい》』に、「武陵《ぶりょう》には五溪がある。雄溪《ゆうけい》・樠溪《まんけい》・酉溪《ゆうけい》・潕溪《ぶけい》・辰溪《しんけい》といい、これらはすべて蛮夷の居住する場所である。そのため五溪蛮《ごけいばん》という。みな槃瓠《ばんこ》の子孫である」と注を付けている。その地方では、雄を熊に作り、樠を朗に作り、潕を武に作る。唐の辰州の境界にある。

〔二〕矍鑠《かくしゃく》は、勇敢な様子である。『東観漢記《とうかんかんき》』は、「矆《かく》なるかな是の翁」に作る。矆は、音が許縛の反である。

〔三〕（原文の）索は、盡という意味である。

〔四〕（原文の）長者の家児とは、権臣の子弟たちをいう。（原文の）介介とは、耿耿というような意味である。

〔五〕『東観漢記』に、「二月に、武陵の臨郷に到った」とある。

これよりさき、軍が下雋《かせん》〔湖北省通城の北西〕に着くと[一]、二つの路から侵入できた。壺頭《ことう》〔湖南省沅陵の北東〕から行けば、路は近いが水は険しく[二]、充《しょう》〔湖南省桑植〕から行けば、路は平坦だが遠いため輸送が困難であった[三]。光武帝は、出征前からこれを問題としていた。軍が着くと耿舒《こうじょ》は、充の路から行こうとした。馬援は、「(充の路では)時間をかけて食糧を費す。壺頭に進み、敵の喉元に食らいつく方が良かろう[四]。そうすれば、充の賊は自然と敗れよう」とした。(現地の)事情を説明して壺頭の路を進むことを上奏し、光武帝は馬援の策に従った。三月、進んで壺頭に陣営を置いた。賊は、高い場所に陣取って隘路《あいろ》を塞ぎ、(また)川の流れは速く、船は遡《さかのぼ》れなかった。このとき暑さも激しかった。士卒の多くが疫病にかかって死に、馬援も疫病にかかり、ついに困窮した。そこで岸に穴を掘って部屋をつくり、それで熱気を避けた[五]。賊が山の上に登って騒ぐたびに、馬援は足を引きずってこれを見に行った。側近はその壮気を哀れみ、このために流涕しないものはなかった。耿舒は兄の好時侯《こうじこう》の耿弇《こうえん》に書簡を送って、「さきに舒《わたし》は上書して、先に充を撃つべきで、食糧が運び難くても兵馬を用いやすいようにすべきとしましたが、軍人数万は争ってすぐにでも戦おうとし(て壺頭の路を選び）ました。いま壺頭の路は、ついに進めず、兵士たちは鬱々として、このままでは死にそうで、まったく残念な有様です。はじめに臨郷に到着したとき、賊は理由もなく自らやって来ました。もし夜に奴らを撃てば、直ちに全滅させられたでしょう。伏波《ふくは》将軍《しょうぐん》（馬援）は、西域の商隊のように、どこかに着くとそれぞれに停まり［六］、それにより利を失っています。いま果たして病気に倒れ、すべて舒の言う通りになりました」とした。耿弇は、書簡を受け取り、これを（光武帝に）上奏した。光武帝は、そこで虎《こ》賁中郎将《ほんちゅうろうしょう》の梁松《りょうしょう》に、駅馬に乗って馬援を訊問させ、そのまま代わりに軍を監させた。たまたま馬援は病に卒した。梁松は久しく（馬援に）不満を抱いていたため［七］、ついに職事によって馬援を陥《おとしい》れた。光武帝は大いに怒り、追って馬援の新息侯《しんそくこう》の印綬を没収した。

［李賢注］

［一］下雋《かせん》は、県の名であり、長沙国《ちょうさこく》に属する。故城は唐の辰州沅陵《げんりょう》県にある。雋は、音が字兗の反である。

［二］壺頭《ことう》は、山の名である。唐の辰州沅陵の東にある。『武陵記《ぶりょうき》』に、「この山の頂上は東海

の方壺山《ほうこざん》によく似ており、神仙が多く集まってくる。そこで壺頭山と名づけた」とある。

[三] 充《しょう》は、県の名であり、武陵郡《ぶりょうぐん》に属する。充は音が昌容の反である。

[四] （原文の）搤《やく》は、持という意味である。

[五] 『武陵記』に、「壺頭山の麓に石窟がある。これが馬援の穿《うが》った室である。室内には蛇がいて、大きさは百斛《と》船ほどもある。これを馬援の霊であるという」とある。

[六] 胡人の商隊のように、行く先々ですぐに停留することを言う。賈は音が古である。

[七] 馬援が、かつて梁松の拝礼を受け（て答礼しなかっ）たことによってである。

これよりさき、（馬援の）兄の子の馬厳《ばげん》と馬敦《ばとん》は、どちらも（国政）批判を好み[一]、命知らずの俠客と付き合っていた。馬援は先に交阯にいたとき、書簡を送って二人を戒め、「わしは汝曹《おまえたち》が他人の過失を聞く時に、父母の名を聞く時のように（粛然と）なって欲しい。耳に聞くことはかまわないが、口で言わないようにすべきである。好んで他人の長所や短所を議論し、妄《みだ》りに政治の善し悪しを言うことは[二]、わしの大いに嫌いなことである。死んでも子孫がそれをしていると聞きたくない。汝曹はわしがとても嫌いなことを知っておろう。それでもまた言うのは、衿《えり》を正し褵《ひも》を結び、父母の戒めを述べ［三］、汝曹にこれを忘れさせまいと思うためである。龍伯高《りゅうはくこう》は、人情に厚く慎み深い。悪言を言わず、質素倹約であり、清廉公正で威厳がある。わしはかれを愛しかれを重んじ、汝曹にかれを見習って欲しいと願っている。杜季良《ときりょう》は、豪侠で義理に厚く、他人の心配事を心配し、他人の楽しみを楽しむ。清濁を間違えることなく［四］、父の喪に客を呼べば、数郡の人々が尽《ことごと》くやって来る。わしはかれを愛しかれを重んじるが、汝曹に見習って欲しいとは願わない。伯高を見習い（それに）なれなくとも、まだ謹言・実直の士となれる。いわゆる鵠《つる》を刻もうとして、なれなくとも、まだ鶩《かも》には似ている［五］。季良を見習って（それに）なれなかったとすれば、天下の軽薄者となる。いわゆる虎を描けずに狗に似るというものである。今になっても季良は、まだこの先どうなるか分からない。郡太守は任官すると（季良の豪俠ぶりに）歯ぎしりして怒り、州郡はかれの事を取りざたしている。わしはいつも心配で仕方がない。このために子孫に見習って欲しくないのである」と言った。杜季良の名は保といい、京兆の人である。このとき越騎司馬《えつきしば》となっていた［六］。杜保の仇が上書して訴えるに、「（杜保は）行いが軽薄で、群衆を惑乱しています。伏波将軍《ふくはしょうぐん》（馬援）は万里の彼方（の交阯）から手紙を送り、兄の子を誡めていますが、それなのに梁松《りょうしょう》と竇固《とうこ》は、杜保と親交を結び、軽薄で偽り多いことを煽《あお》り、世の中を駄目にしようとしています」とした。書状が上奏されると、光武帝は、梁松と竇固を召して責め、訟書と馬援の誡書をこれに示した。梁松と竇固は、叩頭して血を流し、そのため罪にあてられなかった。詔して杜保の官を免じた。龍伯高の名は述といい、また京兆の人である。山都長となっていたが[七]、これにより抜擢されて零陵《れいりょう》太守《たいしゅ》を拝命した[八]。

[李賢注]

[一]（馬厳と馬敦は）どちらも馬余《ばよ》の子である。（原文の）喜は、音が許吏の反である。

[二]（原文の是非正法とは）時政を批判することをいう。

[三]『説文解字《せつもんかいじ》』（第八篇上）に、「衿は、交叉する衽《えり》のことである」という。『詩経《しきょう》』（豳風 東山）に、「母親がその褵《り》を結ぶ」とある。毛萇《もうちょう》は、「褵《り》は、婦人の褘《えりひも》である。（母は嫁入りする）女《むすめ》の衿を整え帨《こしひも》を結ぶ」と注を付けている。『爾雅《じが》』（釈器）に、「褵は、緌《すい》という意味である」という。郭璞《かくはく》は「すなわち晉代の香纓《こうえい》である」と注を付けている。『儀礼《ぎらい》』（士昏礼《しこんれい》篇）に、「父は娘を戒めて、「このことを戒めこのことを敬い、朝晩命令に違《たが》うことがないようにせよ」と言う。母は娘を戒めて、「このことを戒めこのことを敬い、朝晩女性としての

仕事に違うことがないようにしなさい」と言う」とある。

〔四〕軽重が相応しいためである。

〔五〕鵞は、鴨という意味である。

〔六〕『続漢書《しょくかんじょ》』に、「越騎司馬は、官秩が千石である」という。

〔七〕山都《さんと》は、県であり、南陽郡《なんようぐん》に属する。故城は唐の襄州《じょうしゅう》義清県の東北にある。唐では固城と呼んでいる。

〔八〕（零陵は）唐の永州である。

これよりさき、馬援が交阯にいる時には、いつも薏苡《よくい》の実を食べ、それにより身を軽くし情欲を省き、障気に打ち勝っていた〔一〕。南方の薏苡は実が大きかった。馬援は（北方で栽培する）種にしようと考え、軍が還るときに、これを一台の車に載せた。時人はこれを南土の珍しい宝であるとし、重臣たちはみなそれを望見した。馬援はこのとき（光武帝の）恩寵を受けていたので、上奏してこれを誹《そし》る者はなかった。（しかし、馬援の）卒した後、上書してこれを譖《そし》る者があった。「先に（交阯より）載せて還ったものは、すべて真珠や犀角です」と言った〔二〕。馬武《ばぶ》は於陵侯《おりょうこう》〔山東省鄒平の南東〕の侯昱《こういく》たちと共に［三］、すべて明らかにして状況を申し上げたが、光武帝は益々怒った。馬援の妻子は、戦々恐々として、遺体をあえて郷里の墓地に戻さず、わずかに城西の数畝の土地を買って、仮の墓地を作った［四］。賓客や故人は誰も弔いに来なかった。馬厳は、馬援の妻子と共に草縄で身を一緒に縛って、闕《けつ》に至り罪を請うた。光武帝は、そこで梁松の書簡を出してこれに示し、そこでようやく何の罪に問われたかを知った。上書して冤罪を前後六度に上って訴え、言葉はたいへん哀切であった。その後に葬ることができた。

［李賢注］

［一］『神農本草経《じんのうほんぞうきょう》』に、「薏苡《よくい》は、味が甘く、微《かす》かに体を冷やす。風溼《ふうしゅう》の痺《ひ》〔リュウマチ〕や下気〔放屁〕を司《つかさど》り、筋骨の邪気を除き、久しく服すると身を軽くして気を益す」とある。

［二］（犀角《さいかく》は）犀の角の文様があるものである。

［三］侯昱《こういく》は、司徒の侯覇《こうは》の子である。

［四］（原文の）裁は、僅という意味であり、纔と同じである。（原文の）稾は、草という意味である。故郷の墓所に帰葬せず、一時的に仮に葬ったので、稾と称したのである。

また前の雲陽令《うんようれい》〔陝西省淳化の北西〕である同郡出身の朱勃《しゅぼつ》は、闕《けつ》に至って上書して以下のように述べた。

臣《わたくし》が聞きますに、徳のある王の聖なる政治は、人の功績を忘れず〔一〕、人に一つでも美点があればそれを採り、（人々に）すべてを備えることを求めないと言います〔二〕。そのため高祖《こうそ》（劉邦）は蒯通《かいつう》を赦し、王の礼によって田横《でんおう》を葬り〔三〕、それにより大臣は蟠《わだかま》りを持たず、みな疑心暗鬼に駆られませんでした。そもそも大将が外にあるときには、讒言《ざんげん》をする者が内におり、わずかな過ちが記録されて、大きな功績が計られないのは、誠に国を治める者の慎むべきことです。そのため章邯《しょうかん》は、讒言を恐れて楚《そ》（の項羽）に亡命し〔四〕、燕の将軍は（せっかく攻め落とした）聊城《りょうじょう》〔山東省聊城市の北西〕に拠って、帰国しませんでした〔五〕。なぜかれらが下策に甘んじたのでしょうか。言葉巧みな讒言が（かれらの善行を）損なうことに心を痛めたためです〔六〕。

〔李賢注〕

〔一〕『逸周書《いつしゅうじょ》』に、「人の功績を記し、人の過ちを忘れれば、君主となるべきである」という。

〔二〕『論語《ろんご》』（微子篇）に、「周公は魯公《ろこう》（のわが子伯禽《はくきん》）に、「大臣が用いられないために怨むことのないようにし、一人に完全を求めてはいけない」と言った」とある。

［三］蒯通《かいつう》は、韓信《かんしん》に説いて漢に背かせた。高祖《こうそ》（劉邦）は蒯通を召し出して至ると、許して誅殺しなかった。田横《でんおう》は、初め斉王《せいおう》を自称した。漢が天下を定めると、田横はなお五百人を連れて立て籠もった。高祖が田横を追い詰めると、田横は自殺した。（高祖は）王への礼によって葬った。どちらも『漢書』に見える。

［四］章邯《しょうかん》は、秦の将であった。人に事を要請させるため、咸陽《かんよう》に至らせた。（しかし、実権を握っていた宦官の）趙高《ちょうこう》は会おうとせず、不信を抱いているようであった。使者が帰って報告すると、章邯は趙高が自分を謗ることを恐れて、ついに項羽《こうう》に降った。

［五］『史記《しき》』（巻八十三　魯仲連伝）に、「燕の将軍が攻めて聊城《りょうじょう》を下した。ある人がこれを燕で謗《そし》った。燕の将軍は誅されるのを恐れて、そのまま聊城を守って帰らなかった」とある。聊は、唐の博州聊城県である。

［六］（原文の）末規とは、下計という意味である。『詩経』（小雅　巧言）に、「巧言は笛の舌のよう（に上下左右に動いて適当なごまかしの言葉をいうもの）である」という。（原文の）類は、善という意味である。

（臣が）秘かに見ますに、もとの伏波《ふくは》将軍《しょうぐん》・新息侯《しんそくこう》の馬援は、西州《せいしゅう》から身を起こし、聖義を謹み慕い、険しい土地を行き来し［一］、万死を犯して、貴い者たちの間で孤立し、傍《かたわら》に一言の助けもありませんでした。深淵に馳せ、虎口に入ったとき、どうして生計を立てることを考えたでしょうか［二］。（隗囂の拠点とする）七郡の使者になることを求めたとき、どうして封侯の福を受けることを知っていたでしょうか。建武《けんむ》八〔三二〕年に、陛下が西に向かって隗囂《かいごう》を討とうとすると、国の計略は疑い惑い、諸軍団は集まっていないのに、馬援は進むべしとの策を建て、ついに西州を破りました。呉漢《ごかん》が隴西《ろうせい》から撤退し、冀州の道路が寸断されるに及んでも、狄道《てきどう》だけは国のために堅く守っていました。士民が飢え困《くる》しみ、命を失うのも時間の問題だったのに、馬援は詔を奉じて西に使者となり、辺境の人々を鎮め慰め、豪傑を招き集め、羌族などの異民族を諭して勧誘し、その知は泉が涌くようで、その勢《せい》は車輪を転がすようでした［三］。ついに倒壊しそうな県の危機的状況を救い［四］、今にも亡びそうな城を存続させました［五］。兵は全うされ軍は進み、食糧を敵から奪い、隴・冀はほぼ平定され、しかも一人荒れ果てた郡の太《たい》守《しゅ》となりました［六］。兵を動かせば功を挙げ、軍を進めれば、そのたびに勝ちました。先零羌《せんれいきょう》を誅滅し、深く山谷に入り込むと、猛り怒って力戦し、飛矢が脛《ずね》を貫きました。

また遠く交阯《こうし》を征討した時には、風土は毒気が多く、馬援は妻子と生き別れになっても、少しも怨む心がありませんでした〔七〕。ついに徴側《ちょうそく》を斬って滅ぼし、一州を打ち平らげましたの〔八〕。さきごろまた南方を征伐し、立ちどころに臨郷《りんきょう》を陥れ、軍は戦果を挙げましたが、それを成し遂げることなく死亡しました。兵士たちが疫病に倒れましたとき、馬援は（疫病の兵士を見捨てて）一人生き延びようとはしませんでした。そもそも戦いは、場合によっては時間をかけて功績を挙げ、場合によっては急いで敗れることもあります。深入りすることは必ずしも得であるとは限らず、進まなかったことは必ずしも悪いこととは限りません。人情として、長いこと命を失いかねない場所に駐屯し、生きて帰らないことを願うでしょうか。馬援は朝廷に仕えて二十二年、北は塞北の砂漠に出陣し、南は江海を渡り、毒気を冒して軍事に倒れ伏したのに〔九〕、その名声は滅び爵位は絶え、封国は（子孫に）伝わっておりません。世の中は馬援の過ちを知らず、人々はまだ馬援の悪い評判を聞いていないのに、（君主が信じ込まされる）三人の讒言《ざんげん》に遇い、不当にも無実によって謗《そし》られました〔一〇〕。家族は門を閉ざし、遺体を墓地に帰葬もできず、怨みと不信が共に起こり、一族は恐れ震えています。死者は自分から述べられず、生者は馬援のために訴えるものがありません。臣は、内心これを残念に思っております。

〔李賢注〕

〔一〕（原文の）間関《かんかん》とは、崎嶇《きく》〔うろうろすること〕のような意味である。

〔二〕『戦国策《せんごくさく》』（魏策三）に、「魏《ぎ》の安釐王《あんりおう》は秦を恐れ、入朝しようとしたが、周訢《しゅうきん》はこれを止めた。王は、「許綰《きょわん》がわたしのために誓って、「もし（秦に）入って出られなければ、寡人《との》に殉じてわたしの首を差し上げます」と言っているの（だから安心）だ」と言った。周訢は答えて、「いま誰かがわたしに、「何が起こるか分からない泉に入れて（何かあったら）、わたしに殉じて鼠の首を差し上げましょう」と言ったならば、納得できるでしょうか。許綰の首など鼠の首のようなものです。王が何が起こるか分からない秦で捕らえられたら、王に殉じてその首を差し上げますという話（を信じて秦に入朝すること）は、思いますに王のために取りません」とした」とある。司馬遷《しばせん》の（任少卿に与える）書に、「餌を虎の口に入れる」とある。また、「人臣は万死の危険を払って一生の計画すら省みず、主家の危機に赴く」とある。（原文の深淵を馳け、虎口に入るとは）馬援が隗囂《かいごう》への使者となったことをいう。

〔三〕（原文の）規は、員という意味である。『孫子《そんし》』（勢篇）に、「戦いにおいて円い岩を万仞《ばんじん》の山から転がすようにできるのは、勢による」という。

［四］『孟子《もうじ》』（公孫丑《こうそんちゅう》篇上）に、「いま仁政を行えば、人々が喜ぶことは、あたかも逆さづりを解かれる思いのようである」という。

［五］（原文の）幾は、音が祈である。（原文の）幾は、近という意味である。

［六］（原文の）守は、音が式授の反である。

［七］（原文の）吝は、恨むという意味である。

［八］南海郡《なんかいぐん》・蒼梧郡《そうごぐん》・鬱林郡《うつりんぐん》・合浦郡《ごうほぐん》・交阯郡《こうしぐん》・日南郡《にちなんぐん》・九真郡《きゅうしんぐん》は、みな交州《こうしゅう》に属する。

［九］（原文の）僵《きょう》は、倒《たお》れるという意味である。

［一〇］『韓非子《かんぴし》』（内儲説篇上）に、「龐共《ほうきょう》は、魏の太子と共に（趙の）邯鄲《かんたん》に人質となることになった。龐共は魏王に、「いま一人の者が、市に虎が出たと言ったならば、王は信じますか」と尋ねた。王は、「いや」と答えた。「二人が言ったならば、王は信じますか」。（王は）「いや」と答えた。「三人が言ったならば、王は信じますか」。（王は）「わたしは信じる」と答えた。龐共は、「そもそも市に虎がいないことは明らかですが、それでも三人が言えば、本当に市に虎が出たことになるのです。いま邯鄲は、魏を去ること市より遠くにあります。臣を謗《そし》る者が三人を過ぎましたらば、王はこれを良く察してください」と言った」とある。

そもそも明主は賞を用いることを厚くし、刑を用いることを少なくします。高祖《こうそ》はかつて陳平《ちんぺい》に金四万斤を与えて、楚の軍を離間させましたが、（両軍のあいだを）出入りしても、行っていることを問いませんでした。ましてや（陳平が工作に使った）銭穀について、疑ったことなどありましょうか。孔子《こうし》のような忠臣でも、自分では讒言《ざんげん》を免れられなかったことは、鄒陽《すうよう》の悲しむ所でありました［一］。『詩経』（小雅 巷伯《こうはく》）に、「あの讒言をする人を捕らえて、豺《やまいぬ》や虎に投げ与えて食わせろ。豺や虎が（けがらわしいとして）食べなければ、北方の異民族に投げ与えて追い払え。北方の異民族も（不祥として忌み嫌い）受けなければ、天に投げ与え（天帝に）罪を裁いてもらおう」とあります［二］。これは上天に讒言をする者の悪を裁かせようと考えることを歌ったものです。陛下は、この豎儒《じゅじゅ》（であるわたし）の言葉を思いに留め［三］、功臣に怨みを黄泉《よみ》で抱かせないようにしてください。臣が聞きますに、春秋《しゅんじゅう》の義《ぎ》では、罪は功により免除され［四］、聖王の祭りは、臣下のために五義があります［五］。馬援のような者は、（五義の一つの）生命を捧げて国事に尽くした者に当たります。どうか公卿《こうけい》に議を下して、馬援の功罪が（本当に封国を）絶つべきなのか、継がせるべきなのかを再び議論させ、それにより天下の恨みを無くしてください。

臣は年すでに六十歳で、常に田園で暮らし、欒布《らんぷ》が彭越《ほうえつ》のために（禁止されていた）哭礼をした義に感動し[六]、あえて悲憤を述べ、宮廷で（あえて罪を犯したことを）震えております。

書状は奏されて返答され、（朱勃は）郷里に帰った。

[李賢注]

[一]『史記』（巻八十三 鄒陽《すうよう》伝）の鄒陽の（獄中よりの）書簡に、「むかし魯《ろ》は、季孫氏《きそんし》の説を聴いて孔子を放逐し、宋《そう》は、子罕《しかん》の計を信じて墨翟《ぼくてき》を捕らえた。孔子や墨子の弁舌によっても、讒言や諂《へつら》いを免れられなかった」とある。

[二]『詩経《しきょう》』の小雅《しょうが》巷伯《こうはく》篇である。（原文の）畀《ひ》は、与えるという意味である。（原文の）昊《こう》は、昊天という意味である。昊天に投げ与えるとは、（天帝の裁きにより）罰をはっきりさせるという意味である。

[三]（豎儒《じゅじゅ》とは）僮豎《こども》のように無知であることをいう。高祖《こうそ》は「豎儒どもが危うく、わしの事業を失敗させるところであった」と言っている。

[四]『春秋公羊伝《しゅんじゅうくようでん》』（僖公《きこう》十七年）に、「夏、項《こう》を滅ぼした。誰がこれを滅ぼしたのか。斉《せい》がこ

れを滅ぼしたのである。どうして斉が滅ぼしたと言わないのか。桓公《かんこう》のために諱《い》んだのである。桓公は、かつて断絶した家を継がせ、滅亡した国を存続させた功績があるので、君子は桓公のために諱んだのである」という。

［五］『礼記《らいき》』（祭法）に、「聖王が祭法を制定するには、良法を人々のうえに施した者は祀り、生命を捧げて国事に尽くした者は祀り、国家を安定するのに功労のあった者は祀り、大きな災害を防いだ者は祀り、大きな国難を退けた者は祀ることにした」とある。

［六］『漢書』（巻三十七 欒布伝）に、「彭越《ほうえつ》は梁王になり、欒布《らんぷ》は梁の大夫となって斉《せい》に使者となった。（その間に）彭越は謀反によって、洛陽で首を梟《さら》され、詔があり（遺体を）収める者があればこれを捕らえるとしていた。欒布は、使者から帰ると、彭越の首の下で報告し、首を祀って哭礼をした」とある。

朱勃《しゅぼつ》は、字を叔陽《しゅくよう》といい、十二歳で『詩経《しきょう》』と『尚書《しょうしょ》』を暗唱できた。かつて馬援の兄の馬況《ばきょう》のもとを訪れた。朱勃は方領《ほうりょう》を着て、礼儀に叶った歩き方ができ［一］、言葉は落ち着き払っていた［二］。馬援は、『尚書』を知っているだけであったので、朱勃を見て茫然自失となった。馬況はその心を知り、手ずから馬援に酒を酌《く》んで、「朱勃は器が小さいから若くして完成しているが、智慧はそこで使い果たしている。やがて汝に従って学問を受けることになろう。恐れることはない」と慰めた［三］。朱勃は、二十《はたち》にならないうちに、右扶風《ゆうふふう》の太守《たいしゅ》が招いて渭城《いじょう》〔陝西省咸陽市の北東〕の宰を試守させた［四］。（しかし、やがて）馬援が将軍となり、侯に封ぜられても、朱勃の位は、県令に過ぎなかった。（ところが）馬援は、後に偉くなっても、いつも待遇するさまは旧恩のままで朱勃に遜《へりくだ》り、朱勃もますます親しく付き合った。馬援が讒言に遇うと、朱勃だけが（馬援の味方をして交友を）全うした。章帝《しょうてい》が即位すると、あらためて朱勃の子に穀二千斛《と》を賜わった［五］。

［李賢注］

［一］『続漢書《しょくかんじょ》』に、「朱勃《しゅぼつ》は、韓詩《かんし》を説くことができた」とある。『前書音義《ぜんしょおんぎ》』に、「（方領とは）頸《くび》の下に四角い衿領《えり》をつけたものである」という。学者の服である。（原文の）矩歩は、足運びが礼儀に叶っていることである。

［二］（原文の）嫺《かん》は、音が閑である。嫺雅は、沈静という意味である。司馬相如《しばしょうじょ》は（『史記』巻百十七 司馬相如伝に）、「雍容嫺雅〔ゆったりとして落ち着いている〕」と言っている。

〔三〕（原文の）稟は、受という意味である。

〔四〕渭城《いじょう》は、県の名である。故城は唐の咸陽県の東北にある。『前書音義』に、「試守とは、試守すること一年で、正式なものとなり、その給料も全額をもらう」とある。

〔五〕『東観漢記《とうかんかんき》』に、「章帝《しょうてい》は詔を下して、「平陵《へいりょう》の県令・丞〔次官〕に告げる。平陵県の人で故《もと》の雲陽令《うんようれい》の朱勃は、建武年間〔二五～五六年〕、伏波将軍（馬援）の爵位と封土が子孫に伝わらないため、上書して事情を述べ、罪を受けることを省みなかった。善を宣揚しようとする志を懐き、烈士の気風がある。『詩経《しきょう》』（大雅抑《よく》）に、「言葉を発すれば讎《むく》いられないことはなく、恩徳を施せば報いられないことはない」とある。県は、穀二千斛《と》を朱勃の子もしくは孫に賜い、遠く闕《けつ》に至って感謝する必要はないと伝えよ」と述べた」とある。

これよりさき、馬援の兄の婿である王磐《おうばん》子石《しせき》は〔一〕、王莽の従弟である平阿侯《へいあこう》〔安徽省懐遠の南西〕の王仁《おうじん》の子である。王莽が敗れると、王磐は莫大な財産を故郷に持ち帰った。その人となりは、気節を尚《とおと》んで士を愛し施しを好み、名声は長江・淮水一帯に知られていた。後に京師に旅行し、衛尉の陰興《いんこう》・大司空の朱浮《しゅふ》・斉王の劉章《りゅうしょう》と親しく付き合った。馬援は、姉の子の曹訓《そうくん》に、「王氏は、廃姓である。子石は家の中に籠《こ》もって身を慎まねばならぬのに、逆に京師の豪俠とつき合い[二]、豪快に振る舞って、他人を良く虐げている。かれが敗れることは間違いなかろう」と言った。一年ほどして、王磐は果たして司隷校尉の蘇鄴《そぎょう》・丁鴻《ていこう》の事件に連坐し、罪に問われて洛陽の獄で死んだ。しかし、王磐の子の王粛《おうしゅく》は、再び北宮や王侯の邸宅に出入りした。馬援は司馬の呂种《りょちゅう》に[三]、「建武のご時世に、天下は再び栄えるようになったと言われている。これからは世の中は日ごとに平和になっていこう。ただ国家の元勲の諸子はいずれも勇壮なのに、旧来の禁令はまだ行われてはいない[四]。もしかれらの多くが賓客と付き合えば、大獄が起こるのではないか。卿曹《おまえたち》はこれを戒めて慎めよ」と言った。郭皇后《かくこうごう》が薨ずると、上書する者があり、王粛たちは誅を受けた家であり、賓客は皇后の葬儀に乗じて乱をなし、貫高《かんこう》・任章《じんしょう》のように事変を起こそうとしている、と述べた[五]。光武帝は怒り、郡県に命令して、王氏一族の賓客を捕らえ、互いに連坐して、死者は千を単位に数えた。呂种もその禍に巻き込まれ、死に臨んで、「馬将軍は、まことに神のようなお方であった」と詠嘆した。

〔李賢注〕

〔一〕子石《しせき》は、王磐《おうばん》の字である。

〔二〕（原文の）長者《ちょうじゃ》とは、豪侠の者をいう。

〔三〕呂种《りょちゅう》は、馬援の行軍の司馬である。

〔四〕旧来の禁令は、諸侯王の子が、賓客と付き合うことを許さなかった。

〔五〕張敖《ちょうごう》は、趙王となり、その国相は貫高《かんこう》であった。高祖《こうそ》（劉邦）は、（趙に立ち寄ったとき）趙王を礼遇しなかった。貫高はそれを恥じ、刺客を壁の中に潜ませ、高祖を殺害しようとした。また任章《じんしょう》の父の任宣《じんせん》は、霍氏の娘婿であり、謀反に連坐して誅殺された。宣帝《せんてい》が昭帝《しょうてい》廟《びょう》を祀る時に、任章は黒装束で夜に廟に入り、宣帝が来るのを待って、大逆をなそうとした。発覚して誅に伏した。どちらも『漢書』に見える。

永平《えいへい》年間〔五八～七五年〕の初め、馬援の娘は立てられて（明帝の）皇后となった。明帝は、建武《けんむ》年間〔二五～五六年〕の名臣と列将を雲台《うんたい》に図画させたが〔一〕、馬皇后の縁者であるため、馬援だけ描かれなかった。東平王《とうへいおう》〔山東省東平の東〕の劉蒼《りゅうそう》は、絵を見て明帝に、「なぜ伏波将軍の像を描かないのですか」と尋ねた。明帝は笑って答えなかった。永平十七〔七四〕年に、馬援の夫人が卒すると、改めて土盛りをして墓所の樹を植えなおし、祠堂を建てた。建初《けんしょ》三〔七八〕年、章帝《しょうてい》は、五官中郎将《ごかんちゅうろうしょう》に節を持ち追策させて、馬援に諡《おくりな》して忠成侯《ちゅうせいこう》とした。

（馬援の）四人の子は、馬廖《ばりょう》・馬防《ばぼう》・馬光《ばこう》・馬客卿《ばきゃくけい》である。

〔李賢注〕

〔一〕雲台《うんだい》は（洛陽宮の）南宮にある。

馬客卿《ばきゃくけい》は、幼いころから才知に秀《ひい》で、年六歳で諸公に応接し、賓客に自分の判断で対応できた。かつて死罪に問われた者が亡命して来ると、客卿は逃し匿まって、他人に知らせなかった。外見は木訥に見えたが、内面は冷静沈着であった。馬援はたいへん客卿の才能を評価し、将相の器とした。そのため客卿を字としたのである〔二〕。（しかし）馬援の卒した後、馬客卿も若くして没した。

[李賢注]

[一] 張儀《ちょうぎ》と虞卿《ぐけい》は、どちらも客卿《きゃくけい》（他国出身の宰相）となった。そのため（その名を）取って名づけた。かれら二人が客卿となったことは、『史記』に見える。

論にいう、馬援《ばえん》は名声を三輔《さんぽ》で挙げ、（公孫述と光武帝の）二人の皇帝の間を悠々と往来し、節を定め謀を立て、時の君主に自分を売り込むに至っては、まさに鼎《かなえ》を背負う願いを懐くものであろう。おそらく千載一遇の機会と考えたのである[一]。しかし、人の禍いを戒めることには智慧が働いたが[二]、それでも自らは讒言を免れられなかった。功名の地位にいると、どうしても免れないのだろうか[三]。そもそも利害が自分に関係なく、客観的に物事を図れば、良く智慧を回すことができる。考えに私情を差し挟まず、それにより正義を掲げれば、果断に物事に対処できる。まことに他のことを察する智慧を巡らし、自身のことまで察せられ、もしこれを人に施せば思いやりがあることになり、自分のあり方をはっきりと写し出すこともできよう[四]。

[李賢注]

［一］伊尹《いいん》は、鼎《かなえ》を背負って湯王《とうおう》に自分を売り込んだ。光武帝は、竇融《とうゆう》に書簡を与えて、「千載一遇の好機である」と述べた。

［二］竇固《とうこ》・梁松《りょうしょう》・王磐《おうばん》・呂种《りょちゅう》たちを誡め、みな言った通りになったことをいう。

［三］功名の地位に居れば、讒言（によって陥れようとすること）が興りやすく、それを免れることができる者は少ない。

［四］人を見ることを智といい、自分を見ることを明という。自分を見る明を人を見るために用いれば、物の道理として通用しないことがあろうか。


馬廖《ばりょう》は、字を敬平《けいへい》といい、若いときに父の官位のおかげで郎《ろう》となった［一］。馬皇后が立つと、馬廖を羽林左監《うりんさかん》・虎賁中郎将《こほんちゅうろうしょう》に拝命した。明帝《めいてい》が崩御すると、遺詔を受けて宮門を掌握し、趙熹《ちょうき》に代わって衛尉《えいい》となった。章帝は、たいへん馬廖を尊重した。

［李賢注］
［一］『東観漢記《とうかんかんき》』に、「馬廖は若いときに『周易《しゅうえき》』を習い、清廉で落ち着きがあった。馬援が武《ぶ》谿蛮《けいばん》を討ち功績がなく、陣中で卒すると、馬廖は（父の）爵位を嗣げなかった」とある。

このとき明徳馬皇太后《めいとくばこうたいごう》は、自ら倹約に励み、何事も簡素を旨とした。馬廖はこの立派な方針を最後まで続けられないと思い、長楽宮《ちょうらくぐう》（に居る馬皇太后）に上疏して徳政を成し遂げることを勧めた。「臣が先代の詔令を考えますに、人々が不足に苦しむのは、世間が奢侈《しゃし》を尊ぶことを理由とします。そのため元帝《げんてい》は官服《かんぷく》を廃止し〔一〕、成帝《せいてい》は洗いざらしの服を着て、哀帝《あいてい》は楽府《がくふ》〔楽団〕を撤廃しました〔二〕。それにも拘《かかわ》らず奢侈は止まず、（前漢が）衰え乱れた原因は、人々がやりたいことに従って命令に従わなかったためです〔三〕。そもそも政治を改革し風俗を良化するには、必ずその根本があります。伝承に、「呉王が剣客を好むと、怪我をする者が多かった。楚王《そおう》が痩《や》せた人を好むと、宮中では餓死する者が多かった」と言います〔四〕。長安の俚諺《りげん》に〔五〕、「（長安）城内で高い髷《まげ》が流《は》行《や》れば、周辺では（髷の）高さが一尺〔約23㎝〕にもなる。城内で広い眉が流行れば、周辺では（眉が）額の半分にもなる。城内で大きな袖が流行れば、周辺では（袖に）一匹すべてを使い果たす」とあります。この言葉は戯言《たわごと》のようですが、切実な事実を含んでいます。先代も制度を下してから、幾らもしないで、次第に行われなくなりました。（それは）一部の官吏が法に従わないことも理由ですが、怠慢の原因は京師《けいし》から起こっています。いま陛下は、自ら質素な服を着て、華美な装飾を取り去り、質素倹約を好むことが、聖性より発せられています[六]。誠に上は天の心に合し、下は民の望みに順い、広く大きな福徳として、これに勝るものはありません。陛下は、これを自然に体得していますが、さらに加えて勉め励み、文帝《ぶんてい》が（節倹により）徳を隆《さか》んにしたことに習っていますが、成帝《せいてい》や哀帝《あいてい》が最後まで続けられなかったことを戒めとすべきです[七]。『周《しゅう》易《えき》』（恒卦《こうか》）に、「徳を恒常的に発揮できなければ、逆にそれで辱めを受ける」とあります[八]。誠にこの事を一たび成し遂げられれば[九]、天下は（陛下の）徳を口にし、名声は天地に広がり[一〇]、神明にも通じ、金石に刻むべきでしょう。しかも、仁心に基づくのも難しいのに、命令ではなおさらです。願わくは、この上奏文を座右に置き、瞽人《こじん》の夜誦の歌（のように繰り返して身につけるもの）に当ててください」と述べた[一一]。馬皇太后は、深くこれに納得した。朝廷は大いに議論して、それぞれ尋ねて質問をした。

〔李賢注〕

［一］『前書音義《ぜんしょおんぎ》』に、「斉国《せいこく》には、もと三種の官服があった。春に冠幘《かんさく》の縰《し》〔冠や頭巾をつけるとき、髪を束ねる帛〕を首服として献上し、紈素《がんそ》〔白い練絹〕を冬服とし、軽綃《けいしょう》〔薄絹〕を夏

服とした」とある。元帝は倹約して、これを廃止したのである。

[二] 哀帝は即位すると、詔を下して、鄭《てい》と衛《えい》の（俗）楽《がく》を廃止し、郊祭や武楽などの人数を減らした。

[三] 『尚書《しょうしょ》』（君陳篇）に、「上の命じる所に違《たが》い、かれらの好む所に従う」とある。

[四] 『墨子《ぼくし》』（兼愛篇中）に、「楚《そ》の霊王《れいおう》は痩せているものを好み、その結果国に餓える人が多かった」とある。

[五] 当時の諺《ことわざ》である。

[六] 質素倹約は、皇后の持ち前であると言っている。

[七] 太宗《たいそう》は、文帝《ぶんてい》（の廟号）である。（文帝は）沈静寡黙を教化の柱とし、身には弋綈《よくてい》〔厚いつむぎ〕を着た。成帝《せいてい》は詔を下し、倹約に務めて崇び、綺縠《きこく》〔綾のある薄絹〕と女楽と婚姻埋葬の過美なものを禁止し、民が普段着ている青緑の衣だけは禁止しなかった。哀帝《あいてい》は即位すると、帷帳《とばり》を換え、錦の刺繍を取り去り、輿の座席は綈繒《ていそう》〔厚手の絹〕で縁を覆うだけにした。（しかし）成帝は趙飛燕《ちょうひえん》のために、哀帝は董賢《とうけん》のために、どちらも最後まで倹約できなかった。

[八] 恒《こう》卦の九三の爻辞である。（恒は）巽《そん》が下で震《しん》が上である。鄭玄の注に、「巽を進退とする。

その徳が恒常的でないことの象徴である。また互體《ごたい》は（恒の二爻〈上から二つめ〉から四爻までを取ると）兌《だ》であり、兌を失敗とする。後にきっと羞辱を受けよう」とある。

〔九〕（原文の）竟は、終という意味である。

〔一〇〕（原文の）薫は、蒸という意味である。芳声が天地を薫じると言っている。

〔一一〕瞽人《こじん》は、視力のない者である。古《いにしえ》は瞽師《こし》は国子《こくし》〔公卿の子弟〕に教えて六詩《りくし》を暗唱させた。『漢書』（巻八）礼楽志《れいがくし》に、「詩を集めて夜誦する」とある。夜誦とは、その言葉が秘密であるなどの理由で公開できず、そのため夜中に歌誦することである。

馬廖は、質朴純粋な性質で恐れ慎み、権勢の名声を愛さず、心を尽くして忠義を現し、毀誉褒貶《きよほうへん》を気に掛けなかった〔一〕。役人は頻《しき》りに（外戚封建の）故事により、馬廖たちを封ずるよう上奏した。（馬廖は）何度も謙譲したがやむを得ず、建初《けんしょ》四〔七九〕年、ついに封を受けて順陽侯《じゅんようこう》（河南省淅川県の南東）となり、特進《とくしん》の位を与えられ（実職から離れ）邸宅に入った。恩賞があるたびに、辞退して受けなかった。京師（の人々）はこのことで馬廖を評価した。

［李賢注］

［一］（原文の屑について）王逸《おういつ》は『楚辞《そじ》』に、「屑《せつ》は、顧という意味である」と注を付けている。

（馬廖の）子の馬豫《ばよ》は、歩兵校尉《ほへいこうい》となった。馬皇太后が崩御したのち、馬氏は権勢を失った。馬廖の性格はゆったりしており、子孫をきちんと教育できなかった。馬豫はついに投書して怨みつらみを述べた。また、馬防《ばぼう》と馬光《ばこう》は奢侈で、好んで徒党を組んだ。建《けん》初《しょ》八〔八三〕年、役人は上奏して馬豫を免官とし、馬廖と馬防と馬光を（京師から）追い、封国に赴かせた。馬豫は馬廖に従って国に帰ったが、拷問にあって死んだ［二］。後に詔により、馬廖を京師に戻した。永元《えいげん》四〔九二〕年に卒した。和帝《わてい》は、馬廖が先帝（章帝）の舅であったことから、手厚く香典を贈り、使者が弔祭し、王や公主は葬儀に参列した。安侯《あんこう》と諡《おくりな》した。

子の馬遵《ばじゅん》が（順陽侯を）嗣ぎ、程郷侯《ていきょうこう》に徙封された。馬遵が卒し、子がなく、国は除かれた。元初《げんしょ》三〔一一六〕年、鄧皇太后は、馬廖の孫の馬度《ばど》に紹封させて潁陽侯《えいようこう》（河南省許昌県の南西）とした。

［李賢注］

［一］（原文の物故について）物は、無という意味である。故は、事という意味である。（物故とは）死ぬことをいう。

馬防《ばぼう》は、字を江平《こうへい》といい、永平《えいへい》十二〔六九〕年、弟の馬光《ばこう》と共に黄門侍郎《こうもんじろう》となった。章帝《しょうてい》が即位すると馬防を中郎将《ちゅうろうしょう》に拝命し、しばらくして城門校尉《じょうもんこうい》に遷《うつ》った。建初《けんしょ》二〔七七〕年、金城郡《きんじょうぐん》と隴西郡《ろうせいぐん》で長城を守っていた羌族《きょうぞく》がみな反乱を起こした［二］。馬防に命じて車騎将軍《しゃきしょうぐん》の職務を兼ねさせ、長水校尉《ちょうすいこうい》の耿恭《こうきょう》を副官に、北軍五校《ほくぐんごこう》の兵と諸郡の射撃兵三万人を率いて、羌族を討たせた。軍が冀県《きけん》に到ると、羌族の首長の布橋《ふきょう》たちが、南部都尉《なんぶとい》を臨洮《りんとう》で包囲していた。馬防は、これを救おうと考えたが、臨洮までは道が険しく、車が二台並んで通れないほどであった。馬防は、そこで別働隊として二人の司馬《しば》に数百騎を率いさせ、軍を分けて前後軍とした。臨洮から十里ほど離れた場所に大きな陣地を作り、大量に幡幟《はたのぼり》を建て、大軍が明日にも進撃しようと言いふらした。羌族の斥候はこれを見て、駆け戻って漢の軍勢は盛んであり、戦うべきではないと報告した。翌朝ついに太鼓を鳴らし大声で気勢を上げて進むと、羌族は驚いて敗走し、そこで追撃してこれを破り、四千人以上を斬捕し、ついに臨洮の包囲を解いた。馬防は、恩信を明らかにし、焼当種《しょうとうしゅ》はみな降伏した。ただ布橋らの二万人余りは、臨洮の西南の望曲谷《ぼうきょくこく》（甘粛省岷県の西）にいた［二］。十二月、羌族は、耿恭《こうきょう》の司馬と隴西《ろうせい》長史《ちょうし》を和羅谷《わらこく》（青海省の北東部）で破り、死者は数百人に上った。翌〔建初三、七八〕年の春、馬防は司馬の夏駿《かしゅん》を派遣して、五千人を率いて街道沿いに敵の正面に向かわせ、潜かに司馬の馬彭《ばほう》に、五千人を率いて間道から敵の中枢部を討たせ、また将兵長史《しょうへいちょうし》の李調《りちょう》たちに、四千人を率いて敵の西を包囲させた。そして三道から同時に攻撃し、また羌族を破り、千人以上を斬獲し、牛・羊十万頭余りを得た。羌族は退き逃れ、夏駿が追ったが逆に敗れた。馬防は、そこで兵を率いて索西《さくせい》（甘粛省岷県の北東）で戦い、またこれを破った［三］。布橋は追い詰められ、部族民一万余りを率いて降伏した。詔を下して、馬防を召し還し、車騎《しゃき》将軍に拝命し、城門校尉であることは前の通りとした。

［李賢注］

［一］羌は、東吾《とうご》焼当《しょうとう》の末裔である。その父の滇吾《てんご》が漢に降ったことから、塞内（長城内）に居住していた。そのため保塞《ほさい》と呼ぶ。

[二] 酈道元《れきどうげん》は、『水経《すいけい》』（巻二 河水）に、「望曲《ぼうきょく》は、臨洮《りんとう》の西南にある。龍桑城《りゅうそうじょう》を去ること二百里である」と注を付けている。

[三] 索西《さくせい》は、県の名である。故城は唐の岷州《びんしゅう》和政県の東にあり、またの名を臨洮東城、または赤城という。『沙州記《さしゅうき》』に、「東洮から西洮に至るまで百二十里である」という。東洮とは、この城のことである。

馬防《ばぼう》は、貴く寵愛を最も盛んに受け、九卿と席を隔てた。馬光《ばこう》は、越騎校尉《えつきこうい》から執金吾《しっきんご》に遷った。建初《けんしょ》四（七九）年、馬防を潁陽侯《えいようこう》に封じ、馬光を許侯《きょこう》（河南省許昌県の東）とし、兄弟二人がそれぞれ六千戸となった。馬防は、明帝《めいてい》が病に臥《ふ》せたときに、参内して医薬を献上し、また西羌を平定したので、千三百五十戸の邑を増した。しばしば上表して位を譲り、ともに特進《とくしん》の位で邸宅に入った。馬皇太后が崩御すると、翌年、馬防を光禄勲《こうろくくん》に拝命し、馬光を衛尉《えいい》とした。馬防は、しばしば政策を言上し、多くが採用された。この冬、始めて十二月に迎気《げいき》の楽舞を施行したのは、馬防の提案である[一]。子の馬鉅《ばきょ》は、常従小侯《じょうじゅうしょうこう》となった[二]。建初《けんしょ》六（八一）年の正月、馬鉅の元服に当たり[三]、特別に黄門侍郎《こうもんじろう》に拝命した。章帝《しょうてい》は自ら章台《しょうだい》の下殿《かでん》に御し、鼎《てい》と俎《そ》を並べ、臨席して馬鉅に加冠させた。翌〔建初七、八二〕年、馬防はまた病により辞任を願った。詔して故《もと》の中山王《ちゅうざんおう》の田地と屋敷を賜い〔四〕、特進の位で邸宅に入らせた。

［李賢注］

〔一〕（迎気《げいき》の）解説は、（『後漢書』本紀三）章帝紀に見える。

〔二〕（常従小侯は）小侯として常に従うことができた。

〔三〕『礼記《らいき》』（曲礼篇上《きょくらい》）に、「二十《はたち》を弱と言い、元服する」とある。『儀礼《ぎらい》』（士冠礼篇《しかんれい》）に、「士が元服するときには、廟門《びょうもん》で占い、主人は黒い冠と朝廷の礼服を着て、役人も主人と同じような服を着る。占いが終わると、多くの同僚と再度占って吉日を告げ、もし吉でなければ（十日以上先の）遠日を占うが、（それは元服の儀式の十日前に占った）最初のときと同じようにする。期日の三日前、賓客を占うことは、日取を決めたのと同じようにする。服を房中の西の墉《かべ》の下に並べ、領《えり》を東にし上を北にする。初めに緇布冠《しふかん》を被せ、次に皮弁《ひべん》を被せ、次に爵弁《しゃくべん》を被せる。嫡子は（主人用の東の階段である）阼《そ》で元服することで、後継者であることを明確にする。三たび被せる（たびに次第に尊い冠を用いる）ことで、いよいよ尊くし、冠をつけてから字をつけるのは、その（父母から受けた）名を敬（び、やたらに用いないように）

するためである。「令《よ》き月吉《よ》き辰《とき》、爾《なんじ》に元服を加える。爾の幼き志を棄て、爾の徳を成すことに順え」と言祝《ことほ》ぐ」とある。

〔四〕中山王《ちゅうざんおう》の劉焉《りゅうえん》は、郭皇太后の末子であるため、京師に留まっていた。建武《けんむ》三十〔五四〕年、中山王に徙封され、永平《えいへい》二〔五九〕年、封国に赴いた。そのため中山王の田畑と屋敷を馬防に賜わったのである。

馬防の兄弟は、尊く盛んで、奴婢はそれぞれ千人以上、資産は巨億で、京師《けいし》周辺の肥沃な美田を買っていた。また大々的に館第を建て、楼閣を連ねて道路を見下ろし、いくつもの街路に広がっていた。多くの楽人を集め、（演奏させる）曲の調子は（天子の）郊《こう》廟《びょう》の曲に準《なぞら》えていた〔一〕。賓客は走って集まり、四方から尽く至り、京兆《けいちょう》の杜篤《ととく》のようなものが数百人、常に食客となって門下にいた。州刺史《しゅうしし》・郡太守《ぐんたいしゅ》・県令《けんれい》は、多くその家から出た。四季折々に、同郷の者や昔馴染みに振る舞い、行き渡らない者はなかった。馬防また多くの馬を牧畜し、羌族や胡族から税として徴収していた。章帝はこれを喜ばず、しばしば譴責を加え、様々な規制を周到に備えた。これにより権勢は次第に失われ、賓客もまた減っていった。建初《けんしょ》八〔八三〕年、兄の子である馬豫《ばよ》が怨み謗《そし》った事件により、役人は上奏して、馬防と馬光《ばこう》兄弟の奢侈が度を超えており、皇帝の政治を混乱させているとした。すべて免じて封国に赴かせた。出発に臨んで、「舅氏の一門が、ともに封国に赴き、陵廟《りょうびょう》で四時に、馬皇太后を助祭する者がない。朕はとてもこれを残念に思う。許侯《きょこう》（の馬光）に過ちを田園の屋敷で反省させ、役人は再び（罪に）問わないようにせよ[二]。これによって朕の（舅により母を思う）渭陽《いよう》の情を慰めよ」と詔があった[三]。

［李賢注］

［一］（原文の）曲度《きょくど》は、曲の調子をいう。

［二］馬光を京師に留め、屋敷に籠もって罪過を反省させるということである。

［三］渭陽《いよう》は、『詩経《しきょう》』の秦風《しんぷう》にある。秦の康公《こうこう》が舅《おじ》の晉の文公《ぶんこう》を渭水の陽《きた》に送り、母がいないことを思う詩である。その詩には、「わたしは舅にお会いして、母がここにいるかのようであった」とある。

馬光の人となりは慎重で周到であり、母を失った時には悲しみの情がとても強かった

〔一〕。章帝《しょうてい》は、これにより特に馬光を親愛し、そこで位を特進《とくしん》に戻した。（馬光の）子の馬康《ばこう》は、黄門侍郎《こうもんじろう》であった。永元《えいげん》二〔九〇〕年、馬光は太僕《たいぼく》となり、馬康は侍中《じちゅう》となった。竇憲《とうけん》が誅殺されると、馬光は竇憲と仲が良かったため罪に問われ、また免ぜられて封国に赴いた。後に竇憲の奴隷が、馬光は竇憲と一緒に大逆を謀っていましたと誣告《ぶこく》したため、（馬光は）自殺し〔二〕、家族は扶風《ふふう》郡に戻った。扶風郡はまた馬康を殺し、馬防および馬廖の子の馬遵《ばじゅん》は、みな罪によって丹陽《たんよう》郡に徙封された。馬防は翟郷侯《てききょうこう》となり、租税は一年ごとに三百万石に限り、吏や民を臣下とできなくした。馬防は、後に江南がじめじめしていることを理由に、上書して故郷に帰ることを願った。和帝《わてい》はこれを許した。永元《えいげん》十三〔一〇一〕年に卒した。

子の馬鉅《ばきょ》が（許侯を）継ぎ、後に長水校尉《ちょうすいこうい》となった。永初《えいしょ》七〔一一三〕年、鄧太皇后は、馬氏の子孫に詔を下して京師に還らせ、故事のように季節ごとに会見した。また馬光の子の馬朗《ばろう》に封爵を継がせて合郷侯《ごうきょうこう》とした。

［李賢注］

〔一〕『東観漢記《とうかんかんき》』に、「馬光《ばこう》は母の喪にあって、慟哭してとても悲しみ、やせ衰えて骨が浮き上がるほどであった」とある。

［二］『東観漢記』に、「（竇憲の）奴隷の名は、玉当《ぎょくとう》という。これよりさき、竇氏が捕らえられると、玉当は亡《のが》れ、密かに馬光のもとに行き金品を求めたが、与えられなかった。恨みを抱いて去った玉当は、根に持って馬光を陥れようと考えた。馬光は誣告され、官が玉当を捕らえると、馬光は竇《とう》憲《けん》と一緒に謀反の計画をしていたと告白した。馬光は誣告され、自分で潔白を証明できずに自殺した。馬光の死後、竇憲の他の奴隷である郭扈《かくこ》は、自ら進み出て、馬光と竇憲の無罪を証明した。馬光の子の馬朗《ばろう》は、馬光の亡骸《なきがら》を迎えて、故郷の墓地に葬ることを上書し、詔によりそれを許した」とある。

馬厳《ばげん》は、字を威卿《いけい》という。父の馬余《ばよ》は、王莽のときに揚州牧《ようしゅうぼく》となった。馬厳は幼くして孤児となったが［一］、剣撃を好み、騎射を身につけた［二］。のち馬援に頼み、平原《へいげん》の楊太伯《ようたいはく》に従って学んだ。古典籍（の研究）に専念し、『春秋左氏伝《しゅんじゅうさしでん》』に通じ［三］、さらに諸子百家の多くの書籍を読み、英賢と交友した。京師の長者は、みな馬厳を人物であると評価した［四］。郡の督郵《とくゆう》に仕え、馬援はいつも一緒に相談して、家庭のことを委ねた。弟の馬敦は、字を孺卿《じゅけい》といい、また名を知られていた。馬援の卒したのち、馬厳は馬敦と共に安陵《あんりょう》に帰り、鉅下《きょか》〔陝西省咸陽市付近〕に住んだ[五]。三輔の人々は、かれらの義行を称賛し、「鉅下の二卿」と呼んだ。

［李賢注］

［一］『東観漢記《とうかんかんき》』に、「馬余《ばよ》の卒した時に、馬厳は七歳であった。（そこで）姉の義理の父である九江連率《きゅうこうれんそつ》・平阿侯《へいあこう》の王述《おうじゅつ》を頼った。翌年、母も亡くなった。王述は郡を失うと、沛郡《はいぐん》に到った。建武《けんむ》三〔二七〕年、馬余の外孫で右扶風《ゆうふふう》の曹貢《そうこう》は、梧安侯相《ごあんこうしょう》となり、馬厳を迎えて帰って養育した。建武四〔二八〕年に至り、叔父の馬援が、光武帝に従って東征し、梧安を通ると、馬厳兄弟を連れて西に帰った。馬厳は、年十三で洛陽に至り、郎《ろう》の朱仲孫《しゅちゅうそん》の舎に寄宿した。奴隷の歩《ほ》が彼を護衛して後見した」とある。

［二］『東観漢記』に、「馬厳は、もとの門生である肆都《しと》に従って剣撃を学び、騎射を身につけた」とある。

［三］『東観漢記』に、「司徒祭酒《しとさいしゅ》の陳元《ちんげん》に従って学問を受けた」とある。

［四］（原文の）大人は、長者のことである。

［五］『三輔決録注《さんぽけつろくちゅう》』に、「鉅下は、地名である」という。

明徳馬皇后《めいとくばこうごう》が立つと、馬厳《ばげん》は門を閉ざし身を慎んだが、それでも誹謗中傷を受けるのではないかと恐れ、ついに北地郡《ほくちぐん》に移り、賓客を断絶した。永平《えいへい》十五〔七二〕年、馬皇后は、勅令により移って洛陽に居住させた。顕宗《けんそう》（明帝）が引見すると、馬厳の受け答えは落ち着きがあり雅《みや》びやかであったため、内心とてもかれを優秀だとした。詔があって仁寿闥《じんじゅたつ》に留まり、校書郎《こうしょろう》の杜撫《とぶ》や班固《はんご》らと共に『建武注記《けんむちゅうき》』を共同編集させた。常に宗室で（皇帝の）近親である臨邑侯《りんゆうこう》（山東省東阿）の劉復《りゅうふく》たちと政事を論議し、たいへん寵愛された。後に将兵長史《しょうへいちょうし》を拝命して、北軍五校《ほくぐんごこう》の兵士・羽林の禁兵三千人を率いて、西河郡《せいがぐん》の美稷県《びしょくけん》（内蒙古自治区准格爾《ジュンガル》旗の北西）に駐屯し［一］、南単于《みなみぜんう》を護衛した。司馬《しば》と従事《じゅうじ》を置くことを許し、将軍と同じように州牧《しゅうぼく》と太守《たいしゅ》は謁見して敬礼した。馬厳に勅令して武庫《ぶこ》に立ち寄り、蚩尤《しゆう》を祀らせた［二］。明帝は親《みずか》ら阿閣《あこう》（楼閣）に御幸し［三］、その兵士を観た。時人はこれを栄誉であるとした。

［李賢注］

［一］美稷《びしょく》は、県の名である。

［一］武庫《ぶこ》は、兵器を掌る。令が一人で、官秩は六百石である。『前書音義《ぜんしょおんぎ》』（『漢書』巻一上 高帝紀の注）に、「蚩尤《しゆう》は、古《いにしえ》の天子であり、五兵を好んだ。そのため今これを祀るのである」という。（『漢書』巻一上）高祖の本紀に見える。

［三］阿《あ》は、曲という意味である。

粛宗《しゅくそう》（章帝）が即位すると、（馬厳を）徴召して侍御史《じぎょし》、そして御史中丞《ぎょしちゅうじょう》に拝命し、子の馬鱄《ばせん》を郎に任命して［一］、（尚書の）省中で勉学させた［二］。その冬、日食の災異があった。馬厳は密封した書状で上奏して、「臣が聞きますには、太陽は多くの陽の長、食は陰が侵す徴《きざし》であると言います。『尚書《しょうしょ》』（皐陶謨篇《こうようぼ》）に、「多くの官を無駄にしてはならない。（民を治める）天の事業に人が代わ（ってこれに当た）ることであるので」とあります［三］。王者は天に代わって人を官に付けると言っているのです。このため成績により進退させ、それにより褒貶を明らかにするのです［四］。功がないのに退けなければ、陰が盛んになり陽を侵すでしょう。臣が伏して見ますに、いま州刺史《しゅうしし》と郡太守《ぐんたいしゅ》は、州を治め郡を典《つかさど》っていますが、職務に忠実に心から国に尽くすことに務めておりません。しかも査察は偏っており、与奪の権を自分のものとし、（自分に）雷同する者は推挙して有能であるとし、（自分を）批判する者は法律を悪用して罰しております[五]。そうでなければ頭を低くして耳を塞ぎ、（その見返りに）賄賂を求めます。いま益州刺史《えきしゅうしし》の朱酺《しゅほ》・揚州刺史《ようしゅうしし》の倪説《げいえつ》[六]・涼州刺史《りょうしゅうしし》の尹業《いんぎょう》たちは、考査をするたびに、死亡者が出ています[七]。また選挙が不実でも、いまだ罪に問われ官位を落とされていません。これでは臣下に（君主がすべき）刑罰と恩賞を許していることになります。（漢家の）故事では、州郡の採用して上奏した事柄に、司直《しちょく》は役に立つか否かを考え、嘘か真かを明確にしてきました[八]。いま（官制に）点検を加え、それにより前漢の制度のようにすべきです。かつて丞相《じょうしょう》と御史大夫《ぎょしたいふ》は、自ら職務をしていましたが、丙吉《へいきつ》だけは老人であったため悠然として、吏の罪を裁きませんでした[九]。これにより丞相府は、それを真似することを常態とし、互いに馴れ合って、虚名を崇ぶようになりました[一〇]。あるいはその職をよく知らないうちに、別の官に移されており、これでは官職を整え、俸禄を支給する意味がありません。どうか百官を勅令により正し、それぞれ責任を持って職務にあたり、州郡の推挙は、必ず相応《ふさわ》しい人材であるようにすべきです。もし言う通りでなければ、法令により裁きましょう。『春秋左氏伝』（昭公伝十二年）に、「上徳は寛により民を服させることであるが、その次は猛に越したことはない。火は激しいので人は遠巻きにして恐れるが、水は弱いので人は馴れ馴れしく弄ぶ。政治をする者は寛治により猛政を補完し、猛政により寛治を補完する」とあります[二]。このようにすれば、（民を）統御する上で筋が通り、災異《さいい》は消えるでしょう」と申し上げた[三]。書状は奏され、章帝は、その言を採用して朱酺たちの官を免じた。

[李賢注]

[一] 鱄《せん》は、音が時兗の反である。

[二] （原文の）勧は、勉という意味である。『漢書《かんじょ》』（巻百 叙伝上）に、「王鳳《おうほう》が班伯《はんはく》を成帝に推薦して勉強させ、宴昵殿《えんきょうでん》で召見した」とあり、これである。

[三] 『尚書《しょうしょ》』の咎繇《きゅうよう》の言葉である。

[四] 『尚書』（尭典篇《ぎょうてんへん》）に、「三年に一度（諸官の）勤務評定をして、三回して勤務の善し悪しにより進退させる」とある。

[五] （原文の）中《ちゅう》は、音が丁仲の反である。

[六] 倪《げい》は、音が五兮の反である。説《えつ》は、音が悦である。

[七] 考は、按という意味である。

〔八〕『漢書』に、「武帝の元狩《げんしゅ》五〔前一一八〕年、初めて司直《しちょく》を置き、官秩は比二千石とした。丞相《じょうしょう》を助けて不法を挙げることを掌《つかさど》る」とある。『続漢書《しょくかんじょ》』に、「光武帝は武帝の故事によって司直を置き、丞相府の属官とし、（丞相を）補佐して諸州を監督させた。建武十八〔四二〕年、これを省いた」とある。

〔九〕丙吉《へいきつ》は、字を少卿《しょうけい》といい、魯《ろ》の人である。宣帝《せんてい》のとき、丞相となった。（属吏の）掾史《えんし》に罪があったが、裁判をしなかった。三公府《さんこうふ》が、吏の行いを監査しなくなったのは、丙吉から始まる。『漢書』（巻七十四 丙吉伝）に見える。

〔一〇〕（原文の）罔養は、依違（どっちつかず）のような意味である。

〔一一〕『春秋左氏伝《しゅんじゅうさしでん》』（昭公 伝十二年）で、鄭の子産《しさん》が子太叔《したいしゅく》を誡めた言葉である。

〔一二〕（原文の）眚もまた災の意味である。

建初《けんしょ》元〔七六〕年、五官中郎将《ごかんちゅうろうしょう》に遷り、三人の子を任命して郎とした。馬厳は、しばしば賢明で有能な人材を推薦し、冤罪を晴らし、多くの意見が採用された。五官中郎将のまま長楽衛尉《ちょうらくえいい》の職務を兼ねさせた。建初二〔七七〕年、陳留太守《ちんりゅうたいしゅ》を拝命した。馬厳は、任地に赴くに際して、章帝に、「むかし顕親侯《けんしんこう》の竇固《とうこ》は、先帝を誤らせて西域に兵を派遣し、伊吾盧《いごろ》に屯田を開き、費用は多く利益はありませんでした。また、竇勳《とうくん》は誅を受けています。その家は、京師に近づかせるべきではありません」と言った。このとき竇勳の娘は皇后となり、竇氏は皇帝の恩寵を受けていた。このとき馬厳の言葉を側で聞いていた者がおり、竇憲兄弟に告げた。これにより、権力者や外戚の支持を失った。馬厳は任地に着くと、賞罰を明らかにし、悪事を摘発し、郡内は治まった。このとき京師に噂が流れ、賊が東方から来るとあった。人々は走り回り、互いに慌てふためいた。諸郡は焦り、それぞれ書状を皇帝に送った。馬厳は、虚偽であると察し、一人備えをしなかった。詔書により下問され、使者は次々と訪れたが、馬厳は賊はいないと言い張った。後に言う通りであるとされた。郡を掌ること四年、宗正《そうせい》の劉軼《りゅういつ》・少府《しょうふ》の丁鴻《ていこう》たちと互いに請託を行った罪で、召されて太中大夫《たいちゅうたいふ》を拝命した。十日あまりで、将作大匠《しょうさくたいしょう》に遷った。建初七〔八二〕年、また罪に問われて免じられた。この後、竇氏に忌み嫌われていたため、位に就くことはなかった。章帝が崩じ、竇皇太后が臨朝すると、馬厳は隠居して行いを慎み、子孫を教導した。永元《えいげん》十〔九八〕年、家で卒した。時に年八十二であった。

弟の馬敦《ばとん》は、官が虎賁中郎将《こほんちゅうろうしょう》に至った。馬厳の七子のうち〔二〕、馬続《ばしょく》・馬融《ばゆう》だけが名を知られた。馬続は、字を季則《きそく》といい、七歳でよく『論語』に通じ、十三歳で『尚書《しょうしょ》』に明るく、十六歳で『詩経』を修めた。様々な書籍に広く通じ、『九章算術《きゅうしょうさんじゅつ》』を得意とした〔二〕。順帝《じゅんてい》のとき、護羌校尉《ごきょうこうい》となり、度遼将軍《どりょうしょうぐん》に遷り、任地で威厳と恩信があるとの評判があった。馬融は個別の伝が（列伝五十上に）ある。

［李賢注］

〔一〕（馬厳の七子とは）馬固《ばこ》・馬伉《ばこう》・馬歆《ばきん》・馬鱄《ばせん》・馬融《ばゆう》・馬留《ばりゅう》・馬続《ばしょく》をいう。

〔二〕劉徽《りゅうき》の『九章算術《きゅうしょうさんじゅつ》』に、「方田《ほうでん》第一、粟米《ぞくまい》第二、差分《さぶん》第三、少広《しょうこう》第四、商功《しょうこう》第五、均輸《きんゆ》第六、盈不足《えいふそく》第七、方程《ほうてい》第八、句股《くこ》第九」とある。

馬稜《ばりょう》は、字を伯威《はくい》といい、馬援の族孫である。幼くして孤となり、従兄の馬毅《ばき》を頼って生業を共にし、恩は母を同じくする兄弟のようであった。馬毅が卒すると子がなく、馬稜は（子が服すべき）三年の心喪に服した〔一〕。

建初《けんしょ》年間〔七六～八四年〕、郡の功曹《こうそう》に仕え、孝廉《こうれん》に挙げられた。馬氏が排斥されたが、章帝《しょうてい》は馬稜に義行があったため、徴召して謁者《えつしゃ》に拝命した。章和《しょうわ》元〔八七〕年、広陵《こうりょう》太守《たいしゅ》〔江蘇省揚州市の北西一円〕に遷った。このとき穀物が高騰して民は飢えていた。上奏して塩官《えんかん》を廃止し、人々に利益があるようにした。貧者に恵み、賦税を軽くし、溜池を興復して、二万頃余りの田を灌漑した。吏民は石に刻んでその政治を称賛した[二]。永元《えいげん》二〔九〇〕年、漢陽太守《かんようたいしゅ》〔甘粛省甘谷の南東一円〕に転じ、威厳があるとの評判が立った。大将軍の竇憲《とうけん》が、西に向かって武威《ぶい》に駐屯すると、馬棱は多額の軍費を献上し、人々に無理な税をかけた。竇憲が誅されると、告発されて罪に当てられた。数年後、江湖に強力な賊が多いため、馬棱を丹陽太守《たんようたいしゅ》とした。馬棱は、兵を徴発して攻撃し、すべて捕らえて賊を滅ぼした。会稽太守《かいけいたいしゅ》に転じ、治政にまた評判があった。河内太守《かだいたいしゅ》〔河南省武陟の南西一円〕に転じた。永初《えいしょ》年間〔一〇七～一一三年〕、ある事件に連坐して罪に当てられ、家で卒した。

〔李賢注〕

［一］『東観漢記《とうかんかんき》』に、「馬毅は、張掖属国都尉《ちょうえきぞくこくとい》となった」とある。

［二］『東観漢記』に、「馬棱が広陵にいるとき、（その政治に感化され）蝗虫《いなご》は江海に入り、化けて魚や蝦となった。溜池を復興して、毎年の税収を増加させること十万斛以上であった」と

ある。

賛にいう、伏波《ふくは》（将軍の馬援）は功を（挙げることを）好み、ここに冀《き》・隴《ろう》より起こった。南に向かって駱越《らくえつ》を静め、西に向かって焼当羌《しょうとうきょう》を屠《ほふ》った。行く年はすでに流れ（年をとっ）ても、壮《さか》んな情熱は勇者そのものであった。明徳馬皇后《めいとくばこうごう》が即位すると、家の幸福もまた興った。馬廖《ばりょう》は恭倹さを欠き、馬防《ばぼう》は驕り高ぶった〔一〕。

〔李賢注〕

〔一〕『春秋左氏伝』（昭公 伝七年）に、「宋の正考甫《せいこうほ》は、三命（の高位である上卿）に就きながらますます恭謙であった。（鼎に銘文を刻んで言うには）「一命を被ってこうべを垂れ、二命に背をかがめ、三命に身を折り、（路を進むのに道の真ん中を通らず）家々の垣に沿っていく。（これほどまでに恭倹を保てば）またわたしを侮る者はないであろう」と」とある。

卓魯魏劉列伝第十五

卓茂伝

卓茂《たくぼ》は、字を子康《しこう》といい、南陽郡宛県《なんようぐんえんけん》〔河南省南陽市〕の人である。父祖はみな郡太守《ぐんたいしゅ》に至った。卓茂は、元帝《げんてい》のときに長安《ちょうあん》に学び、博士《はくし》の江生《こうせい》に仕え〔一〕、詩・礼および歴数を習い、師の教えを究め、通儒《つうじゅ》と称された。性格は寛容で恭《うやうや》しく、慈しみ深かった。郷里や旧知の者たちは、行いや能力で卓茂とは並びようもなかったが、みな（卓茂を）喜んで慕った〔二〕。

初め丞相府《じょうしょうふ》の令史《れいし》に辟召《へきしょう》されて孔光《こうこう》に仕え、孔光は（卓茂を）称賛して長者と言った。あるとき出かけると、ある人が卓茂の馬を（自分の物だと）言い張った。卓茂は、「貴方は馬を無くして、どれほど経ちますか」と問うた。その人は、「一月余りです」と答えた。卓茂は、その馬を数年保有しており、内心相手が間違えていると知ったが、黙って（馬を）解いてその人に与え、車を引いて立ち去ったが、振り返って、「もし貴方の馬でなかったら、丞相府に来て、わたしに返してください」と言った。後日、その人は別途無くした馬を手に入れたので、（丞相）府に来て馬を返し、叩頭して卓茂に謝罪した。卓茂の争いを好まない性格は、およそこのようであった。

［李賢注］

［一］江生は、魯《ろ》の人の江翁《こうおう》である。昭帝《しょうてい》のときに博士となり、魯の詩の宗家と号された。（このことは）『漢書《かんじょ》』（巻八十八 儒林 王式伝）に見える。

［二］『東観漢記《とうかんかんき》』には、「卓茂の人柄は、恬淡として道を楽しみ、実を重んじて上辺を飾らず、行いは清濁の中庸を得、（十五歳で）束髪してから老人になるまで、人と競うことがなかった」とある。

（卓茂は）後に儒教《じゅきょう》（に秀でること）により察挙されて、給事黄門侍郎《きゅうじこうもんじろう》となり、密県令《みつけんれい》（河南省密県の南東）に転任した［二］。心を尽くし忠勤を積み、人々を子のように見た［三］。善人を推挙して教化をし、悪口を言わず、属吏や人々は卓茂に親しみ、欺けなかった［三］。ある人が、かつて管轄区の亭長《ていちょう》が米と肉の賄賂を受け取った、と告げた［四］。卓茂は、左右の者を退けその者に、「亭長は、自分から（賄賂を贈るよう）強要したのか。それとも自分は（頼み）事があって、亭長に委託し（亭長が）受け取ったのか。あるいは、平素から恩を感じていたので自分から贈ったのか」と聞いた。その人は、「わたしが出かけていって贈りました」と言った。卓茂は、「(贈りたくて)これに贈った結果(亭長がそれを)受け取った。なぜ(ことさらに)それを言うのか」と聞いた。その人は、「わたしが聞くところでは、賢明な君は、人に属吏を恐れさせず、属吏に人から搾取させない、と言います。いまわたしは属吏を畏れたので、米や肉を贈ったところ、かれはそれを受けました。そこで言いに来たのです」と答えた。卓茂は、「汝《おまえ》は、腐っているな。そもそも人が禽獣より尊い理由は、仁愛があり、敬いあうことを知っているからである。いま隣接する里の長老すら贈り物をするが、これは人の道として互いに親しみあうためである。まして属吏と民との関係である(そうでない道理はない)。属吏は、その権力を笠に着て強制して求めなければ良いのである。およそ人が生きる時には、群れて雑居するもので、そのため経や礼があって交際の仕方を定める。汝一人がこれを修めることを拒み、世を遠く避け、人間《じんかん》を逃れられようか。亭長は、平素より良い属吏で、季節に応じて贈り物をするのは、礼ではないか」と言った。その人は、「本当にそうならば、律はなぜ禁ずるのですか」と言った。卓茂は笑って、「律は大法を設けるもので、礼は人情に従うものだ。いまわたしは礼により汝に教えており、汝は絶対に怨恨が生じない。

（もし）汝に律を適用すれば、手足の置き場所すらなくなろう。（律を万事に適用すれば）一門の中ですら、些細なことでも罪を下し、大きなことでは殺さねばならなくなる。しばらく帰ってこれをよく考えよ」と言った。こうして人々は卓茂の訓戒を受け入れ、属吏たちは卓茂の恩愛に服した。卓茂が県に到着した際、（属吏の配置を）改めたが、属吏たちはこれを笑い、隣城の聞いた者もその不可能を笑った。（卓茂がおかしいと聞いた）河南郡《かなんぐん》は（新しく、卓茂とは別に密に）仮の県令を置いたが、卓茂はこれを嫌がらず、（普段通り）県務をして泰然自若としていた［五］。数年たつと、教化は大いに浸透し、道に落ちている物を盗む者もなくなった。平帝《へいてい》のとき、全国に蝗害が起こり、河南郡の二十県余りも災害を蒙ったが、密県の境にだけは（蝗が）侵入しなかった。督郵《とくゆう》がそれを報告しても［六］、河南太守《かなんたいしゅ》は信じず、自分で行ってそれを検分し、見るとようやく納得した。

［李賢注］

［一］密は、唐の洛州密県《らくしゅうみつけん》である。

［二］（原文の）諄諄《じゅんじゅん》とは、心がこもって慎み深い様子である。『詩経《しきょう》』（大雅抑《よく》）に、「汝に諄

諄と教え諭す」とある。（諄の）音は、之順の反である。

［三］『孔子家語《こうしけご》』（巻九 七十二弟子解）に、「宓子賤《ふくしせん》は、単父《ぜんほ》の宰となり、人々は（宓子賤を）欺《あざむ》くのに忍びなかった」とある。

［四］（原文の）部とは、管轄する所をいう。

［五］『東観漢記《とうかんかんき》』に、「仮の県令は卓茂と一緒にいた。しばらくして、属吏は仮の県令に帰服しなかった」とある。

［六］『続漢志《しょくかんし》』に、「郡が県を管轄するには五つ部があり、部ごとに督郵掾《とくゆうえん》がいて、それに諸県を監察させる」とある。

このとき王莽《おうもう》が政権を握り、大司農《だいしのう》の下に六部《りくぶ》の丞《じょう》を置き、農業を督励させることにした［一］。（そのため）卓茂を遷して京部丞《けいぶじょう》とした。密県《みつけん》の人は、老いも若きも、みな泣きながら（卓茂を）見送った。王莽が摂政となると、病を理由に免官されて郡に帰り、常につねに（実務を伴わない）門下掾祭酒《もんかえんさいしゅ》となり、吏事を拒絶した。

更始帝《こうしてい》が即位すると、卓茂を侍中祭酒《じちゅうさいしゅ》とし［二］、（そのため郷里より）長安《ちょうあん》に至ったが、更始帝の政治の混乱を知り、高齢を理由に辞職を乞い（郷里に）帰った。

[李賢注]

[一] 王莽は政権を握ると、大司農に部丞十三名を置き、一人で一州ずつを管轄し、農業を督励させた。今この書及び『東観漢記《とうかんかんき》』は共に六部とする。

[二] 『続漢志《しょくかんし》』(志二十六 百官三 少府)に、「侍中《じちゅう》は、定員が無く、(皇帝の)左右に侍《はべ》り、顧問応対を掌る。もとは僕射《ぼくや》(次官)が一人おり、(後漢の光武帝《こうぶてい》の)中興に際して(名称を)変えて祭酒《さいしゅ》とした」とある。

このとき光武帝《こうぶてい》は即位したばかりで、最初に卓茂を訪問し、卓茂は河陽《かよう》に至って謁見した[一]。そこで詔を下して、「前の密県令《みつけんれい》の卓茂は、身を慎んで自ら修養し、節を保ち質朴で、誠によく人には為し難いことを成し遂げた。そもそも名声が天下に冠たる者は、天下より重く賞されるべきである。そのため(周の)武王《ぶおう》は(殷の)紂《ちゅう》を誅すると、(殷の賢い王子である)比干《ひかん》の墓を封じ、(賢臣である)商容《しょうよう》の里を表彰した[二]。いま卓茂を太傅《たいふ》となし、褒徳侯《ほうとくこう》に封じ、食邑は二千戸とする[三]。脇息と杖と車馬、袷《あわせ》と単衣《ひとえ》の着物に、真綿五百斤を下賜する」とした[四]。また卓茂の長男の卓戎《たくじゅう》を太中大夫《たいちゅうたいふ》とし、次男の卓崇《たくすう》を中郎《ちゅうろう》・給仕黄門《きゅうじこうもん》とした。建武《けんむ》四〔二八〕年、（卓茂は）薨去した。棺〔内棺〕・椁《かく》〔外棺〕と墓地を下賜して、光武帝自ら喪服して葬送に臨んだ。

［李賢注］

［一］『東観漢記《とうかんかんき》』に、「卓茂は、このとき七十余歳であった」とある。

［二］（殷の）王子の比干《ひかん》は、紂王《ちゅうおう》が殺害した。商容《しょうよう》は、殷《いん》の賢臣である。武王《ぶおう》が殷に入ると、閎夭《こうよう》に命じて比干の墓を封じ、畢公《ひっこう》に命じて商容の里を表彰させた。（原文の）表とは、顕彰という意味である。（原文の）閭は、里の門という意味である。このことは、『史記《しき》』（巻四 周本紀）に見える。

［三］『東観漢記』と『続漢書《しょくかんじょ》』は、共に宣徳侯《せんとくこう》に作る。

［四］（原文の襲《かさね》について）単衣《ひとえ》と袷《あわせ》の着物が揃っているものを襲という。

（卓茂の）子の卓崇《たくすう》が（褒徳侯を）継ぎ、汎郷侯《はんきょうこう》に徙封され、官は大司農《だいしのう》に至った［一］。卓崇が卒すると、子の卓棽《たくちん》が（汎郷侯を）継いだ［二］。卓棽が卒すると、子の卓訢《たくきん》が（汎郷侯を）継いだ。卓訢が卒すると、子の卓隆《たくりゅう》が（汎郷侯を）継いだ。永元《えいげん》十五〔一〇三〕年、卓隆が卒すると、子が無かったので、国は除かれた。

これよりさき、卓茂《たくぼ》と同県の孔休《こうきゅう》と陳留郡《ちんりゅうぐん》の蔡勲《さいくん》と安衆《あんしゅう》の劉宣《りゅうせん》と楚国《そこく》の龔勝《きょうしょう》と上党郡《じょうとうぐん》の鮑宣《ほうせん》の六人は、志を同じくし、王莽《おうもう》に仕えず、共に名声が当時高かった。孔休は、字を子泉《しせん》といい、哀帝《あいてい》の初年に、仮の新都県令《しんとけんれい》〔河南省唐河県の南西〕となった〔三〕。のちに王莽が政権を握ると、孔休は官を去って家に帰った。王莽が帝位を簒奪すると、玄《げん》纁《くん》と束帛を与え、国師《こくし》になることを願ったが、ついに血を吐き病であるとし、門を閉ざして拒絶した。光武帝《こうぶてい》が即位すると、孔休と蔡勲の子孫を探し、穀物を賜って、かれらを顕彰した。劉宣は、字を子高《しこう》といい、安衆侯の劉崇《りゅうすう》の従弟である。王莽の簒奪を知り、姓名を変え経書《けいしょ》を抱えて山林に隠棲した。建武《けんむ》年間〔二五～五六年〕の初めに、（光武帝が即位すると再び）世の中に現れた。光武帝は、劉宣に（劉崇の）安衆侯を襲封させた。（そして）龔勝の子の賜《し》を抜擢して上谷太守《じょうこくたいしゅ》とした。龔勝と鮑宣の事跡は、『漢書《かんじょ》』（巻七十二　龔勝伝・鮑宣伝）に見える。蔡勲の事跡は玄孫に当たる蔡邕伝《さいようでん》〔『後漢書』列伝五十下〕に見える。

［李賢注］

［一］汎郷《はんきょう》は、琅邪郡不其県《ろうやぐんふきけん》にある。
［二］苓《ちん》は、音が丑金の反、または所金の反である。
［三］新都《しんと》は、県であり、南陽郡《なんようぐん》に属する。

論にいう、建武《けんむ》年間〔二五～五六年〕の初め、英雄・豪傑が蜂起し、怒号する者は声を響かせ、城を繞《めぐ》らせる者は対峙しあい［一］、誠に困窮して生活を満たす日々はなかった［二］。卓茂《たくぼ》は単なる小邑の令に過ぎず、他に能もなく［三］、すでに七十余歳であったが、（光武帝は）最初に招聘し、情け深い言葉により厚く礼遇した。周《しゅう》や燕《えん》の君主が（臣下を礼遇するため）閭《りょ》を顕彰し、館を建てたのと何か異なるというのか（異ならない立派な行為である）［四］。ここにおいて憤懣《ふんまん》を鬱積《うっせき》させて、道義に心を寄せていた人々は［五］、要害を越え、一族を捨てて、（漢に仕えるため）仕官の門に多く列を作ったのである。そもそも（光武帝のように）愨《ねんご》ろな性格で寛容なことは仁に近く、罪を犯されても論《あげつら》わないのは恕に近い［六］。正道に従えば、人に怨まれ恨むという事態には至らない［七］。

［李賢注］

［一］（原文の）虓《こう》は、虎の怒れるさまである。『詩経《しきょう》』（大雅　常武《じょうぶ》）に、「その怒ることは怒る虎のようである」という。城を嬰《めぐ》らすとは、城により自分を取り囲むことをいう。

［二］（原文の悾愡《こうそう》について）『字書《じしょ》』に、「悾愡は、窮困という意味である」という。（原文の）給は、足という意味である。毎日促される事が多く、自足する暇もないことである。

［三］（原文の）断断とは、専一という意味である。『尚書《しょうしょ》』（泰誓《たいせい》篇）に、「断断たる猗《い》は、他に能はない」とある。

［四］『史記《しき》』（巻三十四　燕召公世家）に、「燕《えん》の昭王《しょうおう》は即位すると、斉《せい》に恥を雪《そそ》ごうと考え、そのために賢者を招き、郭隗《かくかい》を得て、そのために宮を築いて師事した」とある。

［五］（原文の）蘊は、積という意味である。

［六］（原文の）校は、報という意味である。（原文の）鄰は、近という意味である。曾子《そうし》は、「（罪を）犯しても論《あげつら》わない」と言っている。

［七］怨は、人に恨まれることである。（原文の）悔は、恨という意味である。

魯恭伝

魯恭《ろきょう》は、字を仲康《ちゅうこう》といい、扶風郡平陵県《ふふうぐんへいりょうけん》〔陝西省咸陽市の北西〕の人である。その先祖は魯の頃公《けいこう》から出ている。（魯が）楚《そ》に滅ぼされると、下邑《かゆう》〔山東省泗水の南東〕に遷《うつ》り、（魯を）氏とした。代々官僚として二千石（の太守）となり、哀帝《あいてい》や平帝《へいてい》のころに、魯から（平陵に）遷った。祖父の魯匡《ろきょう》は、王莽《おうもう》の時に羲和《ぎか》となり、権謀術数があり、智嚢と号された[一]。父の某は、建武《けんむ》年間〔二五～五六年〕の初め、武陵太守《ぶりょうたいしゅ》となったが、官に就いたまま卒した。そのとき魯恭は十二歳、弟の魯丕《ろひ》は七歳で、昼夜号泣して声を絶やさず、郡の者たちの弔意品も受け取らず[二]、帰郷して喪に服した。その礼は、成人を過ぎる振る舞いであった。郷里の者たちは、これを高く評価した。（魯恭が）十五歳のとき、母および魯丕と共に太学《たいがく》におり、魯詩《ろし》を習うと[三]、戸を閉じて研究に励み、世間との交わりをたち、兄弟は共に儒者に称賛され、学生は争って彼らに帰服した。

太尉《たいい》の趙憙《ちょうき》は、魯恭の志操を慕い、毎年折を見て息子を派遣して、酒や食料を届けさせたが、みな辞退して受け取らなかった[四]。魯恭は、魯丕が小さいことを憐れみ、先に名声を得させようと思い、（自分は）病として仕えなかった。郡は、しばしば礼により（仕えるよう）願ったが、謝絶してあえて応じないでいた。しかし、母親が強いて行かせ、やむを得ずに西に向かい、新豊《しんほう》〔陝西省臨潼の北東〕に留まって学問を教授した。建初年間《けんしょ》〔七六～八四年〕の初め、魯丕が方正《ほうせい》に推挙されると、魯恭はようやく郡吏となった。太傅《たいふ》の趙憙は、それを聞くと魯恭を辟召した。粛宗《しゅくそう》（章帝）は、儒者たちを白虎観《びゃくこかん》に集め（経義を定めようとし）ていた。魯恭は、とくに経学に通暁していたので召喚され、白虎会議の議論に参加した[五]。

［李賢注］

［一］魯匡《ろきょう》は、六筦《ろくかん》の制度〔塩・鉄・銭・麻・帛・酒を国家の専売とする制度〕を作り、職人や商人を搾取した。そのため権謀術数があると言っている。

［二］『春秋公羊伝《しゅんじゅうくようでん》』（隠公元年）に、「貨財を賻《ふ》という」とある。

［三］（魯詩とは）高祖《こうそ》のときの（人である）魯の申公《しんこう》が伝えた『詩経』である。

［四］（原文の）問は、遺《おく》るという意味である。

［五］（原文の）与は、音が豫である。

趙憙《ちょうき》はまた、魯恭《ろきょう》を直言《ちょくげん》に推挙し、（魯恭は）公車《こうしゃ》で待詔《たいしょう》したのち、中牟令《ちゅうぼうれい》〔河南省中牟の東〕を拝命した。魯恭は、徳化だけを統治の基準とし、刑罰に頼らなかった。

訴訟人の許伯《きょはく》たちが田を争い、県令《けんれい》が何度変わっても解決できなかったが、魯恭が、かれらのために理非曲直を正したところ、みな退廷して自責し、耕作を止めて譲り合った。亭長《ていちょう》が人から牛を借りて、還さなかった。牛の持ち主は魯恭に訴えた。魯恭は亭長を召し、牛を還すように命じて再三諭《さと》したが、それでも（亭長は）従わなかった。魯恭は、「これも教化が行き届かない故か」と歎いた。（魯恭はこのため県令の）印綬を解いて立ち去ろうとした。（属吏の）掾史《えんし》たちは、みな泣いてこれを留めた〔一〕。亭長はそこで悔い改め、牛を返還し、自ら獄に下って罪を受けようとした。魯恭は赦して罪を問わなかった〔二〕。こうして属吏や人々は（魯恭を）信じ服した。建初《けんしょ》七〔八二〕年、郡国各地で螟《ずいむし》が発生し、穀物に被害を与えたが、（その被害は県の境界線が）犬の牙のように交錯しているのに、中牟県には入らなかった。河南尹《かなんいん》の袁安《えんあん》はそれを聞き、不実ではないかと疑って、仁恕掾《じんじょえん》の肥親《ひしん》に（中牟県に）行って調べさせた〔三〕。魯恭は、阡陌《せんはく》（農地の畦道）に随行し、（肥親と）共に桑の下に座った。（すると）雉が現れて過《よぎ》り、（魯恭を慕って、かれらの）傍《そば》に止まった。その傍らに子供がいた。肥親は、「坊やはなぜ雉を捕まえないのかな」と聞いた。子供は、「雉には雛がいるから」と答えた。肥親は、愕然として立ち上がり〔四〕、魯恭と別れを告げて、「（わたしが中牟県に）来たのは、貴君の政治を監察するためです。いま虫は、中牟県の境を犯しませんでした。これが一異です。教化が鳥獣にも及んでいます。これが二異です。童子に仁の心があります、これが三異です。わたしが長く留まることは、いたずらに賢者（の貴君）を患わせるだけでしょう」と言った。（肥親は）郡府に帰り、詳しく状況を袁安に報告した。またこの年、（たくさんの穂がついた稲である瑞祥の）嘉禾《かか》が魯恭の控えの間の庭に生えた[五]。袁安は上書して（中牟県に瑞兆がいくつも発生している）状況を申し上げ、章帝はこれを異とした。百官に賢良方正《けんりょうほうせい》を推挙させるにあたり、魯恭は中牟県の名士の王方《おうほう》を推挙した。章帝は、王方を徴召して公車に至らせ、公卿が推挙した者と同じように礼遇した。王方は、官位が侍中《じちゅう》に至った。魯恭が県務に当たること三年、州は尤異《ゆうい》〔最も優れた勤務評定〕としたが、たまたま母の喪にあって官職を去り、属吏も人々もかれを思慕した。

［李賢注］

［一］『続漢志《しょくかんし》』（志二十八 百官五）に、「県に掾史《えんし》を置くことは郡《ぐん》のようであった」とある。

［二］（原文の）貰は、容赦という意味であり、音は時夜の反である。

［三］仁恕掾《じんじょえん》は、獄を掌《つかさど》る。河南尹に属する。『漢官儀《かんかんぎ》』に（その記述が）見られる。（原文の）

廉は、察という意味である。

［四］（原文の）瞿は、音が久住の反である。

［五］（原文の）便坐《べんざ》は、便宜的な控えの間で、正室ではない。『続漢書』に、「魯恭は謙虚で功を誇らず、（進言があれば）封をして郡府に報告し、郡府がそれを上奏した。太守《たいしゅ》（河南尹）は檄文《げきぶん》により魯恭を労《ねぎら》い、「君は名徳を抱き、長く中牟県におり、万物への教化は行き渡り、天は瑞兆を下し、行いに応じて嘉苗《かびょう》が生えた。これは（貴君の）行いに応じたものであろう。河南尹《かなんいん》（のわたし）はたいへん喜ばしく思う」と述べた」とある。

後に魯恭《ろきょう》は侍御史《じぎょし》を拝命した。和帝《わてい》が即位すると、朝議をして車騎将軍《しゃきしょうぐん》の竇憲《とうけん》を派遣して征西将軍《せいせいしょうぐん》の耿秉《こうへい》と共に匈奴《きょうど》を攻撃しようとした。（そこで）魯恭は上疏して諫《いさ》めて、

「陛下は自ら聖慮を煩《わずら》わせて、夕方まで食事もとらず、軍役を憂い、北辺を安定させ、人々の患いを除き、万世の計を定めようとしています。臣《わたくし》が伏して一人考えますに、匈奴の討伐に益があるとは思えません。社稷の計、万民の命は、この一事に掛かっています。数年以来、作物は実らず、人の食糧は足らず、倉庫は空虚で、国には蓄えがありま

せん。（折悪しく）新たに（先帝も）崩御されたばかりで、人々は恐れ慄《おのの》いています[一]。陛下は大聖の徳を体現し、至孝の行いを実践し、諒闇《りょうあん》三年の喪に服し、宰相に（政治を）委任しました。人々は寂然とし、（夏・秋・冬の）三時に（先払いの声である）警蹕《けいひつ》も聞こえず[二]、彷徨するように（陛下を）懐かしまない者はおらず、求めても得られないような有様でした[三]。いま（戦いを起こすべき冬ではなく）春の盛りの月に、軍役を興し、天下を驚かせ、戎夷《じゅうい》と戦うのは、恩を中国に垂れ、改元して時を正し（月令に基づき国政を運用し）、内から外に（恩を）及ぼすという（政治のあり方）に悖《もと》るものです。

万民は、天が生んだものです。天が生んだものを愛することは、父母がその子を愛するようなものです。一つの物でさえ所を得なければ天の気《き》は乱れます。まして人（が所を得なければ天の気の乱れ）は言うまでもありません。そのため人を愛するものには必ず天の報いがあります。むかし（周の祖先の）太王《たいおう》（古公亶父《ここうたんぽ》）は、人の命を重んじて邠《ふん》〔陝西省旬邑の北東〕から退去して、天佑を得ました[四]。そもそも戎狄は、中国の四方にいる気を異にする存在です。膝を立てて坐り、振る舞いに礼がなく、鳥獣と区別できません[五]。もし中国に雑居させれば、天の気を乱し、善人を汚染するでしょう。これにより聖王の制が、繋がれて後は絶えるのを待つのみ、ということになりかねません〔六〕。

〔李賢注〕

〔一〕（原文の大憂とは）章帝《しょうてい》の崩御である。

〔二〕三時とは、秋と夏と冬である。天子は（大声で警と言い人を払う）警《けい》により出て、（大声で蹕と言い人を払う）蹕《ひつ》により入る。和帝は、章和《しょうわ》二（八八）年に即位し、翌（章和三、八九）年の春、匈奴の討伐を朝議させた。和帝は諒闇服喪《りょうあんふくそう》にあって外に出なかったので、人々は三時に警蹕を聞かなかったのである。

〔三〕『礼記《らいき》』檀弓《だんぐう》篇下に、「魯《ろ》の人の顔丁《がんてい》は、（親の）喪に服する態度が模範的であった。（親が）死んだ直後には、うろうろと探し求めても見つからないかのようであった」とある。人々が和帝を思慕していることを言うため、魯恭はこれを引用したのである。

〔四〕『史記《しき》』（巻四 周本紀）に、「（周の祖先である）古公亶父《ここうたんぽ》は（祖先の）后稷《こうしょく》や劉累《りゅうるい》の業を修め、国人はみな推戴した。戎翟《じゅうてき》が攻めると、人々はみな怒って戦おうとした。（しかし）古公は、「人々はわたしのために戦おうとしている。人の父子を殺すことは、わたしには忍びない」

と言った。そして配下を率いてみな邠《ふん》より去り、岐《き》〔陝西省隴県の南〕に留まった。（それを慕う）邠の人々は国を挙げて老人や弱者を助け、みな岐に帰した。（さらに）隣国からもそれを聞き、多くの者が帰属した。古公はそこで（岐に）城郭や家屋を築いて邑を作り、人々はみな古公の徳を歌った。（西周を建国した）武王《ぶおう》が即位すると、古公を追尊して太王《たいおう》とした」とある。

〔五〕（原文の）夷は、平という意味である。（原文の）肆は、放という意味である。膝を立てて座り、気ままに振る舞い礼の無いことをいう。

〔六〕（原文の羈縻《きび》について）『字書《じしょ》』に、「羈は、馬の絡頭《らくとう》〔おもがい〕である」という。『蒼頡《そうけつ》篇《へん》』に、「縻は、牛の繮《きょう》〔たずな〕である」という。

いま辺境に紛争はありません。仁を修め義を行い、無為を尊び、家ごと人ごとに（生活を）豊かにさせ、（人々に）生業に安んじ、生産に務めさせるべきです。人道が下に治まれば、陰陽も上に和し、祥《よ》き風や時（を得た）雨が遠方にも及び、夷狄も通訳を重ねて（朝貢に）至るでしょう。『周易《しゅうえき》』（比卦）に、「誠実があり、土器の中に満ちれば、それに応じて帰服する者が他よりあり、吉である」とあります〔二〕。甘い雨が我が土器に満ちれば、誠実に帰服する者がある、吉である、という意味です[二]。そもそも徳により人に勝つ者は盛えますが、力により人に勝つ者は滅びます。（かつては力を振った）匈奴《きょうど》はいま鮮卑《せんび》に敗れ、遠く史侯河《しこうが》の西に隠れ、長城より数千里も去っているのに、匈奴の疲弊に乗じ、弱体化に付け込むのは、義より発した義戦ではありません。さきに太僕《たいぼく》の祭肜《さいよう》は、遠く塞外の地に出撃しましたが、一人の異民族とも出会わぬまま、兵を徒《いたずら》に疲弊させました[三]。白山《はくさん》の難は、絶えない縦《いと》のように続き[四]、西域都護《せいいきとご》は殺害され、士卒の戦死する者は積むような有様で[五]、今に至るまで毒害を被り、孤児や寡婦の哀しみの心はまだ癒えません。仁者はこれを思い、嘆息するばかりです。（それなのに）なぜまたその轍を踏もうと考え、艱難を顧みられないのでしょうか。いま（戦いのための物資を）新しく徴発していますが、大司農《だいしのう》の租税の徴収分では足らず[六]、使者たちはそれぞれ道で手分けをして督促し[七]、上下がせめぎ合い、民間が急迫して、すでに甚だしいものがあります。（そのため）三輔《さんぽ》や并州《へいしゅう》・涼州《りょうしゅう》（など匈奴との戦いに関係する州）では雨が少なく、麦の根は枯れつくし、牛が死ぬことも日に日に多くなっております。これは（匈奴の討伐が）天の御心に叶うものではない証拠です。群臣や人々が、みな不可と言っているのに、陛下お一人がなぜ一人の計を用いて、万民の命を捨て、その言葉を顧みられないのでしょうか。上には天の心を見、下には人々の意志をご覧になれば、事の得失を知るに足りましょう。臣は中国が中国でなくなることを恐れるものであり、いたずらに匈奴《きょうど》のことだけですみましょうか。どうか陛下、聖慮を働かせ、士卒を休養して、天の御心に従われてください」と諫めた。

書は上奏されたが、（和帝は）従わなかった。政治に関して人に益があれば、魯恭《ろきょう》はそのたびにその便を述べ、忌憚《きたん》しなかった。

［李賢注］

［一］『周易《しゅうえき》』の比《ひ》の卦辞《かじ》である。（原文の）孚《ふ》は、誠信という意味である。（原文の）缶《ふ》は、土器という意味である。王弼《おうひつ》の注に、「天下に親しみ、信を明らかにし、缶に満ちれば、それに応ずる者は一つの道だけで来ようか。そのため必ず他からもあり、吉である」としている。

［二］比《ひ》の卦は、坤《こん》が下で坎《かん》が上である。坤は土であり、缶の象である。坎は水であり、雨の象である。坎は坤の上にあるので、甘い雨が我が缶に満ちると言うのである。誠の信があれば、他人がやって来て付き、そして吉である。

［三］永平《えいへい》十六〔七三〕年、竇固《とうこ》、祭肜《さいよう》、耿秉《こうへい》、来苗《らいびょう》らは、四手に分かれて出撃して匈奴を撃っ

た。竇固は、天山《てんざん》に至り呼衍王《こえんおう》を討って敗走させたが、祭肜は、傍観して涿邪山《たくやざん》に来ず、見るべきものもなく帰り、獄に下ったが罪を減じられて庶民となった。

[四] 白山は、天山である。竇固と祭肜は、共に匈奴を撃ち、竇固は天山に至ったが、祭肜は帰って獄に下り、共に艱難を経た。このため綖《いと》のようというのである。『春秋公羊伝《しゅんじゅうくようでん》』（僖公四年）には、「中国が絶えないのは綖のようである」とある。

[五] 永平年間〔五八～七五年〕の末年、焉耆《えんき》・亀茲《きじ》は、共に都護の陳睦《ちんぼく》を攻殺し、吏士二千余人を殺した。

[六]（原文の）度の音は、大各の反である。

[七]（原文の）趣の音は、促である。

そののち（魯恭は）拝命して魯詩《ろし》の博士《はくし》となり、これにより家学（の魯詩）を修めにくる者が日に日に増えた。侍中《じちゅう》に移り、（和帝は）しばしば召して寛《くつろ》いで会見し、物事の得失を下問し、賞賜や恩礼で特別な寵愛を示した。楽安相《がくあんしょう》に転出した[一]。このとき東方には盗賊が多く、群れをなしてせめぎ合い、諸郡はこれを憂いていた。魯恭《ろきょう》が至ると、懸賞金を多くし、降服を奨励した[二]。（その結果）賊の巨頭である張漢《ちょうかん》たちが、部下を率いて降った。魯恭は上奏して、張漢を博昌県尉《はくしょうけんい》〔山東省博興の南東〕に補任した[三]。残党たちは自ら攻撃しあったので、みな撃破して平定し、州郡はこうして安泰となった。

永元《えいげん》九〔九七〕年、徴召して議郎《ぎろう》に拝命した。八月の飲酎《いんちゅう》〔酎と呼ばれる上等な新酒を宗廟に献ずる儀礼〕で、章台《しょうだい》に祭祀のため集まった際に、（和帝は）小黄門《しょうこうもん》に詔を下して、特別に魯恭を前列に出させた。その夜に侍中《じちゅう》に拝命し、勅《ちょく》して（車に）陪乗させ、とても丁重に慰問した。冬、光禄勲《こうろくくん》に移った。（その監督する）選挙は清廉かつ公平で、京師の貴戚たちも正しさを曲げられなかった。永元十三〔一〇一〕年、呂蓋《りょがい》に代わって司徒《しと》となり[四]、永元十五〔一〇三〕年、南陽郡《なんようぐん》への（和帝の）巡狩《じゅんしゅ》に随行した。子の魯撫《ろぶ》を任命して郎中《ろうちゅう》とし、副馬を下賜して車駕に随従させた[五]。このとき（魯恭の）弟の魯丕《ろひ》もまた、侍中《じちゅう》となっており、兄弟父子が揃って朝廷に参列した。後に事件に連坐して策免された[六]。殤帝《しょうてい》が即位すると、魯恭を長楽衛尉《ちょうらくえいい》とした。永初《えいしょ》元〔一〇七〕年、また梁鮪《りょうい》に代わって司徒となった[七]。

〔李賢注〕

〔一〕（楽安相とは）章帝《しょうてい》の孫である千乗王《せんじょうおう》の劉寵《りゅうちょう》の相《しょう》である。和帝《わてい》は千乗国を改めて楽安国《らくあんこく》とした。故城は唐の淄州《ししゅう》高苑県《こうえんけん》にある。

〔二〕（原文の購について）『説文解字《せつもんかいじ》』（第六篇下）に、「財により、求めることを購《こう》という」とある。

〔三〕博昌《はくしょう》は、県であり、千乗国に属する。唐の青州県《せいしゅうけん》である。

〔四〕『漢官儀《かんかんぎ》』に、「呂蓋《りょがい》は、字を君玉《くんぎょく》といい、宛陵県《えんりょうけん》（安徽省宣城）の人である」という。

〔五〕（原文の）駙《ふ》は、副という意味である。正式に乗らないものは、すべて副とする。『説文解字』（第十篇上）に、「駙馬は、副馬（そえうま）である」という。

〔六〕『続漢書《しょくかんじょ》』に、「（魯恭の）族弟である弘農都尉《こうのうとい》の魯炳《ろへい》の事件に連坐して、官を免ぜられた」とある。

〔七〕『漢官儀』に、「梁鮪《りょうい》は、字を伯元《はくげん》といい、河東郡平陽県《かとうぐんへいようけん》（山西省臨汾市の南西）の人である」という。

これよりさき、和帝《わてい》の末年、令を下して麦秋《ばくしゅう》（四月）に軽微な罪を取り調べを許したが、州郡は苛酷な取り調べを好み政事としたので、これにより盛夏に獄を裁断するようになった。魯恭《ろきょう》は上疏し諫めて、「臣が伏して詔書を見ますに、謹んで天の時に従い［一］、万民を憂慮し、そのため和気を尊び、死刑でない罪は、しばらく処理しないようにとあります。善良な者を進め、貪汚な者を退け、月令《がつりょう》に（則り季節に）従った政事をする［二］。（それは）仁徳を助け、天に従い、和気を招致し、民に利があるようにするためです。（漢家の）旧来の制度では、立秋を待って軽微な罪への刑を執行していましたが、永元《えいげん》十五〔一〇三〕年以来、孟夏（盛夏）に（刑を）用いるようになりました。刺史《しし》や太守《たいしゅ》は、深く民を憂い事を休ませるという政治の大本と、忠良を進め残虐を退けるという教化について考慮せず［三］、盛夏に農民を徴集し、拘禁して取り調べ、連坐させ止むことがありません。司隷校尉《しれいこうい》は、京師《けいし》を統治し、四方はそれに倣っていますが［四］、近ごろでは春に（司隷校尉の）管轄区を分担して巡察させ、貧者を労うことに託《かこつ》け、慳《ねぎら》の情は無いままに、郡県を煩《わずら》わして騒がせ、不急不要の者を連行し、一人を逮捕すれば、（連坐して）罪に処される者は十数名にも及び［五］、上は時の気に逆らい、下は農業を荒廃させています。『周易《しゅうえき》』を見ますに、五月は姤《こう》を用いる（季節）です［六］。『周易』（姤卦）には、「君主は（姤の卦の象に）則り令を発して遍《あまね》く天下に告げ（万民と接触する」とあります［七］。君主が夏至の日に、命令を発して四方に行く者を足止めするのは、微陰《びいん》を助けることを言っています[八]。行く者すら止めるのです。逮捕をして取り調べ、人の時を奪うのは猶更です。連年水害や旱魃は作物を損ない、人々は飢えて流浪しています[九]。いまは初夏で、すべての穀物が成長し始め、陽の気が涵養される時期です[一〇]。（しかし）三月以来、陰の寒さが続いて暖かくならず、物が化すべき時なのに和の気を受けられません。（『礼記《らいき》』）月令《がつりょう》に、「孟夏（四月）に、軽微な罪への刑を執行し、軽罪の囚人を放免する[一一]。（こうした）秋令を行えば、苦雨《くう》がしばしば降り、五穀は熟さない」とあります[一二]。また、「盛夏に重い罪の囚人（の刑）を緩め、食事を増やす[一三]。（こうした）秋令を行えば、草木は早く枯れ、人々は疫病に損なわれる」とあります[一四]。軽微な罪への刑を執行するというのは、軽罪が正され、久しく繫いでおかないよう、時宜により執行することなのです。臣が思いますに、いま孟夏の（刑を執行する）制度は、この（月）令に従うべきです。獄を決し、取り調べるのは、みな立秋に行い、それにより時節に従い、万物を育成すれば、天地は和し、刑罰も少なくなるでしょう」と申し上げた。

［李賢注］

［一］（原文の）若は、順という意味である。『尚書《しょうしょ》』の堯典《ぎょうてん》に、「羲和《ぎか》に命じて、「敬《つつし》んで大いなる天の運行に従い、慎重に人に時を授けよ」とした」とある。

［二］（原文の事令を奉ずるとは）月令に従って政事をすることをいう。

［三］（『礼記《らいき》』）月令《がつりょう》に、「盛夏《せいか》（孟夏）には、太尉《たいい》に命じて才能に優れた者を採用し、徳行に秀でた者を登用し、形貌の長大な者を挙用させる。爵位を与え俸禄を給するには、必ず職務に適っていなければならない」とある。

［四］『漢官儀《かんかんぎ》』に、「司隷校尉は京師《けいし》、および三輔《さんぽ》と三河《さんが》と弘農《こうのう》を管轄とする」とある。

［五］（原文の）逮は、及という意味である。言葉の及んだ者は（連坐させて）、即座に追加して逮捕することをいう。

［六］『東観漢記《とうかんかんき》』には、「五月は姤の卦、事を用いる」に作る。「姤《こう》の卦は、巽《そん》が下、乾《けん》が上で、初六（一番下の爻）に一つの陰爻が生じている。五月の卦である」という。多くの本では（姤を）后につくるが、古字では（姤と后は）通じる。

［七］（原文の）誥は、理という意味である。『周易《しゅうえき》』姤卦《こうか》の象《しょう》に、「風が天より起こって（地上を）吹き回り、（万物に接触するのが）姤（の卦の象）である。君主は（姤の卦の象に）則り命

令を発して遍く天下に告げ（万民と接触す）る」とある。（原文の）乾は天であり、君の象である。（原文の）巽は風であり、号令に象る。（原文の）后は、君という意味である。このため、この卦により人君が令を発することに喩えるのである。

［八］『周易』復卦《ふくか》（の大象）に、「古《いにしえ》の聖王は冬至には関所を閉め、商人や旅行者を足止めする」とある。そのため夏至も行く者を止めるべきである。五月には、陰の気が始めて生じる、そのため微陰という。

［九］（原文の）冗は、散という意味である。

［一〇］（原文の権輿について）『爾雅《じが》』（釈詁下）に、「権輿は、始という意味である」という。万物がみな胚胎して涵養される時期である。

［一一］鄭玄《じょうげん》は、『礼記《らいき》』に、「申の気が侵害するからである。苦雨は、白露の類である。時物は損なわれる」と注をつけている。

［一二］（原文の）挺《てい》は、寛というような意味である。

［一三］酉《ゆう》の気が、侵害するからである。八月の星宿は昴《ぼう》に当たる。獄であり、殺害を司る。

［一四］大陵《たいりょう》の気が、害をなすからである。大陵は、星の名である。『春秋合誠図《しゅんじゅうごうせいと》』に、「大陵は死喪を司る」とある。

これよりさき、粛宗《しゅくそう》（章帝）のとき、裁判はすべて冬至の前であった。魯恭の上奏の後、論者は反駁しあった。そこで鄧皇太后《とうこうたいごう》は、公卿《こうけい》以下に詔して議論をさせた。魯恭は議を上奏して、「そもそも陰陽《いんよう》の気は助け合って運行し、発動するには、それぞれ時節があります。もしその時に当たらなければ、物はそれに応じて損なわれます。王者は文（を尊ぶか）と質（を尊ぶか）が異なりますが、（陰陽の正常な運行に従うという）道が変わることはなく、四季に政治をする方法が同じです。月令《がつりょう》は、周《しゅう》の世に作られましたが、それが依拠するのはみな夏《か》の時です〔一〕。変わるものは、正朔《せいさく》（暦）・服色・犠牲・旌旗《せいき》・祭祀の器物と武器に過ぎません〔二〕。そのため（『論語』為政篇に孔子は）、「殷《いん》は夏の礼により、周は殷の礼によるので、何が減り何が増えたのかを知ることができる」といいます。『周易《しゅうえき》』（乾卦の初九）には、「潜龍《せんりゅう》は用いてはならない」とあります〔三〕。十一月と十二月は陽気が隠れ、事を用いてはならないことをいいます。万物に息を吹きかけて温め、草の根が養育されているとはいえ〔四〕、なお陰の盛気が上にあり、地が氷り水が氷り、陽気は隔絶され、（すべてが）閉じて冬となっているからです。そのため（『周易』坤卦の象には）、「霜を踏んで歩くようになってから氷が硬くなるとは、陰の気がはじめて凝結することである。（霜が降りることから）陰が次第に進んで、氷が硬くなるような陰の盛んな時期に至る」と申します[五]。五月に微陰がはじめて起こってから、十一月に至って氷が堅くなること（に象徴される陰の盛り）が至るのを言っているのです。そもそも王者は起こると、時に応じて法を作ります。孝章皇帝《こうしょうこうてい》は、深く古人の道を思い、三正《さんせい》（夏・殷・周の三代の暦の始まり）を頼りに、律と令を定め[六]、天の心を承けることを願い、万物の性命に従い、時に和そうとしました。しかし、制度を改変してから、毎年不作が続き、穀物の価格は常に高く、人々は安寧を得られませんでした。（それは）小吏の中に、国と心を同じくしない者がおり、十一月になると死罪の賊を理非を問わず、即座に殴り殺しているためです。疑わしい罪でも、上申して再審を求めません。一人の男が怨嗟すれば、王道は毀損するといいます。多くの者が怨嗟すれば言うまでもありません。『周易《しゅうえき》』（中孚の象）に、「十一月は、君子は裁判をして死罪を少なくする」とあります[七]。疑わしい罪は、法により明らかにすべきで、死刑の執行は、冬の月が終わってからに執行するようにしましょう。さらに立春が十二月中にあれば、上奏して判決を急がせないことは故事と同様にしましょう」と申し上げた[八]。

のちに（魯恭《ろきょう》の建議した内容は）ついに施行された。

[李賢注]

[一]（月令の）気候と星宿の位置、日没と日の出がみな夏暦の時に基づくことをいう。

[二]夏《か》は、寅《いん》に建《おざ》す月を正月《せいげつ》となし、服色・犧牲・徽号《きごう》・器械はみな黒を尊ぶ。殷《いん》は丑《ちゅう》に建《おざ》す月を正月となし、白を尊ぶ。周《しゅう》は子《し》に建《おざ》す月を正月となし、赤を尊ぶ。周は夜中を朔《さく》（一日《ついたち》）の始まりの時刻とし、殷は一番鶏が鳴く夜明けを始まりとし、夏は黎明を始まりとする。天地・宗廟を祀るためのものを犧といい、占いで吉を得るためのものを牲という。（原文の）徽号は、旌旗《せいき》の名である。（原文の）器械は、礼楽に用いる器物と武器である。

[三]龍は、陽気を喩えるものである。『周易《しゅうえき》』の乾卦《けんか》の初九の爻辞《こうじ》である。

[四]（原文の）荄《がい》は、草の根という意味である。荄は音が該、または皆である。

[五]『周易』の坤卦《こんか》の象の辞である。（原文の）馴は、順という意味である。陰は卑下従順《ひかじゅうじゅん》をあり方とするので、次第に顕著になり霜を踏むようになってから氷が硬くなることを言っている。

[六]（原文の）三正《さんせい》とは、三微という意味である。『前書音義《ぜんしょおんぎ》』に、「陽気が始めて施され、万物がまだ微で（成長の端に）著いていないことから微という」とある。（三正の）第一は天統《てんとう》といい、周《しゅう》が十一月に子に建《おざ》すのを正とすることをいう。天は始めて（陽気を）施す端緒であ

る。第二は地統といい、殷《いん》が十二月に丑に建すのを正とすることをいう。地は始めて（陰気を）化する端緒である。第三は人統といい、夏《か》が十三月に寅に建すのを正とすることをいう。人が始めて成長する端緒である。

［七］『周易《しゅうえき》』の中孚《ちゅうふ》の象の辞である。『易稽覧図《えきけいらんと》』に、「中孚は、十一月の卦である」とある。

［八］（原文の）報囚とは、上奏して判決を（出すよう）願うことをいう。

魯恭《ろきょう》は、また三公《さんこう》の位に登ると、（郷挙里選の）成績上位者を選び辟召して、九卿《きゅうけい》や郡太守《ぐんたいしゅ》に至った者は数十人にも及んだ。それなのに郷里の名門や豪族は、（同郷というだけでは）辟召されなかったので、恨みを抱く者があった。魯恭はこれを聞くと、「学問を習うことができない、これがわたしの憂いである[一]。諸生には、郷挙里選があるではないか」と言った。最後まで（学ばない郷里の者には）声をかけなかった[二]。魯恭は性格が謙虚で、上奏の議論は経典に依拠し、秘かに（政治に）有益な補いをしても、自分からひけらかすことはなく、剛直とは評価されなかった。（永初）三〔一〇九〕年、老衰と病を理由に策により罷免された。（永初）六〔一一二〕年、八十一歳で、家に卒した。

（魯恭の）二人の子を郎《ろう》とした。長子の魯謙《ろけん》は、隴西太守《ろうせいたいしゅ》となり、評価と治績があった。魯謙の子の魯旭《ろきょく》は、官は太僕《たいぼく》に至り、献帝《けんてい》に従って西にむかい関中《かんちゅう》に入り、司徒《しと》の王《おう》允《いん》と共に謀って董卓《とうたく》を誅殺した。李傕《りかく》が長安《ちょうあん》に入ると、魯旭は王允と共に殺害された。

［李賢注］

［一］（原文の）講は、習という意味である。『論語《ろんご》』（述而）の孔子《こうし》の言葉である。

［二］人が学んで習わないことを憂えているのである。もし習い究めていけば、自然と郷挙里選《きょうきょりせん》により察挙される。三公の辟召を待ち求める必要はない。

魯丕《ろひ》は、字を叔陵《しゅくりょう》といい、性は考え深く学問を好み、学んで倦まず〔一〕、ついに交遊を断って、交際の礼を返さなかった。士友はこれを非難したが、魯丕は欣然として自分の境地に満足していた。こうして五経に兼ね通じ、魯詩《ろし》と尚書《しょうしょ》を教授し、当世の名儒となった。後に扶風郡《ふふうぐん》に帰り、督郵《とくゆう》や功曹従事《こうぞうじゅうじ》となり、仕えた太守《たいしゅ》の中で、魯丕を師友として待遇しない者はなかった。

建初《けんしょ》元〔七六〕年、粛宗《しゅくそう》（章帝）は、詔して賢良方正《けんりょうほうせい》を察挙させ、大司農《だいしのう》の劉寛《りゅうかん》は魯丕を推挙した。（察挙の後の）対策《たいさく》を提出した者は、百名余りいたが、魯丕だけが高《こう》第《だい》とされ、任命されて議郎《ぎろう》となり、新野令《しんやれい》〔河南省の新野〕に遷った。政事を見ること満一年、州での治績は第一で、抜擢されて青州刺史《せいしゅうしし》を拝命した。務めて賢明な者を表彰し、刑罰を慎むことを旨とした。建初《けんしょ》七〔八二〕年、事件に連坐して獄に下され、二年の刑を言い渡された〔二〕。

〔李賢注〕

〔一〕（原文の）孳孳《じじ》は、怠らないという意味である。

〔二〕（原文の）司寇《しこう》とは、刑の名である。罪を決することを論といい、上奏して罪を論決することをいう。『漢書《かんじょ》』（巻二十三 刑法志）に、「司寇とは、二年の刑である」という。

元和《げんわ》元〔八四〕年、徴召されて、また転任して趙相《ちょうしょう》を拝命した。門生で就学する者は常に百名余り、関東《かんとう》ではこれを、「五経を復興する者は魯叔陵《ろしゅくりょう》」と称した。趙王《ちょうおう》の劉商《りゅうしょう》は〔一〕、かつて病気を避けようと考え、日取りの良い日に学官に移住しようとしたが、魯丕《ろひ》は止めて許さなかった〔二〕。趙王は、そこで上疏して自ら報告し、詔が魯丕に下った。魯丕は上奏して、「臣《わたくし》が聞くところでは、『礼記《らいき》』（喪大記篇《そうだいきへん》）に、「諸侯は路《ろ》寝《しん》で薨去し、大夫は嫡室《ちゃくしつ》で卒す」とあります〔三〕。死生には天命があり、避けるための経典はありません。学官は五帝《ごてい》の道を伝え、先王の礼楽と教化の跡を修めるところです。王は（それを）廃絶させて遊興を広めようとしています。（王の上言する）事は許してはなりません」と述べた。詔して魯丕の言葉に従い、趙王はこれにより魯丕を憚《はばか》った。そののち、章帝は巡狩して趙に行き、特別に（魯丕を）引見して経や伝について質問し、厚く賞賜を加えた。（趙相の）職にあること六年、瑞祥がしばしば降り、属吏や民草は魯丕を重んじた。

永元《えいげん》二〔九〇〕年、東郡太守《とうぐんたいしゅ》に転任した。魯丕は（趙国と東郡の）二郡にあり、人々のために灌漑を興し、人々は豊かになった。（また）しばしば隠遁している名士を推挙した〔四〕。翌〔永元三、九一〕年、陳留太守《ちんりゅうたいしゅ》を拝命した。政事を見ること満三年、後に貧者に穀物を支給したのが実態と異なることで、召喚されて二年の刑を言い渡された。

〔李賢注〕

〔一〕劉商は、趙王《ちょうおう》の劉良《りゅうりょう》の孫である。

［二］（原文の）学官《がくかん》とは、学舎をいう。

［三］路寝《ろしん》と嫡室《ちゃくしつ》は、共に正室である。『礼記《らいき》』喪大記《そうだいき》篇の文である。

［四］『続漢書《しょくかんじょ》』に、「（魯丕は）王龔《おうきょう》たちを推挙し、みな帷幄《いあく》の近臣に備えられた」とある。


（永元）十一〔九九〕年、また徴召されて、再び転任して中散大夫《ちゅうさんたいふ》となった［一］。このとき侍中《じちゅう》の賈逵《かき》は、魯丕《ろひ》が儒教に深く通じており、任用すべきであると推挙した。和《わ》帝《てい》は、朝会に際して、儒者たちを召し出した。魯丕は、侍中の賈逵、尚書令《しょうしょれい》の黄香《こうこう》と共にいくつかのことを討論した。和帝は魯丕の説を善しとし、朝会が終わると、特別に冠と頭巾、靴と足袋、一重と合わせの衣服を（魯丕に）下賜した。魯丕はそれにより上奏して、「臣は頑迷《がんめい》でありながら、大位に明らかに置かれ、犬馬の気が衰えていながら、みだりにお目見えできました。御前で論難をし、特別に解明したこともないのに［二］、衣服を賜りましたが、これは厚遇に過ぎます。臣が聞くところでは、経を説く者は、先師の言葉を伝え、自分の見解でなければ、譲歩してはならないといいます。譲歩しあえば道は明らかになりません。（それは）定規や計りをねじ曲げてはならないようなものです［三］。論難する者は、必ず根拠を明らかにして、難に答える者はできる限り（師から相伝された）経義を立て、美辞や無用の言葉を御前で述べるべきではありません。このように思考を周到にすれば、労せずして道は明らかになります。（『詩経《しきょう》』の詩を詠んだ）詩人の本意を見て、雅《が》と頌《しょう》の真意を察し、（『尚書《しょうしょ》』皐陶謨《こうようぼ》篇の）舜《しゅん》と禹《う》と皐陶《こうよう》が、戒めあったことを明らかにし［四］、（『尚書』の）周公《しゅうこう》や箕子《きし》が述べたことを顕《あき》らかにして［五］、（『周易《しゅうえき》』賁卦《ほんか》の説くように）人間《じんかん》の風俗を観察して、天下を教化できましょう［六］。陛下は、すでに広く侃々諤々《かんかんがくがく》の議論を容れて四聡を開いていますが、芻蕘《すうぎょう》のような人物が、言葉により罪せられることはあってはなりません［七］。（陛下はすでに）隠士を顕彰して仁賢の人を求められていますが、幽遠の処に隠れる人物を見逃してはなりません」と述べた。

［李賢注］
［一］『続漢志《しょくかんし》』（志二十五 百官二）に、「（中散大夫は）官秩は六百石で、定員は無い」とある。
［二］（原文の）甄《けん》は、別という意味である。
［三］（原文の）規は、円という意味である。（原文の）矩は、方という意味である。（原文の）権は、重りという意味である。（原文の）衡《こう》は、計りという意味である。

［四］『尚書《しょうしょ》』（皐陶謨篇《こうようぼ》）に、「帝舜《ていしゅん》は禹《う》に、「臣は、朕《ちん》の股肱《ここう》となり、耳目となるものである」と言った。禹は舜を戒めて、「陛下は位に安んじ、謹み位にあられてください」と言った。咎繇《こうよう》は禹を戒めて、「謹み身を修め、長久の道を思い、九族を優遇し、人をよくお知りください」と言った。禹は、「ああ、すべてこのようだが、帝はこれを難しいとした」と言った」とある。これが相互に戒めあうということである。

［五］周公は、無逸《むいつ》と立政《りっせい》の二篇を作って成王《せいおう》を諫め、箕子《きし》は、武王《ぶおう》のために洪範《こうはん》の九疇《きゅうちゅう》の義を述べた。ともに『尚書』に見える。

［六］『周易《しゅうえき》』賁《ほん》卦に、「天文を観て、時の変を察する。人間《じんかん》の風俗を見て、天下を教化する」とある。注には、「天の現象を解き明かせば、時の変を知ることができる。人間の風俗を解き明かせば、教化を成すことができる」とある。

［七］蒭蕘《すうぎょう》は、薪を採る者である。『詩経《しきょう》』（大雅《たいが》板）に、「蒭蕘に尋ねる」とある。

（永元）十三〔一〇一〕年、転任して侍中《じちゅう》となり、免ぜられた。永初《えいしょ》二〔一〇八〕年、（和帝は）公卿に詔して、儒学に篤い者を推挙させた。大将軍《だいしょうぐん》の鄧騭《とうしつ》は、魯丕を推挙した。（魯丕は）再び遷り、侍中・左中郎将《さちゅうろうしょう》となり、さらに遷って国三老《こくさんろう》となった〔一〕。(永初)五〔一一一〕年、七十五歳で、在官のまま卒した。

[李賢注]

[一] 国三老は、(養老の礼で尊重される非常設の官という)解釈が明帝紀《めいていき》に見える。

魏覇伝

魏覇《ぎは》は、字を喬卿《きょうけい》といい、済陰郡句陽県《さいいんぐんこうようけん》〔山東省荷沢市の北〕の人である〔一〕。代々礼義をわきまえた(家であった)。魏覇は、若くして親を亡くし、兄弟で同居したが、州里はかれらの親睦を称賛した。

建初《けんしょ》年間〔七六～八四年〕、孝廉《こうれん》に察挙され、八度転任して、和帝《わてい》のとき、鉅鹿太守《きょろくたいしゅ》となった。簡素と寛恕《かんじょ》を政治の指針とした。(配下の)掾史《えんし》に過ちがあれば、必ず先に過失を教化し、改めない者はようやく罷免した。属吏が互いに讒訴《ざんそ》すると、魏覇はその度に他の属吏の長所を称え、短所に言及しなかった。訴えた者は恥を抱き、讒訴はついに無くなった。

［李賢注］

［一］句《こう》は、音が鉤である。

永元《えいげん》十六〔一〇四〕年、徴召されて将作大匠《しょうさくだいしょう》を拝命した。翌〔永元十七、一〇五〕年、和帝《わてい》が崩御し、（御陵である）慎陵《しんりょう》の造営を掌った。そのときは冬の盛りで地面は凍り、宮中から派遣された使者の宦官は督促して、しばしば県吏を罰して魏覇《ぎは》に圧力をかけた。魏覇は、いたわるだけで責め立てず、かえってかれらを労《ねぎら》い、「諸君が辱《はずかし》めを受けたのは、大匠《わたし》の過ちである」と言った。県吏たちは、みな恩に感じ、作業量を倍にするよう務めた。

延平《えんぺい》元〔一〇六〕年、尹勤《いんきん》に代わって太常《たいじょう》となった。翌〔永初元、一〇七〕年、病により勤務を辞し、光禄大夫《こうろくたいふ》となった。永初《えいしょ》五〔一一一〕年、長楽衛尉《ちょうらくえいい》を拝命した。病を理由に辞職を願ったが、また光禄大夫となり、在官のまま卒した。

劉寛伝

劉寛《りゅうかん》は、字を文饒《ぶんぎょう》といい、弘農郡華陰県《こうのうぐんかいんけん》〔陝西省華陰の東〕の人である［一］。父の劉《りゅう》崎《き》は〔二〕、順帝《じゅんてい》のときに司徒《しと》となった。劉寛がかつて（道を）行くと、牛をなくした人があり、劉寛の車を牽いていた牛を自分のものであるとした。劉寛は言い返さず、牛車を下りて歩いて帰った。しばらくして、（劉寛の牛を）自分のものとした者が、（自分の）牛を見つけたので（劉寛の牛を）送り返し、叩頭し謝罪して、「長者に慙愧《ざんき》します。刑の定める罪に服します」と言った。劉寛は、「物には似ているものがあるし、事には間違いがある。幸いに、面倒をかけて帰してもらった、謝罪することなどあるか」と言った。郷里（の者たち）は、劉寛が報復しなかったと感心した〔三〕。

桓帝《かんてい》のときに、大将軍《だいしょうぐん》（の梁冀《りょうき》）が（劉寛を）辟召し、五度転任したのち司徒長史《しとちょうし》となった〔四〕。このとき京師で地震があり、特別に諮問された。二度転任した後、（京師を）出て東海相《とうかいしょう》となった〔五〕。延喜《えんき》八（一六五）年、徴召されて尚書令《しょうしょれい》を拝命し、南陽《なんよう》太守《たいしゅ》に転任した。三郡を統治したところ、温仁で寛恕であり、多忙な時も、早口になったり、慌てた素振りを見せることは無かった。（劉寛は）民を統治するため刑に依拠すれば、民は刑を免れようとして恥じることもなくなると（『論語』泰伯篇の教えのとおり）常に考えていた。（したがって）属吏に過失があれば、ただ蒲《がま》の鞭《むち》を使って罰し、恥じさせるだけで、苦痛を与えなかった。功績や善行があれば、推挙して自らは下におり、災異が現れれば、身をひいて自責した。県を巡回して駅舎に休息するたびに、学官《がくかん》の祭酒《さいしゅ》や処士《しょし》や諸生《しょせい》を呼び、経を取って講義をした[六]。父老に会えば農村の言葉で慰労し、少年に会えば孝悌を訓辞して励ました。人々は（劉寛の）徳に感じて善行を興し、日々に教化の成果が挙がった。

［李賢注］

［一］謝承《しゃしょう》の『後漢書』に、「劉寛《りゅうかん》は、若いころ欧陽尚書《おうようしょうしょ》と京氏易《けいしえき》を学び、韓詩外伝《かんしがいでん》に最も通暁した。占星・風角《ふうかく》・暦法は、みな師の教えを究め、通儒と称された。未だかつて人と利を争ったことはない」とある。角は、隅という意味である。（風角とは）四方の地勢を観て占う。

［二］崎《き》は、音が丘宜の反である。

［三］（原文の）校は、報という意味である。『論語《ろんご》』（泰伯篇）に、「曾子《そうし》は、「（相手が自分に不利なことを）犯されても報復しない」と言った」とある。

［四］大将軍は、梁冀《りょうき》である。

［五］東海王《とうかいおう》の劉彊《りゅうきょう》の曾孫である劉臻《りゅうしん》の相《しょう》となった。

［六］『続漢書《しょくかんじょ》』（志二十五 百官二）に、「博士祭酒《はくしさいしゅ》は、官秩が六百石である。祭酒は本来僕射《ぼくや》と

いった。（光武帝《こうぶてい》が）中興の際に改名して祭酒とした」とある。処士《しょし》とは、儒教（の知識）を持ちながら（出仕せず）家に居る者である。

霊帝《れいてい》の初め、徴召されて太中大夫《たいちゅうたいふ》を拝命し、華光殿《かこうでん》で侍講した[一]。侍中《じちゅう》に移り、一重と合わせの着物を下賜された。屯騎校尉《とんきこうい》に転じ、宗正《そうせい》に移り、光禄勲《こうろくくん》に転じた。熹《き》平《へい》五〔一七六〕年、許訓《きょくん》に代わって太尉《たいい》となった[二]。霊帝はとても学問を好み、劉寛《りゅうかん》を引見するごとに、必ず経を講義させた。劉寛はかつて（皇帝の前の）坐で酒に酔い、伏して眠った[三]。霊帝《れいてい》は、「太尉、酔ったのか」と聞いた。劉寛は起き上がって、「臣は、酔うことはありません。任が重く、責が大きいため、憂いの心が酔態を現しただけです」と答えた。霊帝は、その言葉に感心した。

〔李賢注〕

［一］『洛陽宮殿簿《らくようきゅうでんぼ》』に、「華光殿《かこうでん》は華林園《かりんえん》の中にある」という。

［二］『漢官儀《かんかんぎ》』に、「許訓《きょくん》は、字を季師《きし》といい、平輿《へいよ》の人である」という。

［三］（原文の）被は、加という意味で、酒に当てられたのである。被は、音が平寄の反である。

劉寛《りゅうかん》は、簡素で酒を好み、手を洗うことを嫌がったので〔一〕、京師の者はそれを諺《ことわざ》にした。（劉寛は）かつて坐の客が、奴隷をやって酒を市で買わせたが、長い時間が掛かり、泥酔して奴隷が帰ってきた〔二〕。客は我慢できず、罵って「こん畜生」と言った。劉寛は、すぐに人をやって奴隷を見張らせ、自殺するのではないかと疑った。（劉寛は）左右の者を顧みて、「この者は人である。（それを）罵って畜生と言った。これに勝る辱めはあろうか。だから私は（奴隷の）自殺を恐れるのである」と言った。（劉寛の）夫人は、試しに劉寛を怒らせようとし、朝会に出席するため、荘厳な衣装の着付けが終わったころを見計らい、侍婢に肉の吸い物を献上させ、ひっくり返して朝衣を汚させた。侍婢はすぐに吸い物を取り下げたが、劉寛は顔色を変えなかった。そして徐《おもむ》ろに、「吸い物で手を火傷しなかったかい」と聞いた。劉寛の性格は、このようであった。天下の人々は、劉寛を称えて長者とした。

のちに日食により策免された。衛尉《えいい》を拝命した。光和《こうわ》二〔一七九〕年、再び段熲《だんけい》に代わって太尉《たいい》となった。職にあること三年、日食により免じられた。永楽少府《えいらくしょうふ》を拝命し、光禄勲《こうろくくん》に移った。黄巾《こうきん》の乱の謀議を予知し〔三〕、その事を（皇帝に）知らせたことから、逯郷侯《ろくきょうこう》六百戸に封じられた［四］。中平《ちゅうへい》二〔一八五〕年に卒した。時に六十六歳であった。車騎将軍《しゃきしょうぐん》の印綬と特進《とくしん》の位を贈り、謚《おくりな》して昭烈侯《しょうれつこう》とした。子の劉松《りゅうしょう》が（昭烈侯を）嗣ぎ、官は宗正《そうせい》に至った。

［李賢注］

［一］（原文の盥について）『説文解字《せつもんかいじ》』（第五篇上）に、「手を洗うことを盥という」とある。（盥の）音は、管である。

［二］（原文の）迂久《うきゅう》は、やや久しいという意味である。

［三］（原文の）先策《せんさく》とは、予知することをいう。

［四］逯《ろく》は、音が録である。


賛にいう、卓茂《たくぼ》と魯恭《ろきょう》は、款款《かんかん》として誠実であり、情は慎み深く、徳に満ちていた［一］。その仁は昆虫をも感化し、その愛は（雉の）卵にも及んだ［二］。劉寛《りゅうかん》と魏覇《ぎは》は、政治に臨んで、その寛を称された。

〔李賢注〕

〔一〕 款款は、誠実という意味である。

〔二〕（原文の愛及胎卵とは）童子が雉を捕らえなかったことを指す。

伏侯宋蔡馮趙牟韋列伝第十六

伏湛伝　子隆

伏湛《ふくたん》は、字を恵公《けいこう》といい、琅邪郡東武県《ろうやぐんとうぶけん》〔山東省諸城市〕の人である。九世祖である伏勝《ふくしょう》は、字を子賤《しせん》といい、世にいう済南《せいなん》の伏生《ふくせい》である。伏湛の高祖父である伏孺《ふくじゅ》は、漢の武帝《ぶてい》のとき、東武県に出かけて講義をして、それにより東武に家を構えた。伏湛の父の伏理《ふくり》は、当代の名儒となり『詩経《しきょう》』を成帝《せいてい》に教授した。高密国《こうみつこく》の太傅《たいふ》となり、〔師の匡衡《きょうこう》とは〕別に自然と〔伏氏学という〕名が付いた[一]。

伏湛《ふくたん》は、性質が孝友で、幼少から父の学業を伝え、数百名に講義をしていた。成帝《せいてい》のとき、父の任子《にんし》として博士弟子《はくしていし》となった。五回転任を重ねた後、王莽《おうもう》のとき繡衣執法《しゅういしっぽう》になり[二]、使者となり重要な犯罪に目を光らせ、河内《かだい》の属正《しょくせい》に転任した[三]。

〔李賢注〕

[一]〔伏理は〕高密王〔山東省の高密・安丘一円〕の劉寛《りゅうかん》の傅《ふ》となった。劉寛は、武帝の玄孫である広陵王《こうりょうおう》の劉胥《りゅうしょ》の後裔となる。『漢書《かんじょ》』〔巻八十八〕儒林〔伏生〕伝に、「伏理は字を君游《くんゆう》

といい、『詩経』を匡衡《きょうこう》より受け、これより斉詩《せいし》には、匡氏学と伏氏学があるようになった」とある。このため（師の匡衡とは）別に自然と（伏氏学という）名がついたというのである。

［二］武帝は、繡衣御史《ぎょし》を置き、王莽は、御史を改名して執法とした。そのため「繡衣執法」というのである。

［三］王莽は、河内郡を改めて後隊《こうたい》とした。

更始帝《こうしてい》が即位すると、（伏湛は）平原太守《へいげんたいしゅ》（山東省平原県の南一円）となった。このとき俄《にわか》に兵乱が発生し、騒然としていたが、伏湛は一人沈着を保ち、講義を止めることがなかった。妻子に、「そもそも一年不作であれば、国君は食膳に肺臓を供えることはないという［一］。いま民はみな飢えている。どうしてひとり飽食できようか」と言った。そこで共に玄米を食し［二］、俸禄はすべて郷里に賑給し、来客する者は百余家にのぼった。このとき門下督《もんかとく》はもともと気力があり、伏湛のために挙兵しようと考えた。伏湛は、門下督が民草を扇動することを嫌い、ただちに門下督を捕らえて斬首し、首を城郭に晒して一巡させ、人々に（反乱を起こす意志がないことを）示した。これにより属吏と民草は伏湛を信頼し、平原郡の治安は保たれた。平原郡一帯が、伏湛により戦乱に巻き込まれなかった。

［李賢注］

［一］『礼記《らいき》』（曲礼）に、「一年穀物が不作であれば、国君は食膳に肺臓を供えない」とある。

［二］（原文の）糲《れい》は、粗末な米という意味である。『九章算術《きゅうしょうさんじゅつ》』（粟米）に、「粟（もみがらつきの米）が五十であれば、糲（粗末な米）は（五十分の）三十の割合で得られる。一斛の粟から六斗の米が得られるものを糲という」とある。

光武帝《こうぶてい》が即位すると、伏湛が名儒であり（前漢からの）旧臣であることを知り、朝廷内の職を任せようと考え［一］、徴召して尚書令《しょうしょれい》に任命し、（漢家の）旧制を（復興して）定めさせた。このとき大司徒《だいしと》の鄧禹《とうう》は、西に向かって関中に征討していた。光武帝は、伏湛の才能は宰相に相応《ふさわ》しいと考え、拝して大司徒司直《だいしとしちょく》として、大司徒の職務を代行させた。光武帝が親征するたびに、（伏湛は）常に京師《みやこ》に留まり守り、百官を統率した。建武《けんむ》三〔二七〕年、ついに鄧禹に代わって大司徒となり、陽都侯《ようとこう》に封ぜられた［二］。

［李賢注］
［一］（原文の）幹《かん》は、主という意味である。
［二］陽都《ようと》は、県の名であり、城陽国《じょうようこく》に属する。故城は唐の沂州《きしゅう》沂水県の東にある。

このとき彭寵《ほうちょう》が漁陽郡《ぎょようぐん》〔北京市密雲の南西一円〕で反乱を起こし、光武帝《こうぶてい》は親征しようと考えた。伏湛《ふくたん》は上疏して諫めて、「臣が聞くところでは、（周の）文王《ぶんおう》が天命を受けて五国を征伐した際［一］、最初に同族に相談し、後に群臣に諮問して、さらに卜筮《ぼくぜい》と亀の甲羅で占い、征伐を定めました［二］。そのため計略は成功し、占いは吉と出て、戦いに勝利したと申します。また、『詩経《しきょう》』（大雅《たいが》皇矣《こうい》）にも、「天帝は周の文王に言われた、汝《なんじ》の友邦に相談し、汝の同姓の諸侯と共に、（敵の城に登る梯子である）鉤援《こうえん》、（敵の城を攻める車である）臨車《りんしゃ》と衝車《しょうしゃ》により、（無道である）崇《すう》国の城を討て」とあります［三］。（殷の紂王《ちゅうおう》のとき）崇国が守りを固めると、（周の文王は）一旦退却して、その後に攻撃しました［四］。（それは）人命を重んじ、時を待って行動するためです。こうして（周の文王は）天下を三分して、その二を保有できました。陛下は天下大乱の極みより、天命を受けて皇帝となりました。（そして、漢の）祖廟《そびょう》を復興し、四年のうちに檀郷《だんきょう》を滅ぼし、五校《ごこう》を制圧し、銅馬《どうば》を降服させ、赤眉《せきび》を撃破し、鄧奉《とうほう》の一党を誅殺して、功が無いとは言われません。（しかも）いま京師（の物資）は払底し、費用は足らず、（京師の）近くを服従させていないのに、外の辺境近くを攻撃しようとしています。また漁陽郡《ぎょようぐん》は、北狄に近接し、かの叛賊（の彭寵）が急迫すれば、必ず（北狄に）支援を求めるでしょう。また、京師《けいし》から漁陽郡に至る道中の県邑は、最も疲弊した地域です。麦を植えている家の多くは、城郭に住んでいます。官兵が通過すると聞けば、（不十分な実りのうちに）直ちに麦を収穫するでしょう。官軍が二千余里も遠征すれば、兵馬は疲弊し、食料の輸送も困難となります。本来、兗州《えんしゅう》・豫州《よしゅう》・青州《せいしゅう》・冀州《きしゅう》の四州は、中国の心臓部ですが、盗賊が跳梁《ちょうりょう》し、まだ服属していません。（また）漁陽郡より東は、もともと辺境の要塞を備え、土地は外敵に近接し、税収入が微々たる地域です。安定した平和な時代でも、内郡から助けなければ収支が釣り合わないところです。この荒れ果てた状態で、多くの収入は望めません。それなのに陛下は、近く（の豊かな地域）を捨て遠く（の儲からない地域の確保）に努め、簡単なことを放棄して困難なことを求めようとしています。天下は陛下のお考えを疑い、人々は恐れています。これは誠に臣の憂慮するところです。陛下にはどうか遠くは周の文王が兵を重んじ大計を立てたことをご覧になり、近くは征伐の優先順位をお考えになり、群臣たちに至誠を尽くして考えさせ、その中より良い案を聖慮で選択され、中原を中心に考えられますように」と諫めた。光武帝は、伏湛の上奏文を読み、彭寵への親征を止めた。

〔李賢注〕

〔一〕五国について、西伯《せいはく》（周の文王）は天命を受け、犬夷《けんい》を伐ち、密須《みっしゅ》を伐ち、耆《き》を伐ち、邘《う》を伐ち、崇《すう》を伐つ（とある五国）をいう。『史記』巻四 周本紀に見える。

〔二〕『尚書《しょうしょ》』（洪範《こうはん》篇）に、「（大きな疑問があれば）卿士《けいし》たちに謀り、（最後に）卜筮《ぼくぜい》に謀るべきである」という。また（『尚書』大誥に）、「文王は占いを用いて、天命に安んじ（これを）受けることができた」とある。『詩経《しきょう》』大雅《たいが》緜《めん》に、「ここに（宮殿を造ろうと計画を）始め（臣下とも）いろいろ相談し、亀の甲羅を焼いて吉凶を占った」とある。

〔三〕『詩経』の大雅《たいが》である。（原文の）仇《きゅう》は、匹という意味である。鉤援《こうえん》は、梯子をかけて城に登るものである。（原文の）臨は、臨車（城内を見下ろす車）である。（原文の）衝は、衝車（城門にぶちあてる車）である。（原文の）庸は、城という意味である。崇侯《すうこう》は（殷の）紂王《ちゅうおう》を唆《そそのか》して無道をなしていた。そのため討伐したのである。

〔四〕『春秋左氏伝』（僖公《きこう》伝十九年）に、「文王《ぶんおう》は、崇《すう》国の徳が乱れていると聞いて討伐したが、軍は三十日たっても降せなかった。（そこで一度）退却して、政治を修めてまた討伐した。（すると政治を整えたことで）前の陣地をそのまま利用し（兵を増やさず）降すことができた」とある。

このとき賊の徐異卿《じょいけい》たち数万人が〔一〕、富平《ふへい》県〔山東省信陽の南東〕を拠点として、何度も攻めても降せずにいた〔二〕。かれらはただ、「どうか司徒の伏公に降服させて欲しい」と言った。光武帝は、伏湛が青州と徐州の人々の信頼を集めていることを知り、派遣して平原《へいげん》県〔山東省平原県の南〕に至らせた。賊の異卿たちは即日に帰順し、洛陽に護送された。

伏湛は、忙しく慌ただしい時も、必ず礼楽に適《かな》った行動を取り、礼楽こそが政治と教化の要諦であり、転倒する時ですら違反できないと考えていた〔三〕。この年、伏湛は郷《きょう》飲酒礼《いんしゅれい》をするように上奏し、そうして施行された。

〔李賢注〕

〔一〕異卿《いけい》は、獲索《かくさく》の賊帥である徐少《じょしょう》のことである。

〔二〕富平は、県の名であり、平原郡に属する。故城は唐の棣州厭次県《ていしゅうえんじ》なり。

〔三〕（原文の）顚沛《てんぱい》は、僵仆《きょうふ》〔つまずいて倒れる〕という意味である。

この年の冬、光武帝《こうぶてい》は張歩《ちょうほ》を親征し、伏湛《ふくたん》を留めて（京師を）守らせた。そのとき、高祖廟《こうそびょう》で蒸祭《じょうさい》をしたが〔一〕、河南尹《かなんいん》と司隷校尉《しれいこうい》が廟の中で言い争った。伏湛はこれを弾劾上奏せず、その罪により罷免された。建武《けんむ》六〔三〇〕年、不其侯《ふきこう》〔山東省事山県の北西〕に徙封され、封邑は三千六百戸、派遣して国に行かせた〔二〕。のちに南陽太守《なんようたいしゅ》の杜《と》詩《し》は、上疏して伏湛を推薦し、「臣が聞くところでは、尭《ぎょう》と舜《しゅん》は股肱によって安んじ、（周の）文王《ぶんおう》は多士によって寧《やす》んじたといいます。このため『詩経』（大雅 文王）は、（文王の多士を）済済《せいせい》と称し、『尚書《しょうしょ》』（益稷篇《えきしょく》）は（舜の股肱を）良きかなと言っています〔三〕。さて臣《わたくし》詩が密かに見ますところ、故《もと》の大司徒《だいしと》・陽都侯《ようとこう》の伏湛は、束脩《そくしゅう》（を行う十五歳）より、今まで落ち度や欠点はなく〔四〕、信念を持って学問を好み、命懸けで道徳に励み、経学は人の師となり、行為は人の儀表となっています。先に朝歌県《ちょうか》〔河南省淇県〕におり、後に平原県に居住すると〔五〕、属吏や人々はかれを敬愛し、手本として見習おうとしました。時に天下は大いに乱れ、常に兵刃に晒《さら》されていましたが、節義を守って自重し、志操を堅固に保っていました。陛下は、深くかれの能力を知り、宰相の重責を担わせてそれを明らかにし、多くの賢人や人々は、（それにより陛下の）徳義を仰ぎ見ました。（ところが今は）些細な過ちにより退けられ、長い間登用されていません。（これは）識者の惜しみ、儒者の心痛するところで、臣も秘かに傷んでいます。伏湛は、容貌は堂々として、国を荘厳にする光であり〔六〕、その遠謀深慮は、朝廷の淵藪です。（童子の）垂髪をしてより（今まで）克己勉励し、白髪となっても（その意気は）衰えておりません〔七〕。（かれの）実質は王室を輔弼するに相応《ふさわ》しく、名声は遠方の人々に示す指標となります〔八〕。むかし（周の平王《へいおう》は鄭《てい》の武公《ぶこう》・荘公《そうこう》という）諸侯を抜擢して卿士とし、このために諸侯は首をめぐらし、京師を仰ぎ（周は滅亡を免れ）ました〔九〕。（国家の）柱石たる臣下は、陛下を輔弼する任務に当たらせ〔一〇〕、禁門を出入し、（国家の）過不足を補任させるべきです。臣《わたくし》詩は愚昧《ぐまい》で、宰相の才を計り知るには足りませんが、区々たる心を抱く以上、死力を尽くさない訳には参りません。臣はかつて侍御史《じぎょし》となり、次のような封事を上奏しました。「伏湛は、高潔で下僚を労《いたわ》り、好悪も明瞭で、代々儒学を奉じて名望もあり、経学に明るく、行いも慎み深く、国政に通暁していますので、(皇帝の)左右に近侍して直言する人物に最も相応しいものです。旧制では天下から五人の尚書《しょうしょ》を選出しましたが、今では一郡ごとに二名となっています[二]。伏湛を用いるべきです」と。(しかし、この上書は)担当者に非とされました。しかし臣詩《わたくし》は、君恩を蒙ること甚だ厚く、申し上げる事が国に有益であれば、死すとも恨みはありません。ここに職務を犯して申し上げる次第です」と述べた。

建武《けんむ》十三〔三七〕年夏、(伏湛は)徴召され、(光武帝は)尚書に命じて官吏に拝する日を選ばせた。(しかし)まだ官職に就任する前に、宴会中に暑気に当たり、病死した。(光武帝は)東園《とうえん》の祕器《ひき》を下賜し、自ら祭祀に赴き、使者に棺を郷里まで送らせ、墳墓を営ませた。

[李賢注]

[一] 冬の祭祀を蒸《じょう》という。

[二] 不其《ふき》は、県の名であり、琅邪郡《ろうやぐん》に属する。其は音が基である。

[三] 『詩経《しきょう》』大雅(文王)に、「済済《せいせい》たる多士」とあり、『尚書《しょうしょ》』(益稷篇)に、「股肱《ここう》の臣は良

きかな」とある。

〔四〕（原文の）訖《きつ》は、竟という意味である。（原文の）玷は、缺という意味である。「束脩《そくしゅう》より」とは、「十五歳から」ということである。

〔五〕朝歌《ちょうか》は、河内郡《かだいぐん》の県の名である。故城は唐の衛州衛県の西にある。王莽《おうもう》は河内《かだい》を改称して後隊《こうたい》とした。伏湛が後隊の属正《しょくせい》となったことをいっている。

〔六〕堂堂とは、威儀を盛んにすることをいう。

〔七〕（原文の髫髪について）『埤蒼《ひそう》』に、「髫は、髦という意味である」という。髫髪とは、童子が髪を垂らすことをいう。

〔八〕（原文の）先後《せんご》とは、導くことである。『詩経』大雅 緜《めん》に、「予《われ》（周王室）には前後にあい導く股肱がいる」とある。先は、音が先見の反、後は、音が胡豆の反である。

〔九〕『春秋左氏伝』（隠公 伝三年）に、「鄭《てい》の武公《ぶこう》と荘公《そうこう》は、（周の）平王《へいおう》の卿士《けいし》となった」とある。また『東観漢記《とうかんかんき》』に、「杜詩は上書して、「（鄭の）武公と荘公が蕃屏《はんぺい》として精励して、（周への）忠信を勧めた結果、四方の諸侯はみな喜んで首をめぐらし、京師を仰ぎ見ました」といった」とある。

〔一〇〕杜石とは、棟の梁を承けるものである。『漢書』（巻六十八 霍光伝）に、「田延年《でんえんねん》は、「将軍は国の柱石です」と言った」とある。『尚書大伝《しょうしょたいでん》』に、「古《いにしえ》は、天子には必ず四隣《しりん》があり、天子の前にある者を疑《ぎ》、後にある者を承《しょう》、左にある者を輔《ほ》、右にある者を弼《ひつ》と言った。天子が下問しても応答しなければ疑を責め、記すべくして記さなければ、承を責め、正すべくして正さなければ輔を責め、挙げるべくして挙げなければ弼を責めた」とある。

〔二〕考えるに旧制では、天下から五人を選抜して尚書に任命していたのであろう。今は一郡ごとに二人を選出する。そのため伏湛をその内の一人としようとしたのである。

（伏湛には）二子があり、隆《りゅう》と翕《きゅう》である。

伏翕《ふくきゅう》が（陽都侯の）爵を嗣いだが卒し、子の伏光《ふくこう》が（陽都侯を）嗣いだ。伏光が卒すると、子の伏晨《ふくしん》が（陽都侯を）嗣いだ〔一〕。伏晨は謙虚な人柄で愛情も広く、学問への興味が最も厚く、孫娘が順帝《じゅんてい》の貴人《きじん》となったので、奉朝請《ほうちょうせい》となり、位は特進《とくしん》とされた。伏晨が卒すると、子の伏無忌《ふくむき》が（陽都侯を）嗣いだ。（伏無忌は）また家学を継承し、博物多識であり、順帝のとき、侍中《じちゅう》・屯騎校尉《とんきこうい》となった。永和《えいわ》元〔一三六〕年、（順帝は）伏無忌に詔して議郎《ぎろう》の黄景《こうけい》と共に、中書〔宮中の書庫〕に保管している五経《ごきょう》・諸子《しょし》百《ひゃく》家《か》・術書を校訂させた〔二〕。元嘉《げんか》年間〔一五一～一五二年〕、桓帝《かんてい》はまた伏無忌に詔して黄景や崔寔《さいしょく》たちと共に『東観漢記《とうかんかんき》』を編纂させた。また（伏無忌は）自ら古今の事績を採集して、要点をまとめた書籍を著し、『伏侯注《ふくこうちゅう》』とよんだ〔三〕。伏無忌が卒すると、子の伏質《ふくしつ》が（陽都侯を）嗣ぎ、官職は大司農《だいしのう》に至った。伏質が卒すると、子の伏完《ふくかん》が（陽都侯を）嗣ぎ、桓帝の娘である陽安長公主《ようあんちょうこうしゅ》に尚した。娘は孝献皇后《こうけんこうごう》（献帝《けんてい》の皇后）となった。曹操《そうそう》が伏皇后を殺害し、伏氏を族滅して、国は除かれた。

これよりさき、伏生《ふくせい》より以来、伏氏は代々経学を伝承し、恬淡で競うことはなかった。このため東州は、「伏不闘《ふくふとう》」と称したという。

［李賢注］

〔一〕『東観漢記《とうかんかんき》』に、「伏晨《ふくしん》は、高平公主《こうへいこうしゅ》に尚した」とある。

〔二〕中書《ちゅうしょ》とは、宮中の書のことである。（『漢書』巻三十）芸文志に、「諸子《しょし》は、およそ百八十九家である」という。（それを）百家と言うのは、だいたいの数をあげているのである。芸とは、書・数学・射・馬術をいう。術とは、医術・方術・卜占・筮占《ぜいせん》をいう。

〔三〕（伏無忌の）『伏侯注《ふくこうちゅう》〔古今注〕』は、上は黄帝《こうてい》から、下は漢の質帝《しってい》までが記される。八巻で、唐でも流通している。

伏隆《ふくりゅう》は、字を伯文《はくぶん》といい〔一〕、若いころから志操堅固で名声があり、仕えて郡の督郵《とくゆう》となった。建武《けんむ》二〔二六〕年、懐宮《かいきゅう》に赴き、光武帝《こうぶてい》はたいへん親しく接見した。

このとき張歩《ちょうほ》（と張弘と張藍）の兄弟は、それぞれ強兵を保有し、斉《せい》に割拠していた。（光武帝は）伏隆を拝して太中大夫《たいちゅうたいふ》とし、節を持たせて（斉の地である）青州《せいしゅう》と徐州《じょしゅう》に使者として派遣し、郡国（の諸勢力）を降伏させようとした。伏隆は檄文を回し宣告して、「さきごろ猾臣の王莽《おうもう》は、皇帝を殺して位を盗んだ。（これに対して漢の）宗室は兵を興し、動乱を収拾して王莽に誅を下した。こうして群臣は聖公《せいこう》（更始帝）を擁立し、宗廟の主とした。だが（聖公は）賊臣を任用して賢臣を殺害し、三王は反乱し、盗賊も横行して、天意に逆らったため〔二〕、赤眉《せきび》の賊に殺害された。大いなる天は漢を佑《たす》け、聖賢は時節を弁《わきま》え、こうして（光武帝）陛下は神武を発揮され、寡により衆を制した。このため王尋《おうじん》と王邑《おうゆう》は百万の軍を持ちながら昆陽《こんよう》〔河南省葉県〕で壊滅し、王郎《おうろう》は趙の全軍を率いながら邯鄲《かんたん》で瓦解した〔三〕。大肜《だいとう》と高胡《こうこ》の賊は我が軍旗を見るや散開し、鉄《てっ》脛《けい》と五校《ごこう》の軍も尽《ことごと》く撃破された。梁王《りょうおう》の劉永《りゅうえい》は幸いにも宗室に属したため、爵位は侯王であったが足ることを知らず、自ら災禍を求め、ついに州牧や太守の爵位を与え、叛逆を起こした。（しかし）いま虎牙大将軍《こがたいしょうぐん》（の蓋延）の軍営十万は、すでに睢陽《すいよう》〔河南省商丘県の南東〕を落とし、劉永は逃走して、その一族はみな誅殺された。これは諸君も、すでに耳にしておろう。先立っていま（光武帝に降服することを）自分で決断しなければ、後悔しても及ぶまい」と述べた。青州と徐州の群盗は、この檄文を得て恐怖し、獲索《かくさく》の賊の右師郎《ゆうしろう》など六つの集団が、即時にみな投降した〔四〕。張歩も使者を派遣して伏隆に随行させ〔五〕、闕《けつ》に到り上書を奉り、鰒魚《はくぎょ》を献上した〔六〕。

〔李賢注〕

〔一〕『東観漢記《とうかんかんき》』は、「隆」を「盛」とし、字は伯明《はくめい》とつくる。

〔二〕三王については、（『後漢書』列伝一 劉玄）聖公伝にある。

〔三〕（原文の）全趙とは、趙の地全土を挙げてという意味である。

〔四〕「右」はある本では「古」につくる。

〔五〕『東観漢記』に、「張歩《ちょうほ》は、その掾史《えんし》の孫昱《そんいく》を伏隆に随行させた」とある。

〔六〕郭璞《かくはく》は『三蒼《さんそう》』に注をつけて、「鰒《はく》は蛤に似ており、片側に石を付けている」という。『広《こう》志《し》』に、「鰒は鱗が無く殻があって、片側に石を付け、細かい孔が雑然と散在し、（その数は）七から九である」という。『本草《ほんぞう》』に、「石決明、その別名が鰒魚である」という。（鰒の）音は、歩角の反である。

その年の冬、伏隆《ふくりゅう》を光禄大夫《こうろくたいふ》に任命した。再び張歩《ちょうほ》への使者となり、併せて新たに任命された青州《せいしゅう》の州牧と郡太守、および都尉《とい》と共に東へ向かった。伏隆に詔してそれぞれ県令より下の官吏の任命をまかせた。伏隆は、宣撫して懐柔につとめ、多くの者が帰順した。光武帝《こうぶてい》は、伏隆の功績を賞賛し、かれを酈食其《れきいき》に準《なぞら》えた[一]。そして、張歩を拝して東萊太守《とうらいたいしゅ》とした。（しかし）劉永《りゅうえい》もまた再び使者を派遣し、張歩を立てて斉王《せいおう》とした。張歩は王の爵位に目が眩《くら》み、逡巡して去就を決めかねていた[二]。伏隆は明らかに、「高祖《こうそ》は天下と約束して、劉氏でなければ王になれないとしました。いま（あなたは帰順の功績により）十万戸の侯となるべきなのです」と諭した。張歩は伏隆を留めて共に（青州と徐州の）二州を守ろうと考えたが、伏隆は許さず[三]、（朝廷に帰り）復命することを求めたので、張歩はついに伏隆を捕らえて劉永の王封を受けた。伏隆は、間使［スパイとして潜入している使者］により上奏して、「臣《わたくし》隆は、使者の任を奉じましたが功績も無く[四]、逆賊に捕らえられました。災厄に直面しても、命令を遂行する以外は念頭にありません。また（張歩の）属吏や人々は張歩が（漢に）背き反したことを知り、心服していません。どうか時機を見て兵を進め、（捕虜の）臣隆にお構いなさらないように。臣隆は生きて朝廷に帰っても（死ぬつもりですので）、誅殺を司直に受けることが大願です。もし臣が逆賊の手に掛かれば、父母と兄弟の世話を陛下にお願いいたします〔五〕。陛下は、皇后と太子と共に永く万国を統治され、天と共に万寿無窮をお祈り申しあげます」とした。光武帝は、伏隆の上奏文を手にし、伏隆の父の伏湛《ふくたん》を呼び出し涙を流してこれに見せて、「伏隆は蘇武《そぶ》の節義があると言えよう〔六〕。惜しむべきは、なぜ様子を見ずに早急に帰ることを求めたのか」と言った。こののち、張歩はついに伏隆を殺害し、その死を憐れみ悲しまぬ者はなかった。

建武《けんむ》五〔二九〕年、張歩は平定され、光武帝は北海郡《ほくかいぐん》〔山東省昌楽の西一円〕に行幸し、隆の次弟である伏咸《ふくかん》に伏隆の骸《むくろ》を収めるよう命じ、棺を下賜し、太中大夫《たいちゅうたいふ》に棺を護送させた。詔を下して、琅邪郡《ろうやぐん》〔山東省臨沂市の北一円〕に告げて墓を作らせ、遺子の伏《ふく》瑗《えん》を郎中《ろうちゅう》とした。

［李賢注］

［一］（原文の）酈生《れきせい》は、酈食其《れきいき》である。斉王《せいおう》の広《こう》に説き、斉の七十余城を降伏させた。食其は音が異基である。

［二］（原文の）冘《いん》は音が以今の反である。

［三］二州とは、青州《せいしゅう》と徐州《じょしゅう》である。

［四］（原文の状無しとは）罪が大きいことをいう。

［五］（原文の）累は、託という意味である。音は力偽の反。

［六］漢の武帝《ぶてい》のとき、蘇武《そぶ》は匈奴《きょうど》に使者となり、たまたま衛律《えいりつ》に率いられて降伏した者と、秘かに共謀して、単于《ぜんう》の母である閼氏《あつし》を脅して漢に帰国しようとした。（しかし）事は露見し、単于は衛律にその事を尋問させ、蘇武を召して白状させようとした。蘇武は節義を曲げず、佩刀を出して自ら刺し（自殺を図っ）た。単于は蘇武を降そうとしたが、蘇武は降服しなかった。蘇武は節《せつ》を杖にして羊を湖のほとりで放牧し、寝ても起きても節を抱き（漢の使者としての誇りを明らかにし）、節の飾り毛はすべて落ちた。匈奴に滞在すること十九年、ようやく漢に帰ることができた。（このことは）『漢書《かんじょ》』（巻五十四　蘇武伝）に記されている。

侯覇伝

侯覇《こうは》は、字を君房《くんぼう》といい、河南郡密県《かなんぐんみつけん》〔河南省密県の南東〕の人である。族父の侯淵《こうえん》は、宦官で才幹があり、要職に任ぜられた。元帝《げんてい》のとき、石顕《せきけん》たちを補佐して中書《ちゅうしょ》を仕切り、大常侍《だいじょうじ》と号された。成帝《せいてい》のとき、侯覇を任命して太子舎人《たいししゃじん》とした［一］。侯覇は、慎み深く厳格で威儀が備わっていた。実家には千金もの財産があったが、それにより産業を営むことはなかった。志が高く学問に熱心で、九江《きゅうこう》の房元《ぼうげん》に師事して、春秋穀《しゅんじゅうこく》梁伝《りょうでん》を学び、房元の塾頭となった［二］。王莽《おうもう》の初め、五威司命将軍《ごいしめいしょうぐん》の陳崇《ちんすう》が、侯覇を徳行として推挙し、随宰《ずいさい》に遷《うつ》った［三］。随県は境界が広く、湖沼地帯を含み、多くの亡命者が、徒党を組んで略奪をしていた。侯覇は到着すると、直ちに首領を摘発して誅殺し、山賊を尽《ことごと》く逮捕し、県は平静となった。再び転任して執法刺姦《しっぽうしかん》となると［四］、権勢を持つ者たちを摘発して、憚ることがなかった。後に淮平大尹《わいへいたいいん》となり、政事は治まり有能と言われた［五］。王莽が敗北すると、侯覇は郡の境界線を固め、ついに一郡を守り通した。

［李賢注］

〔一〕『漢官儀《かんかんぎ》』に、「太子舎人《たいししゃじん》は、良家の子孫を選び、官秩は二百石である」という。
〔二〕『東観漢記《とうかんかんき》』に、「鐘寧君《しょうねいくん》より法律を授《う》けた」とある。
〔三〕王莽《おうもう》は、五威司命将軍《ごいしめいしょうぐん》を置き、県の令長を改めて宰《さい》と称した。随《ずい》は、県の名であり、南陽郡《なんようぐん》に属する。唐の随州県である。
〔四〕（『漢書』巻九十九下）王莽伝に、「執法左右刺姦《しっぽうさゆうしかん》を置き、能吏の侯覇たちを選抜し、六尉《りくい》・六隊《りくたい》を分けて監督させること、漢の刺史《しし》のようであった」とある。
〔五〕王莽は、臨淮郡《りんわいぐん》を改めて淮平郡《わいへいぐん》とした。

更始《こうし》元（二三）年、（更始帝は）使者を派遣して、侯覇《こうは》を徴召しようとしたが〔二〕、郡の人々の老弱は互いに携えあって号泣し、使者の車を遮《さえぎ》り、あるいは車道に寝転んで通すまいとした。みな口々に、「どうか侯様に、あと満一年でも留まっていただけるようお願いいたします」と言った。人々の中には妊婦に戒めるものもあった。「子を産むのは止めておけ。侯様は転任する。（そうすれば赤子を）育てられないであろう」と。使者は、侯覇が徴召に応じれば、臨淮郡《りんわいぐん》が必ず乱れると考え、璽書（皇帝の辞令）を与えず、事情を詳しく報告した。たまたま更始帝が（赤眉軍に）敗れたので、道路が通じなくな

（り、転任は沙汰止みとな）った。
建武《けんむ》四〔二八〕年、光武帝は侯覇を徴召し、自ら寿春《じゅしゅん》で会い、尚書令《しょうしょれい》に拝した。このとき（政治の先例として尚書に保管してあるべき）故事《こじ》が無く、朝廷にも（故事を知る）旧臣は少なかった。侯覇は（漢家の）故事に習熟しており、多くの佚文を（尚書台に）収録した。前代の善政・良法の中から有益なものを箇条書きにして上奏し、（光武帝は）みなこれを施行した。春ごとに、（民草に恵みを与える）「寛大《かんだい》の詔」を出し、四季に応じた年中行事をするようになったのも、侯覇の建議による〔二〕。翌〔建武五、二九〕年、伏湛《ふくたん》に代わって大司徒《だいしと》となり、関内侯《かんだいこう》に封ぜられた。明察で正義を守り、公を優先して邪《よこしま》なことはしなかった。

〔李賢注〕

〔一〕『東観漢記《とうかんかんき》』に、「（更始帝は）謁者《えつしゃ》の侯盛《こうせい》と荊州《けいしゅう》刺史《しし》の費遂《ひすい》を派遣し、璽書《じしょ》をもたらして侯覇を徴召しようとした」とある。

〔二〕（『礼記』）月令《がつりょう》に、「春には徳を垂れて慶事を行い、恵みを民草に施す」とある。故に寛大《かんだい》（の詔）という。（原文の）四時を奉ずるとは、月令に依ることをいう。

建武《けんむ》十三〔三七〕年、侯覇《こうは》は薨去した。光武帝《こうぶてい》は、深くこれを哀悼し、親しく自ら弔問した。詔を下して、「侯覇は、善行を積んで清廉潔白、（大司徒として）政治を執ること九年であった。漢家の故事では、丞相《じょうしょう》は拝した当日に、封じて列侯《れっこう》とする［一］。（しかし）朕は、軍旅が外にあり、功臣がまだ封侯されず、忠臣の義として、（かれらを）超え（て列侯に封建され）ることを（侯覇が）望まないと考え、封侯をしなかったが、忽然と亡くなった。ああ哀しいかな」とした。そこで侯覇を追封して則郷侯《そくきょうこう》として、哀《あい》と諡《おくりな》し、食邑は二千六百戸とした。子の侯昱《こういく》が（則郷侯）を嗣いだ。臨淮郡《りんわいぐん》の属吏と人々は、一緒に侯覇のために祠を立て、四季の祭祀を欠かさなかった。沛郡太守《はいぐんたいしゅ》の韓歆《かんきん》を侯覇に代わり大司徒とした。

［李賢注］

［一］漢は、高祖《こうそ》の時から列侯を丞相としていた。武帝《ぶてい》は、元勲や佐命の功臣が死亡していたので、（列侯ではない）公孫弘《こうそんこう》を丞相《じょうしょう》に任命すると共に、平津侯《へいしんこう》に封じた。このため（漢では）丞相に就いた日に列侯に封建することが故事となった。

韓歆《かんきん》は、字を翁君《おうくん》といい、南陽郡《なんようぐん》の人である。征伐に従軍して功績があり、扶陽侯《ふようこう》に封ぜられた。直言を好み、忌憚することがなかった。（そのため）光武帝《こうぶてい》は（直言を）常には受け入れられなかった。かつて朝会で、光武帝が隗囂《かいごう》と公孫述《こうそんじゅつ》の往復書簡を読みあげたと聞き、韓歆は、「亡国の君主はみな才能がありますな。かの（夏の）桀王《けつおう》と（殷の）紂王《ちゅうおう》も才能がありました」と言った。光武帝は激怒し、（それを自分への）当てこすりであるとした。韓歆はまた、（光武帝の政治が悪いので）今年は凶作になりましょうと論証し、天を指さし地に線を描き、言葉もはなはだ過激であった。（ついに）罪に問われ免官され郷里に帰った。光武帝は、なお許さず、また使者を派遣して詔を述べて責め立てた。司隷校尉《しれいこうい》の鮑永《ほうえい》は、伏して助命を願ったが許されず、韓歆と子の韓嬰《かんえい》は、ついに自殺した。韓歆は、もともと名望があり、死罪は適当ではないので、多くの者は不満を抱いた［一］。光武帝はそこで銭と穀物を追贈し、本来の格式により韓歆を葬った［二］。

［李賢注］

［一］（原文の）厭《えん》は、音が一葉の反である。

［三］（原文の）成礼《せいれい》とは、礼を具えていることである。不慮の死を遂げたのを理由に葬礼の格式を降格させないことをいう。

のちに千乗郡《せんじょうぐん》の欧陽歙《おうようきゅう》・清河郡《せいがぐん》の戴渉《たいしょう》が、相次いで大司徒《だいしと》となったが、いずれも事件に連坐して獄に下って死んだ。これより高官は、宰相に就きたがらなかった。そののち河内郡《かだいぐん》の蔡茂《さいも》・京兆《けいちょう》の玉況《しゅくきょう》［一］、魏郡《ぎぐん》の馮勤《ふうきん》は、みな在官のまま薨去できた。玉況は、字を伯文《はくぶん》という。生来明敏で、陳留太守《ちんりゅうたいしゅ》となり、徳行により人々を教化した。司徒に転任して、四年後に薨去した。

侯昱《こういく》は、後に於陵侯《おりょうこう》に徙封され［二］、永平《えいへい》年間〔五八〜七五年〕に、太僕《たいぼく》を兼任した。侯昱が死ぬと、子の侯建《こうけん》が（於陵侯を）嗣いだ。侯建が死ぬと、その子の侯昌《こうしょう》が（於陵侯を）嗣いだ。

［李賢注］

［一］玉《しゅく》は、音が粛である。

［二］於陵《おりょう》は、県の名であり、済南郡《せいなんぐん》に属する。故城は唐の淄州《ししゅう》長山県の南にある。

宋弘伝

宋弘《そうこう》は、字を仲子《ちゅうし》といい、京兆長安県《けいちょうちょうあんけん》〔陝西省西安市の北西〕の人である。父の宋《そう》尚《しょう》は、成帝《せいてい》のときに少府《しょうふ》に至った。哀帝《あいてい》が即位すると、（寵臣の）董賢《とうけん》におもねらず逆らったので罪に陥《おとしい》れられた。宋弘は、若いころから温厚な人物で、哀帝《あいてい》と平帝《へいてい》のころに侍中《じちゅう》となり、王莽《おうもう》のときに共工《きょうこう》となった〔一〕。赤眉《せきび》が長安に入城すると、使者を派遣して宋弘を召した。宋弘はやむを得ず、出かけて渭橋《いきょう》まで来たが、自ら渭水《いすい》に身を投じた。家人に救出されたが、これにより偽って死去したことにし（赤眉に登用されることを）免れることができた。

光武帝《こうぶてい》が即位すると、徴召されて太中大夫《たいちゅうたいふ》となった。建武《けんむ》二〔二六〕年、王梁《おうりょう》に代わって大司徒《だいしと》となり、栒邑侯《じゅんゆうこう》に封ぜられた〔二〕。（封国の）租税と（大司徒の）俸給は、すべて九族に分け与え、家には財産が無く、清行により名声を得た。宣平侯《せんぺいこう》に徙封された。

［李賢注］

〔一〕王莽は、少府を共工と改称した。

〔二〕栒は、音が恂である。

光武帝《こうぶてい》は、かつて宋弘に博学の士を尋ねた。宋弘は、沛国《はいこく》の桓譚《かんたん》は才能が優れ博学であり、揚雄《ようゆう》や劉向《りゅうきょう》・劉歆《りゅうきん》父子に及ぼうとするほどです、と推薦した〔二〕。そこで桓譚を徴召して、議郎《ぎろう》・給事中《きゅうじちゅう》に拝命した。光武帝は酒宴のたびに、桓譚に琴を弾かせ、そのにぎやかな音色を愛好した。宋弘はこれを聞くと不快に思い、推挙を後悔した。桓譚が宮中から退出するのを見はからい、（宋弘は）朝服を正して司徒府の上座に坐り、属吏を遣って桓譚を召した。桓譚が至ると、席も与えずこれを責め、「私が君を推薦したのは、国家を輔弼するために、その道徳を発揮させようと考えたためである。ところが（君は）しばしば鄭声《ていせい》を勧めて雅楽を乱している。忠正な者とは言い難い〔三〕。自分で悔い改めるか、それとも弾劾するに法によろうか」とした。桓譚は叩頭して謝罪した。しばらくしてから、ようやく桓譚を放免した。そののち（光武帝は）大いに群臣を集め、桓譚に琴を弾かせようとした。しかし、桓譚は宋弘を見て取り乱した。光武帝はいぶかり訳を尋ねた。宋弘は、そこで冠を脱いで謝罪をして、「臣が桓譚を推薦したのは、忠正によって陛下を輔弼することを希望したためでした。しかるに（桓譚が琴を弾き）鄭声により（陛下を）惑乱させているのは、臣の罪です」とした。光武帝も顔色を変えて詫び、（宋弘に）冠を被らせた。そののち、（光武帝は）再び桓譚に内廷で給事させなかった。宋弘は、賢人である馮翊《ふうよく》の桓梁《かんりょう》などを三十人余りを推挙し、その中には前後して公卿《こうけい》となる者があった[三]。

[李賢注]

[一]（原文の）幾《き》は、音が祈である。（原文の）洽《こう》は、浹洽《しょうこう》〔あまねく行き渡る〕という意味である。（原文の）幾は、近という意味である。『漢書』（巻八十五 谷永伝）に、「班固《はんご》は、「谷永《こくえい》の経書（に対する造詣）は、広汎で行き届いたものだが、あまねく行き渡ることは劉向（劉歆）父子や揚雄ほどではない」と言った」とある。このため宋弘は、これを引用したのである。

[二]『論語《ろんご》』（陽貨篇）に、「孔子は、「鄭声《ていせい》が正統な雅楽《ががく》を乱すのを憎む」と言った」とある。『史記《しき》』（巻二十四 楽書二）に、「鄭の音楽は、淫乱を好み志操を淫らにする」とある。

[三]（原文の）及は継というような意味である。

宋弘があるとき（光武帝の）くつろいだときに見《まみ》えると、玉座の新調された屛風に女たちの画が描かれ、光武帝はしばしばこれを振り返って見た。宋弘は顔色を正し、「（『論語』衛霊公篇に言うように）徳を好むこと色を好むような者は見たことがありません」と言った。光武帝は直ちに屛風を片付けた。（光武帝は）笑って宋弘に、「（『論語』述而篇に言うように）「義を聞いて直ちにその通りにする」。これで良いか」と言った。宋弘は、「陛下が（『論語』述而篇に言うように）「徳に進まれました」。臣は喜びに耐えません」と答えた。

このとき光武帝の姉である湖陽公主《こようこうしゅ》が（夫に先立たれ）寡婦となった。光武帝は（湖陽公主と）ともに朝臣（の善し悪し）を論じ、（姉の意中の人物を）秘かに見定めようとした。公主は、「宋公は容貌に優れた有徳の人格者です。群臣の中で及ぶ者はありません」と言った。光武帝は、「では試みてみましょう」と答えた。そののち宋弘が接見される際、光武帝は公主を屛風の後ろに座らせ、そして宋弘に、「俗に言うではないか、貴くなれば友人を変え、豊かになれば妻を代えると。これが人情ではないか」と持ちかけた。宋弘は、「臣が聞くところでは、貧しい時の知友は忘れるべきではなく、糟糠《そうこう》の妻は堂より下《くだ》さない〔家から追い出すようなことはしない〕」と申します」と答えた。光武帝は後ろを向くと公主に、「うまく行きませんな」と言った。
宋弘は、大司徒《だいしと》の地位にあること五年、上党太守《じょうとうたいしゅ》を糾弾したが無罪であった罪に問われ、免官されて邸宅に帰った[二]。数年して卒し、子は無く、国は除かれた。

〔李賢注〕

〔一〕（原文の）無所據とは、罪状の根拠が無いことをいう。

宋弘《そうこう》の弟の宋嵩《そうすう》は、剛直で孝行なことで名声があり、官は河南尹《かなんいん》に至った。宋嵩の子の宋由《そうゆう》は、元和《げんわ》年間〔八四～八七年〕に太尉《たいい》となったが、竇憲《とうけん》の党派であったことに連坐して罷免され、本郡に帰って自殺した。宋由の二子は、宋漢《そうかん》と宋登《そうとう》である。宋登は、（『後漢書』列伝六十九上）儒林伝（上に専伝）がある。

宋漢は、字は仲和《ちゅうわ》といい、経義に適った行動で名声があり、茂才《もさい》に挙げられ、四度転任して西河太守《せいがたいしゅ》となった。永建《えいけん》元〔一二六〕年に、東平国相《とうへいこくしょう》・度遼《どりょう》将軍《しょうぐん》となり[二]、太《たい》名節を重んじ、威厳と恩愛により称えられた。太僕《たいぼく》に遷ったが、病を理由に辞退し、太中大夫《ちゅうたいいふ》を拝したが卒した。（順帝《じゅんてい》は）策して、「太中大夫の宋漢は、清廉であることは白雪のようで、正直で邪心がなかった。以前に辺外の地にあり、軍の糧食を管理し〔二〕、異民族を懐柔し、何度も功績を立て、戦火は治まり、辺境の民もそれに安んじた。予は汝の勲功を記し、引き立てて九卿に列しようとした。しかし病気により辞退し、前言を守ることますます堅かった。三公の任を授けようとしていたが、いまだ果たせぬまま卒した。朝廷は哀悼し、悲しみ悄然として沈んでいる。『詩経』（大雅江漢《こうかん》）に言うであろう、「計略に優れ勲功の大なる汝に、幸いを賜ろう」と〔三〕。将軍・宰相・大夫たちを葬儀に列席させ、十万銭を下賜せよ。まだ殯《もがり》にある間は、簡素な服装、質素な食事に甘んじた清廉さを全うせよ」とした〔四〕。

子の宋則《そうそく》は、字を元矩《げんく》といい、鄢陵県令《えんりょうけんれい》となり、また名声があった。同郡の韋著《いちょ》・扶風《ふふう》の法真《ほうしん》を抜擢して、人を知る目があると評価された。宋則の息子が、十歳のとき、奴隷と弩で遊んでいた。奴隷の弩の弦が切れて矢が発射され、誤って子に当たり即死した。奴隷は叩頭して謝罪し誅殺を請うたが、宋則は事情を察して奴隷を赦した。潁川郡《えいせんぐん》の荀爽《じゅんそう》は、これを美談とし、当時の人々もまた宋則の器量に服した。

［李賢注］

［一］（宋漢は）東平王《とうへいおう》の劉蒼《りゅうそう》の曾孫である劉端《りゅうたん》の国相となった。

［二］（原文の）仍は、頻という意味である。（原文の）統は、領という意味である。（原文の）軍実とは、軍が必要とする兵糧をいう。『春秋左氏伝《しゅんじゅうさしでん》』（襄公伝二十四年）に、「軍実を隮《あつ》める」とある。

［三］（『詩経』）大雅《たいが》江漢《こうかん》の詩である。尹吉甫《いんきつほ》が、（周の）宣王《せんおう》の衰亡した国を興し、混乱を収拾し、召公《しょうこう》に命じて淮夷《わいい》を平定させたことを称賛する。毛萇《もうちょう》の注に、「（原文の）肇は、謀という意味である。（原文の）敏は、疾という意味である。（原文の）戎は、大という意味である。功は、事という意味である。（原文の）祉とは、福慶をいう」とある。

［四］『詩経《しきょう》』国風《こくふう》（召南 羔羊《こうよう》）に、「羔羊《こうよう》の皮で作った裘《かわごろも》を着て、白い絹糸で縫い、自ら食事の膳を減らして公事に従い、足どりもゆっくりゆっくりと」とある。退食とは、食事の膳を減らすことである。卿・大夫より、みな羊の皮の衣服を着て、縫いつけるには染色していない白糸を用い、自ら食膳を減らして公事に従事し、歩行が伸びやかで美しく自得しているさまをいう。

論にいう、「（光武帝の）中興より後、宰相として権力を統《す》べたものは多い。その中で職に適った働きにより名声を得た者たちは、徳義や礼儀を先にして名分や法律を後にした［一］。このため伏湛《ふくたん》は早急に郷射《きょうしゃ》の礼を整え、侯覇《こうは》は入朝すると先ず寛大の令の発布を上奏した。そもそも器の広い者は短慮せず、長期の視野に立つ者の功績は容易に成らない。志士や仁人の根本とすべきものであろう。君子が道義を行って得るものがあれば、もとよりそれは尊い［二］。君子が道義を行って失うものがあっても、それは（長期的には）得るものがあると考えるべきであろう［三］。宋弘《そうこう》は鄭声《ていせい》を禁止し、女色に現《うつつ》を抜かすことを戒めた。関雎《かんしょ》の風がある人と言えよう［四］。

［李賢注］

［一］（原文の）遠業とは、徳義と礼儀をいい、（原文の）小数とは、名文と法律をいう。

［二］（原文の）根は、本のような意味である。

［三］（原文の）「之を以て得る」とは、道義を実践して得るものがあれば、もとより貴ぶべきことをいう。（原文の）「之を以て失ふ」とは、道義を実践して失うものがあっても、また得たとすべきことをいう。

［四］『詩経《しきょう》』（国風　関雎）の序に、「関雎《かんしょ》は、淑女を得て君子に配することを楽しみとし、思いは賢人の推挙にあり、淑女の色香に淫することはない」とある。

蔡茂伝　附郭賀

蔡茂《さいぼ》は、字を子礼《しれい》といい、河内郡懐県《かだいぐんかいけん》〔河南省武陟の南西〕の人である。哀帝《あいてい》・平帝《へいてい》のころ儒学により名を知られ、徴召されて博士《はくし》に試用された。対策《たいさく》して災異について述べ、その答案が成績優秀であったため抜擢されて議郎《ぎろう》を拝し、侍中《じちゅう》に遷った。王莽《おうもう》が摂政をすると、病気を理由に職を辞し、王莽に仕えなかった。（赤眉の乱がおこり）天下が乱れると、蔡茂は、昔から竇融《とうゆう》と仲が良かったので、かれの元に難を避けて身を寄せた。竇融は、蔡茂を張掖太守《ちょうえきたいしゅ》にしたが、固辞して就任しなかった。食料の配給を受けるごとに、家族の人数が足りる分だけを取った。後に竇融と共に（光武帝に）召され、再び議郎に就任し、二度遷って広漢太守《こうかんたいしゅ》となり、治績を挙げて称賛された。このとき（外戚の）陰《いん》氏の食客が、広漢郡の境界に出没し、属吏としての規範を多く犯していた。蔡茂は、そのたびにこれを捕らえ、憚るところが無かった。洛陽令《らくようれい》の董宣《とうせん》が、湖陽公主《こようこうしゅ》を糾弾するにあたり、光武帝は怒って董宣を捕らえたが、しばらくしてこれを釈放した。蔡茂は、董宣が剛直であることを喜び、朝廷で貴戚を禁圧させようと考え、そこで上奏して、「臣が聞くところでは、教化を進め完成させるには、必ず善行を進めねばならず、国を康《やす》んじ民を寧《やす》んずるには、悪を治めるよりも重大なことは無いといいます。陛下は聖徳であられ、そうして身を起こして、国家を再興できました。陛下の即位以来、四海は平穏無事ですが、どうかこれからも夜には寝て早く起きて朝廷に臨み、褒められても自惚れることのないようお努められますように。しかるに近日、貴戚や外戚家の者たちは、しばしば君恩と権力に乗じて官吏としての規範を犯し、人を殺しても死刑とされず、人を傷つけても不問に付される有様です。臣は、法律と刑罰が廃棄されて用いられず〔一〕、（死刑に使う）斧や斤も無くなり〔二〕、挙げられなくなるのではないかと恐れています。近ごろ湖陽公主《こようこうしゅ》の奴僕は、西市で殺人を犯しながら、公主と共に輿に乗り、宮中に出入りしています。罪に問われぬまま何日も過ぎ、殺された者の冤魂は瞑目しておりません。洛陽令の董宣は、正直《せいちょく》で我が身を省みず、公主の権威を犯して奸人を討ちました。陛下は初めこれを詳しく審理せず、召し出して董宣に笞を加えようとしました。董宣が陛下のお怒りを蒙ったとき、京師は（本当かと）耳を傾けました。董宣がようやく釈放されたとき、天下は目を拭《ぬぐ》いました。いま外戚は驕慢で、その家の賓客たちも放恣《ほうし》を極めています。どうか役人に勅令を下して、(かれらの)罪悪を審理させ、法務官たちが長く職務を果たせるようにし、それにより天下の不満の情をお鎮めください」と述べた。光武帝は、蔡茂の献言を受け容れた〔三〕。

[李賢注]

[一](原文の)繩墨は、法律の比喩である。

[二](原文の)斧斤《ふきん》とは、刑して危害を加えることをいう。賈誼《かぎ》は、「斤斧の使い道が閉ざされている」と表現した。

[三](原文の)緝《しゅう》は、叶という意味である。

建武《けんむ》二十〔四四〕年、戴渉《たいしょう》に代わって司徒《しと》となり、職にあって清廉で怠《おこた》ることがなかった。建武二十三〔四七〕年、(司徒の)位にあるうちに薨去した。時に七十二歳であった。東園《とうえん》の梓棺《しかん》を賜い、そのほかの下賜品もたいへん多かった〔一〕。

これよりさき蔡茂《さいぼ》が広漢郡《こうかんぐん》にいたころ、夢で大きな屋敷に坐り、極《うつばり》の上に三本の稲があり、蔡茂は飛び跳ねてこれを取り、中央の稲を得たが、たちまちにまた稲を失った〔二〕。

（この夢の吉凶を）主簿《しゅぼ》の郭賀《かくが》に尋ねた。郭賀は席を離れて大喜びして、「大きな屋敷は、宮廷の象徴です。極の上に稲があるのは、人臣が手にできる最高の俸給です。中央の稲を得たのは、中台（司徒）の位に就くということです。文字では禾を失うと書いて秩となりますから、禾を失ったとは言っても、それは秩禄を得るという意味です。（つまりこの夢は）、宰相に欠員があれば、君がそれを補うというものです」と答えた[三]。十日から一ヵ月の間に、蔡茂は（司徒として）徴召され、そこで郭賀を辟召して司徒掾《しとえん》とした。

[李賢注]

[一] 東園《とうえん》は、（少府の）部署の名であり、棺の製作を掌《つかさど》る。

[二] 屋敷の大きなものは、古来より殿と通称する。極《うつばり》は、その殿の梁《はり》をいう。『前書音義』に、「三輔の周辺では、屋敷の梁《はり》を極《うつばり》と呼んでいる」とある。

[三] 三公《さんこう》は、衮《こん》という服を着て、（衮には）龍を画《えが》く。龍の首は衮衮と（川が絶え間なく）流れるようであることから衮龍《こんりゅう》という。『詩経《しきょう》』（大雅　烝民《じょうみん》）に、「宰相に欠員があり、仲山甫《ちゅうざんほ》がこれを補う」とある。

郭賀《かくが》は、字を喬卿《きょうけい》といい、雒県《らくけん》〔四川省広漢の北〕の人である。祖父の堅伯《けんはく》と父の游君《ゆうくん》は、ともに清廉を貫き、王莽《おうもう》に仕えなかった。郭賀は法律に明るく、昇進を重ねて建武《けん》《む》年間〔二五～五六年〕に尚書令《しょうしょれい》となった。職にあること六年、故事に通暁し、裨益するところが多かった。荊州《けいしゅう》刺史《しし》を拝し、引見して賞賜され、恩寵は群を抜いていた。任地に着いてからは、治績を挙げ、人々はこれを称え、（郭賀のことを）歌って、「その徳が仁明である郭喬卿、朝廷に忠正で上下も安らかである」とした。明帝が巡狩して南陽郡《なんようぐん》〔河南省南陽市一円〕に到ると、とくに（郭賀を）嘆賞して、下賜するに三公の服装である黼黻《ふふつ》を象った服、冕旒《べんりゅう》の冠を与えた〔一〕。（郭賀は）巡撫のために管轄地域を行く際には、車の幔幕を取り外し、人々に自分の姿を見せ、有徳者を表彰した。（郭賀が）通過する地域ごとに、属吏と人々を指さして示し、これを光栄としない者はなかった。永平《えいへい》四（六一）年、徴召されて河南尹《かなんいん》を拝し、清廉な態度と平穏な政治を称えられた。官にあること三年で卒した。（明帝は）詔により哀悼の意を示し、車一輌と銭四十万を下賜した。

〔李賢注〕

〔一〕三公《さんこう》は、袞冕《こんべん》を身に付ける。（袞の）黼《ふ》は斧の形のようで、黻《ふつ》は二つの己の字が背中合わせになった形のようである。冕は木で作り絹で覆い、上部は黒、下部は薄赤色で、広さは八寸、長さは一尺六寸である。旒《りゅう》とは、冕《べん》の前後に垂れる玉をいう。天子は十二本、上公は九本の旒を用いる。

馮勤伝

馮勤《ふうきん》は、字を偉伯《いはく》といい、魏郡繁陽県《ぎぐんはんようけん》〔河南省内黄の北西〕の人である。曾祖父の馮《ふう》揚《よう》は、宣帝《せんてい》のときに弘農太守《こうのうたいしゅ》となった。八人の男子があったが、みな二千石の官に就き、趙や魏の人々はこれを栄誉として、「万石君《ばんせきくん》」と呼んだ。（八人の）兄弟の体格はみな堂々としていたが、ただ勤の祖父の馮偃《ふうえん》だけが、身長七尺（約161㎝）にも満たなかった。（馮偃は）常に自分の短身を恥じ〔一〕、子孫が似ることを恐れ、そこで子の馮伉《ふうこう》には長身の妻を娶らせた。伉は馮勤《ふうきん》を産み、（勤は）身長八尺三寸（約191㎝）まで成長した。八歳で算術に長じた〔二〕。

［李賢注］

［一］『東観漢記《とうかんかんき》』に、「馮偃は黎陽令《れいようれい》となった」とある。

［二］（原文の）計は、算術である。

はじめ馮勤《ふうきん》は、魏郡太守の銚期《ちょうき》の功曹従事《こうそうじゅうじ》となり、有能との称賛があった。銚期は常に光武帝《こうぶてい》に従って征伐に赴いていたので、政事はすべて馮勤に委任した。馮勤と同（じ繁陽）県出身の馮巡《ふうじゅん》たちが、兵を挙げて光武帝に応じようとしたが、謀《はかりごと》がまだ成らないうちに豪族の焦廉《しょうれん》たちの裏切りに遭った［一］。馮勤はそこで老母と兄弟および一族を従え率いて、銚期のもとに逃れた。年長者たちを伴って、光武帝に帰順した。銚期は尽く自分の腹心として、光武帝に推薦した。（馮勤は）はじめは任用されなかったが、ようやく任命されて郎中《ろうちゅう》となり、尚書《しょうしょ》に勤務した［二］。軍糧の問題を議論し、職務に当たっては精力的に務め、ついに（光武帝の）目に止まった。（馮勤を）引見するたびに、光武帝は左右の近臣に、「良い吏である」と言った。これにより（馮勤に）諸侯の封建を担当させた。馮勤は、功績の軽重、封土の遠近、土地の肥沃などすべてを勘案して、封地が分に過ぎることがないようにし、（その判定に）不満を抱く者はなかった。これより封爵の制は、馮勤でなければ定まらなかった。光武帝は、ますます有能であるとし、尚書の多くの案件は、みな馮勤に総管させた。

〔李賢注〕

〔一〕（原文の）反は、音が幡である。

〔二〕『東観漢記《とうかんかんき》』に、「魏郡太守《ぎぐんたいしゅ》の范横《はんおう》は、上書して馮勤を推薦し、その結果、初めて叙任された」とある。

司徒《しと》の侯覇《こうは》が、前《さき》の梁令《りょうれい》であった閻楊《えんよう》を推薦した。閻楊はもとより悪い評判があり、光武帝《こうぶてい》は常々これを嫌悪していた。侯覇の上奏文を読むと、光武帝は（評判の悪い閻楊を推挙するのは、侯覇に）何か奸計があるものと疑い、大いに怒って、侯覇に璽書を下し、「（貴様の罪は）崇山《すうざん》や幽都《ゆうと》に、追放するだけで足りようか〔一〕。黄鉞《こうえつ》が一閃すれば身の置き所はなくなろう〔二〕。わが身を法の裁きにさらしたいのか、それともわが身を殺して仁をなそうとするのか」と責めた。馮勤に策を奉じて司徒府に至らせた。馮勤が戻り、侯覇の本意を述べ、事の道理を釈明すると、光武帝の怒りはやや収まった。馮勤を尚書僕射《しょうしょぼくや》に拝した。奉職すること十五年、精勤を認められ爵関内侯《しゃくかんだいこう》を賜った。尚書令《しょうしょれい》に遷り、大司農《だいしのう》を拝して、三年して司徒《しと》に転任した。

［李賢注］
［一］崇山《すうざん》は、最南端の地である。幽都《ゆうと》は、最北端の地である。（原文の）偶は、対という意味である。まさに侯覇を殺そうとし、追放では済まない、ということである。『尚書』（尭典篇）に、「舜《しゅん》は共工《きょうこう》を幽州に流し、驩兜《かんとう》を崇山に放った」とある。
［二］鉞《えつ》は、斧という意味である。黄金を塗って鉞を装飾し、それにより人を殺戮する。

馮勤《ふうきん》が司徒《しと》となる前、三公は多くが罪を得て退けられていた。光武帝《こうぶてい》は、馮勤を賢者とし、立派な人物のまま一生を終えさせたいと考え、宴会の際に従容として戒めて、「朱浮《しゅふ》は、上は君主に忠ではなく、下は同輩を圧迫し、ついに中傷されて今（罷免される）に至った［一］。死生吉凶（の行く末）は定かではない。惜しまずにおられようか。臣下が追放されて誅殺を受ければ、また（死後に）追って褒美や祭祀料を与えても、かけがえのない身を償える訳ではない［二］。忠臣・孝子は、前代の歴史に鑑み、それを自らの戒めとする。よく忠節を国家に尽くし、君主に仕えて二心を抱くことがなければ、爵位と褒賞は当世に輝き、功績と名声は不朽に残る。つとめて勤務に励め」と言った。馮勤はいよいよ恭謙となり忠義を尽くし、三公に相応《ふさわ》しい人物と称賛された。

馮勤の母は八十歳で、引見する際には、（光武帝は）詔して拝礼を免除し、御者に助けて殿を上らせた。振り返って諸王や公主たちに、「馮勤を尊貴にさせた者は、実にこの老母である」と言った。

建武中元《けんむちゅうげん》元〔五六〕年、（馮勤は）薨去した［三］。光武帝は哀悼し、使者に祭祀を弔わせ、東園《とうえん》の棺を賜い、祭祀のための下賜品は（葬礼の格式を）超えるものであった。

［李賢注］

［一］朱浮《しゅふ》は、大司空となったが、君主の恩寵を笠に着て権力を振るうことに坐して免職となった。また同輩を圧迫したために、光武帝は怒りを覚えたが、朱浮の功績を考慮し、罪を加えることはなかった。

［二］（原文の）訾《し》は、量という意味である。量ってもこれに比べるべきものはなく、貴重の極みであることをいう。訾は、資と同じ意味である。

〔三〕『東漢観記《とうかんかんき》』に、「（建武）中元《ちゅうげん》元〔五六〕年、光武帝は西に向かって長安に行幸し、（歴代の皇帝の）園陵を祀って帰った。馮勤は、一日中、前殿で宴に出席し、司徒府に帰ると、そのため喘息を病んだ。光武帝は太医《たいい》に治療させ、見舞金を下賜したが、その甲斐も無く薨去した」とある。

馮勤《ふうきん》には七人の子が居た。長男の馮宗《ふうそう》が（関内侯を）嗣ぎ、張掖属国都尉《ちょうえきぞくこくとい》に至った。中子の馮順《ふうじゅん》は、平陽長公主《へいようちょうこうしゅ》に尚し、大鴻臚《だいこうろ》で卒した〔一〕。建初《けんしょ》八〔八三〕年、馮順の中子の馮奮《ふうふん》に、公主の爵位を継承させて平陽侯《へいようこう》とした。薨去し、子は無かった。永元《えいげん》元〔八九〕年、（和帝は）馮奮の兄である羽林右監《うりんゆうかん》の馮勁《ふうけい》を封じて平陽侯とし、公主の祭祀をさせた。馮奮の弟の馮由《ふうゆう》は、黄門侍郎《こうもんじろう》となり、平安公主《へいあんこうしゅ》に尚した〔二〕。馮勁が薨去すると、子の馮卯《ふうぼう》が（平陽侯を）嗣いだ。馮卯は延光《えんこう》年間〔一二二～一二五年〕に侍中《じちゅう》となった。薨去すると、子の馮留《ふうりゅう》が（平陽侯を）嗣いだ。

［李賢注］

〔一〕平陽公主《へいようこうしゅ》は、明帝《めいてい》の娘である。

［二］（平安公主は）章帝《しょうてい》の娘である。臣 李賢が考えますに、『東観漢記』はまた安平公主といい、（『後漢書』本紀十）皇后紀は馮由《ふうゆう》は平邑公主《へいゆうこうしゅ》に尚すと言います。馮勤伝と皇后紀（の記述）が同じではなく、何《いず》れが正しいか判然としません。

趙憙伝

趙憙《ちょうき》は、字を伯陽《はくよう》といい、南陽郡宛県《なんようぐんえんけん》〔河南省南陽市〕の人である。従兄が人に殺され、子はいなかった。趙憙は、十五歳であったが、常に報復を考えていた。そこで武器を携帯して食客たちと結び、ついに仇の住処を探り当てて報復しようとした。ところが、仇の家の者はみな病に臥《ふ》し、（趙憙を）迎え撃てる者はいなかった。趙憙は、病に乗じて仇を討つのは、仁者のすることではないと考えた。ひとまず、かれらを許して立ち去った。去り際に振り返って仇に、「病が癒えたら、俺を遠く避けるようにせよ」と言った。仇の家の者たちは、伏して叩頭した［一］。のち病から回復した仇は、全員が自縛して趙憙のところに来て許しを乞うた。しかし、趙憙は取り合わず、後に仇たちを殺害した。

［李賢注］

［一］（原文の）「自ら搏す」とは、叩頭する様子をいう。

更始帝《こうしてい》が即位すると、舞陰県《ぶいんけん》〔河南省泌陽の北西〕の豪族の李氏は、城郭を保持して降伏しなかった。更始帝は、柱天将軍《ちゅうてんしょうぐん》の李宝《りほう》を派遣して降伏させようとしたが、承服しなかった。（李氏は）「宛県の趙氏に孤孫の憙《き》という者がいて、信義で有名であるという。かれに降伏したい」と言った。更始帝は、そこで趙憙を徴召した。（しかし）趙憙は二十歳に満たなかった。すでに（趙憙を）接見し、更始帝は笑って、「繭栗《けんりつ》の子牛（のように幼い趙憙）が、重荷を背負い遠くを降伏させられようか」と言った［二］。（それでも）直ちに郎中《ろうちゅう》に取り立て、偏将軍《へんしょうぐん》の職務を兼任させて、舞陰県に至らせた。李氏はついに趙憙に降伏した。趙憙はこれにより潁川郡《えいせんぐん》まで軍を進め、（更始帝に）従わない諸勢力を討伐し、汝南郡《じょなんぐん》の境界をめぐって、宛に帰還した。更始帝は大いに喜び、趙憙に、「卿は名家の駒である。努力してさらに務めよ」と功を労《ねぎら》った［三］。王莽《おうもう》が王尋《おうじん》と王《おう》邑《ゆう》を派遣して、軍を率いて武関《ぶかん》より進発させるにあたり、更始帝は趙憙を拝して五威偏《ごいへん》将軍《しょうぐん》とし、諸将を救護して王尋と王邑を昆陽《こんよう》で迎え撃たせた。光武帝が王尋と王邑を破った際に、趙憙は負傷したが、戦功があった。帰って（更始帝により）中郎将《ちゅうろうしょう》を拝し、勇功侯《ゆうこうこう》に封ぜられた。

［李賢注］
［一］子牛の角は繭《まゆ》や栗《くり》のように丸く小さい。（繭栗とは）小さいことを言っている。『礼緯《れいい》』に、「天地（の祭祀）に捧げる犠牲は、角が繭や栗のようである」という。
［二］武帝は、劉徳《りゅうとく》をたとえて、千里の駒と言った。そのため（更始帝は）趙憙をこれになぞらえたのである。

更始帝《こうしてい》が敗れると、趙憙《ちょうき》は赤眉《せきび》の兵に包囲され、切迫した。そこで屋根を乗り越えて逃亡し、仲の良かった韓仲伯《かんちゅうはく》たち数十名と共に、年少者や体の弱い者たちを伴い、険阻な山々を越えて、武関《ぶかん》から脱出した。韓仲伯は、妻が美貌であることから、凶賊に出会った場合、（妻が狙われて）自分もその危害を受けることを恐れ、妻を道中に捨て去ろうと考えた。趙憙は怒って（妻を捨てることを）許さず、そこで泥を仲伯の妻の顔に塗り、鹿車《ろくしゃ》に乗せて、自らこの車を引いた［一］。道中いくたびか賊に会い、（仲伯の妻を）略奪しようとする者にあうたびに、趙憙は彼女の病気が重いと説明し、免れることができた。ようやく丹水県《たんすいけん》に入ると〔二〕、更始帝の親族たちに出会った。みな裸足で困窮の極みにあり、飢えで進むこともできなかった〔三〕。趙憙はその惨状を見て悲しみ、携帯してきた衣服や食料を尽《ことごと》く与え、かれらを護衛しつつ郷里に帰った。

［李賢注］

〔一〕『風俗通義《ふうぞくつうぎ》』に、「俗説に、鹿車《ろくしゃ》とは極めて小さく、わずかに一匹の鹿を容れられる（だけの容積の車をいう）」とある。

〔二〕丹水《たんすい》は、県の名であり、南陽郡《なんようぐん》に属する。故城は唐《とう》の鄧州の内郷県の西南にある。丹水に面している。

〔三〕（原文の）塗炭《とたん》というものは、泥に塗れ火中に落ちたような、窮困の極みの喩えである。

このとき鄧奉《とうほう》が南陽郡《なんようぐん》で反乱を起こした。趙憙は、もともと鄧奉と親しく、幾度か書簡を送って鄧奉の反乱を責め立てた。しかし、讒言する者は、書簡のやりとりにより、「趙憙は鄧奉と密謀している」とした。光武帝《こうぶてい》は、趙憙を疑った。鄧奉が敗れるに及び、光武帝は趙憙が送った書簡を入手し、驚いて、「趙憙は真の長者である」とした。直ちに趙憙を徴召し、接見して鞍と馬を賜い、公車《こうしゃ》に待詔《たいしょう》〔叙任を待機〕させた。このとき江南は、まだ（光武帝に）服従せず、交通も寸断されていた。そこで趙憙を簡陽侯相《かんようこうしょう》の代理とした。趙憙は兵士の帯同を拒否し〔一〕、単身、車で馳せて簡陽に行った。（簡陽の）属吏と人々は、趙憙の入城を拒んだ。趙憙は、かれらを教え諭し、城中の父老を呼び、漢朝の威信を示した。（簡陽の）首領たちは、こうして門を開き、面縛して自ら帰順した。これにより（簡陽周辺の）多くの城砦はすべて降伏した。荊州牧《けいしゅうぼく》は上奏して、趙憙の才能は統治し難い場所を治めるに足るものですとした。詔して平林侯相《へいりんこうしょう》とした。（趙憙は）群賊を攻撃し、すでに降伏した者を安堵し、県邑の治安を回復した。

〔李賢注〕

〔一〕『東観漢記《とうかんかんき》』に、「趙憙に命じて騎都尉《きとい》の儲融《ちょゆう》より兵二百人を受け、（江南との）交通を開かせようとした。趙憙は光武帝に、「儲融の兵を受けることは願いません。単身、車で赴き、状況を見定めようと存じます」と上言した。光武帝はこれを許した」とある。

のちに趙憙《ちょうき》は、懐県令《かいけんれい》〔河南省武陟の南西〕を拝した。豪族の李子春《りししゅん》は、かつて琅邪《ろうや》相《しょう》となり、（郷里に戻ったあと）乱暴狡猾で（土地を）兼併して、人々の憂いとなっていた。趙憙は着任早々、李子春の二人の孫が、人を殺しながら摘発されていないと聞き、直ちにその罪状を審理し、李子春を収監して、二人の孫は自殺した。京師《みやこ》では（光武帝《こうぶてい》に）李子春のために助命を願う者が数十名にも上《のぼ》ったが、（光武帝は）聞く耳を持たなかった。このとき趙王《ちょうおう》の劉良《りゅうりょう》は、病気で臨終の床にあった。光武帝は自ら趙王を見舞い、その望みを聞いた。趙王は、「むかしから李子春と親しいが、いま罪を犯し、懐県令の趙憙はこれを殺そうしている。かれの命を乞いたい」と言った。光武帝は、「官吏は法を奉じ、法律は曲げることはできません。他の希望を仰ってください」と言った。趙王は再び言葉を発しなかった。趙王が薨去すると、光武帝は趙王を思い、そこで許して李子春を出獄させた。

この年、趙憙《ちょうき》を平原太守《へいげんたいしゅ》に遷した。このとき平原郡には盗賊が多く、趙憙は諸郡と協力して掃討を行い、盗賊の巨頭を斬った。残党で連坐させるべき者は、数千名にも上った。趙憙は上言して、「（『春秋公羊伝』昭公二十年に）悪は悪としてその身に止めるとしています〔一〕。（連坐すべき）かれらすべてを京師《みやこ》の周辺に徙民させるべきです」とした。光武帝《こうぶてい》はこれに従い、かれらをすべて潁川郡《えいせんぐん》と陳留郡《ちんりゅうぐん》に置いた。（趙憙は）こののち義人を抜擢し、奸人を誅殺した。のちに青州《せいしゅう》一帯は蝗害に遭ったが、平原郡の境界に入ると（蝗は）たちまち死んだ。毎歳、しばしば豊作となり、民草はそれを謳歌した。

［李賢注］

［一］『春秋公羊伝《しゅんじゅうくようでん》』（昭公二十年）に、「善は善としてその子孫にまで（恩賞を）及ぼし、悪は悪として本人に留め（罪を）子孫に及ぼさない」とある。

建武《けんむ》二十六〔五〇〕年、光武帝《こうぶてい》は内戚《ないせき》（父方の親族）を集めて宴を開き、歓楽を極めた。多くの婦人たちがそれぞれ進み出て、「趙憙《ちょうき》は義に厚く（わたしたちは）多くの恩を蒙っています。先に赤眉《せきび》の賊に遭いながら長安《ちょうあん》を脱出できたのは、趙憙が救けてくれたからです」と言った。光武帝はたいへん感心した。後に趙憙を召し入れて太僕《たいぼく》とし、引見して、「卿はただ英雄が（その人物を）保証するだけではなく、婦人たちもまた卿の恩に感じている」と言った。厚く賞賜を与えた。

建武二十七〔五一〕年、太尉《たいい》を拝し、関内侯《かんだいこう》の爵を賜った。このとき南匈奴《みなみきょうど》の単于《ぜんう》は臣と称し、烏桓《うがん》と鮮卑《せんぴ》は共にやって来て入朝していた。光武帝は趙憙に北辺を総管させ、長久の計を立てさせようとした[一]。趙憙は（住民を避難させて放棄していた）北方の諸郡を回復することを上言し、幽州《ゆうしゅう》と并州《へいしゅう》の二州は、これにより復旧した[二]。

［李賢注］

［一］（原文の）規は、謀という意味である。

［二］復《ふく》は、音が伏である。建武《けんむ》六〔三〇〕年、雲中郡《うんちゅうぐん》と五原郡《ごげんぐん》の民を常山郡《じょうざん》〔河北省元氏の北西一円〕と居庸関《きょようかん》〔北京市延慶県〕の一帯に徙《うつ》し、建武二十六〔五〇〕年に至り、また雲中郡と五原郡に帰還させられたことをいう。『東観漢記《とうかんかんき》』に、「はじめ仮初めに人を集めたが、（幽州と并州に）人を戻すことはなかった。考えるに趙憙はここに至って、幽州と并州にすべての民草を徙すことを求めたのであろう」とある。

建武《けんむ》三十〔五四〕年、趙憙《ちょうき》は上言して、「どうか封禅《ほうぜん》をして、三雍《さんよう》の礼を正しますように」とした。建武中元《けんむちゅうげん》元〔五六〕年、（光武帝が）泰山《たいざん》に封禅《ほうぜん》をすることに随従した。光武帝の崩御に及び、趙憙は遺詔を受け、喪礼を掌《つかさど》った。このとき、諸侯王たちは、みな京師に居た。王莽《おうもう》の簒奪より、旧典が存在せず、皇太子は東海王《とうかいおう》たちと雑然と同席し、礼典に秩序がなかった。趙憙は厳粛な面持ちで、剣を階上に置き、諸王を抱きかかえて下ろし、それにより尊卑を明らかにした。このとき諸侯王の官僚も、宮中に出入りし、朝廷の官僚と区別がつかなかった。趙憙はそこで上奏して、「謁者《えつしゃ》は（諸王の官僚を）他の県に送って留まらせ、諸王をそれぞれの邸宅に帰らせ、ただ早朝と夕刻のみ（哀悼に）来させるべきです」とした。（こうして）儀礼は整備され、門衛制度も厳格となり、朝廷の内外は粛然とした。

永平《えいへい》元〔五八〕年、節郷公《せつきょうこう》に封じられた。永平三〔六〇〕年春、中山相《ちゅうざんしょう》の薛脩《せつしゅう》を検挙したが、無罪であった罪により免職された〔一〕。その冬、竇融《とうゆう》に代わって衛尉《えいい》となった。永平八〔六五〕年、虞延《ぐえん》に代わり太尉《たいい》の職務を兼任したが、太尉府に居る様子は本職のようであった。後に母親が死去したので、上疏して辞職して喪礼を掌りたいとしたが、顕宗《けんそう》（明帝）は許さなかった。使者を派遣して（朝廷に復帰する）ために喪服を脱がせ、賞賜を与えて寵遇した。趙憙は内は宿衛を掌り、外は宰相職を掌った。身を正して朝廷に立ち、いまだ怠ることはなかった。明帝が崩御すると、再び喪礼を掌り、大行《たいこう》〔崩御した皇帝〕を奉じて礼典を修め執り行った。粛宗《しゅくそう》（章帝）が即位すると、昇進して太傅《たいふ》・録尚書事《ろくしょうしょじ》となった。諸子を抜擢して郎吏《ろうり》とした者は七名、長男の趙代《ちょうだい》は給事《きゅうじ》黄門侍郎《こうもんじろう》となった。

〔李賢注〕
〔一〕薛脩《せっしゅう》は、光武帝の子である中山王《ちゅうざんおう》の劉焉《りゅうえん》の相である。

建初《けんしょ》五〔八〇〕年、趙憙《ちょうき》は病に罹《かか》り、章帝は御幸して見舞った。薨去すると、章帝は自ら赴き弔問した。時に八十四歳、諡《おくりな》して正侯《せいこう》とした。

子の趙代《ちょうだい》が（節郷侯を）嗣ぎ、官は越騎校尉《えつきこうい》に至った。永元《えいげん》年間〔八九～一〇五年〕、征西将軍《せいせいしょうぐん》を兼任する劉尚《りゅうしょう》の副官として羌族《きょうぞく》を征伐したが、罪を得て投獄され、病を得て死んだ。和帝は趙代を哀れみ、東園の棺や銭布を下賜し、越騎校尉・節郷侯《せっきょうこう》の印綬を贈った。子の趙直《ちょうちょく》が（節郷侯を）嗣ぎ、官は歩兵校尉《ほへいこうい》に至った。趙直が卒すると、子の趙淑《ちょうしゅく》が（節郷侯を）嗣いだ。趙淑には子が無く、国は除かれた。

牟融伝

牟融《ぼうゆう》は、字を子優《しゆう》といい、北海郡安丘県《ほくかいぐんあんきゅうけん》〔山東省安丘の南西〕の人である。若いころから博学で、夏侯勝《かこうしょう》尚書《しょうしょ》を教え[一]、門徒は数百名で、その名を郷里で称えられた。司徒《しと》に茂才《もさい》に挙げられ、豊県令《ほうけんれい》となった[二]。政事をすること三年、県には訴訟がなく、治績は州郡の中で最《さい》〔第一位〕であった。

司徒の范遷《はんせん》は、牟融は忠誠公正であり、経学と品行が完全であるので、朝廷で職務を与えるべしと推薦し、併せて治政の実状を上奏した[三]。永平《えいへい》五〔六二〕年、入朝して鮑昱《ほういく》に代わって司隷校尉《しれいこうい》となり、弾劾をするところ多く、百官は牟融を敬い憚った。永平八〔六五〕年、包咸《ほうかん》に代わって大鴻臚《だいこうろ》となった。永平十一〔六八〕年、鮭陽鴻《けいようこう》に代わって大司農《だいしのう》となった[四]。

[李賢注]

[一] 大夏侯《だいかこう》の名は勝といい、宣帝《せんてい》の時の人である。

[二] 司徒が推挙して茂才《もさい》としたのである。豊《ほう》は、唐の徐州県である。

[三] 『漢官儀《かんかんぎ》』に、「范遷《はんせん》は、字を子廬《しろ》といい、沛の人である」という。

[四] 鮭陽《けいよう》は、姓名であり、〔鮭の〕音は胡佳の反である。

このとき顕宗《けんそう》（明帝）は、すべての政務に勤め、公卿はしばしば朝会した。そのたびに（牟融を）招いて政事をはかり、訴訟を審理した。牟融《ぼうゆう》は、経学に明るく才能は高く、論議を得意とし、朝廷はみな牟融の才能に感服した。明帝もしばしば感嘆し、その才能は宰相に耐え得ると考えた。翌年、伏恭《ふくきょう》に代わって司空《しくう》となった［二］。その所作は、端正かつ荘重で、たいへん大臣としての風格があった。粛宗《しゅくそう》（章帝）が即位すると、牟融は先代の名臣であることから、趙憙《ちょうき》に代わって太尉《たいい》となり、趙憙と共に録尚書事《ろくしょうしょじ》に参与した。

建初《けんしょ》四〔七九〕年に薨去し、章帝は自らその葬儀に出向いた。このとき牟融の長男の牟麟《ぼうりん》は、郷里に帰っていた。章帝は、その他の子がまだ幼かったので、太尉の掾史《えんし》に命じて礼儀や挙動を教育させた。葬礼に対しての下賜や恩寵は、たいへん厚かった。また墳墓の地を顕節陵《けんせつりょう》の側に下賜し、牟麟を任命して郎《ろう》とした。

［李賢注］

［二］伏恭《ふくきょう》は、字を叔斉《しゅくせい》といい、伏湛《ふくたん》と母親を同じくする兄の子である。『東観漢記《とうかんかんき》』に見える。

韋彪伝　族子義

韋彪《いひょう》は、字を孟達《もうたつ》といい、扶風郡平陵県《ふふうぐんへいりょうけん》〔陝西省咸陽市の北西〕の人である。高祖の賢《けん》は、宣帝《せんてい》の時に丞相《じょうしょう》となった。祖父の賞《しょう》は、哀帝《あいてい》の時に大司馬《だいしば》となった。

韋彪は、孝行が純粋でひたむきであり、父母が卒すると、三年嘆き悲しんで（服喪のための小屋である）廬寝《ろしん》から出なかった。服喪が終わると、憔悴し骨が突き出て容貌が変わり、数年間療養して再起できた。学問を好み見識が広く、儒宗と称えられた。建武《けんむ》年間〔二五～五六年〕の末、孝廉《こうれん》に挙げられ、郎中《ろうちゅう》に任命されたが、病気により免官され、また（郷里に）帰り（門徒に）教えた。貧しい生活に安んじ道を楽しみ、立身出世に恬淡としていた。三輔《さんぽ》の儒者で、かれを敬慕しない者はなかった。

顕宗《けんそう》（明帝）は、韋彪の名声を聞き、永平《えいへい》六〔六三〕年、徴召して謁者《えっしゃ》に拝し、車馬と衣服を下賜した。三度転任して魏郡太守《ぎぐんたいしゅ》となった。粛宗《しゅくそう》（章帝）が即位すると、病気により免官された。徴召されて左中郎将《さちゅうろうしょう》・長楽衛尉《ちょうらくえいい》となり、しばしば政術を建議し、常に寛厚を旨とした。頻《しき》りに上疏して辞任を乞うたが、任命して奉車都尉《ほうしゃとい》とし、官秩は中二千石であった。（皇帝の）親戚のように恩賞を受け厚遇された。

建初《けんしょ》七〔八二〕年、章帝は西方に行幸し、韋彪《いひょう》に太常《たいじょう》を兼務させて随行させ、しばしば召し入れては、三輔《さんぽ》の旧事、礼儀や風俗について尋ねた。韋彪は、これにより建議して、「いま西に向かい旧都を巡狩しています。どうか高祖《こうそ》（劉邦）と中宗《ちゅうそう》（宣帝）の功臣を追録し〔一〕、先の勲功を顕彰し、その子孫の名をお記しください」とした。章帝はこれに従った。進んで長安に至ると、京兆尹《けいちょういん》と右扶風《ゆうふふう》に制詔して、蕭何《しょうか》と霍光《かくこう》の子孫を捜索させた。このとき霍光の子孫はすでになく、ただ蕭何の末裔の蕭熊《しょうゆう》を封じて鄼侯《さんこう》とした。建初二〔七七〕年に、すでに曹参《そうしん》の子孫の曹湛《そうたん》を封じて平陽侯《へいようこう》としていた。そこで曹氏に及ぶことはなかった。そして韋彪に銭と美食を厚く下賜し、平陵に帰り墓に供えさせた。帰還すると、大鴻臚《だいこうろ》を拝命した。

［李賢注］

〔一〕中宗は、宣帝《せんてい》のことである。

このとき政事を述べる者は多く、郡国の貢挙《こうきょ》は、概《おおむ》ね功次に依拠せず、このため（令《れい》長《ちょう》たちの）勤務はますます怠惰となり、実務に次第に疎《うと》くなる。その責任は州郡にあるとしていた。（章帝は）詔を公卿《こうけい》や朝臣に下して（この件について）討議させた。韋彪《いひょう》は、議を上《たてまつ》り、「伏して陛下の詔書を見ますに、人々を憂慮し、君恩を選挙に垂れ、人材を得ようと務められています。そもそも国家は、賢人を選び補任させるのを務めとなし、賢は孝行を第一とします。孔子《こうし》も、「親に仕えて孝行であれば、もとより（その孝を）忠として君主に移すことができる。このため忠臣を求めるためには必ず孝子の門に探す」と言っています[一]。さて、人は才能と行動を併せ持つことは少ないものです。このため孟公綽《もうこうしゃく》は、趙《ちょう》や魏《ぎ》の老《ろう》には適しますが、滕《とう》や薛《せつ》の大夫は務まりません[二]。およそ忠孝の人は、心を保つことが厚いものです。法律に習熟した官吏は、心を保つことが酷薄です[三]。（夏・殷・周の）三代が正直な方法により万事を遂行できた理由は、忠孝の精神を錬磨することを旨としたからです[四]。士は才能と行動を優先すべきもので、専ら職務への熟練だけを基準とすべきではありません[五]。それでも人材登用の要点は、郡太守の選任にあります。郡太守が賢人であれば、選挙も人を得ることができましょう」と述べた。章帝は深くこの意見を納めた。

［李賢注］

［一］『孝経緯《こうけいい》』の文章である。

［二］『論語《ろんご》』（憲問篇）の孔子の言葉である。公綽《こうしゃく》は、魯《ろ》の大夫である。趙《ちょう》と魏《ぎ》は、共に晉《しん》の卿《けい》の邑である。家臣を老《ろう》と称する。公綽は寡欲な性質であるので、趙と魏の老には適しており、余裕綽々《しゃくしゃく》である。（しかし）滕《とう》と薛《せつ》は小国であるが、大夫《たいふ》の職務は多忙であり、それゆえできないというのである。

［三］（原文の鍛錬について）『蒼頡篇《そうけつへん》』に、「鍛は、椎という意味である」という。鍛錬とは、熟練するようなものである。法律の運用に厳しい吏は、人を罪に陥《おとしい》れること、あたかも陶工や鋳物師が工芸品の制作に熟練しているようであることをいう。前漢の路温舒《ろおんじょ》は上書して、「（獄吏は必然的に人を有罪にするために）上奏文を通らせることに熟練しています」と述べている。

［四］『論語』（衛霊公篇）に、「孔子は、「わたしは人に対して、誰かを謗ったり誰かを褒めたりはしない。もし褒めることがある場合には、その人を用いて確かめている。三代のまっすぐな素直な生き方をしていた者に他ならない」と言った」とある。韋彪がこの言葉を引いたのは、古《いにしえ》には賢人を用いる際に、みな磨き上げ練り上げ、その後に用いたことを言いたかった

ためである。

［五］（原文の閥閲について）『史記《しき》』（巻十八 高祖功臣侯者年表）に、「その序列を明らかにすることを閥といい、功を積むことを閲という」とある。

韋彪は、世間では（光武帝と明帝の）二帝が吏治《りち》を推進した後を受け、多く苛酷であることを有能とし［一］、官職を選ぶ際に、必ずしも才能を基準としないと考えた。盛夏にも拘《かかわ》らず寒い日が多いことを理由に上疏して諫めて、「臣が聞くところでは、政治と教化の根本は、必ず陰陽に従うところにあると言います。伏して見ますに、立夏より以降、暑くなければならないのに寒い日が続くのは、刑罰が厳しく、郡国が時令にかなった政治をしないためです。農民は作業に忙しいにも拘わらず、酷吏が時を奪い、徴税は基準を満たしているのに、貪吏が財産を奪おうとしており、これがその巨悪と言えましょう。人々にその本分に精を出すよう仕向けるのであれば、先にこの巨悪を除くべきです。天下の枢要は、尚書《しょうしょ》にあります［二］。尚書の選任こそ、重要なのです。それなのに先ごろ多く郎官《ろうかん》より尚書の官に至った者は、法律に通暁し、人あしらいに優れていても、小利口なさかしさを持つ者ばかりで、大才はありません。州郡の太守を経歴して、名声のある者を（尚書に）選任すべきでしょう。ただ挙措は鷹揚で、時に（郎吏に）及ばないこともありましょうが、それでも心を正して公に努め、周到に職事を勤めると存じます。どうか（張釈之が）嗇夫《しょくふ》の響きに応えるような応対を退け［三］、深く周勃《しゅうぼつ》が木訥でありながら国家の危難を救った故事を思い起こして下さい［四］。むかし楚で大獄が起こった時、臨時に令史《れいし》（書記官）を配置して郎《ろう》の職務を手助けさせましたが、おおむね小人が多く、好んで姦利をなしました。いま（政治を）簡素にすれば、みな留め省くことができます。また諫議大夫《かんぎたいふ》は、公正実直な人物の博学多才な品行方正で、朝廷に益をもたらす者を用いてください［五］。また、御史《ぎょし》も地方に出て、州郡に多く補任されます。並びにそれを清選し、責めるには言動や治績にお依りください。郡太守で政事をすることが久しいといっても、吏民の歓迎を受ける者は、官秩を増やして賞を賜い、安易に転任させてはなりません。どうか御心にお留め下さい」とした。この書は上奏され、章帝はこの意見を採用した。

［李賢注］

［一］二帝とは、光武帝と明帝である。

［二］（『後漢書』志二十六）百官志三に、「尚書は、公卿や二千石の官僚の上書や外国・夷狄の事を管掌する」とある。そのため枢要という。

［三］嗇夫《しょくふ》は、官の名である。文帝《ぶんてい》が上林苑に出かけ、虎圏《こけん》まで来て、上林尉《じょうりんい》に獣の帳簿について質問したが、（上林尉は）答えられなかった。虎圏の嗇夫が傍らから代わって答え、蕩々として窮まることはなかった。文帝は嗇夫を拝して上林令にしようとした。（しかし）張釈《ちょうしゃく》之《し》は、「むかし絳侯《こうこう》の周勃《しゅうぼつ》や東陽侯《とうようこう》の張相如《ちょうしょうじょ》は、事を言おうとしても口に出せませんでした。この嗇夫が蕩々と答えた利口な口達者を評価できましょうか」と言った。文帝は、「よろしい」と答えた。ついに嗇夫を上林令とはしなかった。

［四］木は、質という意味である。訥は、遅鈍という意味である。『漢書《かんじょ》』（巻四十　周勃伝）に、「周勃は木訥《ぼくとつ》で言葉数が少なかった」とある。また、（『漢書』巻四十　賛には）「劉氏を安んずる者は、必ず周勃であろう」とある。

［五］（原文の）輩は、類という意味である。

元和《げんわ》二〔八五〕年の春、（章帝は）東方に巡狩し、韋彪《いひょう》に司徒《しと》を兼務して随行させた。帰還すると病を理由に辞職を願った。章帝は、小黄門《しょうこうもん》と太医《たいい》を派遣して治療させ、食べ物を下賜した。（しかし）韋彪は、ついに危篤となった。章和《しょうわ》二〔八八〕年夏、謁者《えっしゃ》に策詔させて、「韋彪は将相の後裔として、身を慎み行いを正し、故郷より出て、（卿の）位にあること数年。篤い病気に罹り、頻りに上奏して辞職を求めた。君はもう六十歳であるから〔一〕、これ以上（官を）加えることはできない。職務の煩雑さのため、（君の病気を）重ねて悪化することを恐れる。よって大鴻臚《だいこうろ》の印綬は返上せよ。太子舎人《たいししゃじん》を中蔵府《ちゅうぞうふ》に赴かせ、二十万銭を受けさせよ」とした〔二〕。永元元〔八九〕年、卒した。（章帝は）尚書に詔して、「故《もと》の大鴻臚の韋彪は、位にあって誤り無く、宰相に任じようとした矢先、忽然として世を去った。銭二十万、布百匹、穀物三千斛を賜え」とした。

［李賢注］

〔一〕（原文の耆艾について）『礼記《らいき》』（曲礼）に、「七十歳を耆《き》といい、五十歳を艾《がい》という」とある。

〔二〕『続漢志《しょくかんし》』（志二十六 百官三）に、「中蔵府《ちゅうぞうふ》は、令は一人、官秩は六百石で、宮中の幣帛・金銭・貨物などを管掌する」とある。

韋彪《いひょう》は、清廉で施しを好み、官秩や下賜品は宗族に分け与え、家には余分な財産はなかった。著書は十二篇で、名づけて『韋卿子《いけいし》』と呼んだ。

一族の子に韋義《いぎ》がいる。韋義は、字を季節《きせつ》という。高祖父の韋玄成《いげんせい》は、元帝《げんてい》のときに丞相《じょうしょう》となった。これよりさき、韋彪は一人扶風郡《ふふうぐん》〔陝西省興東一円〕に徙《うつ》ったので、韋義はなお京兆《けいちょう》府《ふ》杜《と》陵《りょう》県《けん》〔陝西省長安県の北東〕の人となる。

韋彪の兄の順《じゅん》は、字を叔文《しゅくぶん》という。平輿県令《へいよけんれい》〔河南省平輿の北〕となった。高い名声があった〔一〕。次兄の豹《ひょう》は、字を季明《きめい》という。しばしば公府に辟召されたが、そのたびに理由を付けて辞去した。司徒《しと》の劉愷《りゅうがい》が、また辟召して、「卿は軽々しく（官職に）去ったり就いたりすることを好むので、爵位が高くならない〔二〕。今年も終わろうとしている。御史《ぎょし》を選ぶに当たり、（卿を）薦めたいと思う。待ってはくれないだろうか」とした〔三〕。韋豹は、「犬馬の（労を尽くしたいとは存じますが、その）歳は高齢で、力もすでに衰えています〔四〕。大恩に仰ぎお慕いしますが、もとより（私の気持ちを仕官に）振り分けることはできません。かつ視力も衰えて立ちくらみもしますので、長く待つことはできません〔五〕。推薦の私情は、あえて受けるところではありません」と答えた。そして素足のまま去った。劉愷は、韋豹を追ったが、直ちに立ち去り、振り返らなかった。安帝《あんてい》が西方に巡狩すると、徴召して議郎《ぎろう》に拝した。

［李賢注］

［一］平輿《へいよ》は、県の名であり、汝南郡《じょなんぐん》に属する。故城は唐の豫州汝陽県の東北にある。

［二］（原文の）躋《せい》は、升という意味である。

［三］（原文の）宿留とは、待つという意味である。宿は音が秀、留は音が力救の反である。

［四］（原文の）旅は、衆という意味である。『尚書《しょうしょ》』（秦誓篇《しんせい》）に、「勇ましき良士、その旅力はすでに尽きた」とある。

［五］（原文の）眩は、風疾という意味である。（原文の）瞀《ぼう》は、乱という意味である、視力の弱い様子をいう。眩は音が県、瞀は音が亡溝の反である。

韋義《いぎ》は、若いころから二人の兄と名声を等しくし、はじめ州郡に仕えた。太傅《たいふ》の桓焉《かんえん》が辟召して統治の困難な県を任せ、広都県長《こうとけんちょう》〔四川省成都市の南東〕となり〔一〕、甘陵県令《かんりょうけんれい》〔山東省臨清市の東〕、陳県令《ちんけんれい》〔河南省淮陽〕の二県令となった〔二〕。政事は、たいへん治績を挙げ、官衙ではする事もなく、牢獄も空になった。しばしば順帝《じゅんてい》に上書し、古典を規範とし、功績をよく調べて（人事の）進退をし、名儒を登用して、大いに制度を改変すべきである、と述べた。また、（順帝の）左右の者を厳しく誹《そし》り、外戚の竇氏《とうし》を貶めた。（しかし韋義の）言葉が（順帝を）感心させることはなく、長く抑制されて昇進できなかった。兄の韋順《いじゅん》の服喪を理由に辞職した。（そののち）頻りに公府から辟召されたが、応じなかった。広都県では（韋義の）ために存命中にも拘らず廟を建立した。（韋義が）卒すると、（広都・甘陵・陳の）三県の属吏と人々は、みな哀悼を捧げ、父母を亡くしたかのようであった。

［李賢注］
［一］広都《こうと》は、県の名であり、蜀郡《しょくぐん》に属する。故城は唐の益州成都県の東南にある。
［二］甘陵《かんりょう》の故城は、唐の貝州《ばいしゅう》清河県の西北にある。陳《ちん》は、梁国《りょうこく》に属し、唐の陳州である。

韋豹《いひょう》の子の韋著《いちょ》は、字を休明《きゅうめい》という。若いころから経義に適った行動で名声があったが、州郡の辟召には応じなかった。大将軍《だいしょうぐん》の梁冀《りょうき》が辟召しても就かなかった。延熹《えんき》二〔一五九〕年、桓帝《かんてい》は、公車徴《こうしゃちょう》により礼を備えて徴召したが、覇陵《はりょう》〔陝西省西安市の北東〕まで至ると、病と称して帰り、雲陽山《うんようざん》に入って、薬草を採り帰らなかった。（不敬であると）役人は弾劾して罪を加えようとしたが、桓帝は特に韋著を許した。また京《けい》兆尹《ちょういん》に詔して、重ねて礼により迎えようとしたが、それでも韋著は応じなかった［一］。霊帝《れいてい》が即位すると、中常侍《ちゅうじょうじ》の曹節《そうせつ》は、陳蕃《ちんばん》と竇氏《とうし》が誅殺され、天下が多く怨嗟しているため、輿論の支持を賢人の重遇による名声で高めようと考え［二］、霊帝に進言して韋著の家で東海相《とうかいしょう》に拝した［三］。（韋著は）詔書の文辞が甚だ切迫していたため、やむを得ず冠冕を着けて東海国に赴任した［四］。その政治は刑罰が多く、罰を受けた者の一人が（韋著を）弾劾し、罰せられて左校《さこう》で労役に服することになった［五］。また、（韋著の）後妻は、驕慢で政治を混乱させ、これにより名声は失墜した。（故郷に）帰ったが、悪人に殺され、隠者たちはこれを（隠者の）恥とした。

［李賢注］

［一］（原文の）敦は、逼というような意味である。

［二］当時の賢人を寵遇することで美名を求め、それにより怨謗を解こうとしたのである。

［三］東海王《とうかいおう》の劉懿《りゅうい》の相である。劉懿は東海王《とうかいおう》の劉彊《りゅうきょう》の四代孫に当たる。

［四］（原文の）巾は、幅巾《ふくきん》（頭巾）のことである。すでに（官職に就くとかぶる）冠冕《かんべん》を着けた

ので、そのため幅巾を脱いだのである。

［五］左校《さこう》は、部署の名であり、将作大匠《しょうさくだいしょう》に属す。

賛にいう、伏湛《ふくたん》と侯覇《こうは》は功績を起こし、この二邦〔平原と淮平〕を安んじた［一］。淮平の民は赤子（が親を慕うか）のごとく（侯覇を）敬慕し、賊の徐異卿《じょいけい》は（伏湛に）降ることを求めた［二］。宋弘《そうこう》は行いを正し、仁であり、本を忘れなかった［三］。趙憙《ちょうき》は政治に（範となる）行跡が多く、韋彪《いひょう》は事の利害を明らかにした。牟融《ぼうゆう》は皇帝に抜擢され、善く終わることができた。

［李賢注］

［一］『尚書』（堯典篇）に、「よく功績を起こし、帝堯の政事を広げる」とある。孔安国の注に、「奮は、起という意味である。庸は、功という意味である」という。両邦とは、伏湛《ふくたん》が平原《へいげん》太守《たいしゅ》となり、侯覇《こうは》が淮平大尹《わいへいたいいん》となったことをいう。

［二］（原文の）徐寇《じょこう》とは、徐異卿のことをいう。司徒の伏湛に降伏することを求めた。

［三］（宋弘が）糟糠《そうこう》の妻を忘れなかったことをいう。

宣張二王杜郭呉承鄭趙列伝第十七

宣秉伝

宣秉《せんへい》は、字を巨公《きょこう》といい、馮翊郡雲陽県《ひょうよくぐんうんようけん》〔陝西省淳化の北西〕の人である。若い時から高節を修め、名を三輔《さんぽ》に顕した。哀帝《あいてい》・平帝《へいてい》のころに、王氏が権勢を壟断して専政をして帝室を迫害し、反逆の萌しがあるのを見て、ついに深山に隠遁した。州郡は何度も辟召したが、常に病と称して仕えなかった。王莽《おうもう》が宰衡《さいこう》となり、辟召したが応じなかった[一]。王莽が皇位を簒奪するに及び、再び使者を派遣して徴召したが、宣秉は病気を理由に固辞した。更始帝《こうしてい》が即位すると、徴召されて侍中《じちゅう》となった。建武《けんむ》元〔二五〕年に、（光武帝《こうぶてい》のもとで）御史中丞《ぎょしちゅうじょう》を拝命した[二]。光武帝は特に詔して御史中丞は、司隷校《しれいこう》尉《い》・尚書令《しょうしょれい》と共に朝会で集まる際に[三]、みな専用の席を設けて座らせた。このため京師（の者）は（この三官を）三独坐と号した。翌〔建武二、二六〕年、司隷校尉に遷《うつ》った。務めて大綱を押さえ、細事は咎めなかったので、百官は宣秉を敬った[四]。

[李賢注]

[一] 周公《しゅうこう》は太宰《たいさい》となり、伊尹《いいん》は阿衡《あこう》となった。王莽はこれを兼ねようとして、宰衡《さいこう》を号としたのである。

[二]『漢書《かんじょ》』（巻十九上 百官公卿表上）に、「御史中丞秦《ぎょしちゅうじょうしん》の官《かん》で、官秩は千石でり、殿中の蘭台《らんだい》にあって図讖《としん》や秘書を掌り、外は刺史《しし》を監督し、内は侍御史《じぎょし》を統べ、百官を糾察した」とある。

[三]『続漢志《しょくかんし》』（志二十六 百官三）に、「尚書令は一人、（官秩は）千石、秦《しん》の官《かん》である」という。武帝《ぶてい》は宦官を（尚書令に）用い、成帝《せいてい》は士人を（尚書令に）用いた。

[四]『説文解字《せつもんかいじ》』（第三篇）に、「（原文の）苛とは、細草という意味である」という。それにより煩雑さを喩えているのである。

宣秉《せんぺい》は、倹約な性質で、常に粗末な麻の着物を服し、粗末な食事に瓦の食器を使った。光武帝は、かつて司隷校尉《しれいこうい》府の宿舎に行幸し、（宣秉の暮らしぶりを）見て感嘆して、「楚国《そこく》の二龔《にきょう》も、雲陽《うんよう》の宣巨公には及ぶまい」と言った[一]。直ちに布帛・帳帷《ちょうい》（とばり）・什物《じゅうぶつ》（日用道具）を下賜した[二]。（建武）四（二八）年、大司徒司直《だいしとしちょく》を拝命した[三]。得た俸禄は、それぞれ親族に与えて養育した。親族で幼く身寄りがない者には田地を分け与え、自分は担石の蓄えもなかった[四]。（建武）六〔三〇〕年、在官のまま卒した。光武帝は宣秉を哀惜し、子の宣彪《せんぴょう》を取り立てて郎《ろう》とした[五]。

［李賢注］

［一］二龔とは、龔勝《きょうしょう》、字は君賓《くんぴん》と、龔舎《きょうしゃ》、字は君倩《くんせい》をいう。二人は共に清貧で節義を立てたことで名声がある。（かれらの）事績は『漢書』（巻七十二両龔伝）に見える。

［二］『周礼《しゅらい》』（天官 冢宰）に、「幕人は帷《い》・帟《えき》・幄《あく》・幕《ばく》（とばり）を管掌する」とある。鄭玄《じょうげん》は、「旁《かたわら》にあるものを帷という」とする。『爾雅《じが》』（釋訓）に、「幬《とう》、これを帳という」とある。軍法では、五人を伍となし、伍二組を什となし、そして（什は）生活用品を共用する。ゆえに通じて日常品を什物というのである。

［三］（丞相）司直《しちょく》は、武帝《ぶてい》が元狩《げんしゅ》五〔前一一八〕年に置いた。（官秩は）比二千石、丞相を補佐して（官吏の）不法行為を検挙することを職掌とする。哀帝《あいてい》は元寿《げんじゅ》二〔前一〕年、丞相を改称して大司徒《だいしと》となし、（光武帝の）中興に際しても改めず、なお司直は置かれた。建武《けんむ》十一〔三五〕年に至り、司直を省き、長史《ちょうし》一人を置き、諸曹事を署させた。建武二十七〔五一〕年に至り、司徒はまた大の字を省いた。（この事は）『漢書』（巻十九上 百官公卿表上）および

『続漢書《しょくかんじょ》』（志二十四 百官一）に見える。

［四］『前書音義《ぜんしょおんぎ》』（『漢書』巻四十五 蒯通伝注）に、「斉の人は小さい甖を名づけて担とよぶ」と。唐では江淮《こうわい》（安徽・江蘇省一帯）の人は、一石を一担という。担は音が丁濫の反である。

［五］『東観漢記《とうかんかんき》』に、「（宣）彪は官は玄菟《げんと》太守《たいしゅ》に至った」とある。

張湛伝

張湛《ちょうたん》は、字を子孝《しこう》といい、扶風郡《ふふうぐん》平陵県《へいりょうけん》の人である。人気のない部屋にいる時にも、必ず自ら行いを整えていた。妻子に対する時でも、厳格な君主のような態度で接した［一］。郷里にいる時には、言葉を慎み表情を正し［二］、三輔《さんぽ》はかれを儀表《ぎひょう》とした［三］。ある人が張湛を偽りであるといったが、張湛は聞いて笑い、「わたしは確かに偽りである。（しかし）人々はみな悪を偽るが、わたしは一人善を偽る。それも良いではないか」と答えた。成帝《せいてい》や哀帝《あいてい》のころに郡太守《ぐんたいしゅ》となった。王莽《おうもう》の時に郡の太守や都尉《とい》を歴任した。

［李賢注］

［一］『周易《しゅうえき》』家人《かじん》の卦に、「家人に厳格な君主のようであるとは、父母の態度をいっている」と

ある。
〔二〕（原文の）詳は、審という意味である。
〔三〕儀は法という意味である。表は正という意味である。『尚書《しょうしょ》』（仲虺之誥《ちゅうきしこう》）に、「万国に儀表となる」とある。

建武《けんむ》年間（二五～五六年）の初め、左馮翊《さひょうよく》となった。郡では典故と礼学を修め、法規を設けて、政治による教化を大いに進めた。後に平陵《へいりょう》に帰郷し、（平陵）県府の門を見て（下馬して）歩いた〔一〕。（平陵県の）主簿《しゅぼ》が進み出て、「明府は、位は尊く徳は重く、（下馬をして）自分から威儀を軽々しくすることは、よろしくありません」と言った〔二〕。張湛は、「『礼記《らいき》』（曲礼篇上）に、「（大夫と士は）公門で下馬し、輅馬に軾《しょく》する」とあるではないか〔三〕。孔子も郷里にあっては、恭順を尽くした〔四〕。父母の居る郷里は、礼を尽くすべき所である。なぜ威儀を軽くするなどと言うのであろうか」と答えた〔五〕。

〔李賢注〕
〔一〕（原文の）告は、請という意味である。告帰とは、暇を請い帰郷することをいう。（原文の）

寺門は、平陵県の県門である。『風俗通義《ふうぞくつうぎ》』に、「寺とは、嗣という意味である。事務を執行する吏は、その中で嗣ぎ続ける」とある。

［二］郡守の居る所を府という。明府とは、（地位が）高いことを尊重する表現である。『漢書』（巻七十六 韓延寿伝）に、「韓延寿《かんえんじゅ》が東郡太守となると、門卒はこれを明府とよんだ」とある。これもまた同じ意味である。

［三］輅は、大という意味である。君主が居る所を輅寝《らくしん》といい、君主の馬車を輅車《らくしゃ》といい、君主の馬を輅馬《らくば》という。軾《しょく》は、馬車の前の横木である。（君主が）車に乗っていれば姿勢を正して直立し、敬意を表する場合は軾に手を掛ける。（これを）小俛《しょうふ》という。『礼記《らいき》』（曲礼篇上）に、「大夫と士は公門で（馬から）下り、輅馬に式す」とある。鄭玄《じょうげん》は、「敬意を表するためである」と言っている。

［四］『論語《ろんご》』（郷党篇）の文である。（原文の恂恂《じゅんじゅん》について）鄭玄は、「恂恂とは、恭順な様子である」とする。

［五］『史記《しき》』（巻六十七 仲尼弟子列伝）に、孔子は一門の弟子に言って、「魯は（祖先の）墳墓のある所で、父母の国である」とした。『詩経《しきょう》』（小雅 小弁《しょうべん》）に、「（我が父が植えた）桑と梓を前にして、恭敬の念を持って止まる」とある。

（建武）五〔二九〕年、光禄勲《こうろくくん》を拝命した〔一〕。光武帝《こうぶてい》が朝廷に臨み、怠惰な姿を見せると、張湛《ちょうたん》はそのたびに述べて過失を諫めた。（張湛は）常に白馬に乗り、光武帝は張湛を見るたびに、「白馬生《はくばせい》がまた諫めに来た」と言った。（建武）七〔三一〕年、病を理由に辞職を願い、（実職のない）光禄大夫《こうろくたいふ》を拝命し、王丹《おうたん》に代わり太子太傅《たいしたいふ》となった。郭氏《かくし》が皇后を廃位されると〔二〕（皇太子も廃位されたので）、病気と称して出仕をやめた。太中大夫《たいちゅうたいふ》を拝命し、中東門《ちゅうとうもん》の候《こう》の官舎に居住した〔三〕。そのため当時の人々は、号して「中東門君《ちゅうとうもんくん》」と呼んだ。光武帝は、しばしば張湛を慰問して賞賜をした。大司徒《だいしと》の戴渉《たいしょう》が誅されると〔四〕、光武帝は無理に張湛を起用して戴渉に代えた。（しかし）張湛は朝堂《ちょうどう》に至ると失禁した〔五〕。そのため自ら、「病が重く、再び朝廷の職務を担うことはできません」と申し上げた。ついにこれを罷免した。のち数年で、家で卒した。

〔李賢注〕

〔一〕『漢書《かんじょ》』（巻十九上 百官公卿表上）に、「光禄勲は、元は郎中令《ろうちゅうれい》と呼ばれており、秦の官である。武帝はこれを改称して、官秩を中二千石とし、大夫《たいふ》・郎中《ろうちゅう》などの（天子の随従する）近臣を管掌させた」とある。

〔二〕（郭皇后は）建武十七（四一）年に廃位された。

〔三〕『漢官儀《かんかんぎ》』に、「洛陽城《らくようじょう》の十二門のうち、東に面している門は三門である。その最北端の門を上東門《じょうとうもん》と呼び、次の南の門を中東門《ちゅうとうもん》という。門ごとに校尉《こうい》が一人ずつ置かれ、官秩は二千石である。司馬《しば》は一人、官秩は千石である。候《こう》は一人、官秩は六百石である」という。（原文の）候舎《こうしゃ》は、恐らく候が居住する所であろう。

〔四〕（戴）渉は、字を叔平《しゅくへい》といい、冀州郡清河県《きしゅうぐんせいがけん》の人である。推挙した者が金を盗んだことに連坐して獄に下された。

〔五〕（原文の）溲《しゅう》は、小便という意味である。溲は、音が所流の反である。

王丹伝

王丹《おうたん》は、字を仲回《ちゅうかい》といい、京兆郡下邽県《けいちょうぐんかけいけん》〔陝西省渭南の北東〕の人である。哀帝《あいてい》や平帝《へいてい》のころ州郡に仕えた。王莽《おうもう》の時に、頻りに徴召されたが応じなかった。家に千金に値する財を持っていたので、隠居して鋭気を養い、施しを好んで窮迫する者を救った〔一〕。

毎年の農作業の時に、酒肴を田に持っていき、懸命に働いている者を訪ねて労をねぎらった［二］。農作業に怠惰な者は、王丹が来ないことを恥じ、みな何倍も働き自ら励んだ［三］。（こうして）村々は互いに競って、豊かになることができた。（また王丹は）、軽薄で遊蕩を重ねて正業に就かず悪事をなす者には、その父兄を諭して、これを叱責させた。死没した者には葬礼の品を贈り、自ら葬儀を取り仕切った。死者の出た家では、王丹を待って葬礼をするようになり、それが郷里では当たり前となった。これらを行うこと十年余り、教化はあまねく行き渡り、風俗も篤くなった。

［李賢注］

［一］（原文の）周急《しゅうきゅう》とは、困窮する者を救済するという意味である。（『論語』雍也篇に）孔子《こうし》は、「君子は窮迫する者を救うが、富める者には継ぎ足さない」と言っている。

［二］『東観漢記《とうかんかんき》』に、「酒肴を載せ、やって来て田の畔《あぜ》の大樹の下で飲食し、耕作者たちを励ましたのち、余った酒肴を置いて帰るのである」という。

［三］（原文の）孏《らん》は、嬾《らい》と同じである。音は力亶の反である。

王丹《おうたん》は生まれつき性が高潔で、勢力のある者を憎んだ。このとき河南太守《かなんたいしゅ》の同（じ京兆）郡出身の陳遵《ちんじゅん》は「関西の大俠」であった〔一〕。（陳遵は）その友人が親を亡くすと葬儀を助け、葬礼の贈りものを甚だ手厚くした。王丹は、そこで縑《けん》（きぬ）一匹を懐にして、喪主に差し出し、「わたしのこの縑でも、機杼《きちょ》から（自分で働くことにより）作ったものです」と言った。陳遵はそれを聞き、自分の行為を恥じた。自分には名声があるので、交友関係を王丹と結ぼうとしたが、王丹は拒否して許さなかった〔二〕。

〔李賢注〕
〔一〕陳遵は、字を孟公《もうこう》といい、杜陵《とりょう》の人である。『漢書《かんじょ》』（巻九十二 游俠 陳遵伝）に見える。
〔二〕『東観漢記《とうかんかんき》』に、「更始帝《こうしてい》のとき、陳遵は大司馬護軍《だいしばごぐん》となり、出て匈奴《きょうど》に使者となり、途中で王丹に辞去した。王丹は、「共に大乱の世に当たり、ただわたしたち二人だけが、天の加護によって生き残りました。いま君は絶域に行きますが、互いに贈る物はありません。君に丁重に拝礼しないことを贈りましょう」と言った。ついに会釈をして別れ、陳遵はとてもこれを喜んだ」とある。

前将軍《ぜんしょうぐん》の鄧禹《とうう》が西に向かい関中《かんちゅう》を征討し、軍糧が欠乏した際に、王丹《おうたん》は宗族を率いて麦二千斛を献上した。鄧禹は、王丹を上表し左馮翊《さひょうよく》を治めさせたが、(王丹は)病と称して職務を執らず、免官されて帰った。後に徴召されて太子少傅《たいししょうふ》となった。

このとき大司徒《だいしと》の侯覇《こうは》は、王丹と交友関係を持ちたいと考え、王丹が徴召されるに及び、息子の侯昱《こういく》を遣わして道中に出迎えさせた。侯昱が(王丹を)迎えて車の下で拝礼すると、王丹も下車して答礼した。侯昱は、「父は貴方と交友を結びたいと考えています。どうして(友人の子に対等の)答礼をされるのですか」と尋ねた。王丹は、「君房《くんぼう》〔侯覇の字〕が友人になりたいと言ったとしても、丹《わたし》はまだそれを承知したわけではありませんから」と答えた。

王丹《おうたん》の子の同門生が親を亡くした。その者の家は中山国《ちゅうざんこく》にあった。子は、王丹に告げて慰問に出掛けようと考えた。友人と連れだって出立しようとすると、王丹は怒って子を鞭で打ち〔一〕、絹を言伝てて(弔慰金とし)親を祀らせ(るにとどめ)た〔二〕。ある者がその理由を尋ねた。王丹は、「交友の道の難しさは、簡単に説明できない。世間は管《かん》仲《ちゅう》・鮑叔《ほうしゅく》(の交わり)を称え、次に王吉《おうきつ》・貢禹《こうう》(の友情)をいう〔三〕。(しかし)張耳《ちょうじ》・陳余《ちんよ》(の交わり)は最後には(刃を手にして)争い、蕭育《しょういく》・朱博《しゅはく》(の交わり)もついには仲違いをした〔四〕。このように交友を全うする者は少ない」と答えた。当時の人々は王丹の言葉に感服した。

　これよりさき、食客に士を王丹に推挙した者がいた。それを受けた王丹は、その者を察挙したが、後にその者が罪を犯したため、王丹も連坐して免官となった。食客は（不明を）恥じ（王丹との交わりを）自ら絶とうとしたが、王丹はついに何も言わなかった。やがて再び徴召されて太子太傅《たいしたいふ》となると、その食客を呼び、「君が（あの程度の失脚で交友を）自分から絶とうとしたのは、丹をそんなに低く評価しているのか」と言った。罰として（その場では）食事を供さなかったが、（食客に）対応することは旧来と同じであった。そののち（太子太傅の）位を返上し、家で卒した。

〔李賢注〕

〔一〕『東観漢記《とうかんかんき》』に、「王丹《おうたん》は怒って息子を鞭で打つこと五十回であった」とある。

〔二〕『東観漢記』に、「絹二匹を言付けて親を祀らせた」とある。

〔三〕『史記《しき》』（巻六十二 管仲伝）に、「管（仲、字は）夷吾《いご》は、潁上《えいじょう》の人である。かつて鮑叔牙《ほうしゅくが》と交遊し、鮑叔牙は管仲の賢明さを知った。管仲は貧困であり、（やむを得ず）鮑叔牙を騙したが、鮑叔牙は最後までよくこれと接した。（そのため）管仲は、「わたしを生んだ者は父母であるが、わたしを知る者は鮑叔牙である」と述べた。『漢書《かんじょ》』（巻七十二王吉伝）に、「王吉は、字を子陽《しよう》といい、貢禹は、字を少翁《しょうおう》といい、共に琅邪《ろうや》の人である。二人は仲が良く、そのため当時の人々は、「王陽が位を得れば、貢禹も冠の埃《ほこり》を払って官途に就く準備をする」と語った。これは、両人が進退を共にしたことを言ったものである」という。

〔四〕張耳《ちょうじ》と陳余《ちんよ》は、はじめ刎頸の交わりを結んだが、後に仲違いをした。張耳は後に漢《かん》のために軍を率い、陳余を泜水《ていすい》の河畔で殺害した。蕭育《しょういく》は、字を次君《じくん》、朱博《しゅはく》は、字を子元《しげん》といい、二人は友となって、当時に有名であったが、後に仲違いして（交わりを）全うできなかった。ゆえにこのとき交友を難しいこととしたのである。（これらのことは）並びに『漢書』（巻三十二張耳・陳余伝、巻七十八蕭育伝）に見える。

王良伝

王良《おうりょう》は字を仲子《ちゅうし》といい、東海郡蘭陵県《とうかいぐんらんりょうけん》〔山東省蒼山県の南西〕の人である。若いころから学問を好み、小夏侯《しょうかこう》尚書《しょうしょ》を学んだ〔一〕。王莽《おうもう》のとき、病で臥せっているとして仕官せず、諸生に教授すること千余人であった。

建武《けんむ》二〔二六〕年、大司馬《だいしば》の呉漢《ごかん》が辟召したが応じなかった。建武三〔二七〕年、徴召されて諫議大夫《かんぎたいふ》を拝命し、しばしば忠言を献じた。礼に基づいて振る舞い、朝廷は王良を敬った。沛郡太守《はいぐんたいしゅ》に遷った。蘄県《きけん》〔安徽省宿県の南〕に至ったが、病気と称して郡府に着任しなかったが、郡府の属僚はみな従って王良のもとに集まった。王良はついに重篤であると上表して辞職を願い、徴召されて太中大夫《たいちゅうたいふ》を拝命した。

〔李賢注〕
〔一〕夏侯建は、大夏侯《だいかこう》である夏侯勝《かこうしょう》の従兄の子である。夏侯建は『尚書』を夏侯勝より受け、小夏侯と号した。このことは、『漢書《かんじょ》』（巻七十五 両夏侯伝）に見える。

（建武）六〔三〇〕年、（王良は）宣秉《せんへい》に代わって大司徒司直《だいしとしちょく》となった。（王良は）位にあって恭倹を貫き、妻子は官舎に入らず、粗末な布を着て、瓦の器を常用した。あるとき司徒史《しとし》の鮑恢《ほうかい》が、所用で東海郡《とうかい》〔山東省郯城の北〕に至り、立ち寄って王良の家を訪ねると、王良の妻が布の裙《くん》〔下衣〕を着て柴を引きずり、田から帰ってきた〔一〕。鮑恢は、「わたしは司徒史である。司徒府への書簡を預かりに参った。夫人にお目にかかりたい」と声を掛けた。夫人は、「妾《わたし》がそうです。ご苦労をかけましたが、(夫への)書簡はありません」と答えた[二]。鮑恢は、そこで(慌てて)跪《ひざまず》いて拝礼し、嘆息して帰還した。話を聞いて褒めない者はなかった。

後に病気により(郷里に)帰った。一年後に再び徴召され、滎陽《けいよう》県〔河南省滎陽の北東〕に到ったが、病気が重くなって道を進めず、友人の家に立ち寄った。友人は会うことを拒み、「忠言や奇謀も無いのに高い地位にいる。往来するのに右往左往して煩わしいことを憚らないのか」と言った[三]。こうして面会を拒んだ。王良は慙愧に堪えず、以後しきりに徴召されたが、そのたびに病気と称した。(光武帝が)詔を下して玄纁《げんくん》〔黒赤い色の束絹〕を贈って招聘しても応じなかった。後に光武帝は蘭陵《らんりょう》に行幸し、使者を派遣して王良の病気を尋ねさせたが、(王良は)返答できなかった。(光武帝は)詔し、王良の子孫の郷里での傜役《ようえき》を免除させた。(そののち王良は)家で卒した。

［李賢注］

［一］『東観漢記《とうかんかんき》』に、「(王良の妻は)裸足で柴を引いていた」とある。

［二］(原文の)掾は、鮑恢《ほうかい》のことをいう。(大司徒司直を掾というのは)司徒《しと》の掾史《えんし》だからである。

（妻は司徒史が）立ち寄ってくれたことを労《ねぎら》い感謝するが、（王良へ託すべき）書簡はないと言っている。

〔三〕（原文の屑屑《せつせつ》について）揚雄《ようゆう》の『方言《ほうげん》』に、「屑屑は、こせこせと忙しい様子である。秦《しん》や晉《しん》の地方で屑屑と称する」とある。郭景純《かくけいじゅん》は、「（屑屑は）右往左往する様子である」という。

論にいう、仁を行うことを売り物とする者は、仁を名目に利益を求めようとし、義を体現している者は、体現しようとしなくとも自然に義と合致している〔一〕。季文子《きぶんし》の妾は絹を身に纏《まと》わず、魯《ろ》の人々はそれを美談とした〔二〕。公孫弘《こうそんこう》は、粗末な衣服を着用したが、汲黯《きゅうあん》は、公孫弘の偽りが多いことを譏《そし》った〔三〕。（季文子と公孫弘の）行為は異ならないのに、褒貶が分かれたのはなぜか。仁義を体現している者〔季文子〕と仁義を利としている者〔公孫弘〕との違いであろうか。宣秉《せんへい》と王良《おうりょう》は、高位に就いて優遇されたが、宣秉は貧窮に甘んじ、王良の妻は薪を担った。これらの行為は、行き過ぎた倹約と言うべきである。しかし、当代の者は清行を称賛し、君主も節義を高いとした。これを行うときに（宣秉と王良が）真心から行ったためではないか。（子思子の）言葉に、「同じく言っても信じられる。それは信頼が言葉より前にあることによる。同じ令を出しても行われる。それは誠実が令より前にあることによる」という。そのとおりではないであろうか[四]。張湛《ちょうたん》は、偽りという謗りを気にしなかった。それは（張湛が）偽りではなかったからである[五]。王丹《おうたん》は、交友を困難なものとした。それは（王丹が）真の交友を知っていたからである。

［李賢注］

［一］言いたいことは、仁義を行うことは同じでも、本心を尋ねると真偽は異なっているということである。仁を利とする者とは、本心から仁を好むわけではないが、ただ仁を行えば自分に利があるので、仁に仮託して利益を求める。もし本性のまま自然と行動が仁義に合致する者は、挙措や言動が期せずして仁義と冥合する。『礼記《らいき》』（表記篇）に、「仁者は仁に安んじ、知者は仁を行って利益があれば行い、処罰を恐れる者は（処罰があれば）無理に仁を行おうとする」とある。また「他人と功能を同じくした場合、（動機が）仁であるかは分からない。他人と利害を異にした場合、（動機が）仁であることが分かる」とある。

［二］（原文の）文子《ぶんし》とは、魯の卿の季孫行父《きそんこうほ》の諡《おくりな》である。絹織物を着ている妾はなく、粟を食べている馬もなかったことから、君子は季文子が公室に忠であることを知った。（季文子は）三

人の君主の宰相となっても蓄財がなかった。忠と言えないことがあろうか。これは、『春秋《しゅんじゅう》左氏伝《さしでん》』（襄公 伝五年）に見られる。

［三］公孫弘《こうそんこう》は、淄川《しせん》〔山東省寿光〕の人である。武帝のときに丞相《じょうしょう》となった。汲黯《きゅうあん》は、「公孫弘は三公であるのに、身に粗末な服を着ている。これは偽りである」と言った。この事は、『漢書』（巻五十八 公孫弘伝）に見られる。

［四］真偽の形跡が異なっていれば、人が信ずるか否かもまた異なる。同じく言っても信じられる（場合とそうでない場合がある）のは、仁を体現する者と仁を利とする者と、二人が同じ言葉を発しても、人はその真に仁である者を信じ、その偽りの者を信じないことをいう。すなわち、信は言葉によらない。そのため信は言葉の前にあると言うのである。同じく令して行われるとは、意味はまた同じである。これらは『子思子』累徳篇の言葉である。そのため（原文で）「語に曰く」と称するのである。

［五］（原文の）屑とは、介という意味である。

杜林伝

杜林《とりん》は、字を伯山《はくさん》といい、扶《ふ》風郡《ふうぐん》茂陵県《もりょうけん》〔陝西省興平の北東〕の人である［一］。父の杜鄴《とぎょう》は、成帝《せいてい》や哀帝《あいてい》のころに涼州刺史《りょうしゅうしし》となった。杜林は、若いころから学問を好み、思慮深かった。杜家には、もとから書物が多く、また外祖父の張竦《ちょうらつ》父子は、著述を好み[二]、杜林は張竦に師事して学問を受け、博学で多くのことを知っていた。当時の人々は（杜林を）通儒《つうじゅ》と称した[三]。

[李賢注]

[一] 杜鄴伝（『漢書《かんじょ》』巻八十五）を見ると、「杜鄴は、本来魏郡繁陽《ぎぐんはんよう》〔河南省内黄の北西〕の人で、武帝《ぶてい》の時代、茂陵《もりょう》〔陝西省興平の北東〕に移住した」とある。

[二] 杜鄴は、字を子夏《しか》といい、祖父の代の者はみな郡守《ぐんしゅ》に至った。杜鄴は幼少より父を亡くした。かれの母は張敞《ちょうしょう》の娘であった。杜鄴は張敞の子の張吉《ちょうきつ》について学び、張家の書物を得た。張竦は張吉の息子である。博学かつ文雅であること、張敞に勝っていた。このことは、『漢書』（巻七十六 張竦伝）に見られる。

[三]『風俗通義《ふうぞくつうぎ》』に、「儒とは、区という意味である」という。その古今を区別することをいう。坐せば聖人の言葉を習い、行えば経典の道を実践し、先王の制度を考え、時宜に適った政事を行う。これが通儒である。もし頭に知識を詰め込んでも引き出すことができず、言うこと

はできても行うことができない。ただ講義するだけで行動ができない。これが俗儒である。

杜林《とりん》は、はじめ郡吏となった。王莽《おうもう》が敗北し、盗賊が群起すると、杜林は弟の杜成《とせい》および同郡の范逡《はんしゅん》や孟冀《もうき》たちと共に［一］、婦女子を率いて一緒に河西《かせい》に客居した。道中で数千人の賊に遭遇し、（賊たちは）荷財を奪い、衣服を剝奪し［二］、刀を抜いて杜林たちに向かい、今にも殺そうとした。孟冀は仰ぎ見て、「どうか一つ言ってから死なせてほしい。将軍は天には神が居ることをご存知か［三］。赤眉《せきび》の兵は百万にも達し、向かうところ敵なしであったが、残忍非道であったため、ついに敗れ去った。いま将軍は数千の兵を率いて、覇王の事績に倣《なら》おうとしているのに、仁恩を行わず却って（赤眉という）覆車《ふくしゃ》の轍《てつ》を踏もうとしている。天を恐れないのか」と言った［四］。そのため賊は、かれらを釈放し、一行は難を免れた。

［李賢注］

［一］逡《しゅん》は、音が七倫の反である。

［二］（原文の）褫《ち》は、解という意味であり、音は、直紙の反である。

〔三〕天道に神が居るのを知っているか、と言ったのである。
〔四〕賈誼《かぎ》は、「前の車の転倒は、後ろの車の戒めとなる」と言っている。『詩経《しきょう》』（小雅 何人《かじん》斯《し》）に、「天を恐れないのか、人に恥じないのか」とある。

隗囂《かいごう》は、以前から杜林《とりん》の志操を聞いており、深い敬意を持って待遇し、治書《ちしょ》とした。後に（杜林は）病気により辞去することを告げ、辞退して官秩を返還した。隗囂は、再び無理に任官させようとしたが、（杜林は）いよいよ病気が篤いと称した。隗囂は心中これを恨んだが〔一〕、しばらくは大目に見て許そうと思い、令を出して、「杜伯山《とはくさん》は天子《てんし》も臣とできず、諸侯《しょこう》も友とできない者である〔二〕。伯夷《はくい》・叔斉《しゅくせい》は、周《しゅう》の粟《ぞく》を食《は》むことを恥じた〔三〕。今しばらく教えを乞うべき師、あるいは友人の地位に置き、道が開けるのを待ち、思うに任せることにする」とした。杜林は、隗囂に拘束されていたが、最後まで節を屈しなかった。建武《けんむ》六〔三〇〕年、弟の杜成《とせい》が物故したので、隗囂はようやく杜林に棺を携えて東へ帰ることを許した。（しかし）すでに杜林を出立させた後に悔い、刺客の楊賢《ようけん》に隴坻《ろうてい》で杜林を遮り殺害させようとした。楊賢は、杜林が自ら鹿車を押し、弟の棺を載せていく姿を見て、嘆息し、「いまの世に、誰が義を行えよう。わたしは小人であるが、どうして義人を殺すことを忍びようか」と言い、行方を眩《くら》ませた。

〔李賢注〕

〔一〕（原文の）望は、恨むという意味である。『東観漢記《とうかんかんき》』に、「杜林は、隗囂の地に身を寄せたが、最後まで志を落として身を辱《はずかし》めず、蓬《よもぎ》を簪《かんざし》にし草を敷物とするに至っても、隗囂の粟《ぞく》を食《は》まなかった」とある。

〔二〕『礼記《らいき》』（儒行篇）に、「儒者には、上は天子の臣とならず、下は諸侯に仕えず、穏やかに慎み寛容を心掛け、行いを琢磨して励むものがある。このような人の規範となる者がいる」とある。

〔三〕『史記《しき》』（巻六十一伯夷列伝）に、「伯夷と叔斉は、孤竹君《こちくくん》の子である。兄弟で君位を譲り合い文王《ぶんおう》に帰した。後に武王《ぶおう》が東に向かって紂《ちゅう》を討伐しようとすると、伯夷と叔斉は武王の馬を引き留め、「父王が身罷《みまか》って喪が明けずに、干戈《かんか》（戦争）に及ぶことは、孝と言えましょうか。臣（である周）が君（である殷）を討つのは、仁と言えましょうか」と諫めた。武王が殷《いん》を平定すると、二人はこれを恥とし、義として周の粟は食むまいとし、首陽山《しゅようざん》（河南省偃師の北西）で餓死した」とある。

光武帝《こうぶてい》は、杜林《とりん》がすでに三輔《さんぽ》に帰ったと聞き、徴召して侍御史《じぎょし》に拝命した。引見して、経書や（漢家の）故事および隴西《ろうせい》の事情を下問した。（杜林の答えに）たいへん満足した光武帝は、車馬や衣服を下賜した。朝廷の群臣は、杜林が名徳により登用されたことを知り、たいへん敬いかつ憚った。京師の士大夫は、みな杜林の博識に賛嘆した[一]。河南郡《かなんぐん》の鄭興《ていこう》、東海郡《とうかいぐん》の衛宏《えいこう》たちは、みな古文学《こぶんがく》に長じていた[二]。鄭興はかつて劉《りゅう》歆《きん》に師事していた。杜林が鄭興に会うと、欣然として「私は興たちに会うことができて誠に満足である。（また）衛宏が私に会えば、またこれを益することができよう」と言った。衛宏は杜林に会うに及んで、（とても敵わないと思い）沈黙して杜林に服した。済《せい》南《なん》の徐巡《じょじゅん》は、はじめ衛宏に師事していたが、後にみな改めて杜林の学問を受けた。杜林はさきに西州で漆で書かれた『古文尚書《こぶんしょうしょ》』一巻を得、つねにこの書を宝として、困難に遭っても、保持して身辺から離すことはなかった。（杜林は）この書を衛宏たちに見せ、「林《わたし》は兵乱に流浪しつつも、つねにこの経の教えが今にも廃れてしまうのではないかと恐れていた。東海の衛子や済南の徐生たちがまたこの書を伝えているとは思ってもいなかった。（『古文尚書』の）道理はようやく地に墜ちることはなくなった。古文学は時流には合ってはいないが、それでも諸生が学んで悔いることがないように願っている」と言った。衛宏と徐巡はますます杜林を尊重するようになり、ここにおいて古文学は世に通行するようになった。

〔李賢注〕

〔一〕『東観漢記《とうかんかんき》』に、「杜林は、馬援《ばえん》と同郷で、普段から互いに親密であった。馬援が南方から帰ると、このとき杜林の馬がたまたま死んだ。馬援は、子に馬一匹を持たせて杜林に贈らせ、「朋友（の間）に車馬の贈り物があります。しばらくこれで欠乏に備えて下さい」と言づけた。杜林は馬を受け取った。数ヵ月の後、杜林は子を遣わして書簡を馬援に届けさせ、『将軍は内には九族に施し、外には賓客があり、（将軍の）恩を望む者は多くあります。われら父子は九卿の俸禄を受け、つねに満ち足りていますので、いま銭五万を贈ります』と言った。馬援は銭を受け取り、「人々はこれを手本とすべきである。これが杜伯山《とはくさん》がわたしに勝る理由である」と言った」とある。（原文の博洽について）博は、広という意味であり、洽は、偏という意味である。その見聞するところが広大であることをいう。

〔二〕衛宏《えいこう》の字は、敬仲《けいちゅう》といい、（その事績は、『後漢書』列伝六十九下）儒林 衛宏伝に見られる。

翌年、大いに郊祀《こうし》の制度を議論した。多くの者は、「周《しゅう》は后稷《こうしょく》を（配侑として）祀ったので、漢《かん》は尭《ぎょう》を（配侑として）祀るべきである」と考えた。詔して再び公卿に下して議論させると、議者はみな同じ見解であり、光武帝《こうぶてい》もまたこれを当然とした。（しかし）杜林《とりん》は一人（反対し）、「周室が勃興した祚《さいわ》いは后稷によるが、漢の創業は単独で興り、功業は尭に依拠していない。（尭を祀らなかった前漢の）祖宗の故事を踏襲すべきである」と考えていた。（光武帝は議を）定めて、杜林の議に従った〔一〕。

後に王良《おうりょう》に代わって大司徒司直《だいしとしちょく》となった。杜林は同（じ扶風）郡の范逡《はんしゅん》・趙秉《ちょうへい》・申《しん》屠剛《とごう》および隴西郡《ろうせいぐん》の牛邯《ぎゅうかん》たちを推薦した。みな抜擢されて、士は多くが杜林に帰した。建武《けんむ》十一〔三五〕年、大司徒司直の官が廃止され、（光武帝は）杜林を郭憲《かくけん》に代えて光禄《こうろく》勳《くん》とした。（杜林は）内は宿衛をし、外は三署《さんしょ》を管轄して〔二〕、周到で慎み深く、察挙は公平と称された。郎官《ろうかん》に好学の者があれば、そのたびに抜擢され、（好学の士が）朝夕、屋敷に満ちた。

［李賢注］

〔一〕『東観漢記《とうかんかんき》』に、杜林の議を載せ、「いま政治は身近で行い易く、礼は簡素で従い易くあります。人々は、愚者・智者の別なく漢の徳を思慕しています。（漢）帝国の創業はひとり起こったもので、尭《ぎょう》とは関係ありません。尭は漢の時代から遠く、人々は（漢と尭との繋がりを）明らかに信じません。（漢の徳が尭に由来するという）言葉を耳にさせられますが、最終的に納得させられないでしょう。（これに対して）后稷《こうしょく》は周の世に近く、民草も存在を知り、周の世は后稷により興り、周の基は后稷の祚《さいわい》によっています。『詩経《しきょう》』（大雅 仮楽）に、「（穆穆たる天子は）誤らず疎《おろそ》かにせず、旧典に従う」とありますように、（漢家の）旧制に従い、天下の（人々の）困惑を解くべきです」としている。

〔二〕三署とは、左右《さゆう》の中郎将《ちゅうろうしょう》および五官中郎将《ごかんちゅうろうしょう》のことで、みな郎官を掌《つかさど》る。『続漢書《しょくかんじょ》』（志二十五 百官二）に見える。

建武《けんむ》十四〔三八〕年、群臣は、「古《いにしえ》は肉刑《にくけい》が厳しく重いので、人々は法令を恐れました。今は法律（の量刑）が軽いので、邪悪な者が蔓延《はびこ》るのです〔二〕。禁令を増やして、悪の源を防ぐべきです」と上言した。（光武帝《こうぶてい》は）詔して公卿《こうけい》に下問した。杜林《とりん》は上奏して、「そもそも人の情として、侮辱されれば節義の風潮が損なわれます。法律が煩瑣になれば、抜け穴を狙う行為が多くなります。孔子《こうし》は（『論語』為政篇に）、「民を導くために（法制に基づく）政治をして、民を整えるために刑罰を用いれば、民は（法を）免れればよいと考え、（非を）恥じることはない。民を導くために徳を用いて、民を整えるために礼を用いれば、（非を）恥じる心を失わずかつ（君主に）懐く」とあります[二]。古の賢王は、深謀遠慮で、常に思いやり深い立場で、刑罰を濫用しないようにしました。周の五刑は、三千に過ぎませんでした[三]。大漢《だいかん》が初めて興った時には、（法を厳しくするのか寛容にするのかの）是非を詳細に検討して、そのため四角を丸くし、彫っているものを斫って（加工しない）樸《あらたま》と（するように緩やかな支配をすることに）して、苛政《かせい》を除き、改めて寛《ゆる》やかな法を立てました[四]。天下は歓喜し、人々は（漢の）寛徳に懐いたのです。（ところが）その後、次第に（法が）明らかになり、（官吏は）毛を吹いて傷を求め（るように民の罪を探し）、事実をまげて罪に陥れること枚挙に暇がなくなりました[五]。果物や野菜の贈り物ですら賄賂とし、合算して収賄の罪となし、些細なことで本来は禁止すべきでないことも、大戮《たいりく》〔死刑〕の罪にあてました。こうして国には廉潔の士がいなくなり、家には美行がなくなりました。法でも禁止できず、令でも禁止できず、官民は互いに（罪を）逃れあい、（法を厳しくする）弊害がいよいよ深くなっていきました［六］。臣愚《わたくし》が考えますに、ぜひ（漢家の）旧制のように（法を緩やかに）するべきであり、変更してはなりません」とした。光武帝は、これに従った。

［李賢注］

［一］（原文の姦軌《かんき》について）『春秋左氏伝《しゅんじゅうさしでん》』（成公 伝十七年）に、「凡そ乱《らん》は外にあれば姦《かん》といい、内にあれば軌《き》という」とある。

［二］『論語《ろんご》』（為政篇）の言葉である。（『論語』の言葉の）政とは、禁令という意味であり、刑とは、刑罰という意味であり、格とは、来るという意味である。言いたいことは、政治をするために法を設け、民を訓導するのに禁令を用いて、違反することがあれば民を正すのに刑罰を用いれば、民はただ罪を免れようとするだけで、恥じる心はない。もし民を教導するのに道徳を用い、民を正すのに礼を用いれば、民はみな恥じる心が生じ、かつ君主に来たり服すということである。

［三］五刑《ごけい》は、墨《ぼく》〔入れ墨〕・劓《ぎ》〔鼻を削ぎ落とす〕・剕《ひ》〔足を切る〕・宮《きゅう》〔去勢〕・大辟《たいへき》〔死刑〕をいう。『尚書』（呂刑篇）に、「五刑はあわせて三千であった」とある。

［四］『史記《しき》』（巻百二十二 酷吏伝）に、「漢が興ると、四角を破って丸とし、彫っているものを斬

って（加工しない）樸《あらたま》とし、号して（法網が緩いことは）舟を呑み込む魚をも逃すとした」とある。（原文の）觚は、四角という意味である。『老子《ろうし》』（第七十三章）に、「天の網は広く大きく、目が粗いのに遺漏はない」とある。

［五］『老子』（第五十七章）に、「法令が明らかになっていくと、盗賊は多くなる」とある。『漢《かん》書《じょ》』（巻五十三 中山靖王劉勝伝）に、「役人は毛を吹いて傷を求める（ように罪をあらさがしする）」とある。（原文の）索は、求という意味である。（原文の）詆欺とは、無いことを粉飾して罪を作り、（しかしそれは）本当は罪では無いことをいう。

［六］（原文の）遁は、回避という意味である。『漢書』（巻九十 酷吏 咸宣伝）に、「上下が隠匿しあい、それにより法を避ける」とある。

後に皇太子《こうたいし》の劉彊《りゅうきょう》は、自ら求めて（皇太子の地位から）身を引くことを乞い、東海王《とうかいおう》に封ぜられた。そのため（劉彊の）官属を再編することになり、杜林《とりん》を（東海）王の傅《ふ》とした。（杜林は）皇帝が南に巡狩するのに従った。このとき諸王の傅は、しばしば（皇帝から）呼び出されたが、多くは交遊のため、詔に応じられない者もいた。ただ杜林だけは、慎重な態度をとり、呼び出しがあれば必ず（皇帝のもとに）至った。他の傅も譴責はされなかったが、杜林は特に賞賜を受けた。また（杜林は）辞退してあえて受けず、光武帝《こうぶてい》は、ますます杜林を尊重した〔一〕。

翌年、丁恭《ていきょう》に代わって少府《しょうふ》となった〔二〕。建武《けんむ》二十二〔四六〕年、再び光禄勲《こうろくくん》となった。しばらくして、朱浮《しゅふ》に代わって大司空《だいしくう》となり、博学で多くの事に通じ、職務に適任な宰相と称された。翌〔建武二十三、四七〕年に薨去した。光武帝は自ら葬儀に参加して葬送し、子の杜喬《ときょう》を郎《ろう》とした。詔して、「公侯の子孫は、必ずその爵位を復し〔三〕、賢者の後裔は、城邑の宰輔とすべきである」として、杜喬を丹水県長《たんすいけんちょう》〔河南省淅川の南西〕とした〔四〕。

〔李賢注〕

〔一〕『東観漢記《とうかんかんき》』に、「（東海）王は、（杜林が）師であることから、しばしば贈り物を与えたが、杜林はあえて受けなかった。常に辞退の理由として、道中の支給品に余りがあり、車が重過ぎることに悩んでおり、置くところもないからであるとした」とある。

〔二〕丁恭は、字を子然《しぜん》といい、山陽郡《さんようぐん》の人であり、（その事績は『後漢書』列伝六十九下の）儒林伝（下丁恭伝）にある。

［三］『春秋左氏伝《しゅんじゅうさしでん》』（閔公元年）に載せる晋《しん》の大夫《たいふ》である辛廖《しんりょう》の言葉である。

［四］丹水《たんすい》は、県であり、南陽郡《なんようぐん》に属する。

論にいう、そもそも居丈高な態度で自己防衛に努める者は、力が損なわれれば我が身が危険に陥る。詐りを取りつくろって栄達を計る者は、偽りが露見すれば前途も途絶える。しかし、忠信であり敬虔であれば、蛮族の国でも受け入れられるというのは、誠に徳が人を深く感化させるためである［一］。そのため趙盾《ちょうとん》は、忠を抱いていたので、刺客は（我が身を殺して）仁を行った［二］。杜林《とりん》は、義を行ったので、壮士はかれの命を助けた。『周易《しゅうえき》』に、「人に助けられる者は順である」という。（必ず天人の助けがあり）欺かれることはないのである」とある［三］。

［李賢注］

［一］『論語《ろんご》』（衛霊公篇）に、「子張《しちょう》が世に受け入れられる手段を尋ねた。孔子《こうし》は、「言葉が忠信で、行動が敬虔であれば、野蛮な国々でさえ受け入れられる」と言った」とある。

［二］趙孟《ちょうもう》は、晋《しん》の大夫の趙盾《ちょうとん》である。『春秋左氏伝《しゅんじゅうさしでん》』（宣公伝二年）に、「晋の霊公《れいこう》は主君と

して相応《ふさわ》しい振る舞いをせず、趙盾はしばしば諫めたが、霊公は趙盾を疎《うと》んじ、鉏麑《しょげい》に殺させようとした。鉏麑は早朝に出掛け、門のところに潜伏していると、（趙盾は）正装して朝見に行くところであったが、まだ早いので、座って仮眠を取っていた。鉏麑はその場から退いて、「恭敬を忘れない者（趙盾）は、民の主である。民の主を殺すのは忠に背き、主君の命に背くのは信義に背く。このどちらか一つを取るよりは、死ぬ方がよい」と言い、槐の木に頭をぶつけて死んだ。趙盾はこうして生を全うできた」とある。『論語』（衛霊公篇）に、「我が身を殺すことで、仁を成すことはあるが、生を求めることで、仁が害されることはない」とある。

〔三〕『周易』繋辞上伝に、「天に助けられる者は信であり、人に助けられる者は順である」という。（原文に）誣《あざむ》かないというのは、必ず天と人の助けを受けられることを言う。

郭丹伝

郭丹《かくたん》は、字を少卿《しょうけい》といい、南陽郡穰県《なんようぐんじょうけん》〔河南省鄧州市〕の人である。父の郭稚《かくち》は、成帝《せいてい》の時に廬江太守《ろこうたいしゅ》となり、清行ある者として名声が高かった。郭丹は、七歳で父を失ったが、恭順で孝行であった。継母は、憐れんで衣服を売り払い、（郭丹のために）田畑を買った［一］。のち師に従って長安《ちょうあん》〔陝西省西安市の北西〕に行き、割符を買って函谷《かんこく》関《かん》に入った［二］。そこで慷慨して、「わたしは使者《ししゃ》の車に乗るのでなければ、この関を出ないぞ」と誓った［三］。京師に至ると、常に師範代となり、儒者たちは皆これを敬重した。大司馬《だいしば》の厳尤《げんゆう》が、郭丹を〔察挙しようと〕願ったが、病気と称して従わなかった。王莽《おうもう》がまた郭丹を徴召すると、〔郭丹は〕諸生《しょせい》と共に北地郡《ほくちぐん》に逃亡した。更始《こうし》二〔二四〕年、三公《さんこう》は郭丹を賢能に挙げ、徴召して諫議大夫《かんぎたいふ》とした。郭丹は節を持ち使者として南陽郡に帰り、民を安んじ招き投降者を受け容れた。郭丹は家を出てから十二年、果たして使者の高貴な車に乗って函谷関を出たのは、志の通りであった。

［李賢注］

［一］〔原文の〕鬻《しゅく》は、売という意味である。

［二］符は、繻《じゅ》〔薄絹〕製である。『前書音義《ぜんしょおんぎ》』に、「旧来は関《かん》を出入りするために伝《でん》〔割り符〕を用いた。伝は煩瑣なので、繻を割いて分けて持ち、後に出る時に、これに合わせて信用の符《しるし》とした」とある。符を買うというのは、本当の符ではないということである。『東観漢《とうかんかん》記《き》』に、「郭丹は、宛《えん》の陳洮《ちんよう》から入関の符を買い、すでに関に入ると、符に封をして別人に

与えた」とある。

〔三〕『続漢志《しょくかんし》』（志二十九 輿服上 小使者）に、「使者の車は、朱色の車輪、四本の輻《ふく》〔スポーク〕、赤の横木である」という。

更始帝《こうしてい》が敗北すると、その諸将はすべて光武帝《こうぶてい》に帰順し、みな封爵を得た。（しかし）郭丹《かくたん》だけは、ひとり平氏県《へいしけん》〔河南省桐柏の北西〕を保持して投降せず、更始帝のために喪を発し、衰絰《さいてつ》〔三年の喪に服〕して哀しみを尽くした[一]。建武《けんむ》二〔二六〕年、秘かに（平氏県から）逃亡し、粗末な衣服で間道を行き、険阻な山川を越えて、更始帝の妻子に謁見を求め、節と伝（割符）を返還し、故郷（の南陽郡）に帰った。南陽太守《なんようたいしゅ》の杜詩《とし》は、辟召して功曹従事《こうそうじゅうじ》にしたが、郭丹は郷里の長者を推薦して自分の代わりとして去った。杜詩は感嘆して、「むかし明王《めいおう》〔周の文王〕が教化をすると、卿《けい》や士《し》は位を譲り合った[二]。いま功曹（に辟召された郭丹）が賢人を推挙したのは、（陛下の）至徳と言うべきであろう」と言った。命じて郭丹のことを太守の政庁に記録させ、それにより後の指針とした[三]。

［李賢注］

［一］喪服《そうふく》の斬衰裳《ざんさいしょう》は、上を衰《さい》といい、下を裳《しょう》という。麻の首と腰にあるものを共に絰《ちつ》という。首の絰は（黒色の布の冠である）緇布冠《しふかん》にかたどり、腰の絰は（祭服をつけるときの大きな帯である）大帯《だいたい》にかたどる。絰の意味は実、衰の意味は摧を表し、心の中で実に摧痛していることを明らかにする。平氏《へいし》は、県の名であり、南陽郡《なんようぐん》に属する。

［二］『詩経《しきょう》』（大雅 緜の）毛萇《もうちょう》の伝に、「虞《ぐ》と芮《ぜい》の二君は土地を争い、互いに、「周《しゅう》の西伯《せいはく》は、仁の人である。行って裁いてもらおう」と言った。一緒に周に朝参すると、士は大夫となることを譲り、大夫は卿となることを譲っていた。二国の君主は、それをみて恥じて退出した」とある。

［三］（原文の）黄堂《こうどう》は、郡太守の府庁のことである。

建武《けんむ》十三〔三七〕年、大司馬《だいしば》の呉漢《ごかん》が辟召して（郭丹《かくたん》を）高第《こうだい》に挙げ、二度遷って幷《へい》州牧《しゅうぼく》となり、清廉で公平という名声があった。使匈奴中郎将《しきょうどちゅうろうしょう》に転じ、左馮翊《さひょうよく》となった。永平《えいへい》三〔六〇〕年、李訢《りきん》に代わって司徒《しと》となった。朝廷では廉直かつ公平で、侯《こう》覇《は》・杜林《とりん》・張湛《ちょうたん》・郭伋《かくきゅう》たちと名声を等しくし、互いに関係もよかった。翌〔永平四、六二〕年、隴西太守《ろうせいたいしゅ》の鄧融《とうゆう》を検挙したが、事実無根であったのに坐して策免された。永平五〔六二〕年、家で卒した。時に八十七歳であった。河南尹《かなんいん》の范遷《はんせん》が清廉であるので、郭丹《かくたん》に代わって司徒とした。

范遷は、字を子廬《しろ》といい、沛国《はいこく》の人である。はじめ漁陽太守《ぎょようたいしゅ》となり、知略により辺境を安んじ、匈奴《きょうど》はあえて（漁陽郡との）境を越えなくなった。宰相になっても、家屋は数畝、田は一頃に過ぎず、それも兄の子に与えた。妻はかつて范遷に、「貴方には四人も子供が居るのに（残すべき財産は）立錐の地すらありません〔一〕。俸禄を残して、後世の資本とすべきです」と言った。（しかし）范遷は、「わたしが大臣であるのに蓄財して利益を求めれば、後世に示すものがあろうか」と答えた。（范遷は司徒の）地位にあること四年で薨去し、家には僅かの蓄えも無かった。

〔李賢注〕

〔一〕『史記《しき》』（巻百二十六 滑稽列伝）に、「楚《そ》の優孟《ゆうもう》は、「孫叔敖《そんしゅくごう》の子は（残された財産が）立錐の地すらありません」と言った」とある。

後に顕宗《けんそう》（明帝）は朝会に際して、群臣に、「郭丹《かくたん》の家は、いまどうなっているのか」と尋ねた。宗正《そうせい》の劉匡《りゅうきょう》が答えて、「むかし孫叔敖《そんしゅくごう》は楚《そ》の宰相でしたが、馬は粟を秣《まぐさ》とせず、妻は絹を身に付けず（清貧をまもり）、子孫は寝丘《しんきゅう》〔安徽省臨泉県〕に封ぜられました［一］。郭丹は（朝廷から）出ては州郡をよく治め、入っては三公《さんこう》となりましたが、家には遺産が無く、子孫は困窮しています」と言った。明帝は、そこで南陽郡《なんようぐん》に命を下して、後嗣を探させた。（その結果）長男の郭宇《かくう》は、常山太守《じょうざんたいしゅ》の官に至り、少子の郭済《かくさい》は趙相《ちょうしょう》となった。

［李賢注］

［一］孫叔敖《そんしゅくごう》は、楚の荘王《そうおう》の宰相で、期思県《きしけん》〔河南省淮浜の南東〕の人である。『史記《しき》』（巻百十九 循吏列伝）に、「（孫叔敖は）楚の処士である。（宰相の）虞丘相《ぐきゅうしょう》が、進めて楚の宰相にすると、上下は和合し、属吏も悪事を働かず、ついに（荘王《そうおう》は）諸侯に覇を唱えた」とある。『呂氏春秋《りょししゅんじゅう》』（孟冬紀 異宝）に、「孫叔敖は死の間際に子を戒めて、「王はしばしばわたしを封じようとしたが、受けなかった。わたしが死ねば、王はお前を封ずるであろうが、利地を受けてはならぬ。楚《そ》と越《えつ》の間に寝丘という土地があり、利が無く名も悪いが、長く領有すべ

き土地はここだけである」と言った。孫叔敖が死ぬと、王は美地に子を封じようとしたが、子は辞退して寝丘を願い、（子孫は）今に至っても（封地を）失っていない」とある。寝丘は、県の名であり、後漢は改めて固始《こし》とした。唐の光州固始県であり、孫叔敖の祠《ほこら》がある。

呉良伝

呉良《ごりょう》は、字を大儀《たいぎ》といい、斉国臨淄《せいこくりんし》〔山東省淄博市の北東〕の人である〔一〕。はじめ郡吏となり、年始に掾史《えんし》と一緒に（郡府に）入庁して祝賀した。門下掾《もんかえん》の王望《おうぼう》は、杯を挙げて寿《ことほぎ》を奉り、阿諛して太守の功績と徳行を称えた〔二〕。呉良は、下座から憤然として進み出て、「王望は佞邪《ねいじゃ》の人です。欺《あざむ》き諂《へつら》って見るに堪えません。どうか杯をお受けになりませぬよう」と言った〔三〕。太守は、顔を引き締めて（杯を受けることを）止めた。宴が終わると、（太守は）呉良を栄転させて功曹《こうそう》とした。（しかし呉良は）言葉だけで昇進することを恥じ、あえて就任しなかった。

〔李賢注〕

〔一〕『東観漢記《とうかんかんき》』に、「呉良《ごりょう》は、郡の議曹掾《ぎそうえん》となった」とある。

〔二〕『東観漢記』に、「王望《おうぼう》は（太守に）、「斉郡は、戦禍を被り、盗賊に遭い（民は）離散し、鶏や犬の声も聞こえませんでした。（ところが）明府が、政事を見られてより五年、土地は開拓され、盗賊は減少し、五穀は豊かに実り、（民の生活も）家ごとに足り人ごとに足りています。今日の年の初めに、永寿を奉りたく存じます」と言い、掾史《えんし》たちは、みな万歳を唱えた」とある。

〔三〕『東観漢記』に、「呉良は、おもむろに跪き、「門下掾《もんかえん》は佞諂《ねいてん》の臣であり、明府は杯を受けてはなりませぬ。盗賊は討滅されておらず、民草も窮乏しています。いま良《わたし》は、議曹掾《ぎそうえん》ですが、（俸給が行き渡らず）絝《こ》〔ズボン〕すらありません」と言った。王望は、「議曹掾は怠惰なので、自然と絝が無いのです。どうして（呉良の言葉により）家ごとに足り人ごとに足りていないと言うに足りるでしょうか」と言った。太守は、「この者〔呉良〕の言葉が正しい」と言った。（太守は）呉良に鰒魚《はくぎょ》〔あわび〕百枚を下賜した」とある。

このとき驃騎将軍《ひょうきしょうぐん》の東平王《とうへいおう》の劉蒼《りゅうそう》が（呉良のことを）聞いて辟召し、任命して西曹掾《せいそうえん》とした。劉蒼は、呉良をたいへん敬愛し、上疏して呉良を推薦して、「臣が聞くところでは、国が重んじるのは、必ずや人を得ることにある。恩に報いるための義は、良士を薦めるより大いなることはないと言います。秘かに臣の王府の西曹掾《せいそうえん》である斉国《せいこく》の呉良を見ますに、資質は篤実で堅固で、公正で廉直、自ら倹約して貧窮に甘んじ、老年でも志操は衰えておりません[一]。また『尚書《しょうしょ》』を習得し、その学問は師法に通じ[二]、経の知識は博士《はくし》となるに足り、行為は儀表とするに当たります。ぜひ宿衛の任に就かせ、それにより聖政を輔佐させるべきです。臣蒼《わたくし》は（陛下の）恩寵は厚く、責務は深く大きいことから[三]、秘かに公叔文子《こうしゅくぶんし》が（家臣を推挙して）共に（大夫の地位に）登った義を慕い、（賢人を推挙せずに）蔵文仲《ぞうぶんちゅう》が位を盗む（者と譏《そし》られた）罪を恐れます[四]。あえて愚鈍な態度を取り、厳禁を犯（すことを承知の上で、推挙いた）します」と上疏した。顕宗《けんそう》（明帝）は、東平王の上疏を公卿に示し、「先に事のついでに呉良を見たところ、鬚《ひげ》と髪《かみ》はすでに白くなっていながら、正装して堂々たるものであった。そもそも賢人を薦めて国家を助けることは、宰相の職務である。蕭何《しょうか》が韓信《かんしん》を推挙した際、（高祖《こうそ》は）壇を設けて拝礼し、試すこともなかった[五]。いま（それに習い）呉良を議郎《ぎろう》に任命したい」とした。

［李賢注］

［一］（呉良が）年老いても、志操が衰えていないことをいう。

［二］『東観漢記《とうかんかんき》』に、「呉良は、大夏侯《だいかこう》の『尚書』を習った」とある。

［三］（原文の）絶は、極という意味である。

［四］公叔文子《こうしゅくぶんし》は、衛《えい》の大夫《たいふ》の公孫抜《こうそんばつ》の諡《おくりな》である。公叔文子の家臣は、名を姿《せん》といい、操行を文子と同じくしたので、文子はこれを公に進めて出世させ、共に大夫となった。蔵文仲《ぞうぶんちゅう》は、魯《ろ》の大夫の蔵孫辰《ぞうそんしん》である。このとき柳下恵《りゅうかけい》が士師《しし》となっていたが、蔵文仲は、柳下恵が賢明なことを知りながらも推挙しなかった。（そのため）孔子《こうし》は蔵文仲を譏り、「蔵文仲は位を盗む者であろうか。柳下恵が賢者と知りながら共に立とうとしなかった」と言った。これらのことは、『論語《ろんご》』（憲問篇、衛霊公篇）に見える。

［五］蕭何《しょうか》は韓信《かんしん》を高祖に推薦して、「陛下が必ず天下を争おうと思われるのであれば、韓信でなければ共に計るべき者はおりません」と言った。漢王はそこで壇を築き、韓信を拝して大《だい》将軍《しょうぐん》とした。（これは）『漢書《かんじょ》』（巻三十四 韓信伝）に見える。

永平《えいへい》年間〔五八～七五年〕、（章帝の）車駕が近くに出ると、信陽侯《しんようこう》の陰就《いんしゅう》が禁衛の部隊を犯した。車府令《しゃふれい》の徐匡《じょきょう》は、陰就の車を留め[一]、（陰就の）御者を捕らえて獄に送った。（しかし章帝は）詔書により徐匡を責め、徐匡は自ら獄に下った。呉良は上言して、「信陽侯の陰就は外戚であることに依拠して、陛下の御輿を犯し、人臣の礼無く、大不敬を冒しました。徐匡は、法を執行して正義を守りながら、却って獄官に下されています。臣は、聖化がこれにより弛緩することを憂慮します」とした[二]。章帝は徐匡を赦免したが、呉良を左遷して即丘長《そくきゅうちょう》（山東省郯城の北東）とした[三]。後に（呉良は）司《し》徒長史《とちょうし》に遷った[四]。重大な議論に対処するたびに、経典に依拠し、帝の意を計り時勢に合わせて、世間の評判を得ようとはしなかった[五]。後に事に連坐して免官された。再び議郎《ぎろう》を拝命したが、在官のまま卒した。

［李賢注］

［一］（原文の）鉤は、留という意味である。

［二］弛は、廃という意味である。

［三］即丘《そくきゅう》は、県の名であり、東海郡《とうかいぐん》に属する。すなわち『春秋左氏伝《しゅんじゅうさしでん》』（桓公 経五年）にみえる祝丘《しゅくきゅう》であり、故城は唐の沂州《きしゅう》臨沂県の東南にある。

［四］哀帝《あいてい》は、丞相《じょうしょう》を改めて大司徒《だいしと》としたが、司直《しちょく》は旧来のままであり、（光武帝《こうぶてい》の）中興の際にも改めなかった。建武《けんむ》十一〔三五〕年、司直を省き、長史を置いた。

［五］（原文の）希は、瞻望《せんぼう》という意味である。

承宮伝

承宮《しょうきゅう》は、字を少子《しょうし》といい［一］、琅邪姑幕《ろうやこばく》〔山東省諸城市の北西〕の人である。若いころに父を喪《うしな》い、八歳で他者の養豚に従事した。郷里の徐子盛《じょしせい》という者が、春秋経《しゅんじゅうけい》を諸生数百人に講義していた。そこを通りかかった承宮は、草庵の下で休憩しているうちに、講義に興味を覚え、師事して春秋経を聴講し、そうして門下生として居候することを願った［二］。承宮は先輩の諸生のために薪《まき》を拾い、数年間労苦を厭《いと》わず、学問に励んだ［三］。解釈が明らかになった経典は、家に帰って教授した。天下が乱れると、諸生を率いて漢中に逃げ、その後に妻子を連れて蒙陰山《もういんざん》に行き［四］、耕作に尽力した。作物が実るころ、承宮の作物を自分の物であると言い張る者が現れたが、承宮は取り合おうとせず、作物を譲って立ち去り、これにより名を上げた。三公《さんこう》の府が相継いで辟召したが、応ずることはなかった［五］。

［李賢注］

［一］『世本』に、「承姓は、衛《えい》の大夫《たいふ》の成叔承《せいしゅくしょう》の後裔である」という。

［二］『続漢書《しょくかんじょ》』に、「承宮は、徐子盛のもとを通り、講義に感じ入り、そのため豚を打ち捨て、留まって経を聞いた。豚の主人は、承宮が帰ってこないのを怪しみ、探し出して承宮を得、これを鞭《むち》で打とうとした。門下生たちは、共に養豚主を押し止め、こうして（承宮は）留まることになった」とある。

［三］『続漢書』に、「承宮は、かつて遠出をして、虎が殺した鹿の肉を得、持ち帰って肉を諸生に分け、皮を剝《は》いで師に献上したが、師は受け取らなかった。承宮はそのため皮を捨てた。人がその理由を聞くと、承宮は、「すでに人に与えたものは、義としてまた取ることはできません」と答えた」とある。

［四］蒙陰《もういん》は、県の名であり、太山郡《たいざんぐん》に属し、蒙山がある。唐の沂州新泰県の東南にある。

［五］三府《さんぷ》とは、太尉府・司徒府・司空府をいう。

永平《えいへい》年間〔五八〜七五年〕、徴召されて公車《こうしゃ》に至った。明帝が辟雍《へきよう》に臨むと、承宮《しょうきゅう》を徴召して博士《はくし》に拝命し、左中郎将《さちゅうろうしょう》に遷った。しばしば忠言を奉り、政事を述べる際、その議論は鋭かった。朝臣たちは承宮の節義を憚り、その名は匈奴《きょうど》にまで達した。このとき北匈奴《きたきょうど》の単于《ぜんう》は、使者を派遣して承宮に会うことを求め、顕宗（明帝）は勅令して自ら正装させた。承宮は、「夷狄《いてき》は名に惑わされ、その実を知る者ではありません。臣は容貌が醜く、夷狄に示すべきではありません。ぜひ威容のある者をお選び下さい」と答えた〔一〕。そこで明帝は大鴻臚《だいこうろ》の魏応《ぎおう》を承宮に代えた。永平十七〔七四〕年、侍中《じちゅう》祭酒《さいしゅ》を拝命した。建初《けんしょ》元〔七六〕年に卒した。粛宗《しゅくそう》（章帝）は嘆いて、墓地を下賜した。（承宮の）妻が上書して故郷への帰葬を願うと、また銭三十万を下賜した〔二〕。

［李賢注］

〔一〕『続漢書《しょくかんじょ》』に、「夷狄は、臣の虚名を聞き、そのため臣に会おうとしているのです。臣は、短身で醜い容貌であり、長身で威容のある者を選ぶ方がよいと思われます」とある。

〔二〕『続漢書』に、「承宮の子の承畳《しょうじょう》は、官は済陰太守《せいいんたいしゅ》に至った」とある。

鄭均伝

鄭均《ていきん》は、字を仲虞《ちゅうぐ》といい、東平国任城県《とうへいこくじんじょうけん》〔山東省微山県の北西〕の人である。若いころから黄老《こうろう》思想の書を好んだ。兄は県の吏となり〔一〕、多くの贈り物を受け、鄭均がしばしば諫めても聞かなかった。そこで鄭均は、家を脱け出して人に雇われ、一年余りで銭と絹を得ると、帰って来て兄に与え、「物は無くなれば再び得られますが、吏となって贈賄に坐せば、一生涯世間から見捨てられます」と言った。兄はその言葉に感じ、ついに清廉となった。鄭均は、義を好み篤実で、寡婦や孤児を養い、その恩礼は至って厚かった〔二〕。常に病気であると家庭でも称し、州郡の辟召に応じなかった。郡太守《ぐんたいしゅ》は、鄭均を必ず招致しようと、県令に鄭均を欺かせて（郡府の）門まで連れて来させた〔三〕。すでに至ったが、承服させられなかった。鄭均はそのため濮陽《ぼくよう》に移住した〔四〕。建初《けんしょ》三〔七八〕年、司徒《しと》の鮑昱《ほういく》が辟召し、後に直言《ちょくげん》に察挙されたが、いずれも応じなかった。建初六〔八一〕年、公車《こうしゃ》により特に徴召され、二度遷って尚書《しょうしょ》となった。しばしば忠言を奉り、粛宗《しゅくそう》（章帝）は鄭均を敬重した。後に病気により辞職を願い、議郎《ぎろう》を拝命したが、休暇で帰郷して病気が篤いと称した。（そこで）章帝は衣冠を下賜した〔五〕。

［李賢注］

［一］『東観漢記《とうかんかんき》』に、「兄の鄭仲《ていちゅう》は、県の遊徼《ゆうきょう》となった」とある。

［二］『東観漢記』に、「鄭均は兄を喪うと、孤となった兄の子を手厚く養護し、すでに元服して結婚すると、家から出して別居させ、隣に家を構えさせた。すべての私財を提供して与え、専らその母親〔兄嫁〕を尊ばせて、その後も面倒をみて物を与えた」とある。

［三］（原文の）譎《きつ》は、詐という意味である。

［四］濮《ぼく》は、唐の濮州県である。

［五］『東観漢記』に、「鄭均は、子の鄭英《ていえい》を遣して上章を奉じて闕《けつ》に至らせた。（章帝は）詔して鄭英を召見し、鄭均の苦しむところを聞き、冠幘《かんさく》と銭布を下賜した」とある。

元和《げんわ》元〔八四〕年、（章帝は）廬江太守《ろこうたいしゅ》と東平相《とうへいしょう》に告げ［二］、「議郎《ぎろう》の鄭均《ていきん》は、身を引き締めて貧窮に安んじ、恭倹にして節度を守った。先に機密を扱う（尚書の）職にあったが、病気により辞職し、善を守り正しく堅固で、老いてもなお怠《おこた》らない。また、先の安邑令《あんゆうれい》の毛義《もうぎ》は、自ら謙譲を実践し、頻《しき》りに徴召しても病気と辞退し、その廉潔な態度を東州の者たちは仁と称している。『尚書《しょうしょ》』（皐陶謨《こうようぼ》）に言うではないか、「（天子は）常徳が有る者を明らかにする、それが吉である」と[二]。そこで鄭均と毛義に穀物を千斛ずつ賜り、常に八月に県の令長が訪問し、羊酒を賜い、異行を顕彰せよ」と伝えた[三]。翌〔元和二、八五〕年、章帝は東方を巡狩して任城を通過したので、鄭均の家に行幸し、勅して（終身）尚書の禄を賜い、その身を終えさせることにした[四]。このため当時の人々は（鄭均を）白衣尚書《はくいしょうしょ》〔無位無官の尚書〕と呼んだ。永元《えいげん》年間〔八九～一〇五年〕に、家に卒した。

［李賢注］

［一］毛義《もうぎ》は盧江郡《ろこうぐん》の人、鄭均《ていきん》は東平国《とうへいこく》の人であることにより、このため（盧江郡と東平国という）二つの郡守と国相に通告したのである。

［二］（原文の）章は、明という意味であり、（原文の）吉は、善という意味である。言いたいことは、天子となれば、常徳を備えている人を顕彰し、その待遇を重くすれば、善政である、という意味である。『尚書』の皐陶謨《こうようぼ》の言葉である。

［三］『東観漢記《とうかんかんき》』に、「羊一頭と酒二斗を（一生涯）賜い、その身を終えさせた」とある。賢良を訪問するのは、必ず八月とするのは、諸物が成長しきるの（が八月なの）で、その時節に

従い、養育を助けるためである。（『礼記』）月令《がつりょう》では、「仲秋の月（八月）に老人を養い、床几と杖を授け、糜粥《かゆ》と飲食を下賜する」とある。鄭玄《じょうげん》の注に、「老気を助ける」とある。

〔四〕『続漢志《しょくかんし》』に、「尚書の官秩は、六百石であり、俸禄は毎月七十石である」という。

趙典伝

趙典《ちょうてん》は、字を仲経《ちゅうけい》といい、蜀郡成都《しょくぐんせいと》の人である。父の趙戒《ちょうかい》は、太尉《たいい》となり〔一〕、桓《かん》帝《てい》が即位する際、定策《ていさく》（即位を定めた）の功により厨亭侯《ちゅうていこう》に封ぜられた。典は若いころから行いが篤く、清廉で倹約で〔二〕、広く経書を学び、弟子たちは遠方からも来訪した〔三〕。建和《けんわ》年間（一四七～一四九年）の初め、（太尉・司徒・司空・大将軍の）四府が推薦し〔四〕、徴召されて議郎《ぎろう》を拝命し、禁中で講義を行った。二度遷って侍中《じちゅう》となった。このとき桓帝は、鴻池を広げようと考えていた。趙典は諫めて、「鴻池は広く大きく、百頃（約460 ha）もありますのに、さらに広く深くするのは、堯舜《ぎょうしゅん》の自ら倹約を尊び、文《ぶん》帝《てい》の人を愛することに従おうとする（陛下の）行いとは思えません」とした。桓帝は、諫言を納れて中止した〔五〕。

［李賢注］

［一］謝承《しゃしょう》の『後漢書《ごかんじょ》』に、「趙典《ちょうてん》は、太尉《たいい》の趙戒《ちょうかい》の叔父の息子である」という。

［二］（原文の）隠は、静というような意味である。（原文の）約は、倹という意味である。

［三］謝承の『後漢書』に、「趙典は、孔子《こうし》の七経《しちけい》、河図《かと》・洛書《らくしょ》、内外の諸学術を学び、極めぬところはなく、その授業を受ける者は百名余にも達した」とある。

［四］四府は、太尉府・司徒府・司空府・大将軍府である。謝承の『後漢書』に、「趙典は、性来ものの道理に明るく、志も定まり、節義は明らかであった。益州《えきしゅう》は茂才《もさい》に挙げたが、病気を理由に辞退し、太尉の黄瓊《こうけい》と胡広《ここう》は、それぞれ有道《ゆうどう》と方正《ほうせい》に挙げたが、共に応じなかった。桓帝は公車《こうしゃ》により徴召し、（趙典はこれを受け、その）対策《たいさく》は儒者の模範となった」とある。

［五］『墨子《ぼくし》』に、「尭舜《ぎょうしゅん》の堂の高さは三尺、階段は三段しかなく、茅茨《ぼうし》〔茅葺き屋根〕は切り揃えず、采椽《さいえん》〔垂木〕は加工せず、土の器から食べ、土の鼎から飲み、糲粱《れいりょう》〔玄米〕の飯、藜《れい》藿《かく》〔あかざ〕の羹《あつもの》（を食べ）、夏の日には葛の衣服を、冬の日には鹿の毛皮（を着た）」とある。これが自ら倹約することである。文帝は、かつて露台《ろだい》〔バルコニー〕を築こうと考え、匠を召し出して見積もらせたところ、代金は百金であった。文帝は、「百金といえば、中人〔中産階級〕十家分の資産にあたる。どうして台を作れようか」と言った。（文帝は）宮室や苑囿

を増やさず、（民に）不便があれば（禁令を）緩めて（苑囿を）解放した。これが（文帝の）人を愛することである。

父が卒し、（厨亭侯の）封を世襲した。（京師より）出て弘農太守《こうのうたいしゅ》となり、右扶風《ゆうふふう》に転任した。公務上の不祥事で辞職した。徴召されて城門校尉《じょうもんこうい》を拝命し、将作大匠《しょうさくだいしょう》に転任し、少府《しょうふ》に遷り、また大鴻臚《だいこうろ》に転任した。このとき（外戚など天子の）恩寵により諸侯となった者が、功労も無く封を受けることについて、群臣は心苦く思いながらも諫める者がいない中で、趙典《ちょうてん》はひとり上奏して、「そもそも功が無いのに賞を与えると、労を積むべき者は勉めなくなり、上の者が恩寵に預かり下の者が恥辱を被《こうむ》ると、天象を乱し（日・月・星の）軌道を犯すことになります[一]。かつ高祖《こうそ》（劉邦）の誓約にも、功臣でなければ封建しない、とあります[二]。どうか一切の（功無き者の）爵土を剝奪し、それにより（漢家の）旧典を保たれますように」と諫めた。（しかし）桓帝《かんてい》は従わなかった。しばらくして太僕《たいぼく》に転任し、太常《たいじょう》に遷った。朝廷は災異や判断し難い論議があると、そのたびに趙典に諮問した[三]。趙典は経典《けいてん》に依拠して正しく答え、（経典に）違戻《いれい》することはなかった。賞与を得るたびに門生の貧しい者に分け与えた。後に諫言して桓帝の意に背き、免官されて封国に赴いた。

［李賢注］

［一］『春秋左氏伝《しゅんじゅうさしでん》』（昭公伝七年）に、「国に正しい政治が行われず、善者が用いられなければ、自ずから罪として太陽や月の災異を招く。ゆえに政治は慎まなければならない。（そのためには）三つの事に務めればよい。一に人を選ぶこと、二に人を用いること、三に時に従うことである」という。『漢書《かんじょ》』（巻二十七下 五行志下）にも、「成帝《せいてい》のとき、一日に（外戚の）王氏《おうし》の五人を侯に封ずると、天の気が赤くなり、黄色の霧が四方を塞いだ。哀帝《あいてい》が（外戚の）丁氏《ていし》と傅氏《ふし》を封じたときも、また同様であった」とあり、これが善人を用いなければ、天象を乱し（日・月・星の）軌道を犯す、ということである。

［二］『史記《しき》』巻十七 漢興以来諸侯王年表に、「高祖《こうそ》（劉邦）は功臣たちと共に誓約して、「劉氏でなければ王となることはできない。功労が無ければ侯となることはできない。これに違う者は、天下が共にこれを討て」とした」とある。

［三］謝承《しゃしょう》の『後漢書《ごかんじょ》』に、「天子は趙典の道が立派であることを手本とし、尊んで国師《こくし》として、特進《とくしん》の位に列した。七たび九卿となったが、粗末な布団に寝て、食事には瓦の器を用いた」

とある。

桓帝《かんてい》が崩ずるにあたり、国にある諸侯に禁じて弔問に来られないようにした。趙典《ちょうてん》は慨嘆して、「わたしは粗末な衣服を纏《まと》う身から〔一〕、位は上列に挙げていただいた。烏《う》ですら親に食べ物を与えて育ててもらった徳に報いるという。いわんや士であればそうせねばならぬ」と言い〔二〕、ついに印綬と符策（辞令書）を解いて県《けん》に返還し、馬を駆って（弔問のため）京師に至った。州郡（の刺史や太守）および大鴻臚《だいこうろ》は共に捕らえて（法の定める）罪に処そうとしたが、公卿や百官は趙典の義行を褒め称え、封地の租税により罪を購《あがな》わせるよう上表し、（霊帝は）詔書により許可した。趙典は、二度遷って長楽少府《ちょうらくしょうふ》、長楽衛尉《ちょうらくえいい》を歴任した。公卿はまた上表して、「趙典は学問に篤く、知見が博いので、国師《こくし》とすべきです」とした。たままた趙典は病気で卒し〔三〕、（霊帝の）使者が弔問した。竇皇太后《とうこうたいごう》は、また使者を派遣して同時に印綬を贈らせ、諡《おくりな》して献侯《けんこう》とよんだ。

［李賢注］

〔一〕（原文の）褐《かつ》は、毛を織った布の衣服で、貧しい者が着る。

〔二〕『小爾雅《しょうじが》』に、「純黒で反哺《はんほ》〔親に育ててもらった恩に報いるため口移しで親に食物を与える〕するものを烏という」とある。『春秋元命包《しゅんじゅうげんめいほう》』に、「烏は、孝鳥である」という。

〔三〕謝承《しゃしょう》の『後漢書《ごかんじょ》』に、「霊帝《れいてい》が即位すると、趙典《ちょうてん》は竇武《とうぶ》・王暢《おうちょう》・陳蕃《ちんばん》たちと共に中常侍《ちゅうじょうじ》の曹節《そうせつ》・侯覧《こうらん》・趙忠《ちょうちゅう》たちを討とうと謀り、みな獄に下って自殺した」とある。病気で卒したとは書いていない。

趙典《ちょうてん》の兄の子である趙謙《ちょうけん》、趙謙の弟である趙温《ちょうおん》は、相継いで三公《さんこう》となった。趙謙は、字を彦信《げんしん》といい、初平《しょへい》元〔一九〇〕年、黄琬《こうえん》に代わって太尉《たいい》となった。献帝《けんてい》が長安《ちょうあん》に遷都する際、趙謙に車騎将軍《しゃきしょうぐん》の職務を兼任させ、先遣隊とした。翌〔初平二、一九一〕年、病気になって辞職した。また司隷校尉《しれいこうい》となった。車師王《しゃしおう》の侍子《じし》〔人質の王子〕が董卓《とうたく》に寵愛され、しばしば法を犯したため、趙謙は（侍子を）捕らえて殺した。董卓は激怒し、（検挙した）都官従事《とかんじゅうじ》を殺したが、しかし、平素より趙謙を敬い憚っていたため、（趙謙に）罪を加えなかった。転任して前将軍《ぜんしょうぐん》となり、派遣されて白波賊《はくは》を撃ち、功績があり、郫侯《びこう》に封ぜられた〔一〕。李傕《りかく》が、司徒《しと》の王允《おういん》を殺すと、また王允に代わって司徒となったが、数ヵ月して、病気のため免ぜられ、尚書令《しょうしょれい》を拝命した。この年に卒した。諡して忠侯《ちゅうこう》とよんだ。

趙温は、字を子柔《しじゅう》といい、はじめ京兆郡《けいちょうぐん》の丞《じょう》〔次官〕となったが〔二〕、歎じて、「大丈夫は、雄飛すべきである、どうして雌伏しておれようか」と言った。ついに官を棄てて去った。ある歳、大いに飢饉になると、家の食糧を散じて窮して餓えた人々に与え、活かした命は一万人余りに及んだ。献帝が西に向かって遷都すると、侍中《じちゅう》となり、（献帝と）車を共にして長安に至った。江南亭侯《こうなんていこう》に封ぜられ、楊彪《ようひょう》に代わって司空《しくう》となったが免ぜられた。しばらくして、また司徒・録尚書事《ろくしょうしょじ》となった。

〔李賢注〕

〔一〕郿《び》は、音が盤眉の反である。

〔二〕『漢書《かんじょ》』（巻十九 百官公卿表上）に、「三輔《さんぽ》の丞《じょう》は、武帝《ぶてい》が元鼎《げんてい》四〔前一一三〕年に置き、官秩は六百石である」という。

このとき李傕《りかく》は郭汜《かく》と互いに攻撃し合い、李傕は禁中を略奪し、献帝を脅迫して北塢《ほくう》に行幸させ、外部と朝廷との連絡は途絶えた。李傕は、ふだんから趙温《ちょうおん》が自分に同調しないと猜疑しており、そこで趙温を北塢の中に入れ、また献帝を黄白城《こうはくじょう》に移そうとした。趙温は、李傕に書簡を与え、「公《きみ》は先に董公《とうこう》のために仇を討つと称しながら、実は王城を攻め滅ぼし、大臣を殺戮した。天下は家ごとに見て、戸ごとに説くことはできない。いま郭汜とくだらない恨みを争って〔一〕、とても重い仇敵となった。（二人が争いあうことで）人々は塗炭の苦しみにあり、生きた心地もしないにも拘らず、悔い改めずついに争乱を起こした。朝廷は、頻《しき》りに明らかな詔を下し、和解させようとしたのに、陛下の命令は行われず、威厳は日々に損なわれた。そのうえまた陛下を移動させ、改めて行くべきではない所に御幸させようというのは、この老夫には全く理解できない。『周易《しゅうえき》』（大過）に、一たびすることを過といい、再びすることを渉といい、三たびして悔い改めなければ、頭の天辺《てっぺん》から（水に）没する。凶であるという〔二〕。早急に和解し、軍を引き駐屯地に帰り、上は陛下を安心させ、下は民草を全うすべきである。（そうなれば）幸甚である」と伝えた。李傕は激怒し、人を遣って趙温を殺そうとした。（しかし）李傕の弟の李応《りおう》は、趙温の故吏であった。（そこで李応は）李傕を諫めること数日、ようやく趙温は免れることができた。

趙温は、献帝《けんてい》が許《きょ》を都とする際にも付き従った。建安《けんあん》十三〔二〇八〕年、司空《しくう》の曹操《そうそう》の子である曹丕《そうひ》を辟召して（司徒《しと》）掾《えん》としたため、曹操が激怒した。（曹操は）趙温は臣の子弟を辟召したが、これは選挙不実であると上奏し、官を免じた。この年に卒した。年は七十二歳であった。

〔李賢注〕

〔一〕（原文の）睚眥《がいさい》は、解釈が（『後漢書』列伝第十三）竇融《とうゆう》伝に見える。三十斤を鈞とする。（原文の千鈞は）その重いことをいう。

〔二〕（原文の）滅は、没という意味である。『周易《しゅうえき》』大過の上六、「（川を徒歩で）渡ることが行き過ぎ、頭の天辺から水に没する。凶である」という。王弼《おうひつ》（の注）に、「大過の卦の終極におり、たいへん行き過ぎている。難所を渡ろうとして行き過ぎ、そのため頭まで没してしまう。凶である」という。

賛にいう、宣秉《せんへい》・鄭均《ていきん》・（王丹、王良の）二王は、身を謹み清廉であった。杜林《とりん》はよく古典に依拠し、張湛《ちょうたん》は厳格であった。趙典《ちょうてん》は義行により退けられ〔一〕、承宮《しょうきゅう》は徳により昇進した。大儀《たいぎ》〔呉良《ごりょう》〕は白髪で、東平憲王《とうへいけんおう》の劉蒼《りゅうそう》に表彰され［二］、少卿《しょうけい》〔郭丹《かくたん》〕は出仕を志し、（志どおり）使者《ししゃ》の車に乗ることができた。

［李賢注］

［一］（趙典が）郡国から離れて弔問に駆けつけ、（封国の）租税により罪を贖《あがな》ったことをいう。

［二］（原文の）鵠髪とは、白髪という意味である。

桓譚馮衍列伝第十八上

桓譚伝

桓譚《かんたん》は、字を君山《くんざん》といい、沛国相県《はいこくしょうけん》〔安徽省濉渓県の北西〕の人である[一]。父は成《せい》帝《てい》のときに太楽令《たいがくれい》となった。桓譚は父の質任として郎《ろう》となり、音律を愛好して[二]、琴を弾くことに長じた。博学で多くのことに通じ、あまねく五経《ごきょう》を広く習得し、みな大要をつかんで、章句《しょうく》の学問〔細かい字句に拘わる学問〕をしなかった[三]。文章を作ることに長《た》け、古文学《こぶんがく》を好み、しばしば劉歆《りゅうきん》や揚雄《ようゆう》に師事して、疑問や異論を分析した。生来、俳優の音楽を好み[四]、外見を取り繕わず、礼儀作法にこだわらず、俗儒を批判することを好み、排撃されることも多かった[五]。

〔李賢注〕

[一] 相《しょう》は、県の名であり、故城は唐の徐州符離県《じょしゅうふりけん》の西北にある。

[二] 宮《きゅう》・商《しょう》・角《かく》・徴《ち》・羽《う》、これを五声《ごせい》といい、声が文《あや》をなしたもの、これを音という。律とは、六律《りくりつ》をいい、黄鐘《こうしょう》・太族《たいそう》・姑洗《こせん》・蕤賓《ずいひん》・無射《ぶえき》・夷則《いそく》である。

〔三〕『説文解字《せつもんかいじ》』に、「詁は、古い言葉を訓ずることである」という。章句《しょうく》とは、章（文のまとまり）を明らかにして一字一句を分析し、細かいことまで明らかにすることをいう。
〔四〕（原文の）倡《しょう》は、俳優という意味である。
〔五〕（原文の）抵《し》は、撃という意味であり、音は紙である。

哀帝《あいてい》や平帝《へいてい》のころ、（桓譚《かんたん》の地位は）郎《ろう》に過ぎなかった。傅皇后《ふこうごう》の父である孔郷侯《こうきょうこう》の傅晏《ふあん》は、とても桓譚と仲が良かった〔一〕。このとき、高安侯《こうあんこう》の董賢《とうけん》が寵遇され、妹は昭儀《しょうぎ》となり、皇后は日に日に寵愛が衰え、傅晏は物事が思い通りにいかず、鬱々としていた。そこで桓譚は、「むかし武帝《ぶてい》は、衛子夫《えいしふ》を皇后に立てようと考え、秘かに陳皇后《ちんこうごう》の過失を探り〔二〕、陳皇后はそうして廃位され、子夫は皇后となりました。いま董賢は寵遇され、妹が最も寵愛を受けており、子夫の政変が再現されようとしています。憂えずにおられましょうか」と進言した。傅晏は慌てて、「それならば、これをいかがしたものか」と尋ねた。桓譚は、「刑罰であっても無罪の人に加えることはできず、邪佞な人であっても正人に勝つことはできません。そもそも士は才智により君に（用いられることを）求め、女は媚道により主に（愛されることを）求めるものです。皇后は年若く、辛酸を嘗めたことが多くはありません。あるいは（董賢が）医者や巫を駆使して、外に方術士を求めれば、備えないわけにはいきません。また、君侯は皇后の父であるために尊重され、しかも多くの食客と誼《よしみ》を通じていますので、必ずや大勢力であることを口実に、非難をするでしょう。謝絶して門徒たちを遠ざけ、努めて謙虚で慎み深い態度を取るのがよいでしょう。これが身を修め家を正して禍いを避ける道です」と言った。傅晏は、「わかった」と言った。ついに交わりを断って食客を追い出し〔三〕、後宮に入って皇后に、桓譚の戒めるとおりに言った。後に董賢は、果たして太医令《たいいれい》の真欽《しんきん》に示唆して、傅皇后の過失を探させ、そうして皇后の弟である侍中《じちゅう》の傅嘉《ふか》を捕らえたが、詔獄《しょうごく》〔勅命により設ける特別法廷〕に下しても（これといった）罪が無かったため、やがて傅嘉は許された。こうして傅氏は、最後まで哀帝の時に全うすることができた。董賢は、大司《だいし》馬《ば》となると、桓譚の名声を聞き、これと交わりを結ぼうとした。桓譚は、まず先に董賢に書簡を贈り、国家を輔弼し我が身を保つための道を説いたが、董賢は用いられず、ついに誼を通じなかった。王莽《おうもう》が摂政となり（漢を）簒奪し（皇帝を）弑逆しようとした際、天下の士は、競って（王莽の）徳や美を称揚し、符命を偽作して取り入ろうとしたが、桓譚はひとり自制し、黙然として言わなかった。王莽の時に掌楽大夫《しょうがくたいふ》となり、更《こう》始帝《してい》が即位すると、徴召されて太中大夫《たいちゅうたいふ》を拝命した。

［李賢注］

［一］傅皇后《ふこうごう》は、哀帝《あいてい》の皇后である。

［二］子夫は、衛皇后《えいこうごう》である。（衛皇后は）もと平陽公主《へいようこうしゅ》家の歌姫であったが、武帝の寵愛を得て、皇子の劉拠《りゅうきょ》を産み、ついに立って皇后となった。陳皇后は、武帝の叔母である長公主嫖《ちょうこうしゅひょう》の娘である。武帝の寵愛を十年間独占したが子は無く、衛子夫が寵愛を得たと聞いて、（嫉妬の怒りによって）しばしば死ぬほどになった。武帝は怒り、ついに媚道《びどう》を利用したことが発覚したとし、廃位して長門宮《ちょうもんきゅう》に軟禁した。嫖は、音が匹妙の反である。（これについては）『漢書《かんじょ》』（巻九十七上 外戚伝上）に見える。

［三］（原文の）「常」は、ある本では「賓」につくる。

光武帝《こうぶてい》が即位すると、徴召されて待詔《たいしょう》〔任官待ち〕となった。上書して事を陳《の》べたが皇帝の意に合わず、用いられなかった。後に大司空《だいしくう》の宋弘《そうこう》が桓譚《かんたん》を推挙し、議郎《ぎろう》・給事中《じちゅう》を拝命した。そこで上疏して現在あるべき政治を説いた。それは、次の通りである。

臣が聞きますには、国の興廃は政事にあり、政事の得失は輔佐（の臣）に掛かっていると申します。輔佐（の臣）が賢明であれば、俊才の士は朝堂に満ち、政事は世の求めに合致し、輔佐（の臣）が不明であれば、政論は時宜を失い、政事は誤りが多くなります。そもそも国を保持する君主は、（賢者と）一緒に教化を興し、善を行おうと考えているのに、政道が治まらない理由は、世のいわゆる賢者と（輔佐の臣として必要な賢者とが）異なっているためです。むかし、楚《そ》の荘王《そうおう》は孫叔敖《そんしゅくごう》に尋ねて、「寡人《わたし》はまだ国是《こくぜ》（国家の基本方針）を定める理由が分からない」と言いました[一]。孫叔敖は、「国是があることは、多くの者の憎むところです。恐らく王は（国是を）定めることはできますまい」と答えました。荘王は、「（国是が）定まらないのは、ひとり王のためか、それとも臣下のためか」と尋ねます。孫叔敖は、「王は臣下に驕って、「臣下は君主がいなければ富貴となれまい」と言います。臣下は君主に驕って、「王は臣下がいなければ無事には過ごせまい」と言います。君主はあるいは亡国に至るまで悟らず、臣下はあるいは飢え寒さに至るまで進みません。（このように）君臣が和合しなければ、国是が定まる道理はありません」と答えました。荘王は、「よろしい。どうか宰相・諸大夫と共に国是を定められよ」と言いました（とあるように、君主が輔佐の臣を全面に信任してこそ国是は定まるものなのです）〔二〕。考えますに善政というものは、民俗を観察して教化を行い、悪い事態を想定して防ぐ手だてを立て、威と徳とが共に興り、文と武とが互いに用いられるもので、そうした後に政事は時世にあって治まり、騒ぎ乱れる輩を定めることができるのです〔三〕。むかし董仲舒《とうちゅうじょ》は、「国を治めることは喩えるならば琴のようなもので、音が整わなければ糸を解いて改めて張り直されなければなりません」と申しました〔四〕。（しかし）そもそも改めて張り直す（ように政事を一からやり直す）ことは難しく、多くの者（の意見）に逆ら（い改革を行）う者は滅びます〔五〕。このために（時ならぬ中央集権政策を進言した）賈誼《かぎ》はその才によって（京師から）逐われ、（力による諸侯の領土を削減した）鼂錯《ちょうそ》はその智によって刑死いたしました〔六〕。世に優れた才能があっても、あえて政策を論ずる者がないのは、こうした前世の事を恐れているためなのです。

［李賢注］

〔一〕荘王は、名を旅《りょ》といい、穆王《ぼくおう》の商臣《しょうしん》の子である。孫叔敖《そんしゅくごう》は、楚の賢明な宰相である。言いたいことは、国を治めることを正しくしたいが、まだどのように正しさを得たらよいか分からない、ということである。

［二］このことは『新序《しんじょ》』（巻二 雑事）に見える。

［三］（原文の）躁《そう》は、動というような意味である。騒ぎ乱れて治まらない者のことをいう。

［四］このことは『漢書《かんじょ》』（巻五十六 董仲舒伝）に見える。

［五］（原文の）払《ふつ》は、違という意味である。音は扶弗の反である。

［六］賈誼《かぎ》は、洛陽《らくよう》の人である。文帝《ぶんてい》に仕えて博士《はくし》となった。詔令が下るたびに、多くの老博士は、まだ言葉にできていないのに、賈誼はすべてこれに対《こた》え、（その対えは）人々がそれぞれ言葉にしようとした志と同じであった。（そのため）周勃《しゅうぼつ》や灌嬰《かんえい》たちは、賈誼を憎み、文帝もまた賈誼を疎んじ、そこで（左遷して）賈誼を長沙太傅《ちょうさたいふ》とした。鼂錯は、潁川《えいせん》の人である。文帝に仕えて太子家令《たいしかれい》となり、智嚢《ちのう》〔ちえぶくろ〕と号された。景帝《けいてい》が即位すると、御史大《ぎょしたい》夫《ふ》となり、諸侯の周辺の領地を削ることを求めた。後に（それに反発した呉楚）七国が反乱を起こすと、鼂錯の誅殺を名目としたため、（乱の鎮静化を目指した景帝により）鼂錯は腰斬された。これらのことは、『漢書』（巻四十八 賈誼伝、巻四十九 鼂錯伝）に見える。

法律や禁令を設けるのは、（それにより）すべての天下の悪事を防ぐのではなく、多くの人の望むところに合わせるためです。国家にとって利が多いものを取れば、それで良いのです。官吏を置くのは、万人を治めるためです。賞罰を設けるのは、善悪を明らかにするためです。（そうして）悪人が誅殺されれば、善人は福を蒙ります。いま人々は互いに殺傷し合い、すでに法の裁きを受けたのに、秘かに怨恨を抱き、子孫同士で報復し合い、後の遺恨は以前よりも深くなり、家を滅ぼし生業を絶やすことになっても、世俗は（これを）豪健と称賛します。そのため臆病なのに強いて報復に走るのです。これを人々が自ら治めることを許し、法律の無い状況と呼ぶのです。いま（漢家の）旧令を述べ明らかにし、すでに官の誅に伏しながらも私的に互いに殺傷する者は、その者が逃亡したとしても家族を辺境に徙刑し、互いに傷つけあう者は、通常より二等重い罰を加え、（連坐した女性が）雇山《こざん》により罪を贖《あがな》えなくさせるべきです[一]。このようにすれば、民の怨恨は自然と解け、盗賊は終息しましょう。

［李賢注］
［一］雇山（女性への刑罰で、徒刑の代わりに家に返し、人を雇って山で伐らせた木を官に納入させる制度）の意味は（『後漢書』本紀第一）光武帝紀《こうぶていき》に見える。

国を治める道は、本業（である農業）を奨励し、末利（である商業）を抑制することにあります。このために先帝（高祖劉邦）は、人が二つの生業を兼ねることを禁じ、商人を禁錮《きんこ》〔官吏にさせないこと〕して、官吏に仕えさせませんでした[一]。これは（他人のものを）奪い併せるのを抑制し、廉恥の心を育むためでした。（しかし）いま豪商たちは、多くの土地や財産を思いのままにし、一般の家の子弟は、その請負人となり[二]、奴僕のように奔走し、（豪商の）収入は列侯（の租税）に匹敵しています[三]。このため多くの者は、こうありたいと願い、耕作せずに食おうとし、奢侈に通じて、耳目を奪われています。いま多くの豪商たちに互いの罪を告発させ、もし自分が努力して得たものでなければ、不正の財貨として告発した者に与えるべきです[四]。そうすれば、（かれらも）自分一人で仕事を行い、財貨を人に与えず、仕事は少なくなり財力も弱くなって、田畑の仕事に精を出すでしょう。田畑が治まれば、穀物も多く収穫され、地力も尽くされるでしょう。

［李賢注］

［一］高祖《こうそ》（劉邦）の時、商人に絹の衣服を着て車に乗ることを禁じ、その子孫は仕えて官吏と

させなかった。

［二］（原文の）中家《ちゅうか》とは、中流の（家）という意味である。（原文の）保役は、（役を）請け負う者のことである。

［三］（原文の）収税《しゅうぜい》とは、銭を貸して利息を取ることをいう。『東観漢記《とうかんかんき》』に、「中家の子弟は、豪商の請負人となり、（あたかも県が国に行うように）徴収した税額を報告し、奔走して這《は》いつくばること、奴僕のようであり、（豪商は金貸しにより）居ながらにして利益をあげている」とある。

［四］（原文の）畀《ひ》は、与という意味である。『東観漢記』に桓譚《かんたん》の言葉を載せて、「豪商は、奢侈品に通じ、羅紈《らがん》〔薄絹と白絹〕、綺繡《きしゅう》〔綾絹〕、雑綵《ざつさい》〔色とりどりの織物〕、玩好《がんこう》〔工芸品〕は、人々の耳目を惑わせ、その財産を蕩尽させようとしています。これは下々に奢侈への誘惑を植え付けて、貧困の原因とすることです。人々に倹約によって富裕にさせようとしても、どうして叶いましょうか。そもそも習俗は、俄《にわか》には変わらず、民への教化は一日にして成りません。どうか商業の路を抑制して、これを漸次衰退させるべきです」とある。畀は、音が必二の反である。

また、（官吏たちが）法令により事を決することを見ますと、（法の適用の）軽重が一定ではなく、同じ事に適用される法が異なり、罪が同じなのに求刑が異なることがあります。（それにより）姦吏たちは取引ができ（罪の軽重を願う人々が集まって）市をなし、助けようとする者には寛容な議論、陥れようとする者には苛酷な議論を展開しています。これは刑罰に二つの基準を設けるものです。いま義理に通じ法律を明らかに習った者に、条文と判例を校訂させ［一］、その基準を統一して、全国に通達し、旧来の条文を削除すべきです。こうすれば、天下は法（の統一性）を知り、獄に怨嗟が満ちることもなくなるでしょう［二］。

（桓譚の）上書は上奏されたが、取り上げられなかった。

［李賢注］

［一］（原文の）科《か》とは、法の条文をいい、（原文の）比《ひ》とは、その判例をいう。

［二］（原文の）方《ほう》は、法という意味である。

このとき光武帝《こうぶてい》は讖緯《しんい》を信じ、多くの疑念が残る問題を（讖緯により）決断した。また賞を酬《むく》いることが薄く、天下はまだ安定しなかった。桓譚《かんたん》は再び上疏を奉り、次のように述べた。

臣《わたくし》は先に愚言を献じましたが、いまだ詔によるお答えがなく、憤懣《ふんまん》に堪《た》えませんので、死を冒《おか》して再び述べることにいたします。愚人の策謀でも、政治に裨益することがあるのは、人心に適《かな》い事の理を得ているためです。そもそも人情では、現実の事実を軽視して異聞を尊びますが、先王の記した経典を見ますに、みな仁義・正道を本とし、奇怪・虚妄のことはありません。思うに天道《てんどう》と性命《せいめい》は、聖人も言うのを憚ったことです。子貢《しこう》より後、これを聞いたものはなく、まして後世の浅儒がこれに通ずることはありません［一］。いま多くのずる賢く小才な方伎《ほうぎ》の者どもが、河図《かと》・洛書《らくしょ》をいたずらに増やし、讖《しん》記《き》を偽称して［二］、邪悪な者どもを惑わし、主君を誤らせています。これらを抑え遠ざけない道理がありましょうか［三］。臣譚《わたくし》は、陛下は、方士の錬金術を退け、たいへん英明であられたと聞きます［四］。それなのに、讖記を聞き入れようとなさるとは、なぜ誤られたのでしょうか。讖記の予言は、時として（現実と）合致することもありますが、喩えるならば、まぐれ当たりの占いの類《たぐい》のようなものです［五］。どうか陛下は、（正しい主張を）明らかに聴き入れ、聖意を表して、（讖記のような）群小の怪説を退け、五経の正義を敷衍《ふえん》して、雷同の俗語を省き、物事に通じた者の正しい意見にご留意ください〔六〕。

［李賢注］

［一］『論語《ろんご》』（公冶長篇）に、「子貢《しこう》は、「夫子《ふうし》〔孔子〕の詩書についての言葉は、聞かせてもらえる。（しかし夫子の）性と天道についての言葉は、聞かせてもらえない」と言った」とある。鄭玄《じょうげん》の注に、「性とは、人の血気を受けることで、（生まれながらに）賢愚・吉凶があることをいう。天道は、七政〔日月と五星〕の変動の占いである」という。

［二］（原文の）伎とは、方伎《ほうぎ》をいい、医者と方術家である。（原文の）数は数術《すうじゅつ》といい、明堂《めいどう》・義和《ぎか》・史卜《しぼく》の官である。（原文の）図書《としょ》は、讖緯《しんい》・符命《ふめい》の類《たぐい》である。

［三］『東観漢記《とうかんかんき》』に、桓譚の上書を掲載して、「偽って孔丘《こうきゅう》が讖記を作ったと称して、君主を誤らせている」とある。

［四］（原文の）黄白《こうはく》とは、薬により金銀を化合して生成する（錬金術の）ことをいう。方士《ほうし》は、方術を持つ士である。

［五］たまたま的中することである。

［六］雷の音が発せられると、万物は同じく（それに）応じる。俗人には、是非を判断する心が

なく、言葉を出すことが同じになるので、これを雷同という。『礼記《らいき》』（曲礼篇上）に、「雷同してはいけない」とある。

また臣が聞いているところでは、（世が）安定して平和であれば道徳と学問に優れた士を尊び、（世が）乱れれば甲冑の臣を尊ぶものであると申します〔一〕。いま聖（なる漢）朝は皇統を復活し、天下の主となりながら、四方の盗賊たちがすべては帰服しないのは、権謀術数が用いられないからであります。臣譚《わたくし》が伏して見ますに、陛下は兵を用いて、すでに降伏させた者に、厚く恩賞を与えて互いに誘わせることがなく、（降伏した者のなかの）あるものは（困窮して）財物を略奪するまでに至っています。このために（まだ降伏していない）兵長や部隊長たちはそれぞれ狐疑《こぎ》逡巡《しゅんじゅん》して、党派を結成し一年のうちに解散する気配はありません。古人に言葉があり、「天下の者たちは、みな取ることが取ることであることは知っているが、しかし、与えることが取ることであることを知らない」と申しています〔二〕。陛下は、ぜひ賜爵（の基準）を軽くし恩賞を重くし、兵士と共に分かち合えば、招いても至らず、説いても承服せず、向かっても受け入れず、征伐しても勝たないということがありましょうか。このようにすれば、狭きものを広く、遅いことを速く、亡びたものを存し、失われたものを得ることができましょう」と申し上げた。

光武帝《こうぶてい》は、上奏文を見て、ますます不快に思った。

［李賢注］

［一］（原文の）介《かい》は、鎧という意味である。（原文の）冑《ちゅう》は、兜という意味である。

［二］言いたいことは、先に豊かに与えておき、後に取るということである。『老子《ろうし》』（第三十六章）に、「これを廃そうと思えば、必ずしばらくこれを興す。これを奪おうと思えば、必ずしばらくこれに与える」とある。

そののち、詔により霊台《れいだい》の設置場所を議論させた［一］。光武帝《こうぶてい》は桓譚《かんたん》に、「吾《わたし》は讖記《しんき》によって、霊台の場所を決めようと思う。どうか」と聞いた。桓譚は、しばらく黙然とした後に、「臣《わたくし》は讖記を読みません」と答えた。光武帝が理由を問うと、桓譚はまた讖記が経典ではないことを極言した。光武帝は大いに怒り、「桓譚は聖（なる讖記）を誹《そし》り法を無《な》みした、（司直《しちょく》に）下して斬罪に処せ」と言った。桓譚は（罪を謝して）叩頭して流血し、しばらくしてようやく赦された。（しかし左遷され京師から）出されて六安郡《りくあんぐん》丞《じょう》となったが［二］、鬱々として楽しまず、赴任の途中で病没した。時に七十余歳であった。

　これよりさき、桓譚は、書物を著し、時論を述べること二十九篇、号して『新論《しんろん》』と呼び、上書して献上した。光武帝は称賛した［三］。（『新論』のなかの）琴道の一篇はまだ完成していなかったので、章帝《しょうてい》は、班固《はんご》に完成させた［四］。（桓譚が）著した賦・誄《るい》（追悼文）・書信・上奏は、すべてで二十六篇であった。

元和《げんわ》年間〔八四〜八七年〕、章帝が東方に巡狩した際、沛《はい》郡に至り、使者を派遣して桓譚の墓を祀らせた。郷里の者はそれを光栄とした。

［李賢注］

［一］楊衒之《ようげんし》の『洛陽伽藍記《らくようがらんき》』に、「平昌門《へいしょうもん》を真っ直ぐ南へ行く大道の東は明堂であり、西は霊台である」という。

［二］六安郡《りくあんぐん》は、故城が唐の寿州安豊県の南にある。

［三］『新論』の第一は本造《ほんぞう》といい、第二は王覇《おうは》、第三は求輔《きゅうほ》、第四は言体《げんたい》、第五は見徴《けんちょう》、第六

は譴非《けんひ》、第七は啓寤《けいご》、第八は祛蔽《きょへい》、第九は正経《せいけい》、第十は識通《しきつう》、第十一は離事《りじ》、第十二は道賦《どうふ》、第十三は弁惑《べんわく》、第十四は述策《じゅつさく》、第十五は閔友《びんゆう》、第十六は琴道《きんどう》である。本造・述策・閔友・琴道はそれぞれ一篇で、他はみな上下がある。『東観漢記《とうかんかんき》』に、「光武帝はこれを読み、勅《ちょく》して一巻の字数が多いと言い、みな分けて上下とし、すべてで二十九篇とした」とある。

〔四〕『東観漢記』に、「琴道篇は完成しておらず、ただ冒頭の一章があるだけであった」とある。

馮衍伝

馮衍《ふうえん》は、字を敬通《けいつう》といい、京兆尹杜陵《けいちょういんとりょう》〔陝西省西安市の南〕の人である〔一〕。祖の馮《ふう》野王《やおう》は、元帝《げんてい》の時に大鴻臚《だいこうろ》となった〔二〕。馮衍は幼少より奇才があり、九歳で『詩経《しきょう》』を暗唱し、二十歳になると多くの書に広く通じた。王莽《おうもう》の時、諸公は馮衍を推挙するものが多かったが、馮衍は辞退して仕えることを拒否した。

〔李賢注〕

〔一〕『東観漢記《とうかんかんき》』に、「馮衍の先祖は上党郡潞県《じょうとうぐんろけん》〔河北省三河県の南西〕の人であったが、曾祖父の馮奉世《ふうほうせい》が杜陵《とりょう》に徙《うつ》った」とある。

〔二〕馮野王は、字を君卿《くんけい》といい、馮奉世の長子である。『東観漢記』に、「馮野王は馮座《ふうざ》を生み、馮座は父の爵を世襲して関内侯《かんだいこう》となった。馮座は馮衍を生んだ」とある。華嶠《かきょう》の『後漢書』には、「馮衍の祖父の馮立《ふうりつ》は馮満《ふうまん》を生み、馮満は十七歳で父を亡くし、早く卒した。馮満は馮衍を生んだ」とある。

このとき天下に兵が起こり、王莽《おうもう》は更始《こうし》将軍《しょうぐん》の廉丹《れんたん》を派遣して山東《さんとう》（の諸賊）を討伐させた。廉丹は馮衍《ふうえん》を辟召し、共に定陶《ていとう》（山東省定陶の北西）に至った。王莽は、廉丹に追加して詔を下し、「倉稟は尽き、府庫も空である。これを怒り、そして戦え。将軍は国家の重い任務を受けている。その身を戦地に曝《さら》す以外には、国恩に報い責務を果たす術はない」と告げた。廉丹は恐れ慌て、夜になって馮衍を呼び、詔を見せた。そこで馮衍は廉丹に、「衍《わたくし》が聞きますには、正攻法により成功を修める者は、正道の尊ぶところである。正道ではないが功績のある者は、権《けん》の尊ぶところであると言います〔一〕。このために成功することを期して、手段を問わず、大体を問題にして、小節に拘《こだわ》らないのです。むかし逢丑父《ほうちゅうほ》は、（車の前の横木である）軾《しょく》に伏せて（身代わりとなり）主君に水を汲みに行かせて、諸侯に称えられました〔二〕。鄭《てい》の祭仲《さいちゅう》は突《とつ》を（君主に）立て忽《こつ》を追放し、最後に（忽を）復位させられましたが、『春秋《しゅんじゅう》』（公羊伝桓公十一年）は、美としています。思うに生を死に変え、存を亡に変えることは、君子の道です〔三〕。衆の意志に背いても、国を守り我が身を全うするのは、賢智の謀《はかりごと》です〔四〕。このため『周易《しゅうえき》』（繫辞下伝）に、「行き詰まれば変じ、変ずれば通じ、通じれば長続きし、こうして天祐を受けて、万事に吉となる」とあるのです〔五〕。不可であることを知りながら強いて事を行い、軍を破滅させ兵士を損ない、主君を補佐することなく、その身が死する日に、義を当世に称されないようなことは〔六〕、智者はせず、勇者はしません。また衍《わたくし》が聞くには、時を得るのに怠ることはないと申します〔七〕。張良《ちょうりょう》は、五世続いて韓《かん》の宰《さい》相《しょう》（の家の出身）であったので、秦《しん》の始皇帝《しこうてい》を博浪沙《はくろうさ》に撃ち〔八〕、その勇は孟賁《もうほん》や夏育《かいく》より抜きん出て、その名は泰山《たいざん》よりも高くなりました〔九〕。（翻ってみるに）将軍の祖先は、漢《かん》に忠信のある臣下でした〔一〇〕。新室《しんしつ》が興りましたが、英雄たちは（新に）付いておりません。いま天下は崩れ乱れ、人々は漢の遺徳を懐かしむこと、（『詩経』の）詩人が召公《しょうこう》を思慕したよりも強いものがあります。（周の民は召公が宿ったという）甘棠《かんとう》すらを惜しみました。それならば（漢の忠臣の）子孫（である将軍）を惜しまぬことがありましょうか〔一一〕。今まさに将軍のために計りますに、大郡に割拠して、吏士を鎮撫し、その忠節を研ぎ澄ませ、百里四方の民に、牛や酒を毎日賜い、雄士を養って、忠のある智者に計略を尋ね、（人々の）帰服を促し、戦略的な機会を窺い、天下国家の利を興して、万人の害を除くよう心掛けるべきです。そうすれば（将軍の）福禄は永遠に尽きず、功業は不滅に輝くでしょう。軍隊は中原に転覆し、我が身は草地で脂をたらして野垂れ死にし、功業は敗れ名誉は失い、恥辱が先祖に及ぶこととどちらがよいでしょうか〔一二〕。聖人は禍を転じて福となし、智士は失敗によって功をなします。明公、どうか深慮して凡俗と同じくすることがありませぬように」と説いた。廉丹は、従えなかった。進軍して睢陽《すいよう》〔河南省商丘県の南東〕に入ると、また廉丹に説いて、「聞くところによると、明者は無形に予見し、智者は未萌のうちに慮《おもんぱか》ると申します。まして聡明な者は猶更です〔一三〕。患いは思わぬ所から生じ、禍いは些事より発します〔一四〕。敗れてから悔いても遅く、時は失うことができません。公孫鞅《こうそんおう》は、「高明な行いがあれば、非難を世に受け、独創的の計略があれば、人に憎まれる」と言っています〔一五〕。このために凡庸なる論を信じては、金石のごとき計略は崩れ〔一六〕、世情の事を踏襲しては、高明なる徳を失うのです。決断は智の君であり、逡巡は賤しき行いです〔一七〕。時は二度とは至りません。公よ、どうか迷われますな」と言った。廉丹は聞かず、ついに進軍して無塩《むえん》〔山東省東平の東〕

に至り、赤眉《せきび》と戦って死んだ[一八]。馮衍は、河東《かとう》に亡命した[一九]。

[李賢注]

[一] 正道に反してはいても、それでも事に成功することは、これを権《けん》という。いわゆる（『春秋公羊伝』などにいう）経《けい》には背いているが、義には適《かな》っていることである。

[二]『春秋左氏伝《しゅんじゅうさしでん》』（成公伝二年）に、斉《せい》と晉《しん》が鞌《あん》で戦い、晉の卿の韓厥《かんけつ》は追いかけて斉侯に迫った。斉の臣の逢丑父《ほうちゅうほ》は、そこで斉侯と（車に乗る）位置を代わって、斉侯に車を御させた。韓厥が斉侯に追いつこうとすると、逢丑父は、斉侯に華泉《かせん》に行って水を汲ませ、韓厥はこうして逢丑父を（捕らえて、中軍の将の）郤克《げきこく》に引き渡した。郤克が逢丑父を殺そうとすると、丑父は、「今まで主君に代わって禍を受けた者があったということはない。（しかし）ここに一人だけある。（それでも私を）殺そうというのか」と叫んだ。郤克は、「自分の死により主君を逃がすことを憚らぬものがあったとは。わたしがこれを殺すことは不祥である。これを赦免して主君に仕える者を励まそう」と言っ（て逢丑父を赦し）た。

[三] 祭仲《さいちゅう》は、鄭《てい》の大夫《たいふ》であり、突《とつ》と忽《こつ》は、共に鄭の荘公《そうこう》の子である。荘公が薨じて、太子の忽が即位すべきであった。（ところが）公子の突は、宋の出身である。このため宋人《そうひと》は鄭の祭仲

を捕らえた。『春秋公羊伝《しゅんじゅうくようでん》』（桓公十一年）に、「祭仲は、どうして名を記さないのか。賢とするからである。何を賢とするのか。権《けん》を知っていたからである。権を知るとはどういうことか。宋人がかれを捕らえて言った、「私のために忽を追放して突を立てよ」と。祭仲がその言葉に従わなければ、君主は必ず死に、国家は必ず滅んでいた。その言葉に従えば、君主は生を死に変えることができ、国家は存続を滅亡に変えることができた。古《いにしえ》の人で権を知る者とは、祭仲のことである。権は経《けい》に反するが、その後に善（なる結果）がある。（ただし）権を行うにも道がある。人を殺して自分が生き、人を滅ぼして自分が存在することは、君子はしてはならない」とある。

［四］（原文の）詭《き》は、違という意味である。

［五］みな『周易《しゅうえき》』繫辞下伝の言葉である。

［六］（原文の）負は、失うという意味である。

［七］怠は、懈という意味である。言いたいことは、急いで趨くべき時ということである。

［八］張良《ちょうりょう》の祖父の張開地《ちょうかいち》は、韓《かん》の昭侯《しょうこう》・宣恵王《せんけいおう》・襄哀王《じょうあいおう》の宰相であり、父の張平《ちょうへい》は、釐《り》王《おう》・悼恵王《とうけいおう》の宰相であった。五代にわたり韓の宰相であるとは、張良の祖父と父が、韓の五王に宰相であったことをいう。後に秦《しん》が韓を滅ぼすと、張良の家僮は三百人もいたが、その

家財をすべて投じて刺客を募り、秦王を刺そうとした。力士を得て、重さ百二十斤の鉄槌をつくり、始皇帝を博浪沙で襲撃した。博浪は、地名であり、唐の鄭州陽武県の南にある。(原文の) 椎は、音が直追の反で、撃つことをいう。

［九］孟賁《もうほん》と夏育《かいく》は、共に古の勇士である。『前書音義』に、「孟賁は生きた牛の角を抜くことができた。夏育は衛《えい》の人で、千鈞の重さを挙げる力があった」とある。

［一〇］廉褒《れんほう》は、襄武《じょうぶ》〔甘粛省隴西の南東〕の人であり、宣帝《せんてい》の時に後将軍《こうしょうぐん》となった。これが廉丹《れんたん》の祖先である。

［一一］『詩経《しきょう》』小雅 (車舝《しゃかつ》) に、「幽王《ゆうおう》の徳を期待しないが、賢君の徳を待ち望んで歌いかつ踊る」とある。漢の徳について言ったのは、人々が歌い舞って、それを待望したからである。

［一二］『尚書《しょうしょ》』(泰誓篇上) には、「人が欲すれば、天は必ずその通りに従う」とある。

［一三］(原文の) 与は如のような意味である。

［一三］(原文の) 哲は、明という意味である。商鞅《しょうおう》は秦の孝公《こうこう》に、「愚者は事が成っても分かりませんが、智者は事が萌さないうちに察します」と言った。

［一四］司馬相如《しばしょうじょ》は、「禍は多く微《かす》かな所に隠れ、人の思わぬ所に発する」と言った。

［一五］この言葉は、『史記《しき》』巻六十八 商君列伝に見える。(原文の) 釁は、悪というような意味で

ある。『史記』は、贅を疑につくる。

〔一六〕（原文の）庸は、常という意味である。金石はそれにより堅いことに喩えている。

〔一七〕（原文の）役は、賤というような意味である。

〔一八〕無塩は、県の名であり、東平郡に属する、故城は唐の鄆州《うんしゅう》須昌《しゅしょう》県の東にある。

〔一九〕華嶠《かきょう》の『後漢書』に、「廉丹が死ぬと、馮衍は西に帰った。官吏は亡軍の罪により、司命に命じて駅伝を走らせて逮捕しようとした。そのため亡命したのである」という。

更始《こうし》二〔二四〕年、（更始帝は）尚書僕射《しょうしょぼくや》の鮑永《ほうえい》を派遣して大将軍《だいしょうぐん》の職務を兼任させ、北方を鎮撫させた〔一〕。馮衍《ふうえん》は、それに際し鮑永に計略を以下のように説いた。

衍《わたくし》が聞くところでは、明君は耳の痛い切実な言葉を嫌わず、それにより物事を深く考え、忠臣は主君と言い争うことをも辞さず、それにより様々な様相を明らかにすると申します〔二〕。このために君臣は共に興り、功名は並び立ち、金石に銘記され、その令名は忘れられません。いま衍《わたし》は、幸いにして自由に言葉を発言できる機会に恵まれ、言葉を高くする時に当たっています〔三〕。どうして拱手《きょうしゅ》し傍観して罪を避け、誠実を尽くさないことがありましょうか。

［李賢注］

［一］鮑永は、字を君長《くんちょう》といい、司隷校尉《しれいこうい》の鮑宣《ほうせん》の子である。

［二］（原文の）懿は、実という意味である。（原文の）幽冥は、深遠の喩えである。（原文の）争引は、事を引用して主君を諫争することをいう。事は、一つとは決まっていないので、万機の変という。『尚書《しょうしょ》』（皐陶謨篇）に、「一日二日で万機を行う」とある。『東観漢記《とうかんかんき》』に、「馮衍は、更始帝の時に偏将軍《へんしょうぐん》となり、鮑永と仲が良かった。更始帝が敗れても、固く守って、すぐには降らなかった。建武《けんむ》年間〔二五～五七年〕の初め、揚化大将軍《ようかだいしょうぐん》の掾《えん》となり、鄧禹《とうう》の幕府に辟召され、しばしば文書を鄧禹に奏し、政治について上言した」とある。明君より以下は、すべて鄧禹を諫める言葉で、鮑永に勧めた説ではない。何に依拠してこのような違いが生じたかは分からない。

［三］（原文の）危は、高というような意味である。『論語《ろんご》』（憲問篇）に、「天下に道が行われていれば、人々は言葉を高くし、行動を高くする」とある。

伏して思いますに、天下は久しく王莽《おうもう》の害に遭っています。東郡《とうぐん》への出兵に始まり〔一〕、西海《せいかい》の戦役が続き〔二〕、巴蜀《はしょく》は南夷《なんい》に没し〔三〕、辺境は北狄《ほくてき》に破られ〔四〕、万里に遠征して、兵を露営させること数年〔五〕、その禍は引き続いてまだ解けず、兵は続けざまに出征して止まず〔六〕、刑法は次第に深刻になり〔七〕、税も次第に重くなりました。多くの強い賊は外に跳梁し、多くの臣下は領内に誅求して、善良な民草は如何ともしがたく、飢えと寒波があわせて至り、父子は流浪して、夫婦は離散し、集落は廃墟に、農地は荒れ地となって、疫病が大流行し、災異が起こりました。このため江湖《こうこ》のほとり（の江南）や、海岱《かいたい》の浜（の山東）では、風が上り歯が立ち、互いに踏みしだき〔八〕、天下の四方の人々は、内臓や脳髄を地に曝《さら》し、死亡した者の数は大半に登り、その害毒は恨み骨髄に入り、匹夫や僮婦《どうふ》であっても怨み怒らぬ者はおりませんでした〔九〕。しかし、皇帝《こうてい》は、聖徳の霊威により龍のように興り鳳のように上り、宛《えん》県〔河南省南陽市〕や葉《しょう》県〔河南省葉県の南〕の人々を率い、敗残の兵を率いて、昆陽《こんよう》〔河南省の葉県〕を屠《ほふ》って長駆して武関《ぶかん》に至り、百万の陣を破り、九虎《きゅうこ》の軍を砕き〔一〇〕、四海を震撼させ、天下を席巻しました〔一一〕。禍乱を払い除いて、無道を誅滅し、一年の間に天下は大いに定まりました。高祖《こうそ》（劉邦）の大いなる勲功を継ぎ、（周の）文王《ぶんおう》・武王《ぶおう》の断絶した業績を継いで、社稷は復興し、太陽（と同じ漢の火徳）は再び輝き、徳は上古に冠絶し、功業は並ぶ者がありません〔一二〕。天下の者たちは自ら考え、亡新《ぼうしん》を去って聖漢《せいかん》に就き、福を蒙り大望に頼るべきであるとしています。（聖漢が）広く恩恵を与えて徳治を布き、統治を広く行き渡らせることは、大きな風に従って鴻毛《こうもう》を飛ばすよう（に容易なこと）です〔一三〕。それなのに諸将は略奪して、人倫を破り道理を絶ち〔一四〕、人の親子を殺し、人の婦女を妻とし、家を焼き払い、財を奪っています。このため飢える者は草を食べ、寒《こご》える者は裸で素足で〔一五〕、怨恨が集まり望みを失い、天命の帰する所がありません。いま大将軍《だいしょうぐん》は、賢明で穏やかな徳により重要な使者としての権限を握り、三軍《さんぐん》の軍政を統べ、并州《へいしゅう》の人々を鎮撫し、恵愛の誠は人々に及び、世に高い名声は多くの士たちに聞こえています。このため首を延ばし踵《かかと》をあげて待ち望んでいる者は、一人だけではないでしょう。かつ大将軍の事績は、その行動を清潔にし、その心を慎めば良いだけではありません〔一六〕。国家の大業を定め、天地に大功を立てようとすべきです。むかし周《しゅう》の宣王《せんおう》は中興の君主、斉《せい》の桓公《かんこう》は覇者《はしゃ》に過ぎませんでしたが、申伯《しんはく》・召虎《しょうこ》・管仲《かんちゅう》・尹吉甫《いんきつほ》などが輩出して〔一七〕、周囲の夷狄を討ち払い〔一八〕、その領域を安んじました。ましてや万里四方の聖漢に、明哲なる皇帝が復活し、大将軍が棟梁となったのですからなおさらです（彼ら以上の臣であるべきです）。これは誠に揺るがせにできることではありません〔一九〕。

[李賢注]

[一]（原文の）離は、遭という意味である。王莽の居摂《きょせつ》元〔六〕年、翟義《てきぎ》が東郡で起兵し、王莽は、八人の将軍を派遣してこれを撃った。東郡は、唐の滑州である。

[二] 王莽の居摂元〔六〕年、西羌《せいきょう》の龐恬《ほうてん》・傅幡《ふはん》たちは、王莽が自分たちの土地を奪って西海郡《せいかいぐん》にしたことを恨み、西海太守の程永《ていえい》を攻めた。王莽は、護羌校尉《ごきょうこうい》の竇況《とうきょう》を派遣してこれを撃った。

[三] 王莽は、帝位を簒奪すると、西南夷《せいなんい》の朐町王《くていおう》を貶めて朐町侯とした。朐町王の邯《かん》はこれを恨み益州《えきしゅう》を攻め、大尹《だいいん》の程隆《ていりゅう》を殺した。王莽は、巴蜀の属吏や兵士を徴発してこれを撃った。進退を繰り返すこと三年、死者は十人中七、八人にも達した。

[四] 王莽の始建国《しけんこく》三〔一一〕年、烏珠留単于《うじゅるぜんう》は、左賢王《さけんおう》を派遣して雲中《うんちゅう》に侵入させ、多くの属吏や人々を殺害した。大軍は一万人余り、中隊は千人余りであった。雁門《がんもん》太守と朔方《さくほう》太守を殺し、属吏や人々と家畜を数えきれないほど奪った。（これにより）辺境に沿った地域は疲弊した。

[五]（原文の）暴は、露という意味である。

［六］（原文の）挐は、互いに引き合うことをいう。

［七］王莽は、地皇元《ちこう》〔二〇〕年に、これ以降（死刑執行時に『礼記』月令などにみえる秋・冬にしか死刑を行わないとする）時令《じれい》を用いないとして、春や夏でも罪人を市で斬った。

［八］王莽のとき、江湖や海浜地方は騒然とし、青州《せいしゅう》・徐州《じょしゅう》・荊州《けいしゅう》・楚《そ》の地は乱れ騒いだ。（原文の駘《たい》について）『前書音義《ぜんしょおんぎ》』に、「跆《たい》は、蹋《けい》という意味である。今ここで駘につくるのは、古字が通用していたためである」という。

［九］僮は、賤のような意味である。

［一〇］王莽の末年、下江《かこう》の兵の鄧曄《とうよう》と于匡《うきょう》は、武関を攻めた。王莽は、そこで九人の将軍を任命し、みな虎の字を将軍号に用い、于匡たちを防がせた。于匡たちは、そのうち六人を撃破し、三人を敗走させて、京師の倉庫を保っていた。鄧曄たちは、そこで武関を開いて更始帝《こうしてい》を迎えた。

［一一］席巻とは、余りが無いことをいう。

［一二］以上の二句は、司馬相如《しばしょうじょ》の封禅を勧める書の中の言葉である。

［一三］その容易であることをいう。王褒《おうほう》の「聖主、賢臣を得る」の頌《しょう》に、「翼々として鴻毛が順風にあって飛ぶかのようである」という。

〔一四〕倫は、理という意味である。

〔一五〕（原文の）毛は、草という意味である。臣《わたくし》李賢《りけん》が考えますに、『馮衍集《ふうえんしゅう》』は、「毛」の字を「無」に作ります。唐の俗語も、そのようなので、古《いにしえ》から（「毛」と「無」の字は）通用していたのでしょうか。

〔一六〕言いたいことは、身を正し心を広く持つべきだが、ただ自分だけ清廉になり、無闇《むやみ》に我が身を律して修めるだけではならない、ということである。

〔一七〕申伯《しんはく》は、周の宣王《せんおう》の母方の叔父である。召虎《しょうこ》は、召穆公《しょうぼくこう》である。吉甫《きつほ》とは、尹吉甫《いんきつほ》をいう。みな周の宣王の臣で共に『毛詩《もうし》』に見える。夷吾《いご》は、管仲《かんちゅう》の字である。

〔一八〕（原文の）蝥賊《ぼうぞく》は、作物を食う虫の名である。奸賊が侵奪することに喩えている。蝥は音が牟である。

〔一九〕『春秋左氏伝《しゅんじゅうさしでん》』（襄公 伝三十一年）に、「子産《しさん》が子皮《しひ》に、「子《きみ》は鄭における棟である。棟が折れれば榱《たるき》もまた崩れ、僑《わたし》は押し潰されてしまう」と言った」とある。

また衍《わたくし》が聞く所では、出兵が長引けば力は弱まり、人が憂えれば異変が生ずると言います。いま邯鄲《かんたん》の賊（である王郎）はまだ滅んでおらず、真定《しんてい》のあたり（にいる劉揚）

はまた乱れていますのに[一]、大将軍《だいしょうぐん》の管轄する所は百里に過ぎず、城を守って休まず、軍を戦わせて休息せず、兵士は雲のように駆け、民草は震撼しています。どうして気を緩め、深く憂えずにおられましょうか。そもそも幷州《へいしゅう》の地は、東に名高い（井陘）関を持ち[二]、北は強い胡族と接し、穀物は実り豊かで、多くの人々がそれに頼っています。これは四戦の地であり、攻守が展開される場所です。予め危機に備えなければ、どのようにこれを待つのでしょうか。このため、「徳は普段から積んでおかなければ、人は働いてはくれず、予め備えておかなければ、急場に対応することは難しい」と言うのです[三]。いま人々の命は、将軍に掛かっています。将軍が頼りにすべきは、必ず良才の人を待ち、任ではない者を罷免し、改めて賢能な者を選ぶことです。十室の邑にも、必ず忠信な者がいると申します[四]。周到に選んでその人を得、大将軍の明哲を承知させれば、山沢に住む野人でも、（大将軍の）徳に感じない者はなく、その働きを尽くそうと願うでしょう。その後に精鋭な兵卒を選抜し、屯田の兵士を徴発して、三軍《さんぐん》がすでに整い、武器や防具が備え、土地の貧富を見て、水利を観察し、屯田の方法を定め、射撃の教えを習わせれば、（大将軍の）威風は遠くまで達し、人々はその生業に安んずるでしょう。もし太原《たいげん》郡に駐留して、上党《じょうとう》郡を鎮撫し、人々の歓心を集めて、賢人の補佐を得れば、天下に変が無ければ名声を博することができ、一朝事があっても大功を建てることができます。大将軍が日月のような聡明さを現し、深慮遠謀して、六経《りくけい》の論を踏まえ、孫子《そんし》や呉子《ごし》の策を参照し[五]、群議の是非を判断して、衆士の賢愚を詳《つまび》らかに知り[六]、そうして周南《しゅうなん》の事跡を超えて、甘棠《かんとう》のような遺風を垂れれば、（大将軍の）功業は千年の後まで伝わり、富貴を永遠に伝えられましょう。伊尹《いいん》や呂尚《りょしょう》の策でも、これに加えられましょうか[七]。

［李賢注］

［一］邯鄲《かんたん》とは、王郎《おうろう》をいう。真定《しんてい》とは、劉楊《りゅうよう》をいう。

［二］井陘関《せいけいかん》である。天然の要塞であるため名関《めいかん》という。『東観漢記《とうかんかんき》』は石陘関《せきけいかん》に作る。

［三］『史記《しき》』（巻六十七 仲尼弟子列伝）に、「子貢《しこう》が晉君に説いて、「熟慮して先に定めておかないと、急事には対応できません」といった」とある。（原文の）卒は、音が倉忽の反である。

［四］『東観漢記』に、「賢人がいないと言ってはなりません。路傍にすら聖人がいます」とある。

［五］孫武《そんぶ》は、呉王闔廬《ごおうこうりょ》の将である。呉起《ごき》は、魏《ぎ》の文侯《ぶんこう》の将である。ともに兵書を著している。

［六］（原文の）白黒とは、賢愚のような意味である。

［七］（伊・望とは）伊尹《いいん》と太公望呂尚《たいこうぼうりょしょう》である。

鮑永《ほうえい》は、平素から馮衍《ふうえん》を重んじており、また（更始帝《こうしてい》の）使者を受けて断りなく自分で副将を置けるようになったので、そこで馮衍を立漢将軍《りつかんしょうぐん》となし［一］、狼孟長《ろうもうちょう》（山西省陽曲の西）を兼任させた。太原《たいげん》郡に駐屯し［二］、上党太守《じょうとうたいしゅ》の田邑《でんゆう》たちと共に武器を修繕して兵士を養い、并州《へいしゅう》の地を固く防衛した。

世祖《せいそ》（光武帝）は即位すると、宗正《そうせい》の劉延《りゅうえん》を派遣して天井関《てんせいかん》を攻め、田邑と連戦すること十数回におよんだが、劉延は進撃できなかった。田邑は母と弟と妻子を迎えようとしたが、（かれらは）劉延に捕らえられた［三］。そののち田邑は、更始帝が敗北したと聞き、そこで使者を派遣して洛陽に至り、璧と馬を献上させた。（光武帝は）そこで（田邑を）拝命して上党太守とした［四］。（田邑は）このため使者を派遣して鮑永と馮衍を招こうとしたが、鮑永と馮衍たちは疑って降ろうとせず、田邑が前約に背いたことを怒った［五］。馮衍は田邑に書を与えて次のように述べた。

［李賢注］

［一］『東観漢記《とうかんかんき》』に、「このとき鮑永は、副将五人を置くことができた」とある。

［二］狼孟《ろうもう》は、県の名であり、太原郡《たいげんぐん》に属する。故城は唐の幷州陽曲《ようきょく》県の東北にある。

［三］『東観漢記』に、「鄧禹《とうう》は、積弩将軍《せきどしょうぐん》の馮愔《ふういん》に兵を率いて田邑を撃たせ、馮愔は尽く田邑の母と弟と妻子を捕らえた」とある。

［四］『東観漢記』に、「騎都尉《きとい》の弓里游《きゅうりゆう》と諫大夫《かんたいふ》の何叔武《かしゅくぶ》を派遣して、直ちに田邑を拝命して上党太守とした」とある。

［五］『東観漢記』に、「馮衍と田邑は、平素より刎頸《ふんけい》の交わりを誓っており、共に（鮑永から）重任を受けた」とある。


聞くところによれば、晋《しん》の文公《ぶんこう》が出奔して子犯《しはん》はその忠を現し［一］、趙武《ちょうぶ》が難にあった際に程嬰《ていえい》がその賢を発揮したのは［二］、子犯と程嬰の義が至当であったことによります。今（更始帝の）三王《さんおう》（である淮陽《わいよう》王の張卬《ちょうごう》・穣《じょう》王の廖湛《りょうじん》・随王の胡殷《こいん》）は背き、赤《せき》眉《び》は国を危急に陥《おとしい》れ［三］、天下は動乱し、社稷《しゃしょく》は転覆しました［四］。これは忠臣が功を立てる日であり、志士が馬を馳せる秋《とき》です。伯玉《はくぎょく》（田邑）は抜擢されて符を受け、大郡（である上党郡）の政事を専らにしてきました［五］。そもそも上党《じょうとう》の地は、四方に要害を有し、東には三関があり[六]、西には（太行山脈という）国の障壁があります。なぜそれを敵に与え、天下の胸（にあたる重要な土地）を開き、仇敵の兵器に貸そうというのでしょう。悲しまずにおられましょうか[七]。

［李賢注］

［一］晉の文公である重耳《ちょうじ》は、驪姫《りき》による難を避けて国外に逃亡していたが、狐偃《こえん》は勧めて国に返らせ、そうして（重耳は）覇者となった。子犯は、狐偃の字である。

［二］趙盾《ちょうとん》は、晉の卿《けい》である。趙朔《ちょうさく》を生み、趙朔は、晉の成公《せいこう》の姉を娶って夫人とした。晉の景公《けいこう》の三年、大夫の屠岸賈《とがんか》は趙氏を誅し、趙朔を殺して、趙氏の一族を滅ぼした。（しかし）趙朔の妻には遺腹の子があり、妻は宮に逃れた。趙朔の食客に、程嬰《ていえい》と公孫杵臼《こうそんきゅうしょ》がいた。公孫杵臼は程嬰に、「どうして死なないのか」といった。程嬰は、「主公の妻の腹には遺児がいる。もし幸いにも息子を生めば、わたしはこれに仕えよう。娘であれば、わたしはそれから死につくのみである」と言った。間もなく、趙朔の妻は息子を生み、屠岸賈はこれを聞き、そこで宮中を捜索した。趙朔の妻は、子を股の間に隠し、祈って、「趙氏の一族が滅びるのであれば、汝は泣け。もし滅びないのならば、汝は声を出さぬように」と言った。（屠岸賈

が）子を捜索している間、ついに声を出さなかった。程嬰は、「いま一度探しても見つけられなかったので、後にまた必ずこれを探すであろう」と言った。公孫杵臼は、そこで他人の赤子を背負って山中に隠れた。晋の諸将は、共に公孫杵臼と赤子を攻め殺した。しかし、趙氏の真の孤児は程嬰のもとにいた。これが趙武《ちょうぶ》である。十五年の後、晋の景公は趙武を立てて卿とし、趙氏の封邑を復した。このことは、『史記《しき》』（巻三十九 晋世家、同巻四十三 趙世家）に見える。

［三］三王は、（『後漢書』列伝一）更始《こうし》（劉玄）伝に見える。

［四］（原文の）螘動《ぎどう》は、多いことの喩えである。

［五］文帝《ぶんてい》の初め、郡太守《ぐんたいしゅ》と共に初めて銅虎符《どうこふ》と竹使符《ちくしふ》をつくり、二つに分けてその一つを持たせ、それを証明のしるしとした。（原文の）剖は、分という意味である。

［六］三関とは、上党関《じょうとうかん》・壺口関《ここうかん》・石陘関《せきけいかん》である。陘は、音が形である。

［七］張儀《ちょうぎ》は、楚王《そおう》に説いて、「秦《しん》が兵士をおくって衛《えい》と陽晋《ようしん》を攻めれば、大いに天下の胸を開くことになるでしょう」と言った。李斯《りし》は、「いわゆる寇に兵を貸して盗に食糧をもたらすというものです」と言った。

衍《わたし》の聞くところでは、膝を屈して臣下となれば、二心を抱くことなく〔一〕、水汲みの小臣すら、守って器を人に貸さないと言います〔二〕。このために晏嬰《あんえい》は、会盟《かいめい》に臨んで、曲戟《きょくげき》により脅迫されても、言辞を変えませんでした〔三〕。謝息《しゃそく》は郕《せい》を守り、晉《しん》と魯《ろ》により脅迫されても、その邑を失いませんでした〔四〕。これらにより今のことを言えば、（伯玉は）内に首に戟《げき》を当てられるという禍は無く、外に代替地としての桃莱《とうらい》の利は無いにも拘らず〔五〕、叛徒の声に誘われ、城ごと降伏したという恥を蒙ることは、ひそかに左右の者のためにこれを恥じています。また邾《ちゅ》の庶其《しょき》は、邑を盗んで主君に背き、大きな利益を求めたので、微賤でありながら（『春秋』に悪として）必ず名を記すといわれました。莒《きょ》の牟夷《ぼうい》は、土地によって食を求めたため、その悪名は滅びていません。このために大丈夫は、動く際には礼を思い、行く際には義を思い、それに背いて身名を全うした者はまだいません〔六〕。伯玉のために深慮して計略を立てると、鮑尚書《ほうしょうしょ》と情を同じくして力を合わせ、忠貞の節を現し、超世の功を立てる以外にはありません。もし親御や係累の事情があっても、位を捨てて尚書に帰命すれば、大義は全うされ、敵人も恨みを緩め〔七〕、上は割符を預かった責任を損なわず、下は老幼の命を救え、晴々と高談して、天下に恥じることもないのです。もし上党《じょうとう》の権を貪《むさぼ》り、国を全うする実績を挙げることを惜しめば、衍《わたし》は（秦が長平の戦いの余勢を駆って周を滅ぼし趙の都を包囲したように）伯玉《はくぎょく》が周や趙のように（強敵の逆襲を）憂うことになり、上党郡もまたそうした惨禍を蒙るのではないかと恐れています［八］。むかし晏嬰は季札《きさつ》の忠告を納れ、欒《らん》と高《こう》の乱を免れました［九］。孫林父《そんりんほ》は穆子《ぼくし》の戒めに反したため、終生の悪者に身を落としました［一〇］。思うに、伯玉はこの至言を聞けば、必ず心を刺すように痛ませ、城に拘って墨守することを止めて、心置きなく馬に鞭打って赴いて欲しい［一一］。聖人は禍を転じて福となし、智者は敗北に学んで勝利を収める。どうか時勢に惑わされず、凡俗と考えを同じくしないことを願っていますと述べた。

［李賢注］

［一］（原文の）委質《いし》は、膝を屈するという意味である。『春秋左氏伝《しゅんじゅうさしでん》』（僖公伝二十三年）に、「名を策に記され、膝を屈すれば、背けばそこで罪とされるでしょう。臣に二心が無いことは、古《いにしえ》よりの制です」とある。

［二］この解釈は、『春秋左氏伝』（昭公伝七年）に見られる。

［三］『晏子春秋《あんししゅんじゅう》』（巻五）に、「斉《せい》の大夫《たいふ》の崔杼《さいちょ》が、斉の荘公《そうこう》を弑逆《しいぎゃく》し、諸大夫を脅かして盟

約させようとした。盟約しない者がいれば、戟《げき》でその者の首を刎《は》ね、剣でその心臓を刺すとして、「崔氏に与《くみ》さず公室に与する者は、神に盟してこれを示し、憎まずと言っても、指が血に至らない者は殺す」と言った。殺された者は七人に及び、後に晏子の番になった。晏子は、血を捧げて天を仰ぎ、「崔氏は無道で主君を弑逆した。もし崔氏を復興させる者がいても、嬰《わたし》はこれに与すまい。神に盟してそれを示す」と言った。こうして仰いで血を飲んだ。崔氏は、「晏子が吾と与するならば、斉国は吾とこれを共にしよう。吾と与さないのならば、戟は首になり、剣は心臓にある、子よ、これを考えよ」と言った。晏子は、「吾を脅かすために刃によっても、意思に背くことは、勇ではない。吾を留めるために、利によっても主君に背くことは、義ではない。『詩経』（大雅 旱麓《かんろく》）に、「愷悌《がいてい》の君子は、福を求めて邪《よこしま》なことはしない」とあるではないか。嬰は、邪なことをしてまで福を求めることができようか。刃を首に当て、武器を当てて強制しても、嬰は改めない」と言った。崔氏は、ついに晏嬰を放免した」とある。

［四］『春秋左氏伝』（昭公 伝七年）に、「孟孫子《もうそんし》の家臣の謝息《しゃそく》である。孟孫子は、魯《ろ》の昭公《しょうこう》に従って楚《そ》に行き、謝息は、孟孫子のために郕邑《せいゆう》を守っていた。晉人《しんひと》が来て杞《き》を治めようとすると、季孫子《きそんし》は代わりに、郕邑を与えようとした。謝息はそれを不可とし、「孟孫子は魯君に

従って（楚に行き）、守臣（であるわたし）が邑を失えば、あなたとてわたし（の不忠）を疑うでしょう」と言った。季孫子は、「魯君が楚にあることを晉は罪としているのである。晉の言う通りにしなければ、魯の罪は重い。晉軍は必ず来るだろう。わたしもこれを（座して）待つことはできない」と言った。謝息は、「古人の言葉に、水汲みの小臣も、人に器を貸し与えたりはしないとあります」と言った。季孫子は、「吾《わたし》は子《きみ》に（代替地として）桃邑《とうゆう》を与えよう」と言った。謝息は辞退して、山がないことを理由とした。季孫子は萊《らい》と柞《さく》（の二山）を与え、ようやく謝息は桃邑に遷った」とある。杜預《どよ》は注をつけて、「挈瓶は水汲みの器で、知が小さいことを喩える」としている。魯国卞県の東南に桃虚がある。萊《らい》と柞《さく》は、二山の名である。

［五］臣《わたくし》李賢《りけん》が考えますに、謝息は桃邑の萊山を得ています。そのため（ここでは）桃萊の利も無いのにと言ったのです。ただ、萊の字をつくると棗の字と似ており、文が桃と繫がっていることから、後学の者は桃棗を明快とし、桃萊では理解し難いために、始終をよく考えず、みだりに萊を改めて棗としました。『馮衍集《ふうえんしゅう》』は、萊に作るが、ある本では改めて乗に作っており、（真実から）転転と乖離していき、誤りをなしているのです。

［六］庶其《しょき》は、邾《ちゅ》の大夫である。邾の邑の漆《しつ》と閭丘《りょきゅう》を持って魯に逃亡した。このため邑を盗み君

に背いて利を求めるという。牟夷《ぼうい》は、莒《きょ》の大夫である。牟婁《ぼうる》と防茲《ぼうじ》を盗み亡命した。(『春秋左氏伝』)昭公 経三十一年に、「邾の黒肱《こくこう》は、濫《らん》を持って亡命してきた」とある。『春秋左氏伝』(昭公 伝三十一年)に、「土地を持って背くものは、食い扶持を求めるだけで、その名を求めるものではない。(土地をもって背くものが)微賤なものでも(『春秋』が)必ずその名を記して貶めるのは、不義となって悪名を滅ぼせないようにするためである。このために君子は動いては礼を思い、行きては義を思うのである。ある者は名を求めても得ることができず、またある者は名を隠したくも明らかにされてしまう」とある。これがいわゆる「三叛人には名を記す」ということである。

[七](原文の)紓は、緩という意味である。音は舒である。

[八]『史記《しき》』(巻四十三 趙世家)に、「趙の孝成王《こうせいおう》のとき、韓の上党守《じょうとうしゅ》の馮亭《ふうてい》は、人を派遣して趙に至らせ、「韓は上党を守れず、これを秦に渡そうとしましたが、上党の属吏や人々はみな趙に属することを喜び、秦に属することを望んではおりません。(上党には)城・市・邑が十七あり、どうか再拝して趙に渡させていただきたい」と言わせた。趙王は大いに喜び、平《へい》陽君《ようくん》の豹《ひょう》を召して告げ、「馮亭は城・市・邑の十七を(趙に)渡そうとしている。これを受けることはどうか」と尋ねた。豹は、「聖人はたいへん理由のない利を憎むものです。そもそ

も秦は韓の土地を蠶食《さんしょく》し、（韓の土地は）途中で絶え互いに通じておりません。韓が秦に渡さない理由は、（秦から攻められるという）韓の禍いを趙に転嫁しようと考えているからです。必ず受けてはなりません」と答えた。趙王は聴かずに、ついに兵をあげて上党を取り、こうして秦は趙を包囲して、その兵卒四十万人を穴埋めにした。秦はさらに（趙の首都の）邯鄲《かんたん》を包囲した。また西周《せいしゅう》を攻め、これを陥落させた」とある。このため周・趙の憂いを懐くと言うのである。（原文の）前年は往時というような意味である。

［九］延陵《えんりょう》は、邑の名である。呉の公子の季札《きさつ》が封建された所であり、そのためそれを号としている。『春秋左氏伝』襄公 伝二十九年に、「季札は斉に聘《へい》し、晏子《あんし》に見《まみ》え、「子《あなた》は速やかに封地と政治を（斉公に）返すべきである。封地が無く政治に与っていなければ、難を免れよう」と言った。晏子は、陳桓子《ちんかんし》により封地と政治を返し、これにより欒《らん》・高《こう》の難を免れられた」とある。欒とは、子雅《しが》をいい、高とは、子尾《しび》をいい、みな斉の大夫である。『春秋左氏伝』昭公 伝八年に、「欒と高が乱をおこしたが、晏子は罪が無かった」とある。

［一〇］孫林父《そんりんほ》は、衛《えい》の大夫の孫文子《そんぶんし》である。穆子《ぼくし》は、魯の大夫の叔孫豹《しゅくそんひょう》である。『春秋左氏伝』（襄公 伝七年）に、「衛侯は孫林父に魯へ聘礼をさせ、かつ盟を温めようとした。魯公が登ると（孫林父も）また登った。叔孫穆子《しゅくそんぼくし》は、儀礼を輔佐していた。趨《はし》り進んで、「諸侯の会盟《かいめい》で、

わが君はかつて衛君の後になったことはない。いま吾子《あなた》は（陪臣に過ぎないのに）、わが君の後にならなかった。（陪臣に対等の礼を取られるようなことをわが君が）どのような過失があってされるのか分からない」と言った。孫林父は詞《ことば》無く、また改める容《いろ》も無かった。叔孫穆子は、「孫林父は必ず亡びよう。臣下であるのに君のようにふるまい、過ったのに改めないのは、滅亡の本である」といった」とある。襄公《じょうこう》十四年に至り、孫林父は、衛の献公《けんこう》を追放した。献公は復《ま》た衛国に入り、孫林父はついに戚邑《せきゆう》によって反乱をおこした。これが一生を通じての悪に身を落とすということである。

［二］言いたいことは、二つの塗《みち》があるに過ぎないということである。

田邑《でんゆう》は返書をして、

「僕は愚鈍ではあるが、また人として（真っ当で）ありたいと考えている。どうして生を貪《むさぼ》り死を畏れようか。曲戟《きょくげき》が首にあっても、その心を変えないことは、まことに僕の志である。

さきごろ、老母や族弟が（光武帝《こうぶてい》の）軍に捕らえられても、邑《ぼく》が安穏として顧みなかったのは、節義を重んじてではないことがあろうか。もし人を天地に住まわせ、寿命が金石のようであれば、長生を求めて死地を避けるのもよろしかろう。しかし今、百年ばかりの期間でも、まだそこまで至った者はおらず、壮年と老人との間に、どれほどの差があるというのであろうか。もし我々の故朝（である更始帝の王朝）をなお存立させ、忠義が立つのであれば、老親が誅戮《さつりく》され、妻や子が首と胴を離されようとも、邑の望むところである。

さきごろ、上党《じょうとう》の賊徒が、大軍で城を包囲し、義兵の両将が侵入して井陘関《せいけいかん》に拠った。邑《ゆう》は自ら敵の包囲を潰し、防いで宗正《そうせい》（の劉延）を撃ち〔一〕、自らの智勇を試してみると、当たることができなかったわけではない。（そうしなかったのは）まことに故朝（の更始帝が）が（赤眉の）兵に殺害され、新帝（の光武帝）の司徒《しと》（の鄧禹）が三輔《さんぽ》を平定し〔二〕、隴西《ろうせい》や北地《ほくち》も風に靡《なび》くように帰順したことを知ったからである。

そのことが明々白々なさまは、日月が天を運行し、河や海が地に流れることと、比べるに足りないほど（動かし難い事実）である〔三〕。（『論語』顔淵篇に）「死生は命にあり、富貴は天にある」という〔四〕。天下の存亡は、誠に天命である。邑《ゆう》が命を犠牲にしても、天命は如何《いかん》ともしがたいのである。

［李賢注］
［一］（宗正とは）劉延《りゅうえん》のことである。
［二］（司徒とは）鄧禹《とうう》をいう。
［三］（原文の）昭昭とは明白であることをいう。
［四］『論語《ろんご》』（顔淵篇）の子夏《しか》の言葉である。

そもそも人道の本には、恩があり義がある。義には発揮すべき所があり、恩には施す所がある。君臣は大義であり、母子は至恩である。いま旧主はすでに亡く、義は誰のために発揮できよう。老母が拘禁されたことには、恩は留意しなければならない所である。しかるに（君は僕を）励ますのに権力を貪《むさぼ》るといい、誘うに馬に鞭打てといい、僕が利の心を抑え、僕が（光武帝を）省みないことを必然としているのは、どうして愚であろうか。

邑《ゆう》は、年三十で、高官を歴任し、性は欲が少なく、情は作為を嫌う。いわんや今、位は高くも身は危うく、財は多いが命も危ういことは、野人ですら知るところであり、どうして君子が疑うことがあろうか。

君長《くんちょう》（鮑永）と敬通《けいつう》（馮衍）は[一]、節を持ち綬《じゅ》を垂れて、自ら互いに（更始帝より託されたとして）任命している[二]。これは思うに子路《しろ》が門人を（孔子の）臣下とさせ、孔子に天を欺くとして譏《そし》られた行為にあたろう[三]。君長は（朔方《さくほう》州・并州の）二州を管轄し、それに（河東郡の）一郡を加えられた大官であった[四]。それなのに河東郡《かとうぐん》の諸将が背いた際に、兵を毳《てい》［山東省翟州の東北］に入れることすらなく[五]、上党郡《じょうとうぐん》が包囲されても、（通路となる）大谷を窺うこともなく[六]、宗正《そうせい》（の劉延）が国境に来ても、駆けつけて救援することもできなかったではないか。（こうして我が）軍の威望は辱められ、国権は日ごとに損なわれ、三王《さんおう》が反乱を起こし、赤眉《せきび》が主君を殺害しても、昼夜兼行してこれに赴くような、（例えば）墨翟《ぼくてき》が（足の）豆を重ねて宋を救い、申包胥《しんほうしょ》が（足の）たこを重ねて楚を救い、衛《えい》の女が馳せ帰って兄を弔おうとしたような志のようなものは見られなかった[七]。主君が亡くなってから一年、定まる所を知ることもなく、虚しく妄言を希《ねが》い、仮初めに鄙《ひな》びた要塞で自由気ままにする。いまだ生きている者（である光武帝）に仕えることを知らないのに、どうして死者（である更始帝）に仕えられよう。いまだ臣下であることを知らずに、どうして主君となることを知れよう。どうして臣下となることを嫌い、主君になることを思わないのか。泰山《たいざん》を揺るがして北海《ほくかい》を動かそうとしても［八］、失敗して我が身を危うくするだけであるから、邑の言葉をよく考えて欲しい」と述べた。

［李賢注］

［一］君長は、鮑永《ほうえい》の字である。

［二］（原文の）掲《けい》は、音が其謁《きえつ》の反であり、負うことをいう。

［三］孔子が危篤となった。子路は門人を（孔子の）臣下として、大夫の礼で孔子を葬ろうとした。孔子は、「由の行いは偽りである。吾は誰を欺こうか、まして天を欺こうとは思わない」と言った。このことは『論語《ろんご》』（子罕篇）に見える。

［四］『馮衍集《ふうえんしゅう》』に、「鮑永は将軍を兼任して并州《へいしゅう》を鎮撫し、兵を太原《たいげん》に駐屯させ、太原の李仲《りちゅう》房《ぼう》と心を同じくして力を併せた」とある。

［五］更始帝《こうしてい》が敗れたと聞き、諸国は背いたのである。彘《てい》に入らなかったとは、征討にいかなかったことをいう。彘は県の名であり、河東郡《かとうぐん》に属する。順帝《じゅんてい》が永安《えいあん》と改めた。

［六］上記のいわゆる黠賊《かつぞく》は、城を包囲する者のことである。大谷は、太原から上党に赴くための道である。窺わなかったとは、助けに来ようとしなかったことをいう。唐の并州の大谷県

の西に大谷があるが、これである。

［七］衛の女とは、衛《えい》の宣公《せんこう》の庶子である頑《がん》の娘である。許《きょ》の穆公《ぼくこう》の夫人となった。その兄は戴《たい》公《こう》である。滅亡した国を弔うことを唁《げん》という。衛の懿公《いこう》は狄に滅ぼされ、そこで戴公は廬（服喪のための小屋）を曹邑《そうゆう》に建てた。許の穆公夫人（衛女）は衛が滅びたことを悼み、帰って唁《とむら》おうとしたが果たせず、そこで（『詩経』鄘風の）載馳《さいち》の詩を作った。このことは、『春《しゅん》秋《じゅう》左《さ》氏《し》伝《でん》』（閔公 伝二年）に見られる。

［八］不可能なことを言うのである。『孟子《もうし》』（梁恵王上）に、「太山を抱えて北海を越える」とある。

馮衍《ふうえん》は（田邑の光武帝への降服の勧めに）従わなかった。ある者が偽って、更始帝《こうしてい》は赤眉《せきび》に連行されて北方にいるとした［一］。鮑永《ほうえい》と馮衍はこれを信じ、このため界休《かいきゅう》（山西省介休の南東）に兵を駐屯させると［二］、書簡を上党《じょうとう》におくり、皇帝は雍《よう》（陝西省鳳翔の南西）にいると言って、人々を惑わした。また、鮑永は、弟の鮑升《ほうしょう》と娘婿の張舒《ちょうじょ》を派遣して、誘って涅城《でつじょう》（山西省武郷の北西）を降させた［三］。張舒の家は上党にあったので、田邑《でんゆう》は尽く（張舒の）家族を捕らえた。また（田邑は）書により鮑永に降伏を勧めたが、鮑永は答えなかった［四］。これより田邑と（鮑永とは）仲違いをした。田邑は、字を伯玉《はくぎょく》といい、馮翊《ひょうよく》〔陝西省高陵県一円〕の人であり、後に漁陽太守《ぎょようたいしゅ》となった［五］。鮑永と馮衍は明確に更始帝が没したことを知ると、そこで共に兵を解き、（冠幘をつけず、ただ頭巾である）幅巾で河内《かだい》（の光武帝）に降伏した［六］。

［李賢注］

［一］（原文の）詭は、偽という意味である。

［二］界休《かいきゅう》は、県であり、太原郡《たいげんぐん》に属する、唐の汾州《ふんしゅう》県である。

［三］『東観漢記《とうかんかんき》』に、「鮑升《ほうしょう》と張舒《ちょうじょ》たちは謀りて営尉《えいい》の李匡《りきょう》を先に涅城《でつじょう》で背かせ、門を開き兵を入れさせ、（涅の）県長《けんちょう》の馮晏《ふうあん》を殺して、もとの謁者《えつしゃ》の祝回《しゅくかい》を涅長にした」とある。涅は、県の名であり、上党郡《じょうとうぐん》に属する、故城は唐の潞州《ろしゅう》郷県の西にある。涅は、音が奴結の反である。

［四］『東観漢記』に田邑の書簡を掲載し、「聞くところによれば、大丈夫は古い主人を見捨てて計画を改めず、明哲の士は僥倖《ぎょうこう》を求めて危機から脱出しないという。いま君長《くんちょう》（鮑衍）は、旧主（の更始帝）が敗北したのに死ねず、新帝（の光武帝）が即位したのに降服することを聞

き入れず、衆を擁して塢壁《うへき》に割拠し、六国の合従《がっしょう》の計を踏襲しようと考えている。邑《われ》と共に一朝に仕え、刎頸《ふんけい》の交わりを結んだのに、兵を起こして反乱を起こし、涅城を奪い取った。君長が国を破り、父母の郷里を壊し、反乱の張本人となって怨みを買い、軽々しく凶器を弄んでいる。人の心は知り難いというが、どうして君長がこのような計を行うと思うであろうか。むかし韓信《かんしん》は兵を率いて、天下に敵無く、功は不世出、計略は並び立つものはなく、その威は項羽《こうう》を捕らえ、その名は高祖《こうそ》をも凌《しの》いだが、天の時を知らず、漢《かん》に煮殺された。智伯《ちはく》は国を分割して（韓《かん》、魏《ぎ》、趙《ちょう》の）三晉《さんしん》を所有したが、大きくなろうと考えて際限が無く、身は滅びて地は分割され、頭は飲器とされた。君長は、命を受け出征し、兵を擁しながら、上党《じょうとう》の危難を救えず、河東《かとう》の反乱を抑えられず、朝廷に転覆の憂いがあり、国家に崩壊が災いがありながら、仇牧《きゅうぼく》の節、不占《ふせん》の志程度のことも示せなかった。天が壊すものを人が支えることはできない。君長が兵を統率する点では、韓信と同日に論ずることはできず、威厳により衆を得る点では、智伯の万分の半ばにも及ばないのに、天の時を弁《わきま》えず、足ることを知らない。人臣の義を明らかにしようと考えるのであれば、まず旧主がまだ崩御していないかを知るべきである。天下の利を貪ろうと思うのであれば、新帝がまだ行っていないことに及ぶべきであろう。いま旧主はすでに敗れ、新帝はすでに業を成しているのに、（君長は）四海を牢獄とし、天下のすべてを敵に回し、足を挙げれば害に逢い、動けば患いに触れ、深淵の上の薄氷を踏んでいるのに叫ばず、千鈞の弩の前を横断しているのに恐れることを知らない。どうしてそれが知者といえるだろうか。鮑氏《ほうし》の姓を絶やし、名誉ある子都《しと》の業績も無に帰し、尭《ぎょう》の言葉を唱えながら、桀《けつ》の行いに服そうとしている。天命は悲しいことである。張舒《ちょうじょ》は秘かに邪悪なことを行い、孝友に従わず、その父の一族を疎んじ、妻の党に付いている。すでに三族を捕らえ、法を執行するところである。よく逃げて自分から至らなかった者は張舒である。張舒の一族を皆殺しにできる者はわたしである」という。（これにより）鮑永《ほうえい》と田邑は、ついに互いに怨恨を抱いた。

[五]『東観漢記』に、「田邑は、馮翊蓮芍《ひょうよくれんしゃく》〔陝西省大茘の西〕の人である。その祖先は斉《せい》の王族の田氏《でんし》で、父の豊《ほう》は、王莽《おうもう》の著威将軍《ちょいしょうぐん》となった。田邑は、節義があり、諸学を修め、良い文章を綴《つづ》ることができた。漁陽太守《ぎょようたいしゅ》となったが、官に就く前に、道中で病にかかり、召還されて諫議大夫《かんぎたいふ》となったが病死した」とある。

[六] 冠幘《かんさく》をかぶらず、ただ一幅の巾（二尺二寸の頭巾）のみで首を飾るだけであった。

光武帝《こうぶてい》は、馮衍《ふうえん》たちが時を外さずに帰順しなかったことを怨んだ。鮑永《ほうえい》は、功を立てて罪を購うことができたので、これを任用した〔一〕、馮衍はひとり退けられた。鮑永は馮衍に、「むかし高祖《こうそ》は季布《きふ》の罪を称賛し、丁固《ていこ》の功を誅殺した〔二〕。いま明主に遭えたのだから、また何を心配することがあろうか」と言った。馮衍は、「記録にはこうあります。近所の人妻に手を出す男がいて、年上の妻を誘ったところ、彼女は男を罵倒しました。年下の妻を誘ったところ、彼女は男に応えました。後にその夫が亡くなると、（男は）年上の者を娶りました。ある者が男に、「彼女はお前を罵倒した者ではないか」と尋ねたところ、男は、「（女が）人のものであれば、わたしに応えてくれる方がよいが、自分のものであれば、他の男を罵倒する方がよい」と答えました〔三〕。そもそも天命は、知り難いものですが、人道は守りやすいものです。人道を守った臣は、どうして死を患いましょうか」と答えた。しばらくして、光武帝は、馮衍を曲陽令《きょくようれい》〔河北省晉県の西〕とした〔四〕。（馮衍は）凶賊の郭勝《かくしょう》たちを捕らえて斬り、五千人余りを降伏させた。その功を論じて封ぜられるべきであったが、讒言のため賞は与えられなかった。

〔李賢注〕

〔一〕功を立てたというのは、説得して懐県《かい》〔河南省武陟の南西〕を降伏させたことをいう。

〔二〕季布《きふ》は、項羽の将である。しばしば高祖を苦しめた。高祖は即位すると、季布を赦して郎《ろう》中《ちゅう》とした。丁固《ていこ》は、季布の母の弟である。項羽《こうう》の将となり、また高祖を苦しめた。高祖が窮地に追い込まれたとき、高祖は丁固を顧みて、「二人の賢人が、なぜ互いに苦しめあうのか」と言った。丁固は引きあげた。高祖は即位すると、丁固が謁見した。高祖は、「項王に天下を失わせたものは丁公である」と言った。ついに丁固を斬った。

〔三〕これらは、みな陳軫《ちんしん》が秦王《しんおう》に返答した言葉である。『戦国策《せんごくさく》』（巻三　秦一）に見える。これを引用したのは、自分が旧主のために節を守り、また新帝が重んじてくれることを期待すると言うためである。挑《ちょう》は、音が徒了の反である。

〔四〕曲陽《きょくよう》は、県の名であり、常山郡《じょうざんぐん》に属する、故城は唐の定州鼓城県の西にある。

建武《けんむ》六〔三〇〕年、日食があった〔一〕。馮衍《ふうえん》は、上書して八つの事を述べた。その一に文徳を顕すことを言い、二に武功を称揚することを言い、三に旧功を確認することを言い、四に英俊を招聘することを言い、五に好悪を明らかにすることを言い、六に法令を簡易にすることを言い、七に秩禄を序列付けることを言い、八に辺境を鎮撫することを言った。書は上奏され、光武帝《こうぶてい》は（馮衍を）召見しようとした。これよりさき、馮衍は狼孟長《ろうもうちょう》〔山西省の西の陽曲〕となると、罪により豪族の令狐略《れいこりゃく》を罰した。このとき令狐略は司空長史《しくうちょうし》となっていた。（令狐略は）馮衍を尚書令《しょうしょれい》の王護《おうご》と尚書の周生豊《しゅうせいほう》に讒言して、「馮衍が謁見を求めている理由は、君《あなた》を誹ろうと考えているからです」と告げた〔二〕。王護たちは恐れて、ともに（馮衍を）排斥して、馮衍は入ることができなかった。

後に衛尉《えいい》の陰興《いんこう》と新陽侯《しんようこう》の陰就《いんしゅう》は、外戚のため顕貴であったが、馮衍を尊重し、馮衍はこれと交わりを結んだ。これにより諸王から招聘されるようになり〔三〕、ついで司《し》隷従事《れいじゅうじ》となった。光武帝は、長安《ちょうあん》（を首都とする前漢）の外戚の食客たち（が国政を壟断したこと）に懲《こ》りており、（外戚に連なる者は）みな法によって正し、（罪の）大きな者は死罪となり、それ以外は貶《おとし》められ退けられた。馮衍はこれにより罪を得て、自ら獄に出向いたが、詔があり赦免されて罪には問われなかった〔四〕。（こののち）西に向かい故郷に帰り、門を閉じて自適し、親戚や昔なじみと付き合わなかった。

［李賢注］

［一］『続漢志《しょくかんし》』（五行志六 日食）に、「建武六〔三〇〕年九月丙寅の晦、日食があった。史官は観測できず、郡が報告した」とある。

〔二〕『風俗通義《ふうぞくつうぎ》』に、「周生《しゅうせい》は、姓である」という。『豫章旧志《よしょうきゅうし》』に、「周生豊《しゅうせいほう》は、字を偉防《いぼう》といい、太山郡《たいざんぐん》南《みなみ》武陽県《ぶようけん》〔山東省平邑〕の人である。建武七〔三一〕年、豫章太守《よしょうたいしゅ》となり、清廉で倹約に努め、民によく恵んだ」とある。

〔三〕陰興と陰就は、共に光烈皇后《こうれつこうごう》の同母弟である。『馮衍集《ふうえんしゅう》』に陰就に宛てた手紙があり、「聞くところでは、神龍が首を上げれば、隠れた雲はもくもくと沸き起こり、明聖が徳を修めれば、志士はその名を思慕すると言います。このために意が同じであれば情があい、声が似ていれば相応ずるのです。伏して見ますに、君侯は忠孝の性をもち、仁に溢れて慇懃《いんぎん》、論議は周密で、思慮は深いものがあります。翻って微賤なるわたしは、しばしば聖恩を得て、侯の大恵を被《こおむ》っています。衍《わたし》は年老いて病気がちで、一旦禄が支給されなくなれば、犬馬よりも早く死に、報われぬ思いを抱えつつ、恨みを晴らせぬまま幽冥の世界に入ることを恐れます。内臓を剔《えぐ》られても責を果たしたいと思います。いま天下は安定し、四海の民もみな服して、恩を被って更生した臣は、死力を尽くすべき所がありません。東平王《とうへいおう》と山陽王《さんようおう》は、壮年となって封国に赴任すべきため、属官を選抜されていると聞きます。衍は、自ら図らず願いますには、どうかわたしを門衛にでも配するよう申し添え下さいませ。俗諺にも、「水は激しい勢いが無ければ舟を破ることができず、矢も激しい膂力が無ければ羽を陥没させることもできない」と申します。旧悪を論《あげつら》わないのは、賢人の称えるところです。負責の臣としましては、言いたくても申し上げることはできません。どうか侯よ、私を憐れみ御心に留めていただければ、棺が閉じられる日も、魂は恨みを抱くことはありません」とある。

［四］時に馮衍は、また陰就に書簡を送り、「奏曹掾《そうそうえん》の馮衍、叩頭して死罪ながら申し上げます。衍《わたくし》は、素質は愚鈍、行跡は汚穢で、外は郷里に誉は無く、内は忠勤の労は無いにも拘《かかわ》らず、みだりに明府の天のような徳を蒙り、寵用いただきました。先ごろ掾史《えんし》は、わたしの罪を疑い、息吹が集まって山を動かし、焦土に帰するところでした。幸いにも明察を蒙り、普段の行いを審理された結果、首を保つことができました。ますます侯の厚き徳が慈父よりも篤く、皮膚にしみ込み骨髄《こつずい》に浸透していき、徳は山岳よりも重く、沢は海や河よりも深いことを痛感しました。さきに妻子を送り淄《し》県〔山東省淄博市〕に帰りましたが、雨に遭い暑さを避けるため、七月に戻りました。陽武《ようぶ》県〔河南省原陽の南東〕に着くと、詔により諸王の賓客を捕らえていると伺い、蒼惶《そうこう》として闕《けつ》に出頭し、（罪を問われるよりも）先に自首しようと思いました。十一日に闕に到り、十二日に書により郷里に帰されました。（郷里に着いた）その日に手を縛られて洛陽《らくよう》の詔獄《しょうごく》に至りましたが、十五日の夜に、詔により不問に付されました。（獄から）出られましたが、雨に遭って病気が再発し、大いに困窮しています。その高徳によ

って、田子方《でんしほう》が老馬を憐れんで引き取り、秦《しん》の穆公《ぼくこう》が微賤な盗賊に駿馬を与えたような恩恵を垂れて、わたしが侯に長く帰して、忠誠を尽くすことをお許し下さい」と述べた。

馮衍伝第十八下

建武《けんむ》年間〔二五～五六年〕の末、（馮衍は）上疏して自ら陳べて、「臣《わたくし》が伏して考えますに、高祖《こうそ》の大略があり、陳平《ちんぺい》の謀略があっても、（臣下たちが）これを譏《そし》れば（高祖は陳平を）疎んじ、これを称賛すれば、親任しました［一］。また文帝《ぶんてい》の明察があり、魏尚《ぎしょう》の忠があっても、これを糾すに法によれば罪となり、これに施すに徳によれば功となりました［二］。後世に至るに及んでは、董仲舒《とうちゅうじょ》は道徳を述べ、公孫弘《こうそんこう》に妬まれ［三］、李広《りこう》は臣節を匈奴《きょうど》の征討に尽くし、衛青《えいせい》に排斥されました［四］。こうしたことは、忠臣がつねに涙を流して悲しむものです。臣《わたくし》衍は自ら思いますに、微賤の臣であり、上には魏無《ぎむ》知《ち》の推挙はなく、下には馮唐《ふうとう》の弁護はなく、董仲舒のような才に乏しく、李広のような気概もありません。それでいながら讒言《ざんげん》を免れ、妬みや恨みより逃れようと考えても、難しくないことがありましょうか。

［李賢注］

［一］『史記《しき》』（巻五十六 陳丞相世家）に、「魏無知《ぎむち》は、陳平《ちんぺい》を高祖に推挙し、高祖は、陳平を将と

した。周勃《しゅうぼつ》や灌嬰《かんえい》は、みな陳平を誹り、「陳平は美丈夫とはいえ、冠の玉のような（飾り）ものにすぎません。家に居れば兄嫁と密通しております。いま大王は（陳平を）護軍《ごぐん》とされましたが、諸将のうち金の多い者は（賄賂をおくり）良い部署に就き、少ない者は悪い部署に就いております」と言った。高祖は魏無知を責めた。魏無知は、「臣《わたくし》が陛下に推薦したものは、（陳平の）才能です。陛下が問題にしているのは素行です。楚《そ》と漢《かん》が抗争する今、臣は奇謀の士を進めました。兄嫁を盗み金を受け取ったからといって、なぜ（陳平の才能を）疑うに足りるでしょうか」と言った。高祖は、そこで陳平にすべての諸将を監察させた」とある。

［二］魏尚は、槐里《かいり》〔陝西省興平の南東の南佐村〕の人で、文帝の時に雲中守《うんちゅうしゅ》になると、匈奴は雲中に近づかなかった。後に首級と捕虜を報告した際に六級間違ったことに坐し、（文帝は）これを獄吏に下し、一年の労刑をさせた。馮唐は、文帝を諫めて、「臣愚《わたくし》が思いますに、陛下の法はたいへん明らかで、罰はたいへん重く、賞はたいへん軽いものです」と言った。文帝は喜んだ。この日のうちに馮唐に節《せつ》を持ち、魏尚を赦免させ、再び（魏尚を）雲中守とした。

［三］『史記』（巻百十二平津侯伝）に、「董仲舒《とうちゅうじょ》は、人となりが清廉実直で、公孫弘は『春秋《しゅんじゅう》』を習ったが董仲舒に及ばなかった。公孫弘はこのとき諂って権力を振るい、位は公卿に至っ

た。董仲舒は、公孫弘を阿諛《あゆ》の臣とみなし、公孫弘は董仲舒を憎んだ。このとき膠西王《こうせいおう》は、皇帝の兄として驕慢を極めていた。公孫弘はそこで皇帝に申し、「董仲舒だけが膠西王の国《こく》相《しょう》とすべきです」と言った。膠西王は前から董仲舒に行いがあると聞いていたので、董仲舒を厚遇した」とある。

[四]『史記』（巻百九 李将軍列伝）に、「李広《りこう》は、隴西郡成紀県《ろうせいぐんせいきけん》（甘粛省静寧の南西）の人である。前将軍《ぜんしょうぐん》となり、衛青《えいせい》に従って匈奴を討った。衛青は（李広を）匈奴に当たらせず、李広はそのため道に迷い、期日に遅れた。衛青は弾劾書を突きつけ、李広は刀を引いて自刎した。知る者も知らない者も、（みな李広の死に）涙を流さないものはなかった」とある。

臣衍《わたくし》の祖先は、忠貞のため、私門の禍いを受けました[一]。そして臣衍は、騒然たる時世に会い、兵乱の際に遭いましたが、行いを邪《よこしま》にして時の利を求めようとしませんでした[二]。主君に仕えては邪悪な謀略はなく、将帥となっては略奪の心がありませんでした。衛尉《えいい》の陰興《いんこう》は、慎み深く周密で、内は自制をして、外は嫌疑を遠ざけました。そのため、あえて交わりを結びました。陰興は、臣が貧しいことを知り、しばしば（財を贈って）生業の資本にしてくれました[三]。（しかし）臣は自ら思うに、（自分が陰興にとってのﾞ三益の友となる才が無いので、あえて三損の友になることを避けるため、固辞して受け取ることはありませんでした〔四〕。むかし、更始帝《こうしてい》に仕えていたとき、太原《たいげん》で財貨を管理いたしましたが、慌ただしいなか、位にあり俸祿を食《は》むこと二十余年間、しかし（職権を利用して蓄財に励まなかったため）私財は年々減り、居所は日ごとに貧しく、家には絹の蓄えもなく、外出には馬車の飾りに事欠く有様でした。いま清明の時に会い、身を尽くして励むべき時でありながら〔五〕、怨恨が群がり起こり、讒言が満ちて（十分に力を発揮できないで）います。思うに、富貴になれば善をなすことは容易ですが、貧賤となれば、工夫をすることも難しくなります。疏遠である農畝の臣は、高大な宮城の門の下に望みもなく、恐れながら自分の事を陳述して、罪を解こうとするものです」と言った。

この書は上奏されたが、先の過ちにより（馮衍は）用いられなかった。

〔李賢注〕

〔一〕馮衍の祖先の馮参《ふうさん》は、忠正で臣節を王氏五侯《おうしごこう》に曲げなかった。馮参の姉は中山王太后《ちゅうざんおうたいごう》となり、後に哀帝《あいてい》の祖母となった。（しかし）傅太后《ふたいごう》が大逆により陥れたので、馮参は自殺し、一族で死んだ者は十七名に及んだ。このことは、『漢書《かんじょ》』（巻七十九 馮奉世附馮参伝）に見える。

[二]（原文の）回は、邪という意味である。

[三] 自分の財産を贈って、生業の基盤を成り立たせようとすることである。

[四]『論語《ろんご》』（季氏篇）に、孔子の言葉を載せ、「益者三友、損者三友」とある。そのため馮衍はこれを引用して（三益、三損という）言葉を作ったのである。

[五]（原文の）力行とは、力を尽くして善道を行うことをいう。『礼記《らいき》』（中庸篇）に、「学問を好むことは智に近く、力行は仁に近い」とある。

馮衍《ふうえん》は志を得ず、退《しりぞ》いて賦を作り、また自らを論じて次のように述べた。

馮子が考えるに、そもそも人の徳は、碌碌《ろくろく》として玉のよう（に貴いもの）であったり、落落として石のよう（に賤しいもの）であったりするわけではない[一]。風が興って雲が群がり、あるいは龍になり、あるいは蛇になるように、（万物は）道と共に駆け上がり、時に随って変化する。どうして一つの態度を守り通せようか[二]。用いられれば行き、捨てられれば隠れる。進退に原則はなく、伸縮に常態はない。このため、「法はあり法はなく、時に従って業をなし、規準はあって規準はなく、現象に応じて取捨される」とある[三]。常に道徳の実を挙げるべく務める一方で、当世に名誉を求めず、細かい礼儀を省き、世間的な事に縛られるべきでない[四]。我が身と行いを正す一方で、何事にも囚われず、自分の志を行いたいようにする。（改めて我が身を省みると）かつては異常の策を好んだが、その時わたしの謀略に耳を傾け用いようという人はなく[五]、悄然《しょうぜん》嘆息して我が身の不遇を傷んだ[六]。長く微官に留まり、大望を展開できなかった[七]。自負心を抑え矜持《きょうじ》を折り、惨《みじ》めで悲しかった。そもそも卿《けい》・大夫《たいふ》の家は、家畜の利を問わず[八]、天子《てんし》の臣下は、市井の利益を求めないという[九]。官職を歴任して禄を食《は》むこと二十年に及ぶ者は言うまでもない。それなのに財産はますます減り、住居もますます貧しい。思うに君子の出仕は、道を行うためである。時に応じて務める者は、徳を涵養できず、我が身のために求める者は、功を挙げることはできない[一〇]。朝廷を去って家に帰り、また異郷の州郡に仕えたが、身はますます微官に執着するようになり、家はますます困窮し、ついに飢餓の災害に遭い、長男を亡くすという禍を蒙《こうむ》った。

［李賢注］

［一］『老子道徳経《ろうしどうとくきょう》』の言葉である。言いたいことは、貴ぶべきものや賤しむべきものは、共に

道の真実ではないということである。玉の容貌は煌々《こうこう》として、人に貴ばれ、石はゴツゴツとして、人に賤しまれるが、賤しいことは失われており、貴いことも（道を）得られない。（道の真実は）才と不才との間にあるべきことを言っている。

〔二〕風が興り雲が群がるとは、互いに待つことをいう。東方朔《とうほうさく》の誡子書《かいししょ》に、「聖人の道は、あるいは龍になったり、あるいは蛇になったりと、形は現しても、その神は隠れ、物と共に変化し、時の宜しきに従って、常なることはない」とある。（原文の）化は、音が協韻《きょういん》で、音は花である。

〔三〕『史記《しき》』（巻百三十 太史公自序）の司馬談《しばだん》の（「六家要旨」の）言葉である。法や規準の是非は、時制や風俗に従うことを言っている。物が進む所はこれに向かい、止まる所はこれに違う。いわゆる時に従うという義である。

〔四〕放蕩かつ放縦で、常識的な慣習に拘らないことである。

〔五〕（原文の）顧は、及という意味である。（原文の）俶儻《しゅくとう》は、異常なさまである。

〔六〕（原文の）遭は、遇という意味である。

〔七〕（原文の）棲遅は、停滞という意味である。

〔八〕厚禄を食む者は、小利を求めるべきではない、ということである。『礼記《らいき》』（大学篇）に、

「馬車の馬を飼う者は、鶏や豚の飼育には頓着しない。伐冰《ばつひょう》の家は牛や羊を飼育しない」とある。伐冰とは、卿・大夫以上の者をいう。その葬儀に〔天子から〕氷を賜ることができるので、このため伐冰というのである。『韓詩外伝《かんしがいでん》』〔巻四〕に、「天子は多少を言わず、諸侯は利害を言わず、大夫は仕官を言わず、馬車の馬を備える家は、鶏や豚の利益を得ず、伐冰の家は、牛や羊の利を頼みとしない」とある。

〔九〕『韓詩外伝』〔巻四〕には、「車千乗の大国の君主は、蓄財に通じることはなく、その臣下は、市井の利を挙げたりはしない。このために貧窮な者も勤めるところがあり、そして孤児や寡婦も身を置くところがある」という。

〔一〇〕兼ねてはならないことを言っている。

先の将軍〔馮奉世《ふうほうせい》〕は渭陵《いりょう》に葬られたが、哀帝《あいてい》が崩ずると、墓地は義陵の陵園となった〔一〕。それにより、新豊《しんぽう》〔陝西省西安市の東北〕の東、鴻門《こうもん》のほとりの寿安県《じゅあんけん》を調べると〔二〕、地勢は高大で四方に開き、南に驪山《りざん》を望み、北には涇水《けいすい》、渭水《いすい》があり、東には黄河《こうが》と華山《かざん》、龍門《りゅうもん》、三晉《さんしん》への通路が眺望でき〔三〕、西には酆《ほう》・鄗《こう》、周や秦《しん》の故地、宮殿の遺構が見られた〔四〕。千里を見渡し、旧都を仰ぎ見て、ここに墓を築くことにした〔五〕。

こうして朝廷から退き、郷里に隠棲した。忠臣は故宮を過ぎて涙し、孝子は旧室に入って悲嘆するという［六］。祖先を考えると、その徳は先代よりも高く、功業を後世に示したが、当時の私門の禍に遭い、墳墓は荒廃し、春・秋の祖先の祭りでも、昭穆《しょうぼく》の序列は乱れたままであった［七］。そこで、わたしは年老いて先も短くなったが、成功を収めなかったので、西方に帰り、肥沃な地に農牧をして、生産を増やし孝道を修め、宗廟を復興して祭祀を広く行おうと思う。その後に門を閉じて道徳を講義し、孔子《こうし》や老子《ろうし》の緒論を学び、赤松子《せきしょうし》や王子喬《おうじきょう》のように［八］、登仙を冀求しよう［九］。九州の山川の地勢を遍《あまね》く見て、上古の成功、失敗の史実を称賛しながら、道が廃《すた》れていき、徳が崩落していく現在を傷もう。終わりを観ずる者は必ず始まりを尋ねると言うから、祖先を顧みて、その遺風を詠おう。かつて九野《きゅうや》や五山《ござん》を遍歴するうちに、勃然として超俗の意志が生まれていた［一〇］。そこで、自ら賦を作って志を励まし、諸篇を名付けて顕志《けんし》とする。顕志とは、風化の道理を明らかにし、玄妙《げんみょう》な思いを示すことである。その辞は次のようである。

［李賢注］

［一］馮奉世《ふうほうせい》は、右将軍《ゆうしょうぐん》となった。これが馮衍《ふうえん》の曾祖父であり、このため先の将軍と言っている。渭陵は、元帝陵《げんていりょう》であり、長安《ちょうあん》の北五十里にある。哀帝《あいてい》の義陵《ぎりょう》は、長安の北四十六里にある。馮奉世の墓は、義陵の兆域の中に含まれることになった。馮衍が祖先の墓に葬られず、別を探した理由である。

［二］太上皇《たいじょうこう》〔劉邦の父〕は、東方に帰りたくなったので、豊邑《ほうゆう》〔江蘇省豊県〕の人々をこの地に移して県を立てた。このため新豊県という。鴻門は、坂の名前である。『前書音義《ぜんしょおんぎ》』では、「新豊の東十七里の古い大通りの北を下った坂の入り口にある」という。

［三］龍門は、黄河の通過点で、唐の絳州《こうしゅう》県である。三晉とは韓《かん》・魏《ぎ》・趙《ちょう》をいう。

［四］酆《ほう》と鄗《こう》は、共に川の名前である。周の文王《ぶんおう》は酆に都し、武王《ぶおう》は鄗に都した。秦の本来の封地は、隴西《ろうせい》の秦県〔甘粛省清水の東北〕にあったが、周の平王《へいおう》の東遷以降、秦は初めて岐周《きしゅう》の地を保有した。このため併せて周秦の丘という。丘はまた、墟という意味である。

［五］馮衍の墓は、唐の秦豊《しんほう》県の南四里にある。

［六］『史記《しき》』（巻三十八 宋微子世家）には、「箕子《きし》が周に参朝しようと殷墟《いんきょ》を過ぎると、（荒廃して）稲や黍が生えていた。箕子はそれを傷んだが、哭《こく》するのは（周に参朝する手前）不可能で、

泣くのも婦人のようだと思ったので、そこで麦秀《ばくしゅう》の詩を作った。殷の人々は、それを聞いてみな涙した」とある。『礼記《らいき》』檀弓《だんぐう》篇には、「反哭《はんこく》して堂に登るというのは、亡主の色々な所作の追憶である。（反哭して）室に入るというのは、（亡親が）養育したことの追憶である。追憶しても、もはや亡く、失っている。こうして哀しみは大きくなる」とある。

[七] 司馬相如《しばしょうじょ》の賦（哀秦二世賦）に、「墳墓は荒廃して手入れをされていない」とある。父は昭となり、子は穆となる。昭は南面し、穆は北面する。

[八]『列仙伝《れっせんでん》』に、「赤松子《せきしょうし》は、神農《じんのう》の時代の雨師《うし》である。水と玉を服し、火に入っても焼かれなかった。常に西王母《せいおうぼ》の石室の中に居て、風に従って往来したという。王子喬《おうじきょう》は、周《しゅう》の霊《れい》王《おう》の太子の晉《しん》である。笙《しょう》を吹くことを好み、それは鳳凰《ほうおう》が鳴くかのようであった。伊水《いすい》と洛《らく》水《すい》の間で遊んでいると、道士の浮丘公《ふきゅうこう》に導かれて崇高山《すうこうざん》に登り、そのまま登仙した」とある。

[九]（原文の宇宙について）『尹文子《いんぶんし》』に、「四方上下を宇という」とある。『蒼頡篇《そうけつへん》』に、「舟の行き着ける所を宙と言う」とある。（原文の八紘について）『淮南子《えなんじ》』（巻四 墜形訓）に、「九州の外に八夤《はちいん》が、八夤の外に八紘《はっこう》がある」という。

[一〇]（原文の）疆《きょう》は、界である。（原文の）理は、正である。『詩経《しきょう》』（小雅 信南山《しんなんざん》）に、「わたしは境界を隔てて統治する」とある。九野は、九州の野のことである。（原文の）経営は、往来

のような意味である。五山は五岳《ごがく》である。

歳が明け春が始まると、百草は花を付け始める〔一〕。甲子《こうし》の朝、わたしは急いで西に向かった〔二〕。止め木を外して新豊《しんぽう》〔陝西省西安市の東北〕に行き、鎬京《こうけい》〔陝西省長安県の北西〕を徘徊した〔三〕。飛廉観《ひれんかん》を越えて嘆息し、平陽宮《へいようきゅう》〔陝西省の眉県〕に登って心を傷めた〔四〕。世俗が険しく困難が多いことを悲しみ、人の好悪に常がないのを哀しむ〔五〕。（世間は法規などの）基準を棄てて推測を逞《たくま》しくし、波風に従って飛揚している〔六〕。紛々として権力や利益に溺れ、雷同する者に親しみ意見を異にする者を憎む。一人節度を守って古《いにしえ》を慕う者は、時の人々に迎えられようか〔七〕。（世間は）聖人の所論に背き、賢者の高風を侮《あなど》り、麗しい道徳を粗末にし、富貴に耽《ふけ》るのみである〔八〕。（わたしは一人）大道に従って彷徨《さまよ》い、遥かなる徳の幽玄を求める。もとより（大道は）衆人に見ることはできない、どうして無形の大道を見ることができようか〔九〕。行いが剛直で禍に遭う、ああそれは古人にもあった。自ら我が身を省みて恥じるところは無く、そこで志を定めて改めなかった〔一〇〕。わたしの一党の尭《ぎょう》や舜《しゅん》が慕わしいが、わたしの生が愁《うれい》と苦しみに満ちていることを悲しむ。憤りの心が込み上げてきて感情を高ぶらせるので、わたしの憂いを晴らそうと思う〔二〕。過去は追い求めることはできず、未来に（聖人を）冀求することもできない。この世で没して、その名が称えられないことを憎み、何とか行こうと思うのだが（その道は）経路もない〔三〕。

〔李賢注〕

〔一〕（原文の）開と発は、共に始めという意味である。『爾雅《じが》』（釈天、釈草）に、「春を生の始まりとする」、「卉《き》は、草という意味である」という。『楚辞《そじ》』（巻九 招隠）に、「歳が進み春が始まる」とある。

〔二〕君子は、事をなすのに早いことを尊ぶので、朝（という言葉）で行動の始まりをいうのである。（原文の）汩は、行く様子である。『楚辞』（巻九 招隠）に、「急いでわたしは南に向かった」とある。汩は音が于筆の反である。

〔三〕（原文の）軔《とめぎ》は、車を止める木である。行こうとして、これを外したのである。

〔四〕飛廉《ひれん》は、楼観の名である。武帝《ぶてい》の元封《げんぽう》二（前一〇九）年、長安《ちょうあん》に建てられた。上部に銅の飛廉があったので、これに因《ちな》んで名とした。『前書音義《ぜんしょおんぎ》』に、「飛廉は、神獣である。風気を致し、角があり蛇の尾を持ち、文様は豹のようである」という。平陽《へいよう》は、県の名で、故城は唐の岐州《きしゅう》岐山県の西南にある。

［五］時すでに酷薄で、好悪が一定でないためである。『楚辞』（巻五 遠遊）に、「世俗が険しく困難が多いことを悲しむ」とある。

［六］（原文の）衡《こう》は、秤《はかり》の重りである。三十斤を鈞《きん》とし、四鈞を石《せき》とする。当時の人々が秤の重りを捨てて当て推量することを言い、法規に背くことに喩えているのである。風波に従って飛揚するとは、志操が無いことを言っているのである。

［七］当時の風潮が、権力と利益に溺れていることをいう。自分と同じにすれば親しみ、自分と異なれば憎む。いま自分はかれらと同じでない。それが世に憎まれる理由である。

［八］（原文の）沮《しょ》は、敗という意味である。（原文の）墾《こん》は、陵という意味である。耽《たん》は、また楽という意味である。当時の人々の行いがこのようであることを言っている。

［九］（原文の）遵《じゅん》は、循という意味である。（原文の）大路は、大道である。『老子《ろうし》』（三十四章）に、「大道は、ゆらゆらと漂って一定しない」とある。また、「遥かなる徳の内は、広漠で幽玄であり、その中に精髄がある」（二十一章）とある。また、「大いなる象は、形が無い」（四十一章）とある。（原文の）窈冥《ようめい》とは、幽玄《ゆうげん》をいう。道は空であることを主とする、そのため容れられない物は無い。時の風潮は、名声や利益に眩《くら》まされており、（そうした状況では）誰

が形の無い大いなる象を見ることができようか。

[一〇]（原文の）離は、遭という意味である。（原文の）尤は、過という意味である。（原文の）羌は、発語の辞である。古人には剛直な行いをして禍に遭う者がいた。屈原《くつげん》や賈誼《かぎ》の輩である。馮衍は自分を省察して、古人に恥じる所が無かったので、ついに志操を守り改めなかった。

[一一]自分が尭《ぎょう》や舜《しゅん》に会えなかったことを傷んでいる。（原文の）蕩は、散という意味である。

[一二]言いたいのは尭や舜は亡くなり、取りすがっても叶わず、将来の賢者は、また予期できないということである。心配なのは、身の終わりを迎えた後に、名誉が称えられないことである。また何とかして遠くに行こうと願っても、その道は経路もないことである。『論語《ろんご》』（衛霊公篇）に、「君子は世を終わってその名を称揚されないことを憎む」とある。

雍畤《ようじ》に登って観望し、略陽《りゃくよう》を超えて戻らなかった。人生は、再び繰り返せず、親族が日ごとに遠ざかることを悲しむ[一]。九嵕山《きゅうそうざん》に登って巀嶭山《さんせつさん》を臨み、涇水《けいすい》と渭水《いすい》の波の音を聞いた[二]。鴻門《こうもん》を顧みて悲嘆し、我が子の早世を哀しんだ。なぜ天命は純善ではないのか。誠にわたしの罪から生まれたことではあるが、善良な罪なき（子を）傷み、この恨みを懐いて冥界に入ろう[三]。ああ、わたしの思いが浅かったためとはいえ、失敗を悔いても及ぼうか。九たび死んでも瞑目できず、残った禍が再び起こることを恐れる。涙は連綿と雨のように集まり、気は滅滅として雲のように覆う。心は鬱々として屈折し、意は消沈して内に悲しむ［四］。

［李賢注］

［一］雍《よう》（陝西省鳳翔の南西）は、県の名であり、右扶風《ゆうふふう》に属す。故城は唐の岐州雍県《きしゅうようけん》の南にある。時《じ》は、止という意味で、神霊が止まる所である。『史記』（巻二十八 封禅書）に、「秦《しん》は天下を併合すると、雍の四時《しじ》を祀り、漢《かん》は（それに）黒帝《こくてい》を加えた。これを五時《ごじ》という」とある。（原文の）消揺は、観望というような意味である。（原文の）超は、過という意味である。略陽《りゃくよう》（甘粛省泰安の北東）は、県の名であり、天水郡《てんすいぐん》に属す、唐の隴州隴城県である。（原文の）六親は、夫婦・父子・兄弟である。

［二］嵯辥山《さんせつさん》は、一名を塞峩《さが》といい、唐の三原県の北にある。嵯《さん》は、音が才結の反、辥《せつ》は音が五結の反である。

［三］（原文の）零《れい》は、落という意味である。（原文の）「吾が孤の早零《そうれい》す」とは、上文で、（原文では）「元子を喪ふ」と言っていることである。子は、早世したが、何も悪いことをしておらず、

そのため「誠善」と言っている。（原文の）辜《こ》は、罪という意味である。冥とは、地をいう。（原文の）「恨みを齎《もたら》して冥に入る」とは、死してなお恨みが残ることをいう。
［四］むかし外戚の権力と結び、危うく誅戮《ちゅうりく》されるところであったことをいう。これは自分の思慮が深くなかったことによる。これを悔いても仕方がない。また、九たび死んでも瞑目できないとは、怨恨の深さを言っている。『楚辞《そじ》』（巻一 離騒 王逸序）に、「九たび死んでも、悔やみ切れない」とある。（原文の）眠は、瞑という意味である。いまたとえ我が身を正して励んでも、また禍が再び至ることを恐れる。それが落涙して意気消沈し、憤激しかつ鬱屈する理由である。

太行山《たいこうざん》の高大なさまを望み、壺口山《ここうざん》の深遠な様子を眺める。丘墓の荒廃を悼《いた》み、（宗廟に）昭穆《しょうぼく》（の順に並べられる先祖）の栄えないことを恨む［一］。歳月はゆっくりと日毎に過ぎ、寿命は次第に尽き、待ってはくれない。功業を成せなかったことを恥じ、原野に赴いて窮居《きゅうきょ》する［二］。むかし伊尹《いいん》が湯《とう》王に自分を売り込んだとき、歳は七十であったが信頼された。皐陶《こうよう》は雷沢《らいたく》で釣りをしていて、舜《しゅん》を頼って親しまれた。（わたしはこの）二士のような厚遇に遭《あ》うこともなく、忠貞を抱いたまま出世することもない。妻子と共に耕作して、忠貞という美徳を捨て誇ることはしまい［三］。韓盧《かんろ》は抑えつけられて放たれず、駿馬は繋《つな》がれて用いられない。（そのようなわたしの境遇に）ひとり悲憤慷慨して遠望する、（この心情は）凡俗の人々には分からない［四］。（わたしは）衛《えい》の子貢《しこう》の蓄財を卑しみ、顔回《がんかい》の道を慕うあり方を高尚とする。祖先の功業を重んじ、功を道により収める［五］。四季が次々と交代して巡ることに従って、五土や山〔積徳〕・川〔積刑〕を見極め、山林の産出物を観察し、水質から適する作物を推察しよう。神農《しんのう》の本業を修め、軒《けん》轅《えん》の奇策を取り、周棄《しゅうき》の遺教を追求し、范蠡《はんれい》が（成功のあとで）隠遁したことを超えよう［六］。隴山《ろうざん》に登って遠くを見渡すと、はるかに八方の荒遠の地が広がる。波風は飄々として共に興り、心情は悄然としてますます傷む［七］。黄河《こうが》と華山《かざん》の広大なさまを見、秦《しん》と晉《しん》の故地を望むと、馮亭《ふうてい》が（初志を）貫徹できず、馮去疾《ふうきょしつ》が惑いを見せたことは痛恨の極みであると思われる［八］。

［李賢注］

［一］太行山《たいこうざん》は、上党《じょうとう》郡の南にあり、壺口山《ここうざん》は、上党郡の東にある。馮衍《ふうえん》の遠祖の馮亭《ふうてい》は、韓《かん》の上党守となったが、上党の地をもって趙《ちょう》に降伏した。趙は、馮亭を三万戸に封じ、華陽君《かようくん》と

号した。このため死ぬと上党郡に葬られた。その墓は唐の潞州《ろしゅう》上党県の西にある。馮衍は、関中《かんちゅう》にあり、遥かにこれを仰ぎ見ていた。序に、「千里を見渡し、旧都を通覧した」と言うのがそれである。（原文の）嵳峩《さが》は、高大な様子である。（原文の）崢嶸《そうこう》は、深遠な様子である。

［二］（原文の）与は、待という意味である。『楚辞《そじ》』（巻一 離騒 王逸序）に、「日はゆっくりと暮れようとする」とある。また、「老いが次第に至ろうとする」とある。功業を成せなかったので、心に憂いと憤りが多く、このため原野に赴いて窮居するのである。

［三］伊尹《いいん》は、名を摯《し》といい、鼎と俎を背負って湯王に自分を売り込んだ。七十で説いて信ぜられたとは、七十歳で湯王に説き信任を得たということである。皇甫謐《こうほひつ》の『帝王記《ていおうき》』に、「伊《い》尹《いん》は、下ぶくれで頭が尖っており、色黒で短身、背中が曲がって声は低く、七十歳になっても不遇であった。湯王《とうおう》は、伊尹が賢明であると聞き、朝礼を設けて謁見すると、伊尹は湯王に説いて王道を実現させた」とある。（原文の）信《しん》は、音が申である。『呂氏春秋《りょししゅんじゅう》』（孝行覧慎人）に、「舜《しゅん》は黄河のほとりで陶器をつくり、雷沢《らいたく》で漁労をした」とある。いま皐陶《こうよう》と言っているのは、未詳である。雷沢は唐の濮州雷沢県の東にある。

［四］『戦国策《せんごくさく》』（斉策三）に、「斉《せい》が魏《ぎ》を討とうとすると、淳于髠《じゅんうこん》は斉王に、「韓盧《かんろ》は、天下の壮犬です」と言った」とある。『淮南子《えなんじ》』（天文訓）に、「駿馬を繋げて千里（を走ること）を求

める」とある。馮衍は、自分に高い才能がありながら、顕れていないことを喩えている。ひとり悲憤慷慨して遠望し、凡俗の人々には分からないとしたのは、このためである。（原文の）識《し》は、叶韻で音は志である。

［五］（原文の）卑は、賤という意味である。（原文の）阜は、積という意味である。馮衍は、子《し》貢《こう》の貨殖を卑しみ、顔回《がんかい》の道を楽しむことを慕った。（そのように）世俗に従わず、正道を守ることに専心しているのは、自分の祖先の功業は偉大であり、もし仮に富貴を求めて、（祖先の功業の）汚辱となることを恐れたのである、このため道により功を収めようとしたのである。

［六］『周礼《しゅらい》』（地官司徒 大司徒）に、「五土は、一に山林をいい、二に河川をいい、三に丘陵をいい、四に平らな低地をいい、五に高原と低湿地をいう」とある。『孔子家語《こうしけご》』（五帝篇）に、「地の東西を緯とし、南北を経とする。山を積徳とし、川を積刑とする」とある。『春秋穀梁伝《しゅんじゅうこくりょうでん》』（僖公 十四年）に、「林が山に続いているものを麓という」とある。『周礼《しゅらい》』（地官司徒 大司徒）には、「山林の動物は毛のあるものが多く、植物はドングリの類が多い」とある。『淮南子』（墜形訓）には、「汾水《ふんすい》は濁っていて麻によく、済水《せいすい》は穏やかで麦によく、河水《かすい》は混ざり合っていて菽《まめ》によく、洛水《らくすい》は軽快で流れが速く禾《か》によく、渭水《いすい》は威力があって黍《きび》によく、

江水《こうすい》は肥沃で稲によい」とある。『管子《かんし》』（地員篇）には、「穴を掘って二十八尺で泉に至れば、その水は白く甘く、黍や秫《もちきび》に良い。二十一尺で泉に至れば、その水は黄色く臭みがあり、大豆や麦に良い。十四尺で泉に至れば、その水は塩辛く、稲と麦に良い」とある。これが水泉により増やせる（農作）物を嘗《な》めて知るということである。『周易《しゅうえき》』（繋辞下伝）に、「神農《しんのう》は、木を伐って鋤《すき》の先端とし、木を曲げて鋤の柄として、鋤の利によって天下に教えた。おそらくこれは益の卦より取ったものである」という。『尚書《しょうしょ》』周書に、「神農のとき、天は粟《ぞく》を雨として降らせ、神農は耕作してそれを植えた」とある。軒轅《けんえん》は、黄帝である。『大戴礼《だたいれい》』に、「黄帝《こうてい》のとき百穀草木の種を播き、水や火や財産を節約して、人々は（農業による）利益を得た」とある。周棄《しゅうき》は、帝嚳《ていこく》の子である。幼児のときから、遊ぶ時には好んで麻や豆を植えた。成人するに及び、さらに農耕を好み、土地の是非を見極め、人々はみなこれに則った。堯《ぎょう》はこれを聞き、周棄を挙任して農師《のうし》とし、天下は周棄の教えによる利益を得た、このため教えを遺すと言うのである。范蠡《はんれい》は、南陽《なんよう》の人である。越王《えつおう》の句践《こうせん》に仕え、苦心惨憺《さんたん》しながら力を合わせ、ついに呉《ご》を滅ぼして恥を雪《そそ》いだ。そののち考えるに、（呉を滅ぼして）大きな名声（を得た句践《こうせん》の）もと、久しく居ることは難しいとし、そこで一党と共に舟に乗って海を行き、姓名を変え、斉《せい》に行っては鴟夷子皮《しいしひ》となり、陶《とう》に行っては朱公《しゅこう》となり、終身帰らなかった。

これが絶である。

［七］（原文の）踰は、遥のような意味であり、古字は通ずる。（原文の）八荒とは、八方が荒涼な地である。

［八］馮亭《ふうてい》は、上党《じょうとう》の地をもって趙《ちょう》に降ったが、秦《しん》が長平《ちょうへい》〔山西省高平の北西〕で趙を破った際に馮亭は死去した、そのため遂げずと言うのである。（原文の）慍は、怨という意味である。馮去疾《ふうきょしつ》は、秦の丞相《じょうしょう》となったが、胡亥《こがい》の元〔前二〇九〕年、趙高《ちょうこう》の計を採用し、始皇帝《しこうてい》の大臣はみな誅殺され、免れた者はいなかった。これが惑いに遭うということである。馮亭と馮去疾は共に馮衍の祖先であり、そのため憤怨を抱く。（原文の）泱は音が烏朗の反であり、漭は音が莽である。

山岳を周遊して観覧し、碣石山《けつせきざん》と洞庭湖《どうていこ》を巡った。長江と黄河に浮かんで海に入り、淮水《わいすい》と済水《せいすい》を溯った〔一〕。燕《えん》や斉《せい》の旧都を見、宋《そう》や楚《そ》の都城を経ると、かつての王たちがもはや祀られず、列国が廃墟となっていることが傷まれる〔二〕。中夏を馳せて登り降り、道は複雑で曲がりくねる。聖人たちの通達した議論を学んだが、心は鬱屈《うつくつ》して乱れるばかりである〔三〕。思うに上天の道は軌道が同じであるのに、帝王の政治はさまざまにくい違っている。尭《ぎょう》と舜《しゅん》は輝かしくのびやかであるのに、禹《う》は太平を受け天命を改めた[四]。日夜、寝ずに思い悩み、先行きも分からず、狐疑《こぎ》逡巡《しゅんじゅん》してきた。（万事に通じた）高陽《こうよう》が居た世は遠く隔たり、誰にこれを問えばよいのか[五]。（徳の薄い）夏《か》の啓王《けいおう》を（啓王が同姓を攻めた）甘沢《かんたく》で思い、聖帝の規範が初めて傾いたことを傷み、（周の）成王《せいおう》と康王《こうおう》の高徳を称えて、（『詩経』国風の）周南《しゅうなん》と召南《しょうなん》の歌を吟じた[六]。尭と舜の寛容で高い徳を慕い、后稷《こうしょく》と契《せつ》に会釈して友になろうと思う。その後裔は、一族を拡大させて成長し、湯王《とうおう》と武王《ぶおう》に至って勃興した[七]。むかし（夏・殷・周の）三代（の始祖たち）は淳美であったが、みな末世になると禍に遭った。夏の桀王《けつおう》を南巣《なんそう》に弔い、殷の紂王《ちゅうおう》を牧野《ぼくや》に哭した[八]。伊尹《いいん》を亳郊《はくこう》に召し抱え、太公望呂尚《たいこうぼうりょしょう》を酆洲《ほうしゅう》に登用した。（かれらの）功は日月のように輝き、その名は三代の王に匹敵する[九]。

［李賢注］

［一］碣石《けつせき》は、海のほとりの山で、唐の平州《へいしゅう》の東にある。洞庭《どうてい》は、湖の名で、その中に洞庭山があり、唐の岳州の西南にある。馮衍は、すでに世俗と同じではなく、心に怒気が多かった。そこで仮に、川や山を巡り、大河や海を流浪すると言うのである。屈原《くつげん》が、「わたしは遠く

に出掛けてゆうゆうとし、道は遥か彼方を目指して流浪しよう」と言ったのと同じ類である。

［二］燕《えん》の都は薊《けい》、唐の薊県〔北京市の西南〕である。斉《せい》の都は営丘《えいきゅう》、唐の臨淄県《りんしけん》〔山東省淄博市〕である。宋《そう》の都は睢陽《すいよう》、唐の宋州〔河南省商丘の西〕である。楚《そ》の初めの都は丹陽《たんよう》、唐の帰州である。後の都は郢《えい》、唐の荊州《けいしゅう》である。考烈王《こうれつおう》に至って、秦《しん》に逼迫され、また都を寿春《じゅしゅん》に遷した。唐の寿州である。祀られないとは、（一族が）みな絶えたのである。臧文仲《ぞうぶんちゅう》は、「咎陶《こうよう》と庭堅《ていけん》は祀られない」と言った。

［三］（原文の）紆軫《うしん》は、盤曲《ばんきょく》〔曲がりくねっている〕という意味である。（原文の）愊憶《ふくおく》は、鬱屈《うっくつ》という意味である。（原文の）紛紜《ふんうん》は、惑い乱れるという意味である。愊は、音が普逼の反である。

［四］（原文の）惟《い》は、思という意味である。上天の道を考えてみると、その軌跡は同じであるのに、帝王たちの政治や礼教が食い違って異なりがあることをいう。班固《はんご》は、「上天の道を仰ぐと、その軌跡は同じである」という。『白虎通《びゃくこつう》』（巻一 爵）に、「徳が天に適う者を帝と称し、仁義が適う者を王と称する」とある。そのため、政事が異なることを言っている。（原文の）煥は、文徳が明らかな様子である。（原文の）蕩蕩は、政治や教化が平らかな様子である。『論語《ろんご》』（泰伯篇）に、「孔子《こうし》は、「ただ天だけが偉大であり、ただ尭《ぎょう》だけが天に則ること

ができた。煥《あきらか》であるかな。尭の文徳の明らかな様子は、至って大きい。（その様子は）人が名づけることはできない」と言った」とある。尭と舜は道を同じくする。そのため（二人を）合わせて言っているのである。舜は位を禹《う》に譲り、禹は尭と舜の後を受けたのに制度を改め、子に（位を）譲った。そのため太平を受けたのに天命を改めた、と言うのである。

［五］孔子は、「わたしは終日食らわず、終夜寝ずに、考えたことがある」と言った。『楚辞《そじ》』（七諫　謬諫）に、「心は先行きが分からず惑乱している」とある。（原文の悇憛《よたん》について）『広蒼《こうそう》』は、「悇憛《よたん》は、禍福が定まっていないことである」という。悇《よ》は音が它乎の反、憛《たん》は它紺の反である。本来は侘傺《たくてい》に作る場合もある、侘《たく》は音が丑加の反、傺《てい》は音が丑制の反とされ、未だ定まらないという意味である。高陽《こうよう》は、帝顓頊《ていせんぎょく》の号である。（原文の）洞もまた定まらないことである。『史記《しき》』（巻六十九　蘇秦列伝）に、「恐れ戦《おのの》き疑い定まらない」とある。また、「高陽氏は、静粛で思慮深く、すべてに通じて物事を洞察する」とある。思慮深く万事に通じていたので、共に事を論じたいと考えたのである。

［六］（原文の）訊《じん》は、問という意味である。啓《けい》は、禹の子である。『尚書《しょうしょ》』（甘誓《かんせい》篇）に、「啓は、有扈《ゆうこし》氏と甘《かん》の野に戦った」とある。孔安国《こうあんこく》の注に、「有扈は、夏と姓が同じで、血が近いのに恃んで恭順ではなかった」とある。このため啓は、有扈を甘の野に討ったのである。甘の

野は唐の鄠《う》県にある。啓は、徳が薄く、同姓で争ったので、帝典が傾いたのを傷んだのである。『周易』（小畜）に、「徳が積まれ満ちている」とある。『史記』（巻四周本紀）に、「成王《せいおう》と康王《こうおう》の時、天下は安寧で、刑罰は三十余年置かれていたが用いられなかった」とある。周《しゅう》南《なん》と召南《しょうなん》は、『詩経《しきょう》』国風《こくふう》の首篇である。文王の徳を歌うので、詠じたのである。舜の「南《なん》風《ぷう》の歌」とは異なる。

［七］『尚書考霊耀《しょうしょこうれいよう》』に、「放勛《ほうくん》（尭）は、聡明で思慮深く、天下を安んじた」とある。鄭玄《じょうげん》の注に、「尭の寛容は、天地を覆うかのようである。これを晏という」とある。稷《しょく》の名は棄《き》で、尭の后稷《こうしょく》となった。契《せつ》は、尭の司徒《しと》となった。契の十四世孫は湯《とう》と号し、夏の桀王《けつおう》を滅ぼして、天下を王として有した。后稷の十六世孫は周の武王《ぶおう》で、殷の紂王《ちゅうおう》を滅ぼして、天下の王者となった。勃は、盛んな様子をいう。『春秋左氏伝《しゅんじゅうさしでん》』（荘公伝十一年）に、「その興ることは、勃であった」とある。

［八］（原文の）三后《さんこう》は、夏・殷・周である。それらは始終純美であり続けられず、常に末代に至ると、災禍に窮まることを惜しんでいる。湯王は桀を南巣《なんそう》に追放し、武王は紂を牧野《ぼくや》に滅亡させたが、周の末、幽王《ゆうおう》は西戎《せいじゅう》に殺された。離騒《りそう》に、「むかし三后は純粋であったのに、なぜ桀や紂は乱れたのか」とある。南巣は、地名であり、廬州巣県《ろしゅうそうけん》である。孔安国《こうあんこく》は、「牧野《ぼくや》

は、紂の近郊三十里の地名である」とする。（牧野は）唐の衛州にある。

［九］（原文の）詔は、召という意味である。亳県《はくけん》（河南省商丘市の北）は、湯王の都である。呂《りょ》望《ぼう》は、周の太師《たいし》であり、周を助けて殷を滅ぼした。酆《ほう》は、文王《ぶんおう》が都としたところで、京兆《けいちょう》郡杜陵亭《ぐんとりょうてい》にある。川の中の居ることのできるところを洲という。

楊朱《ようしゅ》は分かれ道に嘆き、墨子《ぼくし》は白い糸に泣いた。染まりやすい世の風潮が移ろいゆくことを明らかにし、（未来に）なされることが予測できないと怨んだのである［一］。（わたしは）「周南《しゅうなん》」の関関とした睢鳩《みさご》が微妙な礼を知ることを美とし、王道が崩れようとしていることを憂う。そのため周《しゅう》の康王《こうおう》の盛徳を優れたものとして取り、功を偽ったという斉《せい》の桓公《かんこう》、晋《しん》の文公《ぶんこう》も見逃せない［二］。（わたしは）戦国時代の禍いを憎み、権臣が力をほしいままにすることを憎む。このため（王を僭称する）楚子《そし》は南の都の郢《えい》に退け、趙武《ちょうぶ》は溟梁《めいりょう》で捕らえなければなるまい［三］。（わたしは）誠実なものが時勢を救うことをよいと思い、詐術の企みが多くなされることを憎む。このため申叔時《しんしゅくじ》を陳《ちん》・蔡《さい》に表敬し、荀息《じゅんそく》を虞《ぐ》・虢《かく》で虜としたい［四］。聖人（孔子）を離間させた犂鉏《れいしょ》を誅殺し、智者（孟子）を譏った臧倉《ぞうそう》を討ちたい。子反《しはん》を彭城《ほうじょう》で誇り、管仲《かんちゅう》を夷儀《いぎ》で賞したい［五］。（わたしは）兵乱が蔓延し、戦争が発生することを傷む。ゆえに孫武《そんぶ》は五湖《ごこ》に沈め、白起《はくき》は長平《ちょうへい》に斬りたい[六]。（わたしは）多くの偽りが世を乱し、従横《しょうおう》の術が俗を敗ることを憎む。このため蘇秦《そしん》は洹水《えんすい》に流し、張儀《ちょうぎ》は鬼谷《きこく》に閉じこめたい[七]。（わたしは）徳化が崩れいくことを止め、刑罰が過酷であることを傷む。このため商鞅《しょうおう》の法術を焼き、韓《かん》非《ぴ》の著論を焼き払いたい[八]。始皇帝《しこうてい》が跳梁したことを責め、李斯《りし》は辺境に流したい。先王の法則を破壊した、（かれら二人の）禍は深くかつ広い[九]。往古の聖人の言葉を引いて中庸を履《ふ》み、（晉の平公と楚の霊王という）二主の奢侈を矯正した。女斉《じょせい》を絳台《こうだい》で饗《もてな》し、椒挙《しょうきょ》を章華台《しょうかだい》で饗応《きょうおう》したい[一〇]。（わたしは）光輝ある道徳を敷衍《ふえん》し、衰えつつある世の風俗を正したい。ゆえに宋襄《そうじょう》を泓谷《おうこく》に称え、季札《きさつ》を延陵《えんりょう》に表敬したい[一一]。（わたしは）仁智の秀でた華を顕彰し、乱世の末流を怒る。ゆえに鄭僑《ていきょう》を溱洧《しんゆう》にたずね、晏《あん》嬰《えい》を営丘《えいきゅう》に訪ねたい[一二]。日は陰陰としてまさに暮れようとし、（そのような中でわたしは）一人怒りを抱き煩悶する。何と天下の広大であることか、迷って道の南北も分からない[一三]。蛟《みずち》を四頭にして馳せ回り、翠雲《すいうん》の中で逍遥する。（そして）伯夷《はくい》に会って中庸を得、務光《むこう》に会って意志はいよいよ明らかになった[一四]。子高《しこう》と中野《ちゅうや》に会って共感し、伯成《はくせい》に会って考えは定まった。真人の偉大なる徳を尊び、そこで留まって去るまいと[一五]。

意は逡巡して定まらなかったが、風が来ることを待って任せて去っていこう。善巻《ぜんけん》がいる所を探し、許由《きょゆう》と負黍《ふしょ》で会おう。車を（許由が隠棲したという）箕山《きざん》の南に停め、馬を（許由が汚れた耳を洗ったという）潁水《えいすい》に放牧しよう。至言を聞き悟り、わたしは故郷に帰った［一六］。

［李賢注］

［一］『淮南子《えなんじ》』（巻十七 説林訓）に、「楊子《ようし》は、十字路を見てこれを哭した。そこは南に行くことができ、北に行くことができ、その本は同じなのに末は異なるのを傷んだためである」という。『墨子《ぼくし》』（巻一 所染）に、「墨子は糸を染めるのを見て歎き、「蒼《あお》に染めれば蒼く、黄色に染めれば黄色、五色に染めれば五色になる。だから染めることは慎重にしなければならないのである。（染まるものは）ただ糸だけではない。国もまた染まるのである。湯王《とうおう》は伊尹《いいん》に染まり（国を起こし）、紂王《ちゅうおう》は悪来《あくらい》に染ま（り国を滅ぼすことにな）った」と言った」とある。先王の正道は、手本とすべき制度があるが、いいかげんな気持ちで詮索《せんさく》すると、岐路に立たされる。そのため墨子は染まりやすい性を改めることを知り、楊朱は人の所業が思いがけぬ結果を生むと悲しんだのである。

〔二〕 薛漢《せつかん》は『韓詩章句《かんししょうく》』に、「詩人が雎鳩《みさご》の貞潔をいうのは、鳴き声を挙げて求め合う際に、必ず河の洲《なかす》で事に及び、人がいないところに隠れるからである。（雎鳩ですらなので）人君の動静でも、朝廷から退いて後宮に入り、妃后を御見《ぎょけん》〔夜伽《よとぎ》〕する際にも、立ち去るか留まるかに節度がある。いま君主は後宮で色に傾き、大人（である詩人）は悪い予兆を感じたので、そこで関雎《かんしょ》の詩を詠じて、淑女たちを諫め、容儀を正させようとしたのである」と言っている。（原文の捃譎《くんきつ》について）『方言《ほうげん》』（巻三）に、「捃《くん》は、取という意味である。譎《きつ》は、詐という意味である」という。斉《せい》の桓公《かんこう》と晉《しん》の文公《ぶんこう》は、共に覇者《はしゃ》としての功がある。（しかし）孔子《こうし》は（『論語』憲問篇で、二人のうち斉の桓公を尊び）、「晉の文公は偽って不正であったが、斉の桓公は正しく偽らなかった」と言った。このとき周《しゅう》は衰えて政治が乱れ、桓公と文公は諸侯を統率して、天子《てんし》を推戴した。このため（孔子は）両者のかりそめの功を認めたのであろう。

〔三〕 周室《しゅうしつ》が衰微し、七国が交戦したのが戦国《せんごく》時代である。このとき呉《ご》と楚《そ》は僭称して共に王《おう》を名乗った。孔子は『春秋《しゅんじゅう》』を修める際に、蛮夷の強大な者は子爵《ししゃく》に過ぎないので、（呉と楚を）排斥して子と言った。また、『春秋』（襄公十六年 経）では、「魯公は晉《しん》・宋《そう》・衛《えい》・鄭《てい》・曹《そう》・莒《きょ》・邾《ちゅ》・薛《せつ》・杞《き》と湨梁《めいりょう》で会し、戊寅《ぼいん》、大夫《たいふ》たちは盟した」とある。『春秋公羊伝《しゅんじゅうくようでん》』（襄公十六年）には、「諸侯《しょこう》たちがみな居るのに、大夫たちが盟したと書くのはなぜか。本当に大夫たちであったからである。なぜ本当に大夫たちであった、などと言うのか。広く天下の大夫を譏《そし》るためである。なぜ広く天下の大夫を譏るのか。君主たちが旗の飾りのように（臣下に唯々諾々と）していたからである」という。趙武《ちょうぶ》は、晉の卿《けい》の趙文子《ちょうぶんし》である。このとき晉は盟主となったが、文子は晉の正卿にも拘《かかわ》らず、不臣の行為があった。このためかれを捕らえたい、とするのである。湨《めい》は、川の名前で、河内郡軹県《かだいぐんしけん》の東南を流れ、温県《おんけん》（河南省温県の南西）で黄河《こうが》に合流する。『爾雅《じが》』（釈地）には、「堤防では湨梁より大きなものはない」とある。湨は音が古覓《こべき》の反である。

［四］申叔《しんしゅく》は、楚《そ》の荘王《そうおう》の時の賢臣である申叔時《しんしゅくじ》という者である。『春秋左氏伝《しゅんじゅうさしでん》』（宣公伝十一年）に、「陳《ちん》の夏徴舒《かちょうじょ》が霊公《れいこう》を弑逆すると、楚の荘王は陳を討ち、夏徴舒を殺し、陳を滅ぼして県《けん》とした。申叔時は荘王を諫めて、「夏徴舒は主君を弑殺し、罪は甚大ですので、夏徴舒を討って殺戮するのは、君の大義です。諸侯が従ったのは、罪のある者を討つ、と言ったからです。いま陳を（楚の）県にするのは、富を貪《むさぼ》ることです。罪を討つと言って諸侯を召喚したのに、貪りにより終わるというのは、不可でしょう」と言った。荘王は、「よい言葉である。わたしはこのような言葉を聞いたことがない」と言った。そこでまた陳を封じた」とある。（原文の）聘《へい》とは、問うことをいう。これは陳のことなのに、（本文では陳に）続

けて蔡《さい》をあげるのは、恐らく陳と蔡が近いことで、連ねて言ったのであろう。荀息《じゅんそく》は、晋《しん》の大夫《たいふ》である。『春秋左氏伝』（僖公 伝二年）には、「晋の荀息は、（晋の献公《けんこう》に）屈《くつ》の名馬と垂《すい》棘《きょく》の璧を使い、それを担保にして虞《ぐ》に道を借り、虢《かく》を討つことを願った。献公は、「これらはわたしの宝である」と言った。荀息は応えて、「道を虞に借りられれば、外の蔵に（一時預けて）あるようなものです」と言った。そこで（二つの宝により）道を虞に借りて虢を滅ぼし、軍は帰途に虞を襲って、虞を滅ぼし（二つの宝を回収し）た」とある。

［五］犂鉏《れいしょ》は、斉《せい》の大夫《たいふ》である。（原文の）介は、間のような意味である。『韓非子《かんぴし》』（内儲説篇下）に、「仲尼《ちゅうじ》（孔子）が魯《ろ》で政治をすると、道行く人は落とし物を拾わなくな（るほど治ま）り、斉の景公《けいこう》はこれを憂いた。犂鉏《れいしょ》は、「仲尼を（魯から）去らせるのは、毛を吹くほどたやすいことです。君は魯公に女楽《じょがく》を贈り、その心を驕らせたいのでしょう。魯公はこれに耽溺《たんでき》し、必ず政務を怠《おこた》ります。仲尼は必ず諫めますが、諫めても聞き入れられなければ、必ず魯に見切りを付け去ることになりましょう」と言った。景公は、「よし」と言った。そこで犂鉏は、女楽を魯に贈らせた。哀公《あいこう》は、これに耽溺して、果たして政務を怠った。仲尼は諫めたが聞き入れられなかった。（仲尼は）こうして魯を去った」とある。『孟子《もうし》』（梁恵王章句）に、「魯の平公《へいこう》が出掛けようとすると、寵臣の臧倉《ぞうそう》が尋ねて、「以前、主公が出かけられ

る時には、必ず役人に行く所を告げていました。いま出かけられようとされていますが、（行く先を教えて下さることを）お願いいたします」と尋ねた。魯公は、「孟子に会おうと思っている」と言った。臧倉は、「主公が御身を貶《おとし》めて匹夫を立てようとされるのは、孟子を賢人とするためでしょうか。（確かに）礼儀は賢者になされるものですが、孟子の（母の）葬儀は、以前の（父の）葬儀を超えておりました。どうか、会いに行かれませぬように」と言った。平公は、「わかった」と言った。楽正子《がくせいし》は、孟子に会いに行き、「主君が面会に来られるところでしたが、寵臣の臧倉がそれを遮《さえぎ》りました。それにより、主君は来なかったのです」と言った。孟子は、「わたしが魯侯に会えなかったのは、天がそうさせたのです。臧氏が、わたしを会わせなくしたわけではありません」と言った」とある。（原文の）愬《そ》は、譖《そし》ることである。知は、事に明らかなことをいう。子反《しはん》は、楚の大夫で、名は側《そく》である。蔦《とう》の字を考えるに呂忱《りょしん》は（『字林』に蔦の）音を仕眷の反であるとし、勉という意味であるとする。『東観漢《とうかんかん》記《き》』は譏《き》の字に作る。ここでは蔦の字に作っているが、同様に譏《そし》るという意味であろう。『春秋《しゅんじゅう》』経（宣公十五年）に、「宋人と楚人が和睦した」とある。『春秋公羊伝《しゅんじゅうくようでん》』（宣公十五年）に、「魯の以外の国で同盟した場合は（『春秋』の経文に）書かない（ことが『春秋』の常例である）のに、ここではなぜ書いたのか。貶《おとし》めたのである。なぜ貶めるのか。同盟した者が、下の者であったためである」という。何休《かきゅう》は注をつけて、「子反と華元《かげん》が盟を専断して君命を受けなかったことを譏るため、貶めている」という。そうならば、子反は君命に背き同盟したのである。宋の城下で同盟をしたのに、彭城《ほうじょう》〔江蘇省徐州市〕と言っているのは、彭城は宋の邑であるため、彭城を挙げて宋のことを言っているのであろう。また、『春秋左《しゅんじゅうさ》氏伝《しでん》』（成公 経十五年、経伝十八年）に、「宋の大夫の魚石《ぎょせき》たちが楚に出奔した。そこで楚は宋を討ち、彭城を取って魚石を封じた。宋人が彭城を包囲したので、楚の子重は彭城を救援して宋を討った」とある。ここに子反と言うのは、馮衍の誤りであろう。そうでなければ、別の典拠があるのかもしれない。管仲《かんちゅう》は、斉《せい》の桓公《かんこう》の相で、名は夷吾《いご》である。夷儀《いぎ》〔山東省聊城市の南西〕は、邢《けい》の邑である。翟人《てきひと》が邢を滅ぼすと、管仲は桓公を輔けて夷儀を築いて邢を封じ、邢（の人々）は（あたかも故郷に）帰るかのようにその地に遷った。ここにおいて、天下の諸侯は桓公が自分のために行動したのではないことを知り、このため天下は桓公に帰服した。管仲を用いたことで、覇者の功績を立てたのである。このことは『国語《こくご》』（斉語）に見える。管仲が君主を輔佐して覇業を成したことにより、夷儀で賞しようというのである。

［六］（原文の）濅は、漸という意味である。孫武《そんぶ》は、呉王《ごおう》の闔廬《こうりょ》の将である。よく兵を用いた。『越絶書《えつぜつしょ》』（外伝記呉地伝）に、「太湖《たいこ》は、周囲三万六千頃《けい》である」という。虞翻《ぐほん》は、「太湖に

は五つの流れがあるので五湖《ごこ》という」と言っている。思湖《れきこ》・洮湖《とうこ》・射湖《しゃこ》・貴湖《きこ》と太湖を五湖となし、みな太湖の支流であり、共に太湖に連なっているので、太湖は兼ねて五湖の名を得ている。唐の湖州《こしゅう》の東にある。『史記』（巻七十三 白起伝）に、「白起《はくき》は、郿県《びけん》〔陝西省眉県の東〕の人である。秦《しん》の昭王《しょうおう》に仕え、上将軍《じょうしょうぐん》として趙《ちょう》を長平《ちょうへい》〔山西省高平の北西〕で撃ち、前後合わせて生き埋め、斬首・捕虜とすること四十五万人に及んだ」とある。長平は地名で、唐の沢州にある。

〔七〕（原文の）叢《そう》は、細という意味である。（原文の）毒は、恨という意味である。関東を従とし、関西を横とする。蘇秦《そしん》は、洛陽《らくよう》の人である。鬼谷先生《きこくせんせい》に師事した。合従説《がっしょうせつ》を行い、関東の六国に説いて合従に従う友国とさせ、秦《しん》に反抗させ、洹水《えんすい》のほとりで会し、白馬を屠《ほふ》って盟した。張儀《ちょうぎ》は、魏《ぎ》の人である。蘇秦と師を同じくした。関西の連衡説《れんこうせつ》を行い、関東の六国を説いて秦に仕えさせた。かれらはみな詐術《さじゅつ》を尊び、道徳に遵《したが》わなかった。洹水は汲郡林慮《きゅうぐんりんりょ》の県《けん》から出る。鬼谷は、谷の名で、鬼谷先生が居住していたところで、唐の洛州洛陽城《らくしゅうらくようじょう》の北にある。叢は、或いは聚につくるが、意味は通じる。

〔八〕（原文の）陵遅《りょうち》は、崩れ廃《すた》れることをいう。（原文の）澄《ちょう》は、清という意味である。（原文の）烈《れつ》は、惨という意味である。商鞅《しょうおう》は、姓は公孫氏《こうそんし》である。刑名《けいめい》の学を好んだ。秦《しん》の孝公《こうこう》に仕え、法令を変え、人々を什五《じゅうご》に編成して互いに管理させ、法を犯せば連座させ、悪事を告発しない者は要斬《ようざん》〔死刑〕の刑にし、悪事を告発した者は敵を斬った賞と同じくし、悪を匿《かくま》った者は敵に降った場合と罰を同じくし、二人以上息子がいるのに分家しない者は罰を倍にした。これを行うこと四年、秦は富強となった。韓非《かんぴ》は、韓の公子の一人で、また刑名法術の学を好んだ。吃音《きつおん》のためうまく話せなかった。著書として孤憤《こふん》・五蠹《ごと》・内外儲《ないがいちょ》・説難《ぜいなん》の十余万語を作ったが、みな法術を尊ぶもので、仁恩は少なかった。共に『史記《しき》』（巻六十三 韓非伝、巻六十八 商君列伝）に見える。

［九］（原文の）誚《しょう》は、責という意味である。（原文の）跋扈《ばっこ》は、強梁という意味である。李斯《りし》は上蔡《じょうさい》〔河南省上蔡の南西〕の人である。秦《しん》の丞相《じょうしょう》となった。上書して、「いま諸生《しょせい》は今に学ばず古を学び、民草を惑乱しています。臣が願いますに、秦記以外は皆これを焼き、天下に詩・書・百家の著作を蔵する者は皆これを焼きますように。令が下って三十日間で焼かぬ者は、入れ墨して城旦《じょうたん》〔刑期四年の労働〕の刑としましょう」と述べた。始皇帝《しこうてい》は制して、「よろしい」とした。これが先王の法則を滅ぼすということである。

［一〇］（原文の）援は、引という意味である。（原文の）矯は、正という意味である。（原文の）籯《えい》は、餉《しょう》という意味である。女斉《じょせい》は、晋《しん》の大夫《たいふ》の司馬侯《しばこう》である。絳《こう》は、晋国の都である。『国《こく》

語《ご》』（晉語七）に、「晉の平公《へいこう》は九層の台《うてな》を作った」とある。また、「叔向《しゅくきょう》が司馬侯の息子に会い、頭を撫でて泣き、「君の父が死んでから、わたしは主君に仕えることに暗くなった。むかし君の父が諫め始めれば、わたしが諫言を（補足して）完成させ、わたしが諫め始めれば君の父が補足して、不可とされることがなかった」と言った」（『国語』晉語八）とある。これは、女斉が主君に仕えると必ず諫言があったことを示すものであり、必ず台を作った時も諫めたであろうが、典拠が散逸しているので、（典拠を示して）言うことができないだけである。椒挙《しょうきょ》は、楚《そ》の大夫の伍挙《ごきょ》である。饗は、宴という意味である。章華《しょうか》は、台の名で、南郡華容県《なんぐんかようけん》にある。楚語《そご》（『国語』楚語上）には、「霊王《れいおう》は章華の台をつくり、椒挙と共に登った。霊王は、「この台は美しい」と言った。（椒挙は）応えて、「臣《わたくし》が聞くところでは、国君は賢人の寵遇を美とし、人々の安寧を楽とするといいます。建造物の崇高さを美とするのは聞いたことがありません。先君の荘王《そうおう》は、匏居《こきょ》の台を造りましたが、高さは国の悪気を見られるだけで、大きさは宴会の器具を収容できるだけで、その費用は官府を煩わすことがなく、人々も労役で本分に支障が出ることはありませんでした。しかしいま主君がこの台を造りましたので、国人は疲弊し、資財は尽きています。臣はこの台の美は存じません」と言った」とある。二主は、晉と楚の君主をいう。二（の字）はある本では亡（の字）につくる。

[二] 摛《ち》は、布という意味である。眇《びょう》は、微という意味である。『春秋公羊伝《しゅんじゅうくようでん》』（僖公二十二年）には、「宋公《そうこう》は楚《そ》と泓水《おうすい》の北で戦い、楚人は泓水を渡って攻めて来た。軍吏は、「楚の軍がまだすべて渡り終えないところを迎撃しましょう」と言った。宋公は、「ならぬ。わたしは、君子は人の弱みにつけ込まないと聞いている。わたしは、国を失った殷の末裔であるが、寡人《わたし》はそこまで行うことは忍びぬ」と言った。（楚軍は）渡り終わったが陣容を整えていなかった。軍吏はまた、「どうかいま攻撃しましょう」と言った。宋公は、「ならぬ。わたしは、君子は陣を整える前に太鼓を鳴らして攻撃しないと聞いている」と言った。（楚軍は）すでに陣容を整え、その後に攻撃したところ、宋軍は大敗した。これより君子は、陣容が整わないうちは太鼓を撃たず、大事に臨んでも礼を忘れなかったことを尊重して、文王《ぶんおう》の戦いもこれに勝ることはあるまいとする」とある。季札《きさつ》は、呉王寿夢《ごおうじゅぼう》の末子で、延陵《えんりょう》に封ぜられた。兄弟は四人で、季札《きさつ》は最も幼くして賢明であった。寿夢が卒すると、兄たちは、季札を王に立てようとしたが、季札は家を棄てて耕作し、これを捨てた。泓《おう》は、音が烏萌の反である。

[三]（原文の）摭《せき》は、拾という意味である。鄭僑《ていきょう》は、鄭の大夫《たいふ》の公孫僑《こうそんきょう》である。溱《しん》と洧《ゆう》は、鄭の二つの川の名である。鄭詩《ていし》（『詩経』鄭風　溱洧《しんい》）には、「溱と洧は、深く清らかである」という。晏嬰《あんえい》は、斉《せい》の大夫の晏平仲《あんへいちゅう》である。『爾雅《じが》』（釈丘）に、「川が、その左に出ることを

営丘《えいきゅう》という」とある。斉に、営丘がある。周《しゅう》が衰えて政治が乱れ、子産《しさん》と晏嬰は賢明な行いで、それぞれの君主を輔佐した。そのことは、『春秋左氏伝《しゅんじゅうさしでん》』と『国語《こくご》』に見える。

［一三］（原文の）曀曀《えいえい》は、暗い様子である。『詩経《しきょう》』（邶風《はいふう》終風）に、「暗暗として曇っている」とある。『楚辞《そじ》』（離騒）に、「わが車を返して道を引き返そう。迷いこんだのがまだ遠くないうちに」とある。

［一四］（原文の駟《し》と虯《きゅう》について）四頭の馬を駟という。虯は、龍の角が無いものである。『楚辞《そじ》』（離騒）に、「玉の虯《みずち》を四頭立てにして雲に乗る」とある。『爾雅』（釈畜）に、「馬の高さが八尺のものを龍とする」とある。司馬相如《しばしょうじょ》は、「蒼い螭《みずち》を四頭として白い虯を六頭とした」という。（原文の）相佯は、逍遥のような意味である。伯夷《はくい》は、孤竹君《こちくくん》の子で、周《しゅう》の武王《ぶおう》の時の義士である。周の粟《ぞく》を食《は》まず、首陽山《しゅようざん》に隠れた。揚雄の反騒《はんそう》には、「舜《しゅん》に（事理の軽重をただし）中庸を得ようとする」とある。『列仙伝《れっせんでん》』には、「務光《むこう》という者は、夏《か》の時の人である。殷《いん》の湯王《とうおう》は桀《けつ》を討とうとして、務光に相談した。（しかし）務光は、「わたしの（知った）事ではない」と言った。殷の（高宗）武丁《ぶてい》の時に至り、武丁は宰相に迎えようとしたが、務光は従わず、ついに梁山《りょうざん》に入った」とある。馮衍《ふうえん》は、退いて仕官せず、務光と賦の言葉が相応しており、共に合っているので、いよいよ明るいと言っているのである。（原文の）愈《ゆ》は、益

というような意味である。

［一五］『荘子《そうじ》』（天地篇）に、「伯成子高《はくせいしこう》は、尭舜《ぎょうしゅん》の時に諸侯となっていたが、禹《う》が天子となるに至り、立ち去って耕作した。禹は行ってこれと会い、「尭が天下を治めると、あなたは立って諸侯となりました。尭は舜に天下を伝え、舜はわたしに伝えました。あなたが去って耕作しているのは、なぜでしょうか」と言った。子高は、「むかし尭が天下を治めると、至公にして無私、尭が賞せずとも人々は励みあい、罰せずとも（人々は尭を）畏敬していた。今あなたは賞しても（人々は）励まず、罰しても威はない。徳はこれより衰え、刑はこれより盛んになる。さああなたよ、なぜ立ち去らないのか。わたしの事を邪魔するな」と言った。耕作して顧みることはなかった」とある。（原文の）欵は、誠という意味である。（原文の）真人は、子高のことをいい、（原文の）躊躇《ちゅうちょ》は、躑躅《てきちょく》〔行って進まない〕という意味である。

『東観漢記《とうかんかんき》』は、高の字を喬につくり、仙人の王子喬《おうじきょう》とする。意味はまた通じる。

［一六］（原文の）斟愖《しんじん》は、疑い逡巡《しゅんじゅん》するというような意味である。（原文の）澹《たん》は、定という意味である。（原文の）俟《し》は、待という意味である。（原文の）容与《ようよ》は、従容という意味である。『荘子《そうじ》』（譲王篇）に、「舜《しゅん》は天下を善巻《ぜんけん》に譲ろうとしたが、善巻は、「わたしは日が昇れば働き、日が沈めば憩い、天地の間に逍遥する者である。わたしが天下をどうかしようというこ

とがあろうか」と言った。ついに深山に入り、その最後を知る者はいない」とある。許由《きょゆう》は、字を武仲《ぶちゅう》という。尭《ぎょう》の時の高士で、箕山《きざん》に隠居した。尭は、天下を許由に譲ろうとしたが、許由は受諾せず、その言葉を聞いたことを憎み、潁水《えいすい》で耳を洗った。負黍《ふしょ》は、亭の名で、洛《らく》州陽城県《しゅうようじょうけん》の西南にあり、許由の墓はその南にある。（原文の）秣《まつ》とは、馬に粟を食わせることをいう。『字林《じりん》』に、「滸《こ》は、水の岸である」という。慬《じん》は、音が市林の反で、或いは堪の字につくる。

天地の深淵の道理を観《み》て、万物の真理を統べる。陰陽の変化を極めて、五行《ごぎょう》の精髄《せいずい》を明らかにする〔一〕。青龍《せいりゅう》を滄海《そうかい》に踊らせ、白虎《びゃくこ》を金山《きんざん》に養う。岩山を穿《うが》って室となし、高明な所に身を寄せて仙風を養う。神雀《しんじゃく》は大いなる崖を飛翔し、玄武《げんぶ》は北荒の地に潜む。朱《あか》い楼に棲《す》んで四方を見渡し、三秀《さんしゅう》の華を採る〔二〕。先賢の節義を継承し、祖先の功績を輝かす。綺季《きき》の麗服を纏《まと》い、屈原《くつげん》の令徳を顕彰する〔三〕。わたしの高い冠をさらに高くし、わたしの美しき佩《おびだま》をさらに荘厳にしよう。六気《りくき》の清液を飲み、五芝《ごし》の優れたものを食らう〔四〕。

［李賢注］

［一］これより以下の賦は、元の家に帰ったところで、天地を通覧して、陰陽を極めようとする。（原文の）幽奥は、深淵な様子をいう。（原文の）維綱《いこう》は、本質のような意味である。五徳《ごとく》は、五行《ごぎょう》の徳である。物に適用すれば、金・木・水・火・土となる。人に適用すれば、仁・義・礼・智・信となるのである。

［二］天に二十八宿があり、龍・虎・亀・鳳の形を成している。地では四霊《しれい》となって、東方を青龍《せいりゅう》、西方を白虎《びゃくこ》、南方を朱雀《すざく》、北方を玄武《げんぶ》とする。（原文の）豢《けん》は、養という意味である。金山《きんざん》は、西方の精である。神雀《しんじゃく》は、鳳のことである。玄武は、亀蛇のことをいう。位置が北方にあるので、このため玄という。その身に鱗と甲羅があるので、このため武という。（原文の）嫛冥は、暗黒という意味であり、いわゆる「幽都《ゆうと》」である。馮衍は元の家に帰り、岩山を穿《うが》って石室となし、高明な地に住んで仙風を養い、龍虎の類が四方にあるとして、自分を飾る助けとしている。『漢書《かんじょ》』（巻二十五下 郊祀志下）に、「仙人は楼に住むことを好む」とある。このため朱い楼に棲み、四方を見渡すというのである。『楚辞《そじ》』（九歌 山鬼）には、「三秀を山間で採る」とある。王逸《おういつ》の注には、「霊芝《れいし》をいう」とある。『東観漢記《とうかんかんき》』および『馮衍《ふうえん》集《しゅう》』は、秀の字を奇につくり、英の字を霊につくる。下に「五芝の茂英を食らう」とあるこ

とを考えると、これがもし霊芝であれば、重ねて言うべきではない。ただ三奇では、何の草かを知ることはできない。范曄《はんよう》が奇を改めて秀としたのは、おそらく間違いというべきであろう。

[三]（原文の）纂《さん》は、継という意味である。（原文の）前修は、前賢という意味である。（原文の）夸《こ》は、大という意味である。『楚辞《そじ》』（離騒）には、「ああ（わたしは）あの前世の賢人を手本とする」とある。また（『楚辞』離騒には）「盛んに一人だけ、この立派な節操がある」という。（原文の）往昔の光勲とは、馮衍の先祖で過去に功業があった者をいう。馮去疾《ふうきょしつ》や馮《ふう》奉世《ほうせい》たちである。自らがいま先賢の高節を継承するのは、（祖先の功業をさらに）輝かせるためである。綺季《きき》は、四皓《しこう》の一人である。『漢書《かんじょ》』（巻四十張良伝）に、「四皓が太子に従って入侍すると、髪や眉は白く、衣冠は荘厳であった」とある。『楚漢春秋《そかんしゅんじゅう》』には、「四人は、鞣《なめ》し革の冠をかぶり、銀の帯び玉を付け、衣服は非常に鮮やかであった」とあり、このため麗服というのである。『楚辞』（離騒）に、「留夷《りゅうい》と掲車《けいしゃ》とを分け、杜衡《とこう》と芬芷《ふんし》とを交える」とある。屈原《くつげん》は（これらの言葉で）みな自分に令徳があることを喩えているので、馮衍は、霊芬を揚げようとしているのである。

[四]（原文の）岌岌《きゅうきゅう》は、高い様子である。（原文の）洋洋は、美しい様子である。『楚辞《そじ》』（離

騒）に、「わたしの屹立《きつりつ》する冠をさらに高くし、わたしの陸続たる帯び玉をさらに長くする」とある。王逸《おういつ》の注に、「自分が徳を懐いていても、用いられないことを傷み、高い冠と長い帯び玉により、威儀を尊くして服飾を整え、他者と差異をつけようとしたのである」という。（原文の）六醴《りくれい》は、おそらく六気であろう。『楚辞』（遠遊）に、「一日の六気を食らい、夜半の気を飲む」とある。『茅君内伝《ぼうくんないでん》』には、「句曲山《こうきょくさん》の頂上に霊芝が五種ある。その一を龍仙《りゅうせん》芝《し》といい、龍が背中合わせになっているのに似ており、これを服食すれば太極仙卿《たいきょくせんけい》となる。その二は参成芝《さんせいし》という名で、赤色で光があり、その枝葉は金石の音ようで、折れてもまた継ぎ直せば元通りとなる。これを服食すれば太極《たいきょく》大夫《たいふ》となる。その三は燕胎芝《えんたいし》という名で、その色は紫で、形状は葵《あおい》のようであり、葉の上に燕の象がある。光沢は透徹で、一株を服せば拝命され太清《たいせい》龍《りゅう》虎《こ》仙君《せんくん》となる。その四は夜光芝《やこうし》という名で、その色は青く、その実は四角く白いことと李《すもも》のようで、夜にその実を見ると月のようで、光は照らして一室を貫く。一株を服食すれば太清仙官《たいせいせんかん》となる。その五は玉芝《ぎょくし》という名で、分けて服食すれば、三官正真御史《さんかんせいしんぎょし》に拝命される」とある。

六つの枳《からたち》を建てて垣根とし、蕙若《かきつばた》を築いて室とする。蘭と芷《はなうど》を中庭に植え、杜衡《かんあおい》を外側に並べる[一]。射干《ひおうぎ》を集めて蘼蕪《びぶ》と混じえ、木蘭と新夷《こぶし》を混ぜる。光は煌々として曜曜となり、香気は紛々として、美しさを際だたせる。花は盛りにして、四方に広がっているが、しばし恍惚としても、貴重と思うことはない。それは、我が身が不遇だからではなく、やがてこれらの美も、憔悴することを哀れに思うからである[二]。精神を天下に遊ばせて、玄妙《げんみょう》なる我が志操を高める。清静の地に居て志を養うことは、誠にわたしの宿願であった[三]。山は、峨峨《がが》として天に至るかのようで、林は、鬱々《うつうつ》と茂っている。神鳥は、旋回して群れを探し、鹿は、悲しげに鳴いて友を求める[四]。（わたしもそのように孤独であるが）古今（の賢者の書）を読んで心を紛《まぎ》らわせ、聖賢の生き様をみて自分を落ち着かせる。孔丘《こうきゅう》が命を知ることを称え、老子《ろうし》が玄を尊んだことに敬意を払う。徳と道とどちらが宝であるのか。名と身といずれを優先するのか。山谷の間に棲《す》み、寂寞《せきばく》を守って精神を養う[五]。かつて荘周《そうしゅう》は魚を釣り、大臣の地位を辞退した。於《お》陵子《りょうし》は畑仕事をしつつ、人に至人もかくやと思わせた。おそらく隠棲して困窮したであろうが、その結果、貧窮のうちに悟り、道を得たのである。暗黒の塵土《じんど》を離れ、王子《おうじ》喬《きょう》や赤松子《せきしょうし》の妙節に並びたい[六]。わたしの志が願うところは、もとより凡俗と同じではない。わたしは卓然として高邁な生き方をした。後世の誰かにその有り様を見て取って欲しい［七］。

［李賢注］

［一］これより下は、垣根・屋敷・庭・階に、みな香りの高い草木を植えたことを説き、自分が身を立て道を行い、仁に依り義を踏まえていることが、あたかも屈原が江蘺《こうり》と薜芷《へきし》（という香草）をまとい、秋蘭を綴《つづ》って帯び玉とするものである。（原文の）揵《けん》は、立という意味である。枳《からたち》は、良い香りのする木である。『晏子春秋《あんししゅんじゅう》』（巻六）に、「江南では橘《たちばな》とし、江北では枳《からたち》とする」とある。枳の木は、香りは良いが棘《とげ》が多いので、籬《まがき》にすべきである。ここでは六枳《りくし》と言っているが、『東観漢記《とうかんかんき》』は八枳につくる。考えてみると、『逸周書《いつしゅうじょ》』の小開篇《しょうかいへん》に、「ああ、汝はなぜ慎むのに時を得ないのか。なぜ推挙は徳によらないのか。徳の枳は大人、大人の枳は公、公の枳は卿、卿の枳は大夫、大夫の枳は士であり、多くて盛んである。君の枳は国、国の枳は都、都の枳は邑、邑の枳は家、家の枳は境がない、とすることである」という。言いたいことは、上下が守り合い、互いに藩蔽となるということである。その数は八であり、『東観漢記』と同じであるが、ここでは六としている。（原文の）杜は、杜若《かきつばた》である。（原文の）蕙《けい》は、香草である。蘭は、ここでは沢蘭である。芷《し》は、白芷であり、一名は苻離、

または葯《やく》である。杜衡《かんあおい》は、その形は葵《あおい》のようで、臭いは蘼蕪《せんきゅう》のようである。（原文の）術は、路という意味である。

［一一］（原文の）攢《さん》は、聚という意味である。射干《しゃかん》は、烏翼《ひおうぎ》である。蘼蕪《びぶ》は、蛇牀《はまぜり》に似て香り、その根は芎藭《せんきゅう》である。木蘭《もくらん》は、樹である。香りと味は桂《かつら》に似て皮は薄い。新夷《こぶし》もまた樹であり、その花、は非常に良い香りである。（原文の）扈扈《ここ》は、光が盛んな様子である。（原文の）暢《ちょう》は、通という意味である。（原文の）郁郁《いくいく》は、香気である。（原文の）曄《よう》は、盛という意味である。（原文の）発越《はつえつ》は、気が四方に放たれることである。司馬相如《しばしょうじょ》（の上林賦）に、「煌煌扈扈《こうこうここ》として、大原野を照らす」とある。また、「郁郁菲菲《いくいくひひ》として香気が四方に放たれる」とある。（原文の）恍忽《こうこつ》は、軽忽というような意味である。『楚辞《そじ》』（七諫 怨世《えんせい》）に、「わたしは不遇であり、停滞していた」とある。王逸《おういつ》は、「埳軻《かんか》は、不遇という意味である」という。馮衍《ふうえん》は、排斥されて沈滞しており、あたかも美しく香り高い草木が、風霜に遭って零落《れいらく》したかのようであった。夷は、音が協韻《きょういん》で異、美は、音が協韻で媚である。

［一二］（原文の）大宅《だいたく》とは、天地のことをいう。（原文の）抗は、挙という意味である。『老子《ろうし》』（第一章）に、「玄の次はまた玄、（天地万物が出る）玄妙なる門である」という。（原文の）楽《がく》は、音が五孝の反である。

［四］これは（馮衍が）居る所の山林や鳥獣の状態を言っている。（原文の）索は、求という意味である。『詩経《しきょう》』（小雅 伐木《ばつぼく》）に、「その友を求める声」とある。

［五］（原文の）鎮は、重という意味である。古の聖賢は、多くは苦しい境遇の中でも自分の立場を貫き道を守った。それをみて自らを落ち着けるのである。孔子は（『論語《ろんご》』為政篇に）、「五十にして天命を知る」と言った。また（孔子は『論語』尭曰篇に）、「命を知らなければ君子とはいえない」と言った。玄とは、幽寂《ゆうじゃく》なことをいう。『老子《ろうし》』（第五十一章）に、「万物は道を尊んで、徳を貴ばぬものはない」とあり、また（『老子』第六十二章に）、「道というものは、万物の奥妙なる道理で、善人が宝とするものである」とあり、また（『老子』第四十四章に）、「名声と生命とは、自分にとってどちらが切実であろうか」とある。（原文の）陂《ひ》とは、その端に沿うことをいう。陂は、音が兵義の反である。『史記《しき》』（巻一 黄帝紀）に、「山に沿って道を通ずる」とあるのは、この意味である。（根源の）道は、ひっそりと静まっていることが多く、精神を外に出すことはない、このため常に存在する。（原文の）鎮は、協韻《きょういん》で竹人の反である。閒は、音が閑である。

［六］『荘子《そうじ》』（秋水篇《しゅうすい》）に、「荘子《そうじ》が濮水《ぼくすい》で釣りをしていると、楚王《そおう》が二人の大夫を行かせて面会させた。そして、「どうか境内にご足労して（楚国の政治を行って）ください」と言った。

荘子は釣り竿を持って顧みなかった。そして、「わたしが聞くところでは、楚には神亀があり、死んで三千年経過し、王は絹の函に入れて廟堂に収蔵している、といいます。この亀は、死んで骨を貴重とされるのがよかったでしょうか、それともむしろ生きて尾を泥の中で引き摺っているのがよかったでしょうか」と言った。使者は、「生きて尾を泥の中で引き摺るほうがよろしいでしょう」と言った。荘子は、「行ってください、わたしは尾を泥の中で引き摺っていたいのです」と言った」とある。『列女伝《れつじょでん》』（巻三 賢明 於陵子《おりょうし》之妻）に、「於陵子終《おりょうししゅう》は賢者で、楚王は宰相にしようと、使者を派遣して迎えさせた。子終は、外に出て使者に礼を述べたが、そのまま妻と一緒に逃げて、他人の畑仕事をした」とある。『孟子《もうし》』（滕文公《とうぶんこう》章句下）に、「於陵に客居したので、このため於陵子という」とある。至人は、真の道を守って志を養うので、髣髴《ほうふつ》として似ているという。（荘子と於陵子の）二名は、一時的には困窮したが、声誉は永久に聞こえている。隠棲して困窮したが、却って道の精を得た。貧しい暮らしをして哲理を悟り、賢人の道を踏んで、塵埃《じんあい》にまみれた暗黒の俗世から離れる。超然として高邁《こうまい》となり、赤松子《せきしょうし》や王子喬《おうじきょう》の節義に相伴《しょうばん》する。

［七］道を守り、凡俗と同じでないことを願うのである。（原文の）倜儻《てきとう》は、越という意味である。およそ観ると言うときは、自分にあることを言うものではない。（原文の）従容は、後世のよ

うな意味である。馮衍《ふうえん》は、当時に排斥され、身も窮迫し志も阻まれたが、それでも令聞が不朽であれと願い、名声を永遠のものとしようとした。このため後世の誰かに有り様を見て取って欲しいというのである。

顕宗《けんそう》（明帝）が即位すると、多くの者が馮衍《ふうえん》を非難する理由として、文章が実態から懸け離れていることを挙げ、（馮衍は）ついに家にいたまま用いられなかった。

馮衍は、北地郡《ほくち》〔寧夏回族自治区呉忠市の南西一円〕の任氏《じんし》の娘を娶って妻としたが、気性が荒くて嫉妬深く、妾を置けなかった［一］。息子と娘は、常に自分で水仕事や炊事をしなければならず、（妻を）年を取ってから追い出し、（私事でも）不遇であった［二］。しかし、大志を抱き、貧賤でも汲々としなかった。常に悲憤慷慨《ひふんこうがい》して、「わたしは、若くして名高い賢者に仕え、顕官を歴任し、金印紫綬《きんいんしじゅ》を懐き、節を奉じて皇帝《こうてい》の使者にもなったが［三］、かりそめに得ることを求めず、常に隠遁して神仙を慕う気持ちがあった。三公《さんこう》の位や千金の富も、わたしの願いを叶えなければ、（何の値打ちもないと思い）気にも掛けなかった［四］。貧しくとも志操は衰えず、賤しくとも恨まず、年は老いても、賢者の風を思慕している［五］。道徳を死に際に修めて、身名を終え、後世の鑑となりたい」

と言っていた。貧しいまま年老い、家で卒した。著したものは、賦・哀悼文・墓碑銘・意見書・問交《もんこう》・徳誥《とくこう》・慎情《しんじょう》〔六〕・書記説《しょきせつ》・自序《じじょ》・官録説《かんろくせつ》・上奏文の五十篇であり〔七〕、粛宗《しゅくそう》（章帝）は、その文を非常に重んじた。子は（馮）豹《ひょう》である。

〔李賢注〕

〔一〕（原文の）悍は、急という意味である。

〔二〕『馮衍集《ふうえんしゅう》』に、馮衍の妻の弟である任武達《じんぶたつ》に与えた書簡を掲載し、「天地の性として、人には喜怒の情があり、夫婦の道として、一緒になることも、離れることもある。聖人が定めた礼によれば、士《し》には妻妾があり、微賤な一族でも、制度を超え（て妾を持とうとし）たものである。年は老い歳をとり、怨恨を抱いた魂が、冥途《めいど》に就こうかという時に、嫉妬に遭って、家の道は崩壊したが、（その元凶の）五人の子の母、その足はなお我が家門にある。この五年来、（凶暴ぶりは）日ごとに激しく、年ごとに激しくなり、白を黒となし、非を是《ぜ》となして、妄《みだ》りに些末《さまつ》な事を増やし、罪もないのに讒言《ざんげん》は囂々《こうごう》と喧《かまびす》しい。乱は、天から降りてくるのではなく、婦人から生ずる。青蝿《せいよう》（のような佞臣《ねいしん》）は、国を滅ぼすのも憚らないように、嫉妬（にかられた妻の）情は、身を喪うのも憚らない。雌鶏が朝を告げるのは、家の滅亡の始まりとして、古《いにしえ》より大いなる災いとされてきた。それが、今わたしに始まったのだ。酔って少しでも度を過ぎれば、桀《けつ》や紂《ちゅう》のようだと非難し、房中《ぼうちゅう》での声は、海外に伝わるほど大きく、眼を怒らせ手の平を打ち、有を無とする有り様である。痛憤《つうふん》は天に達し、怨恨は五臓六腑《ごぞうろっぷ》に流れ、憂いは生きた心地をさせず、怒りは災いを顧みさせない。家に入って床についても、世継ぎを育てず、機織りの器械には女工もおらず、家は貧しく家奴もおらず、賤しい匹夫と成り下がり、旧友はこれを眼にして、凄惨《せいさん》と思わぬ者はないが、しかし哀れんで何かをしてくれる者もいない。家には、ただ一人の婢がおり、武達も見たことがあろう。頭には簪《かんざし》もなく、顔には化粧もなく、体を満足に覆う服もなく、手足には土がこびり付いている。(それなのに妻は)その窮乏を除《のぞ》かず、その心情を量らず、跳び上がって怒鳴り散らし、怒声を聞いた婢は、冥途《めいど》に赴くかのようで、飴《あめ》を売る女すら、その姿を見るのは忍びないであろう。妻を追い出すことを考え始めて久しいが、子たちが幼く他に家奴がいないことを思い、姜《きょう》と豹《ひょう》が常々奴婢のように、こき使われるのを憐れむだけであった。惻惻《そくそく》として心を痛ませ、事事として腸が煮える思いであったが、凶悪な妻は、聞く耳も持たなかった。婢を虐待して、半死半生の目に遭わせ、半年の間、血が流れないことはなかった。婢が病を得てからは、ついに姜が自ら炊事し、豹も泥まみれになって家事をして、わたしの心は蒼然《そうぜん》とするばかりであった。織物や穀物は散乱し、（息子たちの）冬着もつくろわれず、容儀を正せば、服から体があらわれる有様なのに、妻は針に糸を通そうともしない。すでに婦道は墜《お》ち、また母儀も無いのであるが、怒れば歯向かわれ、恨めば乱暴され、鄭令の威を笠に着て、天上に居るかのようである。人質を擁して脅迫しているかのようで、その言葉は百乗の車のごとく、剣や戟《げき》が口にあるかのようで、こちらが言い返す隙も与えない。百丁の弩《ど》で我が家を包囲しても、態度を改めさせられまい。一族の物分かりの良い人が説得に来ても、言葉は堂々巡りで、その口は郭公《かっこう》のよう（に同じ事を繰り返し）、旗をもって天を覆い、太鼓を打ち鳴らして地を震撼させても、（妻の）心は悪を認めず、身は揺るがない。自分の態度をはっきりさせて、自ら何とかすべきなのだが、告訴すると言っても恐れさせられない。（妻は）犬が吠えても驚かず、自分を信じて揺るぎもしない。この妻を追い出さなければ、我が家の平穏はない。この妻を追い出さなければ、我が家が治まることはない。この妻を追い出さなければ、福がやって来ない。この妻を追い出さなければ、成ることも成らない。自ら悔やむことは壮年のうちに早く決断せず、年老いて家が貧しく賤しくなる時まで引き延ばし、いたずらに癰疽《ようしょ》〔潰瘍《かいよう》〕を育てて自ら禍を招いたことである。衍《わたし》は、家庭が紛然として治まらなかったために、衣冠を捨てて山野に隠れ住み、交遊と仕官の道を絶ち、閉門して蟄居《ちっきょ》し、耕作に専念せざるを得ず、それに衣食を求めざるを得なくなった。いまさら功名を立てる道はありうべくもない」とある。

［三］金とは、印をいい、紫とは、綬をいう。（原文の）掲《けい》は、持という意味で、音は求謁の反である。

［四］（原文の）槩《かい》は、屑《くず》というような意味である。金はある本では乗につくる。

［五］（原文の）曳《えい》は、頓というような意味である。

［六］『馮衍集』に、問交《もんこう》一篇、慎情《しんじょう》一篇がある。

［七］『馮衍集』は、いま二十八篇ある。

馮豹《ふうひょう》は、字を仲文《ちゅうぶん》といい、十二歳で母が父に追い出された。後母は馮豹を憎み、馮豹が夜に寝ているときに、殺害しようとしたが、馮豹は逃げ出して免れられた。（それにも拘《かかわ》らず馮豹は）敬意を持ち（後母に）仕えて謹直であったが、後母は馮豹をますます憎んだ。当時の人々は馮豹の孝を称えた［一］。成長すると儒学を好み、『詩《し》経』と『春秋《しゅんじゅう》』を麗山《りざん》のふもとで教えた［二］。郷里の者たちは、馮豹の人物評語をつくり、「道徳彬彬《ひんぴん》たるは馮仲文」とした［三］。孝廉《こうれん》に察挙され、尚書郎《しょうしょろう》を拝命し、忠勤して怠《なま》けなかった。事を上奏して、まだ裁可が下りない場合は、常に尚書省《しょうしょしょう》に待機し、それが夜中から明け方に至ることもあった。粛宗《しゅくそう》（章帝）は（それを）聞いて馮豹を褒め、宦官に布団を持たせて馮豹に掛け、驚かしてはいけないと命じた。これにより、しばしば賞賜を加えられた。このとき（朝廷は）西域を平らげようとして、馮豹に才謀があることから、拝命して河西副校尉《かせいふくこうい》とした。和帝《わてい》の初年、馮豹はしばしば辺境の事を述べ、上奏して戊己校尉《ぼきこうい》を置き、西域の城郭を構える（シルクロードのオアシス都市国家）諸国は、また旧来どおりに服務した。武威太守《ぶいたいしゅ》となり、政事を見ること二年、河西一帯は馮豹を称え、また徴召され（朝廷に）入り尚書となった。永元《えいげん》十四〔一〇二〕年、官職に就いたまま卒した。

〔李賢注〕

〔一〕馮衍《ふうえん》は、宣孟《せんもう》に書信を与え、「男女同居の義は、人の大いなる倫《みち》である。歓和の節を厚くし、金石の様に堅い絆《きずな》を結ぼうと願ったが、以前に良からぬ妻に出会い、今また二婦を追い出したという汚名を着ることになったことが傷《いた》まれる。だがそれは、そうせざるを得なかったので、好んでのことである筈があろうか」と言っている。この書信の内容を見ると、この妻もまた追い出したようである。

[二] 麗《れい》は、音が力之の反である。

[三]『論語《ろんご》』（雍也篇）に、「文と質が調和して、その後に君子となる」とある。鄭玄《じょうげん》の注に、「彬彬《ひんぴん》とは、（文と質とが）半分ずつ混ざっている様子である」という。

論にいう、貴者は勢力を恃《たの》んで人に驕り、才子は能を恃んで行いを忘れる。大体はその通りである。（桓譚と馮衍の）二子も、そうでなかったことがあろうか[一]。馮衍が妻に挑むという喩えを引いたことは、当を得ている。そもそも妻にする際には、みな自分を罵《ののし》る者を娶ることを知っているが、それでも士を採用する際にはそのようにはできない。なぜであろうか。ねたみの情を元に戻すのは簡単だが、元の主人に対する節義を寛容に許すことは難しいからなのだろうか。光武帝《こうぶてい》は、これを鮑永《ほうえい》には成功したが、馮衍には失敗したようである[二]。そうであれば、（馮衍の）義直は過去によって抑えられ、馮衍守節（の人）は、こうして後世の状況の中で、いよいよ困難を感じたのである。ああ[三]。

[李賢注]

［一］『史記《しき》』（巻四十四 魏世家）には、「魏《ぎ》の太子《たいし》の撃《げき》が、文侯《ぶんこう》の師の田子方《でんしほう》に会い、車を引いて道を空けた。田子方は返礼をしなかった。太子の撃は、「富貴な者が、人に驕るべきか。貧賤な者が、人に驕るべきか」と聞いた。田子方は、「貧賤な者が、人に驕るだけでしょう。諸侯は人に驕れば国を失い、大夫は人に驕れば家を失います。貧賤な者は、行いが周りと合わず、言葉が用いられなければ、立ち去って楚《そ》や越《えつ》に行くことなど、靴を脱ぎ捨てるように容易《たやす》いものです。どうして同列に論じられましょうか」と言った」とある。士は、才能を恃んで（正しい）行いを忘れるものである。（原文の）負は、恃という意味である。

［二］これより以下は、みな華嶠《かきょう》の言葉である。

［三］馮衍《ふうえん》は、更始帝《こうしてい》のために哀悼し、後に降服したが義を守り、直を貫いた。すでに自らこれを行っていたにも拘《かかわ》らず、光武帝《こうぶてい》は頑として用いなかった。このため守節の人は、馮衍が退けられるのを見て、将来を悲観するであろう、ということである。

賛にいう、桓譚《かんたん》は讖緯《しんい》を批判し、馮衍《ふうえん》は遅く降服した。二人の道は異なっていたが、時世に違ったため同じように排斥された［一］。その身は、上才を有していたが、その禄は下等で賤しかった。

［李賢注］

［一］（原文の）詭《き》は、違という意味である。言いたいことは、二人の道は、同じではなかったが、共に時世に違ったため排斥された、ということである。

申屠剛鮑永郅惲列伝第十九

申屠剛伝

申屠剛《しんとごう》は、字を巨卿《きょけい》といい、扶風《ふふう》郡茂陵《もりょう》県（陝西省興平の北東）の人である。七世前の祖先の申屠嘉《しんとか》は、文帝《ぶんてい》の時に丞相《じょうしょう》となった。申屠剛は、生まれつき方正実直で、常に史鰌《しゅう》や汲黯《きゅうあん》の人柄を慕っていた[一]。郡に仕えて功曹《こうそう》となった。

平帝《へいてい》のとき、王莽《おうもう》が専政し、朝廷は猜疑に満ち、皇帝《こうてい》の外戚であった馮《ふう》と衛《えい》の二家を隔離して、官僚と通行できないようにさせた。申屠剛は、常にこれを憎んでいた[二]。

賢良方正《けんりょうほうせい》に推挙されるに及び、対策《たいさく》して次のように述べた。

[李賢注]

[一]『史記《しき》』に、「史鰌《しゅう》は、字を子魚《しぎょ》といい、衛《えい》の大夫《たいふ》である」という。『論語《ろんご》』（衛霊公篇）に、「孔子《こうし》は、「直であることよ、史魚は。国に道があっても矢のよう（に直）で、国に道が無くても矢のようだ」と言った」とある。『漢書《かんじょ》』（巻五十　汲黯伝）に、「汲黯は、字を長孺《ちょうじゅ》という。武帝《ぶてい》のときに主爵都尉《しゅしゃくとい》となり、よく（皇帝を）直接諫め、当時の人々は汲黯を「汲直」

と呼んだ」とある。

〔一〕馮とは、馮昭儀《ふうしょうぎ》をいう。平帝の祖母である。衛とは、衛姫《えいき》をいう。平帝の母であり、中山太后《ちゅうざんたいこう》と号した。王莽は、政治を専らにすると、馮と衛の二族について、京師《けいし》に来て交際して官僚となれなくした。このことは、『漢書』（巻九十七下 外戚伝）に見られる。

臣《わたくし》が聞くところでは、王者の仕事に失態が生ずると神々は怨み怒り、姦邪《かんじゃ》は正しいことを乱して、陰陽は調和を失うといいます。これは、天が王者に譴責《けんせき》を告げて、道を踏み外した王に明確に自覚を促し、邪心を懐く臣下を愕然《がくぜん》と自責させようとするためです〔一〕。いま朝廷は、功を考えず徳を見定めず、軽々しく毀誉褒貶《きよほうへん》を聞き、しばしば詔書を下して、厳重なる法を張り巡らせ、（朝廷への）誹謗《ひほう》を抑圧し、論議を禁圧して、罪の重い者は、そのため腰斬《ようざん》の刑〔死刑〕に至ります。（これは）忠臣の真情を傷つけ、直言の士の舌鋒を挫《くじ》くものであり、善を勧める旗を建て、諫めの太鼓を懸《か》け〔二〕、四方の門を開き、四方に目を開いて抑圧を無くす（という禹・尭・舜）の義に違《たが》うものです〔三〕。

〔李賢注〕

［一］（原文の）懼《く》は、驚という意味であり、音は紀住の反である。（原文の）刻《こく》は、責という意味である。

［二］（原文の）旌《せい》は、幡《はた》という意味である。『淮南子《えなんじ》』（氾論訓《はんろんくん》）には、「禹《う》は鐘・太鼓・磬《けい》・鐸《たく》を掛け、鞀《とう》を置いて、天下の士を待った。旗を作って、「寡人を教え導くのに、道による者は鼓を打ち、義により諭す者は鐘を撃ち、事を告げる者は鐸を振り、憂いを語る者は磬を打ち、訴訟のある者は鞀を揺すれ」と言った」とある。また、『帝王世紀《ていおうせいき》』には、「堯《ぎょう》は（臣下が）あえて諫める際の太鼓を設置した」とある。

［三］孔安国《こうあんこく》は、『尚書《しょうしょ》』（舜典篇）に注をつけて、「四方の門のまだ開かないものを開けるというのは、広く多くの賢者をやって来させることをいう。四目を明らかにするというのは、広く四方を見渡し、下に押し塞がれているものが無いようにすることをいうのである」という。

臣が聞くところでは、成王《せいおう》が幼少で、周公《しゅうこう》が政務を代行すると、諫言を聞いて賢者に謙《へりくだ》り、権限を均等に恩恵を普《あまね》く与え、古参の者も新参の者もなく、ただ仁者のみを近づけ［一］、常に天地に従い、挙措《きょそ》は礼より外れませんでした。それなのに近くは召公《しょうこう》が快く思わず、遠くは四国が流言を飛ばした、ということです［二］。そもそも子と母のあり方は、自然の摂理として最も親しいものです。いま聖主〔平帝〕は幼少で、初めて帯《おび》紐《ひも》から出たばかりですが[三]、即位して以来、至親（である母親と）は離れ、外戚と杜絶《とぜつ》され、恩を通じることができません。かつ漢家《かんか》の制度は、英賢を任ずる一方で、姻戚をも頼るものです。（漢家の制のように）親族と疎族を交えて間隙を塞ぐことは、誠に宗廟を安んじ、社稷を重んじるためです。いま馮氏《ふうし》と衛氏《えいし》は罪もないのに、長く廃されて登用されず、ある者は僻地に流され、庶民にも及びません。これは慈愛・忠孝として、天の心を尊重することにはなりません。そもそも後嗣という者は、自ずから正しい道義を備え、至尊も至賤も、何かの疑念を差し挟まぬものです。（ところが馮・衛の二族を退けているため）賢者も愚者も、恨みを抱かぬ者はなく、姦臣賊子はこれを便とし、不慮の変は誠に予測し難いものがあります。今の傅保《ふほ》（である王莽）は、古《いにしえ》の周公ではありません。周公は至聖でありましたが、それでもなお煩《わずら》わしいことがありました。事柄が正道から外れ、天の心に叶わない（王莽のような）者が、うまくやれましょうか。むかし周公は、まず伯禽《はくきん》を派遣して封土を魯《ろ》に守らせ、大義の立場から（わが子に対する）恩愛の情を絶ち、（自分への周王からの）寵愛を伯禽に加えさせませんでした[四]。このため三十余世に及び天に配侑され郊祀《こうし》されました[五]。霍光《かくこう》は、政権を握り、幼主を輔弼《ほひつ》して、善を修めて士を推し、忠直の名がありました。しかし、自らの宗族を重んじ、外戚を抑圧したので[六]、貴戚と結び権勢に拠ること、至って堅く至って固いものがありましたが、（霍光が）没すると、禍を受け一門は滅びました[七]。今の師傅（王莽）は、みな伊尹《いいん》や周公《しゅうこう》の位により、天子の守役の任務を担当しています。自分の置かれた立場をよく考えて、世の中の教化に思いを致せば、功績が至らないことがありましょうか。自分の置かれた立場の危うさを考えなければ、禍が至らぬことがありましょうか。損益《そんえき》の道理は、孔子《こうし》が歎くところであり[八]、満を維持することの戒めは、老子《ろうし》が慎むところです[九]。考えるに、功が天下を覆う者は安心できず、威が君主を震わせる者は身を全うしません。いま衰退した後を承け、疲弊した世を継ぎ、国家は貧窮し、賦税は重複し、苛吏は農時を妨げ、汚吏は民の財を奪い、百姓は困窮して、疫病が命を奪っています。盗賊の群衆は、万により数えようとし、軍は行けば衆を止めて、僭称して自立し[一〇]、京師を攻撃し、県邑を焼き払い[一一]、連射される弩が宮中に及び、宿営の者が恐懼しているとのデマが飛ぶに至りました。漢が興って以来、未曾有のことです。国家は弱体化して、姦謀を防ぐことができず、（凶短折・疾・憂・貧・悪・弱）の六極《りくきょく》の兆候が現れ、累卵より危うい状況です[一二]。王者は、天を承けて地に従い、爵を司《つかさど》り刑を司り、天の委託を受けた官職の位置を宗族に授けて国家を私せず、天の罰を親族に軽くすることはしません。陛下はどうか聖明なる徳を遂げ、昭然として目覚め、遠くは五帝三王《ごていさんおう》の事跡に従い、近くは文帝《ぶんてい》の業に従って［一三］、五品《ごひん》を備えた親族を秩序づけ、至親を納れ［一四］、速やかに使者を遣わし中山太后《ちゅうざんたいこう》を召しだして別宮に置き、時に朝見させることをお許しください。また、馮・衛の二族を召して、少しの職官を与え［一五］、戟《げき》を執らせ親しく宿衛させることを許し、未然の事を防ぎ、禍の兆《きざ》しを抑えてください。（そうすれば）上は社稷を安んじ、下は保傅の任を全うし、内は親戚と和し、外は邪悪なる謀略を絶つことができましょうと申し上げた。

［李賢注］

［一一］『尚書大伝《しょうしょたいでん》』（巻三）に、「武王《ぶおう》が殷《いん》に入ると、周公《しゅうこう》は、「（民を）それぞれの家に安んじさせ、それぞれ自分の土地を耕させ、古参も新参もなく、ただ仁のみに親しませるべきです」と言った」とある。

［一二］『尚書』（君奭《くんせき》篇）に、「召公《しょうこう》は太保《たいほ》に、周公は太師《たいし》となり、成王《せいおう》の宰相となって左右にあったが、召公は快く思わなかった」とある。言いたいことは、周公は政権を成王に奉還した

ので、自ら退くべきであるのに、いままた宰相となった、そのため（召公は）快く思わなかった、ということである。四国とは、管《かん》・蔡《さい》・商《しょう》・奄《えん》をいう。成王は幼少で、周公が政務を執った。（このため）四国は流言して、「周公の存在は幼主（成王）の利とはならない」と言ったのである。

［三］（原文の）免は、離という意味である。平帝《へいてい》が即位した時は、九歳であった。そのため初めて帯紐から出たという。『漢書音義《かんじょおんぎ》』には、（原文の繈緥について）「繈《きょう》は、落という意味である。緥《ほう》は、被という意味である」という。緥は、ある本では褓につくる。

［四］伯禽《はくきん》は、周公旦《しゅうこうたん》の子である。周公は、成王の相《しょう》になると、まず伯禽を魯《ろ》に封じ、国に赴かせ封土を守らせた。（原文の）後は、伯禽をいう。周公は、自分がすでに尊寵されたので、伯禽にまた栄貴を加えさせず、自ら遜《へりくだ》ったのである。『東観漢記《とうかんかんき》』には、「むかし周公は、予め禍の端緒を防ぐため、まず伯禽を派遣して魯に封土を守らせ、至親（の子である伯禽）を（自分から）隔離し、大義の立場から（わが子に対する）恩愛の情を絶ち、（周王の）自分への尊寵を伯禽に加えさせることはなかった」とある。

［五］伯禽から頃公《けいこう》に至り、楚《そ》の考烈王《こうれつおう》により滅ぼされるまで、すべてで三十四公である。魯は、周公という大聖の子孫であることから、このため郊祀《こうし》されて天に祀られることが、すべて天《てん》

子《し》の礼のようであった。

〔六〕昭帝《しょうてい》のとき霍光《かくこう》が輔政し、その子の霍禹《かくう》や兄の孫の霍雲《かくうん》・霍山《かくさん》たちは、みな中郎将《ちゅうろうしょう》・奉《ほう》車都尉《しゃとい》となり、族弟や娘婿たちも奉朝請《ほうちょうせい》・給事中《きゅうじちゅう》となった。ただ昭帝の外戚の趙氏《ちょうし》だけは、一人も顕位になかった。

〔七〕霍光が薨去した後、子の霍禹は、宣帝《せんてい》のときに大司馬《だいしば》となったが、謀反が発覚し、霍禹は腰斬され、その母の顕《けん》や一族の男女はみな棄市《きし》された。

〔八〕『説苑《ぜいえん》』（敬慎篇）に、「孔子《こうし》は、易《えき》を読み損《そん》・益《えき》の卦に至り、深く嘆息して歎いた。子夏《しか》は、「先生はなぜ歎いているのですか」と尋ねた。孔子は、「自ら損なう者は増やし、自ら増やそうとする者は欠ける。わたしはそれを歎いたのである」と言った」とある。

〔九〕『老子《ろうし》』（第九章）に、「（水を満たした器を）持っていき満たすことは、已めた方が良い」とある。已は、止という意味である。言いたいことは、満たせば必ず傾くため、止めた方がよいということである。

〔一〇〕軍を興して進発し、兵を擁して留まる、滅亡を危惧しないことである。

〔一一〕平帝の元始《げんし》三〔三〕年、陽陵《ようりょう》〔陝西省咸陽市の北東〕の人の任横《じんおう》たちが将軍《しょうぐん》を自称し、武器庫の武器を盗んで、官衙《かんが》〔役所〕を攻撃し、四人を解放したことをいう。

〔一二〕『尚書大伝《しょうしょだいでん》』に、「顔が恭順ではない、その極みは悪である。言葉が従順ではない、その極みは憂である。物を見ても明ではない、その極みは疾である。物を聞いても慧《けい》ではない、その極みは貧である。心が聡明でない、その極みは早世である。広大にして中正の道が立たない、その極みは弱である」とある。

〔一三〕文帝《ぶんてい》は、即位すると、将軍の薄昭《はくしょう》に薄太后《はくたいこう》を代《だい》から迎えさせた。申屠剛《しんとごう》は、平帝に中山《ちゅうざん》太后《たいこう》を迎え、京師に至らせようと考えたのである。

〔一四〕五品《ごひん》は、五常《ごじょう》の教えである。『尚書』（尭典篇）に、「舜《しゅん》が契《けい》に命じて、「汝は司徒《しと》となって、謹んで五教を広めよ」と言った」とある。『春秋左氏伝《しゅんじゅうさしでん》』（文公 伝十八年）に、「史克《しこく》が、「舜は八人の賢人を挙用し、五教を四方に広めました」と言った」とある。（五常とは）父の義・母の慈愛・兄の友愛・弟の恭順・子の孝である。

〔一五〕（原文の）職《しょく》は、散という意味である。

（申屠剛《しんとごう》の）書は上奏された。王莽《おうもう》は、元后《げんこう》に詔を出させ、「申屠剛の言うところは経に悖《もと》る妄説で〔一〕、大義に背く。職を辞して郷里に帰れ」と言った。

そののち王莽が即位すると、申屠剛は河西《かせい》に避難し、巴蜀《はしょく》に移転して、（一帯を）二十年ばかり往来した。隗囂《かいごう》が隴西《ろうせい》に割拠し、漢《かん》に背いて公孫述《こうそんじゅつ》に付こうとした。申屠剛は、隗囂を説得して、「わたしが聞くところでは、人が帰服する者は天が味方をし、人が去る者は天が拒否をすると言います。伏して考えますに、本朝（の光武帝）は［二］、聖徳を体現し、義兵を挙げて、天を奉じて罰を代行し、当たる所は必ず撃破され、誠に天の祝福するもので、人の力ではありません。将軍は、本来わずかの領土もなく、天下の一隅に孤立しております。どうか誠意をもって恭順し、本朝と力を合わせ、上は天の心に応じ、下は人望に報いるべきでしょう。国のために功績を立てれば、年を永くできます［三］。狐疑逡巡《こぎしゅんじゅん》するのは、聖人の禁ずることです。将軍の威望を持ち、遠く千里に居れば、挙措や動作には、慎まねばなりますまい。いま璽書《じしょ》がしばしば至り、国を委ねて信頼を寄せ、将軍と共に吉凶を同じくしようとしています。布衣の者でも助け合って、身が没しても請け負った信義に背かない者もいます。万乗の君にできないことがありましょうか［四］。いま何を恐れ何を当てにして、このように長く迷っているのでしょうか。急に非常の変化があれば、上は忠孝に背き、下は当世の恥となります［五］。まだ事が至らないのに予め言えば、もとより架空の話ですが、事態がすでに至れば、どうにもできなくなります。このために忠言・至諫は、（事態が至れば）役に立つことはほとんどありません。願わくは愚老の言葉を反芻《はんすう》して熟慮されたい」と言った。隗囂は従わず、（漢に）背いて公孫述に従った。

［李賢注］

［一］元后《げんこう》は、元帝《げんてい》の皇后で、王莽の叔母である。

［二］（本朝とは）光武帝《こうぶてい》をいう。

［三］『今文尚書《きんぶんしょうしょ》』に、「功を立て事績を挙げれば、年を永くできる」とある。

［四］『列士伝《れっしでん》』に、「羊角哀《ようかくあい》と左伯桃《さはくとう》の二人は、死友であった。楚に仕えようとしたが、道が険しく、雪に遭って行けず、飢えと寒さに苦しみ、二人が共には生きられないと考えた。左伯桃は羊角哀に、「ここで共に死んだ後、遺骸を収拾してくれる人はいない。手を収め胸に手を当てて考えるに、貴方には及ばないと知った。生きて無益に貴方の才能を捨てるのを恐れる。わたしが樹林の中に行こう」と言った。羊角哀はそれを承知し、左伯桃は（吹雪の中）樹林に入って死んだ。楚《そ》の平王《へいおう》は、羊角哀の賢を重んじ、上卿《じょうけい》の礼により（それを生かした）左伯桃を葬った。羊角哀は、夢で左伯桃が、「貴方の恩を得て手厚く葬られたが、荊の将軍《しょうぐん》の墓が近くにあるのに苦しんでいる。今月十五日に、大いに戦って勝負を決しようと

思う」と言っているのを聞いた。羊角哀は期日に至ると、兵馬を並べて左伯桃の墓に至り、三つの桐の人形を作って自殺し、黄泉に下って左伯桃に従った」とある。これが、身を滅ぼして請け負った信義に背かないことである。

〔五〕漢《かん》に従うのに何を恐れ、蜀《しょく》（の公孫述）に付くのに何を当てにして、長く迷って決断しないのかと言っている。

建武《けんむ》六〔三〇〕年、（光武帝《こうぶてい》は）詔書により申屠剛《しんとごう》を徴召した。申屠剛は（光武帝に）帰服しようとする際、隗囂《かいごう》に書簡を与えて、「わたしが聞くところでは、独断専行する者は孤独、諫言を拒む者は閉塞、孤独で閉塞状態の政事は、亡国の習いである、といいます。明聖の風貌がありながら、なお自ら屈して衆に従えば、思慮に失策なく、行動に過事がありません。そもそも聖人は独見を明とせず、万物を心とします。人に従う者が栄え、人に逆らう者が滅ぶことは、古今共通しています。将軍は布衣の身から郷里に推挙されながら、国家の大計を予め定めず〔一〕、軍を動かし兵を発する時も、また深くは計りませんでした。いま東方は（漢《かん》により）政教が日に日に和やかになり、百姓は平安を得ています。しかし、西州は兵を動員し、人々は憂いを抱き、驚き慌て、あえて正言する者もなく、群衆は疑惑し、人々は傍観しています。ただ純粋で一途な心が無いのみならず、その禍は至らぬところはありません。そもそも物が窮まれば変が生じ、事態が急になれば計略が変わることは、勢の然らしめるところです。道徳に悖《もと》り、人の情に逆らって、国を保ち家を保った者は、古今にいまだありません。将軍は元来、忠孝で聞こえ、そのため士大夫は、千里の道も遠しとせず、（将軍の）徳義を慕ってきたのです。今かりそめに意を決して幸運を頼りにしようとするのは、どうしたことでしょうか。そもそも天が助ける者は順であり、人が助ける者は信です［二］。もし、まだ天と人の助けを得ずに、小人により地に塗《まみ》れる禍を受け、終身の徳を破壊し、君臣の節を乱し、父子の恩を傷つけることになれば［三］、世の賢者たちは肝を潰しましょう。慎まねばなりませぬ」と述べた。隗囂は、受け容れなかった。申屠剛は（京師に）至り、侍御史《じぎょし》を拝命し、尚書令《しょうしょれい》に転任した。

光武帝は、あるとき遊猟に出掛けようとした。申屠剛は、隴西《ろうせい》と蜀《しょく》が未だ平定されていないので、安楽に構えるべきでないとした。諫めても聞き入れられなかった。そこで自分の頭で（光武帝の車の）車輪を止めた。光武帝は、ようやく思い止まった［四］。

このとき京師や地方の多くの官僚は、多くは光武帝が自ら挙用したもので、さらに法律は厳格苛察で、職務は過酷であった。尚書《しょうしょ》の近臣が、笞で打たれ御前に引き摺り出されるに至っても、群臣はあえて正言して諫める者はなかった。中屠剛はそうしたたびに必ず厳しく諫め、またしばしば皇太子は早く東宮に赴かせ、賢明な太傅《たいふ》を選任して、その徳を育成させるべきであると申し上げたが、光武帝は共に聞き入れなかった。しばしば切諫して旨を失ったため、数年後に、地方に出されて平陰令《へいいんれい》となった。また徴召されて太中大夫《たいちゅうたいふ》を拝命したが、病を理由に官を去り、家に卒した。

［李賢注］

［一］（原文の）廊は、宮殿の建物である。廟は、太廟である。国事は必ず先に廊廟で計画するのである。

［二］『周易《しゅうえき》』繋辞《けいじ》下伝の言葉である。

［三］光武帝《こうぶてい》に従わないことは、君臣の節を乱すことである。子の隗恂《かいじゅん》を派遣して人質としているのに光武帝に背くのは、父子の恩を傷つけることである。

［四］（原文の）軔《じん》とは、頭で車輪を支えようとすることをいう。王逸《おういつ》は『楚辞《そじ》』（離騒）に注をつけて、「軔は、車輪を止める木である」としている。

鮑永伝

鮑永《ほうえい》は、字を君長《くんちょう》といい、上党郡屯留県《じょうとうぐんとんりゅうけん》〔山西省屯留の南〕の人である[一]。父の鮑《ほう》宣《せん》は、哀帝《あいてい》の時に司隷校尉《しれいこうい》に任ぜられたが、王莽《おうもう》に殺された[二]。鮑永は若年より志操があり、欧陽尚書《おうようしょうしょ》を習った[三]。継母に仕えて孝を尽くした。妻が母の前で犬を罵ると、直ちに妻を追い出した[四]。

［李賢注］

［一］屯留は、唐の潞州《ろしゅう》県である。

［二］王莽は、輔政すると自分に付かない者を誅殺した。そのため鮑宣を殺したのである。

［三］欧陽生《おうようせい》は、字を和伯《わはく》といい、千乗《せんじょう》県〔山東省高青の北東〕の人である。尚書《しょうしょ》を伏生《ふくせい》より受けた。『漢書《かんじょ》』（巻八十八 儒林伝）に見える。

［四］（原文の）去は、音が丘呂の反である。

（鮑永は）はじめ郡《ぐん》の功曹従事《こうそうじゅうじ》となった。王莽《おうもう》は、鮑宣《ほうせん》が自分に付かなかったことから、その子孫も滅ぼそうとした。（上党郡の）都尉《とい》の路平《ろへい》は、王莽の意志を承け、謀って鮑永を殺害しようとした。太守《たいしゅ》の苟諫《こうかん》は、鮑永を擁護し、辟召して郡吏となし、つねに太守府の中に留め置いた。鮑永はこれにより、しばしば苟諫に漢室《かんしつ》を復興して、逆賊を滅ぼす策を述べた。苟諫は、そのたびに鮑永を戒め、「君長《くんちょう》よ、まだ成っていないことは秘密にしておかねば、禍いを人の口により受けよう」と言った。鮑永は、その言葉に感服した。苟諫が卒すると、鮑永は自ら棺を送り扶風《ふふう》に帰った。（その隙に）路平は、ついに鮑永の弟の鮑升《ほうしょう》を捕らえた。（新しい）太守の趙興《ちょうこう》が着任すると、これを聞き、歎じて、「わたしは漢に茅と土を受けたが〔一〕、臣節を立てられなかった。しかし、鮑宣は漢のために死んだ。どうしてその子を殺させようか」と言った。県に勅《ちょく》して鮑升を解放させ、また鮑永を功曹従事《こうそうじゅうじ》に署した。このとき侍中《じちゅう》と詐称して、伝令の宿舎に宿泊した者がおり、趙興は拝謁しようとした。鮑永は詐称ではないかと疑い、趙興を諫めたが聞き入れられず、退出した。趙興が馬車で出掛けようとしたので、鮑永は（馬の）胸当てに斬りつけ、（趙興は）思い止まった〔二〕。数日後、王莽《おうもう》は詔により（侍中を）詐称する者を捕らえようとした。鮑永は、これにより名を知られるようになった。秀才《しゅうさい》に推挙されたが、応じなかった。

更始《こうし》二〔二四〕年、（更始帝に）徴召され、二回移って尚書僕射《しょうしょぼくや》・大将軍《だいしょうぐん》代行となった。持節して河東《かとう》・幷州《へいしゅう》・朔部《さくぶ》を鎮撫し、自ら副将軍を置き、事あるごとに軍法を執行した。鮑永は河東に到着すると、これにより青犢《せいとく》を撃ち、大いにこれを破った。更始帝は、封建して中陽侯《ちゅうようこう》〔山西省の中陽〕とした［三］。鮑永は将帥であったが、車や服は質素なので、（粗末ないでたちの将帥として）行路の民に知られた［四］。

［李賢注］

［一］王者は、五色の土を封じて社となし、諸侯《しょこう》を封建する際には、それぞれその方面の土を分け与え、それを黄色の土で覆い、白い茅《ちがや》で包み、帰って社を立たせる。

［二］胸当ては、鞣《なめ》し革によって作る。

［三］中陽《ちゅうよう》は、県であり、西河郡《せいがぐん》に属す。唐の汾州《ふんしゅう》孝義県である。

［四］『東観漢記《とうかんかんき》』に、「鮑永は、文教や学問による徳を好み、代行将軍であったが、常に黒い短い着物を着け、行路で鮑尚書兵馬と称された」とある。俗本にあるいは為の上に不を加えているものもあるが、誤りである。

　このとき赤眉《せきび》が更始帝《こうしてい》を殺害し、三輔《さんぽ》への道は断絶した。光武帝《こうぶてい》は即位すると、諫議《かんぎ》大夫《たいふ》の儲大伯《ちょたいはく》を派遣して〔一〕、持節して鮑永《ほうえい》を徴召し、行在所《あんざいしょ》まで至らせようとした。鮑永は疑って従わず、かえって儲大伯を収監し〔二〕、使者を派遣して急いで長安《ちょうあん》に至らせた。（ところが）更始帝がすでに死んでいると知ると、喪を発し、儲大伯たちを釈放し、上将軍《じょうしょうぐん》・列侯《れっこう》の印綬を封じ、すべての兵を解放して、ただ平装で諸将および心を同じくする客百余名と共に河内《かだい》（の光武帝のもと）に至った〔三〕。光武帝は鮑永を接見すると、「卿《きみ》の兵の居るところは（どこか）」と聞いた。鮑永は席を立ち、叩頭して、「臣は更始に仕えましたが、（その天寿を）全うさせられませんでした。そこで更始の兵により富貴を願うことを恥ずかしく思い、すべて解放いたしました」と答えた〔四〕。光武帝は、「卿の言葉は偉大である」と言ったが、内心は（兵に期待していたので）喜ばなかった。このとき懐県《かいけん》（河南省武陟の西南）を攻めていたが、落とせなかったので、光武帝は鮑永に、「わたしは懐を攻めて三日になるが、兵は降伏しない。関東は卿に畏服している。しばらく旧将たちを率いて自ら城下に赴き、かれらを説得せよ」と言った。ただちに諫《かん》議大夫《ぎたいふ》に任命した。（鮑永は）懐県に至ると、そこで更始帝の河内太守《かだいたいしゅ》を説得した。このため（河内太守は）門を開いて降った。光武帝は大いに喜び〔五〕、鮑永に洛陽《らくよう》の商里《しょうり》の邸宅を下賜したが〔六〕、鮑永は固辞した。

〔李賢注〕

〔一〕『風俗通義《ふうぞくつうぎ》』に、「儲《ちょ》の姓は、斉《せい》の大夫《たいふ》の儲子の子孫である」という。

〔二〕『東観漢記《とうかんかんき》』に、「大伯《たいはく》の持っていた節《せつ》を晉陽《しんよう》〔山西省太原市〕の駅舎の壁に隠し、伝令を派遣して急いで長安《ちょうあん》に至らせた」とある。

〔三〕（原文の）幅巾《ふくきん》とは、冠を着けず、頭巾だけで頭を束ねることをいう。

〔四〕（原文の）幸は、希という意味である。

〔五〕『東観漢記』に、「鮑永が説得して懐《かい》を降すと、光武帝は大いに喜び、鮑永と向き合って食事をした」とある。

〔六〕『東観漢記』に、「洛陽《らくよう》の上商里《じょうしょうり》の邸宅を下賜した」とある。陸機《りくき》の『洛陽記《らくようき》』には、「上商里は、洛陽の東北にあり、もとは殷《いん》の頑迷な者たちが住んでいた所である」という。このため上商里の邸宅という。

このとき董憲《とうけん》の部隊長たちが、兵を魯《ろ》に駐屯させ、民を侵害していた。そこで鮑永《ほうえい》を拝命して魯郡太守《ろぐんたいしゅ》とした。鮑永が任地に到着すると、賊を討伐して大いに破り、数千人が降伏した。ただ（賊の）別将の彭豊《ほうほう》・虞休《ぐきゅう》・皮常《ひじょう》たちは、それぞれ千余名を率いて将軍と称し、降伏しなかった。しばらくして、孔子《こうし》の闕里《けつり》で〔一〕、理由なく荊《いばら》がひとりでに除去され、それが講堂から門に至った。鮑永はそれを奇異に思い、太守府の郡丞《ぐんじょう》や魯県令《ろけんれい》に、「今は危急の時であるのに闕里《けつり》が自然と開いた。これは孔子が太守に礼を行わせ、わたしが無道を誅することを助けようと望んでいるのではないか」と言った。そこで人々を集め、郷射《きょうしゃ》の礼をして、彭豊たちと共に会して見物することを要請し、この機会にかれらを捕らえようとした。彭豊たちもまた、鮑永を陥れようと図り、牛や酒を持参して労《ねぎら》い持てなしたが、秘かに武器を持っていた。鮑永は悟り、自ら彭豊たちを殴り殺し、その与党を破り捕らえた。光武帝《こうぶてい》は、その知略を褒め、封じて関内侯《かんだいこう》とし、揚州牧《ようしゅうぼく》に転任させた。このとき南方は、まだ賊の来寇や暴動が多く、鮑永は吏民が疲弊した後であることから、その法を緩め〔二〕、強力で横暴な者を誅することを示しながら、その与党を鎮撫したので、人々はこれに安んじた。たまたま母の死に遭い、官を辞し、すべて財産を父を亡くした弟の子に与えた。

建武《けんむ》十一〔三五〕年、徴召されて司隷校尉《しれいこうい》となった。光武帝の叔父である趙王《ちょうおう》の劉《りゅう》良《りょう》は、皇族の年長者で尊貴であったが、鮑永はある事から劉良を大不敬として弾劾した〔三〕。これにより朝廷は粛然とし、戒め慎まぬ者はいなかった。そこで扶風《ふふう》の鮑恢《ほうかい》を辟召して都《と》官従事《かんじゅうじ》とし、鮑恢もまた剛直で顕貴に遠慮がなかった。光武帝は常に、「貴戚はしばらく手を収めて、二鮑を避けねばなるまい」と言った。二人が憚《はばか》られることはこのようであった。

〔李賢注〕

〔一〕闕里《けつり》〔孔子の旧里〕は、その解釈が明帝紀《めいていき》に見られる。

〔二〕（原文の）銜轡《かんぴ》は、法律により人を取り締まることを喩えている。『説苑《ぜいえん》』（政理篇）に、「国を治めるのは、譬えるならば琴を張るようなもので、大弦を張り詰め過ぎれば小弦が切れる。このため轡《くつわ》と手綱《たづな》を急にするような（法を厳重にする）者は、千里の御者ではないのである」という。

〔三〕『東観漢記《とうかんかんき》』に、「このとき趙王《ちょうおう》の劉良《りゅうりょう》は（光武帝に）従って中郎将《ちゅうろうしょう》の来歙《らいきゅう》の喪を送って戻り、夏城門《かじょうもん》に入り、五官中郎将《ごかんちゅうろうしょう》の車とはち合わせをした。道は狭く、劉良は怒って、門《もん》候《こう》の岑尊《しんそん》を呼びつけ、馬前で叩頭させた。鮑永は劉良を弾劾して、「今月二十七日、陛下は故の中郎将である来歙の葬儀に臨まれて帰り、陛下が通った後、すぐに趙王の劉良が後から従って至り、右中郎将《ゆうちゅうろうしょう》の張邯《ちょうかん》と城門の中で出会い、道が狭いために、趙王は張邯を叱り飛ばして、車を旋回させ、また門候の岑尊を呼びつけて叱責し、前を走らせること数十歩に及びました。考えますに劉良は諸侯《しょこう》という藩臣であり、特別な恩を蒙って入侍しています。〔ゆえに〕尊い方は帝の城門の候吏の六百石であることを知るべきですのに、ほしいままに怒りをぶつけ、都の道路で叩頭させ、馬の前を奔走させせました。藩臣の礼はここには無く、大不敬に当たります」と述べた」とある。

鮑永《ほうえい》は、県を巡回して覇陵《はりょう》〔陝西省西安市の東〕に至り、道中に更始帝《こうしてい》の墓を過《よぎ》ったので、車を引き返して東西の道に入った〔一〕。従事《じゅうじ》は諫めて止めようとした。鮑永は、「親しく北面して〔更始帝に〕仕えていたのに、墓を過って拝さない者があろうか。これにより罪を得るとしても、司隷《わたし》は避けられない」と言った。こうして車を降りて拝し、哭して哀悼を尽くして去った。西に向かい扶風《ふふう》に至ると、牛を潰して苟諫《こうかん》の墓に供えた。光武帝《こうぶてい》はこれを聞き、心中穏やかでなかった。そこで公卿《こうけい》に、「使命を奉じて行きながら、このようなことをするのはどうであろう」と問うた。太中大夫《たいちゅうたいふ》の張湛《ちょうたん》は、「仁というものは、行いの宗であり、忠というものは、義の主です。仁として旧主を捨てず、忠として主君を忘れないのは、品行の高い者と言えましょう」と答えた。（これを聞き）光武帝の蟠《わだかま》りも解けた。

後に大司徒《だいしと》の韓歆《かんきん》が、事件に連坐した[二]。鮑永は、固く許しを願ったが、許されなかった。ここで皇帝の意に逆らったため、地方に出されて東海相《とうかいしょう》となった。田の収穫高が事実と異なっていたのに連坐し、呼び出された。諸郡の郡守たちが多く獄に下った。鮑永は成皐《せいこう》〔河南省の栄陽〕に着くと、詔書によりかえって拝命されて兗州牧《えんしゅうぼく》とされ、その地から兗州に向かった[三]。政事を見ること三年、病により没した。子は鮑昱《ほういく》である。

〔李賢注〕

〔一〕墓は、唐の万年県《まんねんけん》の東北にある。（道路の）南北を阡《せん》とし、東西を陌《はく》とする。

〔二〕建武《けんむ》十五〔三九〕年、韓歆《かんきん》は直言に連坐して免職された。

〔三〕『東観漢記《とうかんかんき》』に、「詔書により鮑永を迎え、「昼夜を超えて霜露を冒して、精も根も疲れていよう。君は帷幄《いあく》の近臣であるから、鮑永を兗州牧《えんしゅうぼく》となす」とあった」とある。

論にいう、鮑永《ほうえい》は義を旧主〔更始帝〕に守ることで、新主〔光武帝〕に仕えられた。自分の兵により寵を受けることを恥じ、さらなる寵を受けられた。言葉で誠心誠意を伝えても、聞く者はなかなか理解できない[一]。かりそめな諂《へつら》いを伝えれば、情で受け入れやすく、正を持して逆らえば、理によって求め難いのであろうか[二]。誠に利を捨て道に従い、直を保持して義に従えてこそ[三]、君子の趣《おもむき》がある。

〔李賢注〕

[一]（原文の）譬《ひ》は、暁というような意味である。

[二]諂いは受け入れやすいが、剛直は進め難いことを言っている。

[三]（原文の）方は、直という意味である。

鮑昱《ほういく》は、字を文泉《ぶんせん》という。若くして父の学問を伝え、東平国《とうへいこく》に出掛けて教授した。建《けん》武《む》年間〔二五～五六年〕の初め、太行山《たいこうさん》中に凶賊が発生した。太守の戴渉《たいしょう》は、鮑昱が鮑《ほう》永《えい》の息子で、知略があると聞き、そこで謁見して、署して高都長《こうとちょう》〔山西省晉城県〕の代理に就くよう求めた[一]。鮑昱はこれに応じ、ついに群賊を撃破し、その巨頭を誅殺した。道路は開通し、これにより名を知られた。後に沘陽長《ひようちょう》〔河南省沘陽県〕となり、政治と教化は仁愛を旨とし、治下は清浄となった〔二〕。

荊州《けいしゅう》刺史《しし》は、上表して鮑昱を推挙し、二度転任し、中元《ちゅうげん》元〔五六〕年に、司隷校尉《しれいこうい》を拝命した。鮑昱に詔して尚書《しょうしょ》に至らせ、胡族〔北方の異民族〕の降伏勧告書を署名封印させた〔三〕。光武帝《こうぶてい》は小黄門《しょうこうもん》を派遣して、鮑昱に怪しいところがないかと尋ねた。鮑昱は、「臣が聞くところでは、（漢の）故事では、高官の文書は姓を記さず、また司徒《しと》は（姓名を）明らかにして配布するものであるといいます〔四〕。司隷校尉（であるわたし）に文書を下して、姓を署名させることが怪しいと思います」と答えた。光武帝は答えて、「わたしは天下に忠臣の子が、再び（父と同じ）司隷校尉となったことを知らしめようと思ったのだ」と言った。鮑昱は在職中、法を奉じて正義を守り、父の遺風があった。

永平《えいへい》五〔六二〕年、火事の消火が手遅れとなった罪を問われて、免職された。

〔李賢注〕

〔一〕高都《こうと》は、県であり、上党郡《じょうとうぐん》に属し、故城は唐の沢州《たくしゅう》にある。

〔二〕『東観漢記《とうかんかんき》』に、「沘陽《ひよう》の人の趙堅《ちょうけん》は、人を殺して獄に繋がれていた。その父母が鮑昱のところに来て、自ら「(わたしどもは)年七十余でただ息子が一人いるだけです。たまたま新妻を娶ったのですが、いま獄に繋がれて死刑となります。これで永遠に子孫が途絶えます」と言った。(そして)泣いて憐れみを乞うた。鮑昱は、その言葉を憐れみ、妻を獄に送って入らせ、枷を取って泊まらせ、(妻は)妊娠して子を宿した」とある。

[三](原文の)檄《げき》は、軍書である。唐の露布《ろふ》のようなものである。

[四]『漢官儀《かんかんぎ》』に、「群臣が上書する際には、公卿《こうけい》・校尉《こうい》・諸将《しょしょう》は姓を署さない。およそ制書はみな印を押して封し、尚書令《しょうしょれい》が再び封をする。ただ赦免や贖罪の指令のみ、司徒《しと》が印を押し、封をせずに州郡に配布される」とある。

後に(鮑昱は)汝南太守《じょなんたいしゅ》を拝命した。汝南郡には貯水池が多く、年々決壊し、(それを修繕する)年間の費用は常に三千万銭にのぼった。そこで鮑昱は上奏して、堤防と石の水路を作った[二]。(このため)水は常に十分に足り、数倍が田に灌漑され、人々は富裕となった。

永平《えいへい》十七〔七四〕年、王敏《おうびん》に代わって司徒《しと》となり、銭帛・什器・帷帳を下賜し、子の鮑徳《ほうとく》を叙任して郎《ろう》とした。建初《けんしょ》元〔七六〕年、大いに旱魃《かんばつ》が起こり、穀物(の価格)が騰貴した。粛宗《しゅくそう》（章帝）は鮑昱《ほういく》を召して、「旱魃はすでに深刻化している。どうすれば災異を消すことができよう」と尋ねた。鮑昱は、「臣が聞くところでは、聖人（である孔子）が国を治めると、三年で成果が現れるといいます〔二〕。いま陛下は初めて天子の位に就き、刑罰や政事はまだ現れず、たとえ得失があったとしても、（天が）災異をいたしましょうか。ただ、臣は先に汝南郡におり、楚《そ》（王の劉英）の疑獄を治めましたが〔三〕、獄に下された者は千余人もおり、恐らくまだすべての者に罪を下せていないでしょう。先帝は詔を下して、「大獄が一度起こると、冤罪《えんざい》が半数を過ぎて巻き込まれる」と言っています。また多くの配流された者たちは、骨肉を分離され、孤独なる霊魂は祀られません。一人が悲嘆すれば、王政はそのために毀損します。どうか配流された者たちの家族を帰し、禁錮を解除し、滅びた家を再興し絶えた家を継がせ、死生共にその場所を得るようにしてください。こうすれば、和気が涵養《かんよう》されるでしょう」と答えた。粛宗はその言葉を受け入れた〔四〕。

建初《けんしょ》四〔七九〕年、牟融《ぼうゆう》に代わって太尉となった。建初《けんしょ》六〔八一〕年に薨去し、享年は七十余であった。

〔李賢注〕

〔一〕（原文の）洫《きょく》は、渠という意味である。石により造る。唐の水門のようなものである。

〔二〕『論語《ろんご》』（子路篇）に、「孔子《こうし》は、「もしわたしを用いる者がいれば、一年で止めてもかまわない。三年であれば功績を成し遂げられよう」と言った」とある。

〔三〕永平十三〔七〇〕年に、楚王《そおう》の劉英《りゅうえい》が謀反し、連坐する者が汝南郡にもいた。鮑昱はこのとき弾劾を担当した。

〔四〕『東観漢記《とうかんかんき》』に、「このとき司徒《しと》の訴訟案件の長いものは十数年に至り、比較参照すべき判決例に軽重があり、同類の事例でなければ、錯綜して定め難かった。（そこで）鮑昱は、上奏して辞訟《じしょう》七巻、決事都目《けつじともく》八巻を定めて、法令を同じく適用できるようにし、人々の訴訟を止めさせようとした」とある。

子の鮑徳《ほうとく》は、志節を修養し、名声があり、官職を歴任して南陽太守《なんようたいしゅ》となった。このとき実りは、天災が多かったが、南陽郡だけは豊作で、吏民は鮑徳《ほうとく》を喜び愛し、号して神父とした。このとき南陽郡の学校は、久しく荒廃しており、鮑徳はそこで、学舎を修築し〔二〕、祭器や祭服を揃え、礼を行い楽を演奏した。また国三老《こくさんろう》を尊び持てなし、諸儒と宴会を開いた。人々はこれを見て、感服しない者はなかった。職にあること九年、徴召されて大司農《だいしのう》を拝命し、在官のまま卒した。

子の鮑昂《ほうこう》は、字を叔雅《しゅくが》といい、孝義と節行があった。はじめ鮑徳が、病にかかること数年、鮑昂は左右に伏し、衣は帯を緩めず、喪に服するに及んでは、痩せ衰えること三年、抱きかかえられ、ようやく歩行できる有り様となった。服喪が終わっても墓の側に住み、時世に関与しなかった。孝廉《こうれん》に挙げられ、三公《さんこう》に辟召《へきしょう》され、何度も徴召されたが応ぜず、家に卒した。

［李賢注］

［一］（原文の）横は、学という意味である。字は、ある本では黌《こう》につくる。

郅惲伝

郅惲《しつうん》は、字を君章《くんしょう》といい、汝南郡西平県《じょなんぐんせいへいけん》〔河南省西平の西〕の人である［一］。十二歳で母を失い、喪に際して（悲しみは）礼を超えていた。成長するに及び、韓詩《かんし》・厳氏《げんし》春秋《しゅんじゅう》を修めた［二］。天文暦数に通暁した。

王莽《おうもう》のとき、盗賊が至る所で発生し、郅惲は仰いで天象を占い、歎じて友人に、「いま鎮《ちん》星〔土星〕と歳《さい》星〔木星〕と熒惑《けいわく》星〔火星〕は、並びに漢の分野である翼《よく》宿と軫《しん》宿の域にあり[三]、ひとたび去ってまた来る。漢《かん》は必ず再び受命し、福は有徳者に帰すであろう。もし、天に従って策を定める者があれば、必ず大功をあげよう」と語った。このとき左隊大夫《さたいたいふ》の逯並《ろくへい》は、平素より士を好んだので[四]、郅惲は逯並に、「いま天は象を示し、智者は盛んになり、愚者は滅ぶとしています。むかし伊尹《いいん》は、自ら売り込んで商《しょう》〔殷〕を輔弼し、功を立てて人道を全うしました[五]。惲《わたし》は不遜ながら、あえて伊尹の後継者たらんと願い、天人の変に応じようと思っています。明府がもし疑わなければ、天の徳を成すことができましょう」と説いた。逯並はこれを評価して、署して吏とした。郅惲は拝謁せず、「むかし文王《ぶんおう》は呂尚《りょしょう》を渭水《いすい》の畔《ほとり》で抜擢し、高宗《こうそう》は傅説《ふえつ》を巌築《げんちく》に拝礼し、桓公《かんこう》は管仲《かんちゅう》が（ベルトの）留め金を射たにも拘《かかわ》らず登用しました。このため（かれらは）功業を立て、主君の元勲となったのです。師《し》〔呂尚〕や相《しょう》〔傅説〕や仲父《ちゅうほ》〔管仲〕たちが、吏として遇されたとは聞いておりません[六]。天を測る者でなければ、共に未来を計ることはできません。明府が駿馬に重任を与えなければ、駿馬もまた首を垂れ足を包んで去るのみです」と答えた[七]。遂に署を受けなかった。

［李賢注］

［一］『潜夫論《せんぷろん》』（巻九　志氏姓）に、「周《しゅう》の祖先の姞《きつ》氏は燕《えん》に封ぜられ、河東郡《かとうぐん》に郅都《しつと》が、汝南郡《じょなんぐん》に郅君章《しつくんしょう》が出た」とある。

［二］（原文の）韓は、韓嬰《かんえい》である。『詩経《しきょう》』の内伝《ないでん》と外伝《がいでん》を著した。（原文の）厳は、厳彭祖《げんほうそ》である。『春秋公羊伝《しゅんじゅうくようでん》』を眭孟《すいもう》から受け、専門に教授した。これは（『漢書』巻八十八）儒林伝《じゅりんでん》に見える。

［三］『爾雅《じが》』に、「中央は鎮星《ちんせい》、東方は歳星《さいせい》、南方は熒惑星《けいわく》である。翼《よく》宿と軫《しん》宿は、南方の鶉尾《じゅんび》の宿星であり、楚《そ》の分野である」という。『春秋演孔図《しゅんじゅうえんこうと》』には、「卯金刀《ぼうきんとう》は、名づけて劉《りゅう》となり〔析字。卯＋金＋刀〈刂〉＝劉〕、中国東南の荊州《けいしゅう》〔楚〕から出る」とある。このために（翼宿と軫宿を）漢《かん》の分野とするのである。

［四］王莽《おうもう》は、潁川《えいせん》を左隊《さたい》とし、郡守《ぐんしゅ》を大夫《たいふ》とした。逯《ろく》は、姓である。並《へい》は、名である。『風俗通義《ふうぞくつうぎ》』に、「逯は、秦《しん》の邑であり、大夫がこれを氏とした」とある。逯は、音が録である。

［五］（原文の）鬻《いく》は、自ら宣伝して売ることである。『史記《しき》』（巻三　殷本紀）に、「伊尹《いいん》は、湯王《とうおう》に売ろうとしたが伝《つて》がなかったので、有莘氏《ゆうしんし》の媵臣《ようしん》〔下僕〕となり、鼎《かなえ》と俎《まないた》を背負って滋味

を湯王に説き、それによって国政を委ねられた」とある。

［六］師は、太公望呂尚《たいこうぼうりょしょう》である。相は、傅説《ふえつ》である。仲父《ちゅうほ》は、管仲《かんちゅう》である。

［七］郅惲は、自らを駿馬に喩え、称している。『史記』に、「呉《ご》の兵が郢《えい》に入ると、申包胥《しんほうしょ》は、秦に赴いて救援を求め、昼夜馬を走らせ、足に肉腫《にくしゅ》ができると、裳裾《もすそ》を割いて足を包み、秦の朝廷に屹立《きつりつ》した」とある。（史記の原文の）盭《れい》は、音が戻である。

（郅惲は）西に向かって長安《ちょうあん》に至り、そこで王莽《おうもう》に上書して、「臣が聞くところでは、天地は人を重んじ、物を惜しみ、そのため北斗を運行させて、日月を敷き［一］、元を含み一を含んで、物を轆轤《ろくろ》のように造り［二］、紀年を顕《あらわ》し、図録を予め設けるといいます［三］。漢《かん》の歴数《れきすう》は久しく長く、孔子《こうし》は赤制《せきせい》をつくり［四］、暗愚で頑迷な者に、人を損ない時を乱れさせないようにしたのです。（このため）智者は順って徳を成し、愚者は逆らって害を取り、天子の位に命があり、虚しく受けることはできません。天は戒めを垂れて、陛下を悟《さと》し、（もう一度）臣の位に就かせ、禍を福に転じさせようとしています［五］。劉氏《りゅうし》は、天から永遠の命を受けています。陛下は、節の盛衰に従い［六］、天によりこれを取り、天によりこれを返せば、天命を知る者と言えるでしょう。もし早く計らなければば、（天子の）位を盗む者との誹《そし》りは免れますまい［七］。かつ尭舜《ぎょうしゅん》は、天の祝福があっても自らは関わらず、天下を譲りました［八］。陛下はなぜ天の祝福も無いのに（天子の位を）貪《むさぼ》り、自ら煩《わずら》っているのでしょうか。天は陛下の厳父であり、臣は陛下の孝子です。父の教えは廃してはならず、子の諫めは拒むべきではありません。どうか陛下、御心にお留めください」と述べた。王莽は激怒し、詔獄《しょうごく》に収監し、大逆として弾劾した。（しかし）郅惲《しつうん》が、経や讖緯に依拠しているため、即座に殺すことを憚り、宦官の近臣に郅惲を脅させ、自分から狂病があり、我を忘れて言ったことは、覚えておりません、と告げさせようとした。郅惲は目を怒らせて罵《ののし》り、「述べた内容は、みな天文の聖意であり、狂人が作れるものではない」と言った。収監されたまま冬を待ち、大赦にあい獄から出ることができ、そこで同郡出身の鄭敬《ていけい》と共に、南に向かい蒼梧《そうご》に逃げた［九］。

［李賢注］

［一］（原文の）機衡《きこう》は、北斗である。

［二］『漢書《かんじょ》』（巻二十一上）律暦志上に、「太極の元気は、三を合して一となった」という。三才《さんざい》〈天・地・人〉がまだ分かれず、包含され一つとなっている様子をいう。（原文の）甄《けん》は、陶

工の轆轤《ろくろ》の輪である。天地が万物を造化することが、陶工が様々な製品を作り出すようであることをいう。

[三]（原文の）表は、明という意味である。（原文の）紀は、年という意味である。天は予め図録の書を設け、帝王の年数を明らかにしていることを言う。

[四]孔子《こうし》は緯書《いしょ》を作り、歴運の期間を明記し、漢家《かんか》の制をつくったといっている。漢は火徳であり赤を尊ぶ、そのため赤制《せきせい》を作るという。『春秋感精符《しゅんじゅうかんせいふ》』に、「墨子《ぼくし》と孔子は生きて赤制をつくった」とある。このことである。

[五]上天が（王莽に）戒めを垂れるとは、鎮《ちん》星〔土星〕と歳《さい》星〔木星〕と熒惑《けいわく》星〔火星〕が並び漢の分野にあることをいう。

[六]（原文の）享は、受という意味である。永は、長という意味である。漢は、天から長い命数を受け、漢の寿命はまだ絶えてないので、王莽に時の盛衰に従い、衰えればこれを取り、盛んであればこれを返すべきと勧めたのである。

[七]（原文の）竊は、盗という意味である。孔子は（『論語』衛霊公篇に）、「臧文仲《ぞうぶんちゅう》は、位を盗む者であろうか」と言っている。

[八]尭舜《ぎょうしゅん》の盛徳は、天の顕《あらわ》すものであったが、それでも自ら関わらず、天子の位を他人に譲

った。尭が舜に禅譲し、舜が禹《う》に禅ったことをいっている。

［九］（原文の）遁は、隠という意味である。蒼梧《そうご》は、山の名である。山海経《せんがいきょう》（巻十三 海内経）に、「南方の蒼梧の山、蒼梧の川があり、その中に九疑山《きゅうぎさん》がある。（ここが）舜の葬られた場所である」という。唐の永州唐興県の東南にある。

建武《けんむ》三〔二七〕年、また廬江《ろこう》に至り、そこで積弩将軍《せきどしょうぐん》の傅俊《ふしゅん》が、東に向かい揚州《ようしゅう》を平定するのに出会った。傅俊は、郅惲《しつうん》の名声を聞いていたので、礼により招き、高い地位につけて将兵長史《しょうへいちょうし》となし、軍政を委ねた。郅惲は、そこで兵に誓い、「人の不備を襲い、人を窮地に追い込んではならない。人の肢体を斬り、人の骸《むくろ》を裸にし、婦女を姦淫してはならない」とした。傅俊の軍士たちは、それでも墓を暴いて屍を曝《さら》し、民から略奪した。郅惲は傅俊を諫め、「むかし文王《ぶんおう》は、白骨を曝すに忍びず[一]、武王《ぶおう》は天下を理由に、一人の命を軽視しませんでした[二]。このため天地の応を得て、林のような商《しょう》（殷）の旅団に勝つことができました[三]。将軍はどうして文王を師法とせず、天地の禁を犯し、多く人を傷つけ物を破壊し、虐を屍にまで及ぼし、罪を神明に取るのでしょうか。いま天に謝罪し政事を改めなければ、命を全うすることはできないでしょう。どうか将軍は自ら兵を率き、負傷者を収容し死者を葬り、殺戮された者を哭し、それにより将軍の本意ではなかったことを明らかになさいませ」と述べた。（傅俊は）これに従った。人々は悦び服し、向かうところみな降伏した。

〔李賢注〕

〔一〕この言葉の解釈は、順帝紀《じゅんていき》〔正しくは質帝紀〕に見える。

〔二〕『呂氏春秋《りょししゅんじゅう》』（巻十五 貴因）に、「武王は紂王《ちゅうおう》を討ち、鮪水《いすい》に至ると、紂王は膠鬲《こうれき》に周軍の様子を窺わせ、武王に、「何日に来るのか」と問わせた。武王は、「甲子《こうし》の日に至るでしょう」と答えた。膠鬲が立ち去ると、天は大雨を降らせ、日夜、休まなかった。武王も急いで進み、休まなかった。軍吏がこれを諫めると、武王は、「わたしは急行して（約束の日に至らなければ、虚言の罪で殺される）膠鬲の死を救おうとしているのである」と答えた」とある。

〔三〕天地の応とは、夜の雨が止み、陣容が整い、白魚が舟に躍り入ったことなどをいう。（原文の）剋《こく》は、勝という意味である。商《しょう》は、殷《いん》の号である。（原文の）旅は、衆という意味である。（原文の）如は、衆が多い様子をいう。『尚書《しょうしょ》』（武成篇）に、「武王が紂王を討つと、紂王は林のような大軍を率いて、牧野《ぼくや》で会戦した」とある。

建武《けんむ》七〔三一〕年、傅俊《ふしゅん》は、京師に帰還して、上奏して郅惲の功を論じた〔一〕。郅惲《しつうん》は、軍功により位を得ることを恥じ、辞職して郷里に帰った。県令《けんれい》は身を低くし礼を尽くして、招いて門下掾《もんかえん》とした。郅惲の友人の董子張《とうしちょう》という者は、父を先に郷人に殺された〔二〕。子張が病気になり、死去しようとするに及び、郅惲は行って子張を見舞った。子張は今にも没するところで、郅惲を見つめ、啜《すす》り泣くばかりで言葉を話せなかった。郅惲は、「わたしはあなたが天命を悲しんでいるのではなく、仇に報復できないことを痛んでいるのを知っている。あなたがこの世にあれば、わたしは憂えても（あなたがなすべきことなので）自分はできない。もしあなたが亡くなれば、わたしは自分の手でそれをするので憂えることはない」と言った〔三〕。子張は、ただじっと見つめるだけであった〔四〕。郅惲は、即座に立ちあがると、食客を率いて仇を求め、首を斬って子張に示した。子張は、それを見て息絶えた。郅惲は、そこで県の役所に至り、状況を説明して自首した。県令は、対処を遅らせ（うやむやにしようとし）た〔五〕。郅惲は、「友のために仇に報いるのは、吏《わたし》の私情です。法を奉じて曲げないのは、君《あなた》の義です。君を台無しにして生き延びることは、臣《わたし》の節義ではありません」と言った。走り出て獄に入った。

県令は、裸足で郅惲を追ったが、追いつかなかった。ついに自ら獄に至った。県令は刀を抜くと郅惲に、「子《あなた》がわたしに従って獄から出なければ、死をもってわたしの心を明らかにしよう」と言った[六]。郅惲はこれにより獄を出た。病気を理由に県を去った。

［李賢注］

［一］上は、音が時掌の反である。

［二］『東観漢記《とうかんかんき》』に、「子張《しちょう》の父と叔父は、郷里の盛氏《せいし》に一度に殺された」とある。

［三］言いたいことは、子《あなた》が（この世に）在れば、わたしは子が仇に報いられないことを憂えるが、（あなたがやるべきことなので）この手で自ら矛を揮うことはできない。子がもし亡くなれば、わたしは直ちに子のために、この手で仇を斬り、心に憂いを懐かせない、ということである。

［四］（原文の）目撃とは、相手を熟視することをいう。『荘子《そうじ》』（田子方篇）に、「（相手の目を）目撃して道がある（ことがわかる）」とある。

［五］県令《けんれい》は、郅惲が自首して獄に至ることを望まず、これへの応対を遅らせたのである。

［六］郅惲が、もし獄を出なければ、自らを刺すことで、その心を明らかにしようと考えたので

ある。

しばらくして、汝南太守《じょなんたいしゅ》の欧陽歙《おうようきゅう》が、招いて功曹従事《こうそうじゅうじ》とした。汝南《じょなん》の旧俗では、十月の饗宴には、百里内の県は、みな牛や酒を持ち寄り郡府に至って飲食をする。供物を捧げる礼に臨み終わると、欧陽歙は教令を下して、「西部督郵《せいぶとくゆう》の繇延《ようえん》は〔一〕、生来忠貞であり、公正な性格で、奸族を撃破し、厳しくならずに治めている。いま衆儒と共に延の功績を論じ、これを朝堂で顕彰しよう。太守は、その喜びを祝い、牛や酒により徳を養おう」といった。主簿《しゅぼ》は教令を復唱し、戸曹《こそう》は繇延を招いて、下賜品を受けさせた。郅《しつ》惲《うん》は、下座より顔色を変えて進み出て、「司正《しせい》は罰杯を挙げ〔二〕、主君の罪を謝罪して天に告げよ。考えるに、繇延は生来貪悪であり、外は方正でも内は柔弱〔三〕、朋党を結び悪事をなし、主君を欺き人を害し、至るところは荒廃し混乱して、怨恨と悪事が共に起こる。明府は悪を善となし、股肱の臣は直を曲に従った。ここには、もはや君はおらず、また臣もいない。惲《わたし》は、あえて再拝して罰杯を奉ずる」と言った。欧陽歙は、驚き恥じ、言葉が出なかった。門下掾《もんかえん》の鄭敬《ていけい》が進み出て、「君が明らかであれば、臣は直となります、功曹の言葉が厳しいことは、明府の徳です。杯をお受けください」と言った。欧陽歙は少し気持ちが和らぎ、「まことに歙《わたし》の罪である、謹んで杯を受けよう」と言った[四]。郅惲はそこで冠を脱いで謝罪し、「むかし舜《しゅん》は尭《ぎょう》を輔弼し、四たび罪してみな服し[五]、讒言は用いず、大きな佞《よこしま》は行われなくなりました[六]。そのためよく股肱となり、尭帝は歌ったのです[七]。郅惲は不忠ですが、大悪は明らかになりました[八]。豺虎が政治をしていましたが[九]、すでに誹謗され、また暴露されました[一〇]。罪がこれより重い者はいません。どうか惲と繇延を捕らえて（取り調べ）、白黒を明らかにしてください」と言った。欧陽歙は、「それはわたしの過ちを重ねることになる」と言った[一一]。こうして宴会は止められて帰った。郅惲は郡府に帰り、病気と称し、繇延もまた自ら退いた。

［李賢注］

［一］繇《よう》は姓であり、咎繇《こうよう》の子孫である。繇は音が遥である。

［二］（原文の）愀は、顔色を変える様である。司正《しせい》は、礼儀を司る者である。（原文の）觥は、罰杯であり、角を使ってこれをつくる。『詩経《しきょう》』小雅《しょうが》（甫田之什 桑扈）に、「兕觥は曲がり、旨き酒はここによし」とある。

［三］繇延《ようえん》は、外面は方正であるが、内面は柔弱に満ちていることを言っている。孔子《こうし》は（『論

語』陽貨篇に）、「顔色は厳しいが、その内は柔弱である」と言っている。

［四］こうして罰抔を受けたのである。

［五］『春秋左氏伝《しゅんじゅうさしでん》』（文公 伝十五年）に、「舜《しゅん》は堯《ぎょう》の臣となり、四凶の賊を流した」とある。『尚書《しょうしょ》』（堯典篇）に、「共工《きょうこう》を幽州《ゆうしゅう》に流し、驩兜《とうがん》を崇山《すうざん》に放ち、三苗《さんびょう》を三危《さんき》に放ち、鯀《こん》を羽《う》山《ざん》で殺した。（このように）四たび罪を下して天下はみな服した」とある。

［六］（原文の）庸《よう》は、用という意味である。（原文の）孔は、甚という意味である。（原文の）任は、佞《ねい》という意味である。

［七］『尚書』（益稷篇）に、「股肱の臣は仕事を楽しみ、元首の政は振るい起こる」とある。

［八］（原文の）昭は、顕《あき》らかという意味である。郅惲は自ら不忠を責め、それにより非常に佞悪な人を明らかに顕らかにしたのである。

［九］豺虎は、貪欲な獣であり、それにより繇延に準《なぞら》えたのである。

［一〇］露は、顕という意味である。また衆人に繇延の罪を暴露したのである。

［一一］重は、再という意味である。

鄭敬《ていけい》は、もともと郅惲《しつうん》と関係が深く、惲が発言して欧陽歙《おうようきゅう》に逆らったのを見て、一緒に招いて去らせようとして、「子《あなた》は繇延《ようえん》を郡廷で貶めたが、主君はそれでも受け入れなかった。繇延は、いま去ったとはいえ、勢いからみて、必ず帰ってこよう[一]。真っ直ぐな心で忌憚《きたん》無いのは、まことに（夏・殷・周の）三代の道である[二]。しかし、道を同じくしない者は、共に謀れない。わたしは子が主君に容れられなくなる危険を見るに忍びない。なぜ去ろうとしないのか」と言った。郅惲は、「孟軻《もうか》は、主君がよくできないところを強《し》いるのを忠とし、主君がよくできないところを斟酌するのを（君主を）損なうとした[三]。惲《わたし》は、すでに主君にできないところを強いた。主君を朝廷で遮《さえぎ》り[四]、その直を示したのに、職に死ねないのは、罪である。延が退いて、惲も去ることはできない」と言った。そこで、鄭敬は一人で、弋陽山《よくようざん》の中に隠遁した[五]。郡府にいること数ヵ月で、欧陽歙は案の定、また繇延を辟召した。郅惲はここで郡から立ち去り、鄭敬に従って逗留した。釣りをして楽しみ、数十日も滞在した。（しかし）郅惲の志は、政治への従事にあり、そこで嘆息して歎じて、鄭敬に、「天が俊士を生むのは、人のためにである。（人は）鳥や獣と群れを同じくすることはできない[六]。子《あなた》はわたしに従って、伊尹《いいん》や呂尚《りょしょう》となるであろうか。それとも巣父《そうほ》や許由《きょゆう》となって、尭《ぎょう》や舜《しゅん》（のような才能）を父老とするのか」と聞いた[七]。鄭敬は、「わたしはもう十分なのだ。はじめは君に従い、舜を南野《なんや》〔蒼梧《そうご》〕に訪ねたが［八］、帰ってきて（仙人の）赤松子《せきしょうし》になりたいと思った［九］。いま幸いにも身体を全うし、世継ぎができ［一〇］、帰って墳墓を守り、学を尽くして道を問いたい［一一］。政治に従事しなくとも、家に政事を施せば、これもまた政事ではないか［一二］。わたしはもう老いた。どうして子に従うことができよう。子は努めて生命を大事にし、精神を苦しめて命を縮めることのないように」と言った。郅惲は、ここで別れを告げて去った。鄭敬は、字を次都《じと》といい、清廉で超俗し、光武帝《こうぶてい》は何度も徴召したが、応じ到ることはなかった［一三］。

［李賢注］

［一］欧陽歙《おうようきゅう》は、のち必ず繇延《ようえん》を召し出すことをいっている。

［二］三代は、夏《か》・殷《いん》・周《しゅう》である。『論語《ろんご》』（衛霊公篇）に、「三代は、真っ直ぐな道で万事を遂行する」という。

［三］孟子《もうし》は、斉《せい》の威王《いおう》に答えて、「力は百鈞を挙げるに足りながら、一羽の鳥を挙げられない。明は秋毫の末端まで見抜けながら、薪の束すら目に入らなければ、王は許しますか」と尋ねた。王は、「許さない」と言った。孟子は、「いま恩は禽獣にも及ぶのに、その効果が民に至

らないのは、何としたものでしょう。一羽も挙げられないのは、力を用いないためです。薪も見えないのは、明を用いないためです。民が安んじないのは、恩を用いないためです。それゆえ王が王たり得ないのは、事をなさないからであり、できないのではないのです」と言った。（威王は）「成さないことと、出来ないことの形は、どう異なるのか」と言った。（孟子は）「太山《たいざん》を抱えて北海《ほくかい》を超えること、人に語って自分にはできないと言うことは、誠にできないことです。長者のために枝を折ること、人に語って自分にはできないと言うことは、成さないことです。できないはずは無いのですから」と言った。これが主君のできないことをするように強いるというものである。また孟子は、「惻隠《そくいん》の心は、仁の端《たん》緒である。悪を恥じる心は、義の端緒である。譲る心は、礼の端緒である。是非を区別する心は、智の端緒である。人がこの四つの端緒を持つことは、人に四体があるようなものである。四つの端緒がありながら、自分からできないという者は、自らを損なう者である。君主をできないという者は、君主を損なう者である」と言っている。

［四］（原文の）障は、蔽という意味である。（原文の）君とは、欧陽歙をいう。欧陽歙は牛酒により繇延を賞そうとしたが、郅惲が遮って許さなかったことをいう。

［五］弋陽《よくよう》〔河南省矛川の西〕は、県であり、汝南郡《じょなんぐん》に属す。『漢書《かんじょ》』に、「弋陽山は県の西北に

ある」という。

［六］『論語《ろんご》』（微子篇）の孔子《こうし》の言葉である。

［七］もし巣父《そうほ》・許由《きょゆう》となれば、それは尭《ぎょう》や舜《しゅん》（の才能）を持った田父・野老となることである、というのである。

［八］（原文の）歩は、尋のような意味である。（原文の）重華《ちょうか》は、舜の字である。南野《なんや》とは、蒼《そう》梧《ご》をいう

［九］松子《しょうし》である。鄭敬《ていけい》は帰郷して隠棲したことから、自ら赤松子《せきしょうし》と同じという。劉向《りゅうきょう》の『列《れつ》仙伝《せんでん》』に、「赤松子は、神農《しんのう》の時の雨師《うし》である。崑崙山《こんろんざん》に至り、常に西王母《せいおうぼ》の石室に留まって、風に従って移動した。炎帝《えんてい》の末娘がこれを追って、仙人となって共に去った」とある。

［一〇］（原文の）樹類とは、後継ぎがいることをいう。

［一一］鄭敬《ていけい》は、汝南《じょなん》郡の人であるが、いま弋陽《よくよう》に隠れ、墳墓から離れない。

［一二］『論語《ろんご》』（為政篇）の孔子《こうし》の言葉である。隠遁して道を好み、家にあって孝悌なのも、また政治の義に従うことであると言う。

［一三］謝沈《しゃしん》の『後漢書』に、「鄭敬は、閑居して世間付き合いをしなかったが、新遷都尉《しんせんとい》が迫って功曹従事《こうそうじゅうじ》とした。政庁の前の木に、あるとき清い汁があり、（都尉は）それを甘露《かんろ》とした。

鄭敬は、「明府の政治は、まだ甘露を致すほどではなく、これは清木の汁に過ぎません」と言った。病気として職を去り、隠棲して蛾陂《がは》の中で学問を積んだ。陰就《いんしゅう》や虞延《ぐえん》が辟召したが応じなかった。同郡の鄧敬《とうけい》が枝を折って座席とし、蓮の葉をもって肉を薦め、瓢箪に酒を満たし、論談して日を過ごし、蓬《よもぎ》の庵に華《いばら》の門で、書や琴を楽しんだ。光武帝《こうぶてい》は、公車徴《こうしゃちょう》をしたが、（郅惲《しつうん》は）行かなかった」とある。考えてみると、王莽《おうもう》が新蔡県《しんさいけん》〔河南省新蔡〕を改めて新遷としています。

郅惲《しつうん》は、江夏郡《こうかぐん》に客居して教授し、郡は孝廉《こうれん》に察挙し、上東門《じょうとうもん》の門候《もんこう》となった〔一〕。光武帝《こうぶてい》は、かつて猟に出て、車駕は夜に戻ったが、郅惲は門を閉ざして開けなかった。光武帝は、従者に顔を門の隙間から見させた。郅惲は、「火の灯が遠く見えません」と言い、そうして詔《みことのり》を受けなかった。光武帝は、そこで迂回して東中門《とうちゅうもん》から入った〔二〕。翌日、郅惲は上書して、「むかし文王《ぶんおう》は、あえて田猟を楽しみませんでした。万人が憂うためです〔三〕。それなのに陛下は、遠く山林で猟をし、夜を昼に継ぐ有様です。社稷や宗廟は、どのようにされるのでしょう。虎と格闘して黄河《こうが》を歩いて渡るという言葉は、危険が訪れる前に用心せよとの戒めですが、まことに小臣の秘かに憂える所です」と諫めた。書は上奏された。布百匹を下賜され、東中門候《とうちゅうもんこう》を降格して参封県尉《さんほうけんい》とした［四］。

［李賢注］

［一］（上東門は）洛陽城《らくようじょう》の東に面した最北端の門である。

［二］（東中門は）東に面した中央の門である。

［三］（原文の）槃は、楽という意味である。『尚書《しょうしょ》』無逸《むいつ》篇に、「文王《ぶんおう》は、あえて田猟を楽しまなかった。万人に正しいことを供するためである」という。

［四］参封《さんほう》は、県であり、琅邪郡《ろうやぐん》に属する。

後に郅惲《しつうん》は、皇太子（の劉彊《りゅうきょう》）に韓詩《かんし》を教授し、殿中で侍講させた。郭皇后《かくこうごう》が廃されると［一］、郅惲は光武帝《こうぶてい》に、「臣が聞くところでは、夫婦の仲は、父親であっても子に口出しできぬ、と申します［二］。臣下が主君に何か言えましょうか。これは臣のあえて言うところではありません。しかし、陛下にはどうすればよいかを思われ、天下に国家について、議論させないようにしてください」と申し上げた。光武帝は、「郅惲は、よく自分の心を推して、君主の心を量り、わたしが万遍なく情勢を判断して、天下を軽んじないことを知っている」と言った[三]。郭皇后が廃されると、（その子の）皇太子（劉彊）も不安であった。郅惲は、そこで皇太子に、「久しく疑いの地位に居れば、上は孝道に違え、下は危難に近くなります。むかし（殷の）高宗《こうそう》は名君で、尹吉甫《いんきつほ》は賢臣でしたが、些細なことから、孝子を放逐しました[四]。春秋《しゅんじゅう》の義では、母は子によって貴しとします。皇太子は、近侍の者や諸皇子を通じて、罪は自分にあると皇太子の地位を退き、母堂を奉養して、聖教を明らかにし、母親に背かないようにすべきです」と言った。太子はこれに従い、光武帝もついに（皇太子の辞退を）許した。

　郅惲は、二度転任して長沙太守《ちょうさたいしゅ》となった。これよりさき、長沙には孝子の古初《こしょ》という者がいて、父の喪に際して、まだ葬らない時に近所の者が失火したので、古初は棺の上に身を挺して、その身で火を防ぎ、そのために火は消えた。郅惲は、これを異とし、首席で察挙した。のち事に連坐して芒県長《ぼうけんちょう》〔河南省の永城〕に左遷された[五]。また免官されて帰郷し、隠遁して学問を教授した[六]。書八篇を著した。病気によって卒した。子は郅寿である。

〔李賢注〕

［一］（郭皇后は）建武《けんむ》十七〔四一〕年に廃位された。

［二］（原文の）得は、制御という意味である。司馬遷《しばせん》は（『史記』巻四十九 外戚世家に）、「夫婦の愛は、主君も臣下に口出しできず、父も子に口出しできない。まして卑しい臣下が口出しできましょうか」と言っている。

［三］（原文の）左右は、向背という意味である。その等しいことをいう。

［四］『孔子家語《こうしけご》』に、「曾参《そうさん》の妻は、梨を蒸して熟さなかった。そのため（曾参は）妻を追い出し、終生娶らなかった。その子が後妻を娶ることを願った。曾参は、「高宗《こうそう》は後妻のために孝子を殺し、尹吉甫《いんきつほ》は後妻のために伯奇《はくき》を追い出した。わたしは、上は高宗に及ばず、中は尹吉甫と並ばない。（後妻を娶らないことで）その非を免れているのが分からないのか」と言った。ついに（曾参は）後妻を娶らなかった」とある。

［五］芒《ぼう》は、県であり、沛国《はいこく》に属する。故城は唐の亳州永城県《はくしゅうえいじょうけん》の北にあり、またの名を臨睢《りんすい》城《じょう》という。『東観漢記《とうかんかんき》』に、「前の長沙太守《ちょうさたいしゅ》である張禁《ちょうきん》は、多くの賄賂を受けて罪とされた。郅惲は、これを弾劾しなかったので、左遷された」とある。

［六］（原文の）避地とは、隠遁をいう。『東観漢記』に、「芒《ぼう》の守丞《しゅじょう》の韓龔《かんきょう》は、大盗賊の丁仲《ていちゅう》から銭を受け、手心を加え、笞八百を打ったが死ななかった。入って郅惲に見《まみ》え、丁仲は頑強

ですと報告した。郅惲は怒って、ついていた鉄杖で韓龔を打った。韓龔は退出して恨み、ついに丁仲を殺したので、郅惲は坐して免ぜられた」とある。

郅寿《しつじゅ》は、字を伯考《はくこう》といい、文章を得意とし、廉直で有能と称えられた。孝廉《こうれん》に察挙され、やがて冀州刺史《きしゅうしし》に遷った。このとき冀州の属郡には、諸王が多く封建され、（諸王の）賓客は放縦《ほうじゅう》で、みな我が身を引き締めなかった［一］。郅寿はこれを監察して、容赦しなかった。部従事《ぶじゅうじ》を王国に専住させ、督郵《とくゆう》の官舎を王宮の（すぐ）外側に移して［二］、動静や失得を即時に騎馬で駅伝して、王《おう》の罪を上奏して、太傅《たいふ》や国相《こくしょう》を弾劾した。ここにおいて王国は畏怖し、みな節度を保った。政事を見ること三年、冀州は粛然となった。三たび転任して尚書令《しょうしょれい》となった。朝廷で疑議があるごとに、常に郅寿は一人進み出て意見を述べた。粛宗《しゅくそう》（章帝）はその智策を評価し、抜擢して京兆尹《けいちょういん》とした。郡には豪族が多く、悪事を禁止できなかった。三輔《さんぽ》では、郅寿が冀州にいた時のことを聞いており、みな恐れをなして、それぞれ節度を守り、禁を犯す者はなかった。郅寿は威厳があったが、誠を持って職にあたり、吏にも遜《へりくだ》ったので、みな死力を尽くそうと願い、郅寿を欺《あざむ》く者はなかった。公事をもって免職された。

［李賢注］

［一］（原文の）類は、皆という意味である。

［二］王宮近くに督郵《とくゆう》の官舎を置き、王《おう》の得失を監察させたのである。

（郅寿は）また徴召されて尚書僕射《しょうしょぼくや》となった。このとき、大将軍《だいしょうぐん》の竇憲《とうけん》は、外戚の寵により、威望が天下を傾けていた。竇憲は、かつて門生に書簡を持たせて郅寿に至らせ請託したが、郅寿は直ちに（その門生を）詔獄《しょうごく》に送った。その前後に上書して竇憲が驕慢で放恣であると述べ、王莽《おうもう》を例に引いて国家を戒めた。このとき、竇憲は匈奴《きょうど》を征伐し、国内はその軍費を供出したが、竇憲と弟の竇篤《とうとく》や竇景《とうけい》は、並びに邸宅を建て、驕奢で無法で、人々はこれに苦しんでいた。郅寿は国庫が空になっても、征討が終わらないことから、朝会で竇憲たちを批判し、声色を激し顔色を正しくし、その言葉は非常に切峻であった。竇憲は怒り、公田《こうでん》を買ったという誹謗を利用して、郅寿を陥れ、吏に下して死刑と判断させた。侍御史《じぎょし》の何敞《かしょう》は、上疏して諫めて、「臣《わたくし》が聞くところでは、聖王は四方の門を開き、四方の言葉を聴き、直言の道を敷き、忌憚ないようにとの詔を下し、諫めの旗を建て、謡言を道に聞きました［一］。諫争の臣は七人おり、それにより自らを省み［二］、政事をよく考え治めて、人心に違うことがあれば、そのたびにこれを改めた。そのため天人は並びに感応して、福を永遠に伝えたと申します。臣が伏して見ますに、尚書僕射の鄧寿は、台閣《たいかく》で他の尚書《しょうしょ》たちと共に匈奴への攻撃を議論して行き過ぎ、及び公田を買うことを求めたとの上書に坐して、獄に繋がれ大不敬と弾劾されました。臣が考えますに、鄧寿は機密を扱う近臣であり、匡輔を職務とします。もし沈黙して言わないことがあれば、その罪は誅に当たります。いま鄧寿は衆と異なり、朝議を正し、宗廟を安んじています。私事ではありません。また、台閣で事を計るには、遍《あまね》く可否を争います。尭舜《ぎょうしゅん》の盛世、（夏殷周の）三代の盛世ですら、なお侃々諤々《かんかんがくがく》の議論により栄えたといい、誹謗《ひぼう》を罪としませんでした［三］。公田を買うことを求めたのは、人の犯す小さな誤りで、我慢して堪《こら》えるべきことです。鄧寿がもし誅されれば、臣は天下の者たちが国家はほしいままに忠直な良臣を罪とし、和気を毀損《きそん》し、陰陽を乱していると考えるのではと恐れます。臣はあえて陛下の威厳を犯し、族滅を避けられませんが、（それでも）死を冒《おか》して妄言《もうげん》を吐いたのは、鄧寿のためではありません［四］。忠臣は節を尽くし、死を本分とするためです。臣は鄧寿を存じませんが、考えるに満足して死に安んずることができます。誠に聖朝が誹謗により誅殺をし、晏晏《あんあん》たる教化を傷つけ［五］、忠直の臣を塞ぎ、謗りを永遠に垂らすことを願いません。臣敞《わたくし》は誤って機密に与《あずか》り、妥当でないことを発言し、罪名は明白です。牢獄を満たし、郅寿よりも先に倒れ、万死してもなお余りがあります」と述べた。この書は上奏され、郅寿は、死を減ぜられ、合浦《ごうほ》に徙《うつ》されることになった［六］。まだ行く前に自殺し、家族は郷里に帰ることを許された。

［李賢注］

［一］（原文の）歌謡とは、詩をいう。禹《う》が諫めの旗を置いたことは、すでに上の（申屠剛）伝に見える。『礼記《らいき》』王制《おうせい》篇に、「太師《たいし》に命じて詩を陳べ、民の風俗を観察した」とある。鄭玄は注をつけて、「詩を陳べるとは、詩を採集してこれを示すことをいう」とする。

［二］孔子《こうし》は（『孝経』諫諍章に）、「天子には諫争の臣が七人いる」と言っている。

［三］『史記《しき》』（巻六十八 商君伝）に、「趙良《ちょうりょう》が商君《しょうくん》に、「千人の唯々諾々《いいだくだく》は、一人の士の侃々《かんかん》諤々《がくがく》に及びません。武王《ぶおう》は侃々諤々にしてそれにより栄え、殷《いん》の紂王《ちゅうおう》は唯々諾々により滅びました」と言った」とある。

［四］『論語《ろんご》』（季氏篇）に、「君子に侍するに三つの誤ちがある。まだ顔色を見ないで言う、これ

を瞽《こ》という」とある。

［五］鄭玄《じょうげん》は『尚書考霊耀《しょうしょこうれいよう》』に注をつけて、「道徳が純粋であることを塞といい、寛容で覆い包むことを晏という」とする。

［六］（合浦《ごうほ》は）唐の廉州県《れんしゅうけん》である。

賛にいう、鮑永《ほうえい》は沈吟したが、遅くには正道に帰した。志は達し義は全うされ、先には泣き叫んだが、後に幸いがあった［一］。申屠剛《しんとごう》は対策し、郅惲《しつうん》は上書した。道がある世では直であったが、無道な世では愚かではなかろうか。

［李賢注］

［一］『周易《しゅうえき》』（同人）に、「先に号泣するが、後から笑う」とある。初めは凶であるが、後で吉になることをいう。

蘇竟楊厚列伝第二十上

蘇竟伝

蘇竟《そきょう》は、字を伯況《はくきょう》といい、扶風郡平陵《ふふうぐんへいりょう》〔陝西省興東の南東〕の人である。平帝《へいてい》の世に、蘇竟は易《えき》に通じていることで博士講書祭酒《はくしこうしょさいしゅ》となった〔一〕。河図洛書《かとらくしょ》や緯書《いしょ》に詳しく、百家の言説に通じていた。王莽《おうもう》のとき、劉歆《りゅうきん》たちと共に書の整理や校勘を司り、代郡都《だいぐんと》尉《い》を拝命した。このとき匈奴《きょうど》が騒乱を起こし、北方の辺郡は多くは禍いを蒙《こうむ》ったが、蘇竟はついに代郡を全うした。光武帝《こうぶてい》が即位すると、そのまま代郡太守《だいぐんたいしゅ》を拝命して、要塞を固め、匈奴を防いだ。建武《けんむ》五〔二九〕年の冬、盧芳《ろほう》は、攻略して北辺の諸郡（の大半）を得ると、光武帝は偏将軍《へんしょうぐん》の随弟《ずいてい》を代郡に駐屯させた〔二〕。蘇竟は病気が篤く、兵を随弟に委ね、京師に戻って（代郡の統治を全うできなかった）罪を詫びた。侍中《じちゅう》を拝命したが、数ヵ月で、病気により免ぜられた。

これよりさき、延岑《えんしん》の護軍《ごぐん》の鄧仲況《とうちゅうきょう》が、兵を擁して南陽郡陰県《なんようぐんいんけん》〔湖北省老河口市の北西〕を拠点に寇略し〔三〕、劉歆の兄の子である劉龔《りゅうきょう》が軍師となっていた〔四〕。蘇竟は、このとき南陽郡にいたので、劉龔に書簡を与えて次のように諭した。

［李賢注］

［一］王莽《おうもう》は、六経祭酒《りくけいさいしゅ》を置き、官秩は上卿《じょうけい》待遇とし、経ごとにそれぞれ一人を置き、蘇竟《そきょう》は講書祭酒《こうしょさいしゅ》となった。

［二］随《ずい》は姓、弟《てい》は名である。弟は音が悌である。

［三］陰《いん》は、県の名であり、南陽郡《なんようぐん》に属する。故城は唐の襄州穀城県《じょうしゅうこくじょうけん》の境界の北にある。

［四］臣賢《しんけん》が考えますに、『漢書《かんじょ》』（巻五十六 董仲舒伝）と『三輔決録《さんぽけつろく》』は、共に劉向《りゅうきょう》の曾孫としています。いま劉歆《りゅうきん》の兄の子というのは、同じではありません。


「足下は変わりないだろうか［一］。走《わたし》は、むかし書物の編集の才を磨いていたので［二］、国師公《こくしこう》（劉歆）と共に（校書に）従事して（書庫に）出入りし、秘書を校訂していた［三］。秘かに（あなたのことが）気に掛かり、疎遠にできない。聞くところでは、君子は同類を憐れみ不遇を痛むという。人は賢愚に関係なく、害を避けた後で利を求め、志を定めた後で名を求める。むかし智果《ちか》は、智伯《ちはく》が軍事に失敗して必ず滅ぶと予見したため、名を変えて遠くに逃げた［四］。陳平《ちんぺい》は、項王《こうおう》〔項羽〕が天に見捨てられたと知り、高祖《こうそ》に心を寄せた。これらはみな智の至りと言えよう［五］。聞くところによると、君は先に仮に節を屈して延牙《えんが》〔延岑〕に臣従したが［六］、その後に悟って、隠棲して徳を養ったという［七］。（そうであれば）先に挙げた二子も、また何も加えることはないであろう［八］。君は陰県《いんけん》にいるそうだが、その地は賢士も多い。もし暫《しば》しの間、（かれらと）異同を考究し、これを図書《としょ》〔予言書〕に謀り、これを人事に測れば、利害得失は、目の前に並べることができよう。なぜ自ら反乱の苦しみを負い、悪を守るという汚名を移さないのか。君子の道と、なぜ反しているのか。

［李賢注］

［一］（原文の）執事《しつじ》とは、左右のような意味である。相手を敬うために相手を（直接言わず）執事の者と呼ぶ。『爾雅《じが》』（釈詁下）に、「恙は、憂という意味である」という。

［二］走とは、馳走の人をいい、謙遜の言葉である。司馬遷《しばせん》が任少卿《じんしょうけい》に与えた書で、（自らを）牛馬走《ぎゅうばそう》というようなものである。（原文の編について）『説文解字《せつもんかいじ》』に、「編は、次という意味である」という。（原文の）削とは、簡をいい、あるいは削書刀をいう。（原文の）研《けん》は、音が午見の反である。

［三］劉歆《りゅうきん》は、王莽《おうもう》の国師公《こくしこう》であった。

［四］智果《ちか》は、智伯《ちはく》の臣である。（原文の）逝は、去という意味である。『戦国策《せんごくさく》』（趙策一）に、「智伯は、韓《かん》と魏《ぎ》と共に趙《ちょう》を包囲した。智伯の臣の智果は、智伯に説いて、「韓と魏の二主は、動揺した後に喜色を浮かべました、必ず主公に背くでしょう。これを殺すべきです」と言った。智伯は、「晉陽《しんよう》は、朝夕にも陥落させられる。（二主は）その利を受けよう。他心を持つことは、不可である。子はまた言わなくてよい」と言った。智果は言葉が聞き入れられなかったので陣を出て、その姓を変えて輔氏《ほし》として、ついに逃亡した。そののち韓と魏は、やはり背いて智伯を殺し、その領土を三分した」とある。果は、ある本では過に作る。

［五］陳平《ちんぺい》は、初め項羽《こうう》に仕えたが、後に項羽が必ず敗れると知り、剣ひとつを頼りに黄河《こうが》を渡って漢に帰した。『漢書《かんじょ》』（巻四十　陳平伝）に見える。

［六］延岑《えんしん》の字は、牙《が》である。節を屈するとは、臣従することをいう。

［七］『爾雅《じが》』（釈詁）に、「棲遅は、息偃である」という。後に辞めて徳を養い、延岑に仕えないことをいう。『詩経《しきょう》』小雅《しょうが》（北山）に、「あるいは止めて横になる」とある。

［八］（二子とは）智果と陳平をいう。

世間のつまらない学者は、意識を朦朧《もうろう》とさせ、当世をあれこれ論じ、（人々の）耳目を誤らせている。ある者は、「天下は代わる代わる勢力が勃興し、まだ誰が正しいか分からない。兵を挙げ拠点に割拠し、大望を図るべきである」という。またある者は、「聖主はまだ現れないので、時の変化を見極め、強大な者に付いて、様子を見ながら自守すべきである」という。この二者の議論が、どうして正しいと言えようか。そもそも孔丘《こうきゅう》は、秘経《ひけい》〔緯書〕により、漢《かん》の赤制《せきせい》をつくり〔一〕、その玄妙（なる秘経）は幽室に隠され、その文は微隠であるが、指し示す事は明瞭である〔二〕。かつ（漢の）火徳《かとく》は、尭《ぎょう》を承けるもので、一時的には暗いとしても必ず明るくなろう〔三〕。数世にわたる天の祝福を受け、永遠なる天運を握っているためである。王氏《おうし》が隙に乗じて簒奪しても、最後は殺戮に遭い、四肢は分けられ刻まれ、一族が屠戮《とさつ》されたのは、その証拠ではないか〔四〕。皇天が目にかけ続け、漢の子孫を憂えているためである〔五〕。論者はこれを天に基づき、聖（なる秘経）を参照せずに、みだりに『師曠雑事《しこうざつじ》』などにより軽々しく自ら幻惑し〔六〕、士に謬説を説き、偽書を捏造して、大道を乱している。どうして信ずるに足りようか。

［李賢注］

［一］秘経《ひけい》とは、幽秘の経、すなわち緯書《いしょ》のことである。赤制《せきせい》は、（漢を指すという）その意味は郅惲伝《しつうんでん》に見える。

［二］（原文の）包は、臧《ぞう》という意味である。緯書は、深く秘され、幽室に収められ、文辞は隠微であるが、示す事柄はとても明らかであることをいう。

［三］（原文の）昧《まい》は、暗という意味である。（原文の）亮は、明という意味である。漢《かん》は、尭《ぎょう》と劉累《りゅうるい》の後を承け、火徳《かとく》により王となった。王莽《おうもう》の簒奪に遭い、その徳は一時暗くなったが、いま光武帝《こうぶてい》が中興し、必ず盛明となることをいう。

［四］（『漢書』巻九十九）王莽伝に、「校尉《こうい》の公賓就《こうひんしゅう》は、王莽の首を斬り、軍士たちは、王莽の身体を切り刻み、四肢・肌膚・肉は、ずたずたに刻まれた」とある。『三輔旧事《さんぽきゅうじ》』に、「ずたずたに刻まれること千段であった」とある。

［五］（原文の）踟躕《ちちゅう》は、裴回《はいかい》というような意味である。

［六］師曠雑事《しこうざつじ》は、雑占の書である。『漢書《かんじょ》』（巻三十 芸文志）に、「陰陽《いんよう》の書十六家の中に、師《し》曠《こう》八篇がある」という。

諸儒は、あるいは、「いま五星〔木・火・金・水・土星〕は、正常な軌道から外れて天時は錯乱し〔一〕、辰星《しんせい》〔水星〕は久しく出入りに度を失い〔二〕、太白星《たいはく》〔金星〕は出入りに度を過ぎ、熒惑星《けいわく》〔火星〕は前進し後進して惑う様子を見せ、鎮星《ちんせい》〔土星〕は天街《てんがい》に停滞し、歳星《さいせい》〔木星〕は氐宿《ていしゅう》と房宿《ぼうしゅう》に宿らない」と言う〔三〕。考えるに、諸々のこれらの天文現象についての占断は、国家の問題に帰着する。思うに、災異はいたずらに起こるのではなく、皆これらは（天上の二十八宿に対応する地上の各地域を考える）分野説《ぶんやせつ》に応じており、それぞれ掌《つかさど》る地域がある。房宿と心宿《しんしゅう》は宋《そう》の分野で、東海郡《とうかいぐん》がこれにあたる〔四〕。尾宿《びしゅう》は燕《えん》の分野であり、漁陽郡《ぎょようぐん》がこれにあたる〔五〕。東海郡の董憲《とうけん》は迷走して未だ降伏せず、漁陽郡の彭寵《ほうちょう》は反逆して兵を擁している。王は赫怒《かくど》して、将軍に命を下し並びに征伐させ、このため熒惑星はこれに応じ、董憲と彭寵は禍を受けた。太白星と辰星は亡新《ぼうしん》の末期より正常な運行から外れ、今に至っている。ある時は東井《とうせい》を守り、ある時は羽林天軍《うりんてんぐん》の衆星の中に姿を消し〔六〕、ある時は（天宮の両脇の）藩屏《はんぺい》を徘徊し、ある時は天宮に居座り〔七〕、ある時は天を巡って明るくなり、ある時は暗く沈滞し、ある時は衰微して暗くなり、ある時は煌々と輝き南に北にいき、ある時は伸縮して曲がり、ある時は高く輝いた〔八〕。これらはすべて（偉大な天の）運勢が（世の中の邪悪を）一掃する先触れであり、聖帝（である光武帝）が符命《ふめい》〔瑞祥を伴った予言〕に応ずる前兆である。乱臣・賊子は、往々にして錯誤し、自分の都合の良いように妄説《もうせつ》して、それを伝え（世の中を）誤らせている。それによりこれを論ずれば、天文はどうして正常に運行できようか。

〔李賢注〕

〔一〕五星《ごせい》とは、東方の歳星《さいせい》〔木星〕、南方の熒惑星《けいわくせい》〔火星〕、西方の太白星《たいはくせい》〔金星〕、北方の辰星《しんせい》〔水星〕、中央の鎮星《ちんせい》〔土星〕をいう。（原文の）晷《き》を失うとは、正常な軌道から外れることである。

〔二〕（原文の）効がないとは、出入りして正常な軌道を外れることをいう。

〔三〕『漢書《かんじょ》』（巻二十六 天文志）に、「昴宿《こうしゅう》と畢宿《ひつしゅう》の間は天街《てんがい》である」とある。氐宿《ていしゅう》と房宿《ぼうしゅう》は、東方の宿《しゅう》である。歳星《さいせい》は、歳ごとに一次ずつ宿っていき、順番として氐宿《ていしゅう》と房宿《ぼうしゅう》に宿るべきなのに、今そこに宿らないのは、正常とは変わっている。

〔四〕『漢書』（巻二十六）天文志に、「卯は房宿《ぼうしゅう》と心宿《しんしゅう》であり、宋《そう》の分野である」という。

〔五〕『漢書』（巻二十六）天文志に、「寅は尾宿《びしゅう》と箕宿《きしゅう》であり、燕《えん》の分野である」という。

［六］東井《とうせい》は、南方の宿《しゅう》である。（『史記』巻二十七）天官書《てんかんしょ》に、「北宮《ほくきゅう》は虚宿《きょしゅう》と危宿《きしゅう》であり、南方に多くの星があるのを羽林天軍《うりんてんぐん》という」とある。（原文の）筭は、ある本では舛につくる。

［七］帝宮《ていきゅう》は、北辰《ほくしん》〔北極星〕である。藩屏《はんぺい》は、（その）両側の星である。裴回《はいかい》とは、囲繞し停留することをいう。（原文の）躑躅《ていちょく》とは、上下して去らないことをいう。

［八］（原文の）盈縮は進退して、鉤の形のように曲がる様子をいう。（原文の）偃蹇《えんけん》は、高く明るいこと甚だしく止めようが無いことをいう。

先頃、五月甲申《こうしん》に、天に白い虹が出現し、北から南の方角に至り、広さは十丈ばかり、長さは万丈ばかりで、倚弥《きび》に臨んでいた。倚弥は、黎丘《れいきゅう》〔湖北省宜城の北〕であり、秦《しん》豊《ほう》の都である［一］。このとき月は畢宿《ひつしゅう》に入った［二］。畢宿は天網《てんもう》であり、無道の君主を捕らえることを掌《つかさど》る。このため（周の）武王《ぶおう》は（殷の）紂王《ちゅうおう》を討とうとした際、畢宿を祀って、天の助けを求めた［三］。そもそも仲夏〔五月〕の甲申は、八魁《はっかい》にあたる［四］。八魁は、上帝《じょうてい》の閉塞を開く将であり、悪を退け逆を払うことを掌る。流星の形状は蚩尤旗《しゆうき》に似て、あるいは営頭《えいとう》とも、あるいは天槍《てんそう》ともいう。奎宿《けいしゅう》より出て西北に行き、延牙《えんが》の陣の上に至って、散らばり数百となって消えた。奎宿は、毒螫《どくせき》であり、武庫の兵を掌る[五]。これらの二つの変異は、郡中および延牙の兵士も共に見た。このため延牙は、武当《ぶとう》県〔湖北省丹江口市の北西〕に行った[六]。兵の徴発に託しているが、実は禍いを避けようとしたのである。今年は比《ひ》の卦が歳を掌る。坤《こん》の卦は立冬を掌り、坎《かん》の卦は冬至を掌り、水の性は火を滅ぼし、南方の兵は、歳の禍いを受ける[七]。徳は中宮《ちゅうぐう》にあり、刑は木にあり、木は土に勝ち、刑は徳を制す。これは今年に兵事が終熄し、中国は安寧を迎える相である。五七の家三十五の姓、彭《ほう》・秦《しん》・延《えん》氏はそれに与《あずか》れない[八]。なぜ怪しみ惑い、頼って延牙にすがるのか。（『詩経』大雅 旱麓の）葛藟《かつるい》の詩に、「福を求め（先祖の道を）違わない」というのは、このようなことではあるまい[九]。

[李賢注]

[一] 恐らく秦豊《しんほう》は、黎丘《れいきゅう》を別名で倚弥《きび》と名付けたのであろう。

[二] 畢《ひつ》は、西方の宿《しゅう》である。

[三] 『史記《しき》』（巻四 周本紀）に、「周《しゅう》の武王《ぶおう》は、即位して九年目に、畢《ひつ》を上祭して、東方に向かい孟津《もうしん》で閲兵した」とある。

[四] 暦法では、春の三月の己巳《きし》・丁丑《ていちゅう》、夏の三月の甲申《こうしん》・壬辰《じんしん》、秋の三月の己亥《きがい》・丁未《ていび》、冬の

三月の甲寅《こういん》・壬戌《じんじゅつ》を八魁《はっかい》とする。

[五]『春秋合誠図《しゅんじゅうごうせいと》』に、「奎宿《けいしゅう》は、武庫《ぶこ》の兵を掌る」とある。

[六]唐の均州県である。

[七]比《ひ》の卦は、坤《こん》を下に坎《かん》を上にする。(『易経』説卦伝に)坎は水(の象徴)である(という)。

[八]『春秋運斗枢《しゅんじゅううんとすう》』に、「五七、三十五、人はみな共に徳を一つにする」とある。

[九]『詩経《しきょう》』大雅《たいが》(旱麓)に、「莫莫《ばくばく》たる葛《かずら》は、枝に敷かれ、愷悌《がいてい》の君子は、福を求めるに(先祖の道に)違わない」とある。注に、「葛は木の枝に蔓延《まんえん》して繁茂する。子孫が先祖の功に依拠して身を起こすことを喩《たと》えているのである」という。(原文の)回は、違という意味である。先祖の道に違わないことをいう。

図讖《としん》の占も、様々な変異の兆《きざ》しも、君も共に明らかに理解できよう。善悪のけじめ、去就の決断は、よく考えなければならない。わたしのつまらぬ言葉を聞き流すことのないように。

そもそも周公《しゅうこう》が、康叔《こうしゅく》を善しとするのは、管叔《かんしゅく》と蔡叔《さいしゅく》の反乱に従わなかったからである[一]。景帝《けいてい》が済北王《せいほくおう》(劉志)を喜ぶのは、呉《ご》の劉濞《りゅうび》の反乱に従わなかったからである[二]。更始帝《こうしてい》より、（漢の）恩に背き反逆する者と、義に帰して善に向かう者とは、善悪が歴然としている。これをよく考えるべきである。良医でも天命が去った者は救えず、強い梁《はり》でも天は支えられない[三]。そのため天が壊すものは、人が支えられないのである[四]。どうか密かに太守の劉君《りゅうくん》と共に、投降を図るべきである。仲尼《ちゅうじ》が棲棲《せいせい》と慌ただしく、墨子《ぼくし》が遑遑《こうこう》と落ち着かなかったのは、人を憂えることが甚だしかったためである[五]。屠羊《とよう》は楚《そ》を救ったが、爵禄を求めるためではない[六]。茅焦《ぼうしょう》は秦《しん》に容喙《ようかい》したが、どうして報奨を求めたであろうか（わたしもまた、見返りを期待して降服を求めるものではない）[七]。忠を尽くし愛を博める情の誠が、溢れ出て止め難かっただけのことである」と。

［李賢注］

［一］『史記《しき》』（巻四 周本紀）に、「周公《しゅうこう》は、成王《せいおう》の命により殷《いん》を討ち、管叔鮮《かんしゅくせん》を殺し、蔡叔度《さいしゅくど》を追放し、殷の遺民のために康叔《こうしゅく》を封じて衛《えい》の主君とした」とある。

［二］済北王《せいほくおう》の劉志《りゅうし》は、高祖《こうそ》の孫で、斉王《せいおう》の劉肥《りゅうひ》の子である。呉楚《ごそ》が背いたとき、（城を）堅く守って従わず、景帝《けいてい》はこれを賢明とし、封土を移して淄川王《しせんおう》とした。

〔三〕扁鵲《へんじゃく》が（斉の）桓公《かんこう》に見《まみ》え、項羽《こうう》が漢《かん》の高祖《こうそ》に敵対した時のことをいう。

〔四〕支は、持という意味である。『春秋左氏伝《しゅんじゅうさしでん》』（成公伝元年）に、「晋《しん》の汝叔寛《じょしゅくかん》は、「天が壊すものは、支えられない。衆がなすことは、犯すべきではない」と言った」とある。

〔五〕班固《はんご》は（『漢書』巻一百上 叙伝上に）、「棲棲遑遑《せいせいこうこう》と、孔子《こうし》の席は暖まることなく、墨子《ぼくし》の家の煙突は黒ずむことはなかった」と言った。

〔六〕『荘子《そうじ》』（譲王篇）に、「楚《そ》の昭王《しょうおう》が国を失うと、屠羊説《とようえつ》は走って王のもとに従った。昭王が国に戻り、亡命に従った者を報賞しようとして、屠羊説の番になった。屠羊説は、「大王は国を失い、説も屠羊を失いました。大王が国に帰られ、説もまた屠羊に帰りました。臣の爵禄はすでに戻っています。そのうえ何の賞があるのでしょう」と言い、ついに受けなかった」とある。

〔七〕秦《しん》の始皇帝《しこうてい》は、太后《たいこう》を咸陽宮《かんようきゅう》に遷し、また二人の弟を撲殺した。斉《せい》の茅焦《ぼうしょう》は、衣を解いて刑具に伏せ、（始皇帝を）諫めた。そこで始皇帝は、太后を迎えて咸陽に帰し、茅焦に爵を与えて上卿《じょうけい》にしようとしたが、茅焦は辞退して受けなかった。このことは、『説苑《ぜいえん》』（正諫篇）に見える。

また鄧仲況《とうちゅうきょう》に書を与えて諫めたが、文が多いので掲載しない。これにより鄧仲況は劉龔《りゅうきょう》と共に降伏した。

劉龔は、字を孟公《もうこう》といい、長安県《ちょうあん》〔陝西省西安市の北西〕の人である。議論に長じ、扶風《ふふう》の馬援《ばえん》と班彪《はんぴょう》は、共に器の広さを重んじた〔一〕。蘇竟《そきょう》は、終生その功績を誇らず、隠棲して道術を楽しみ、記誨篇《きかいへん》などの文章を作り、世に通行した。七十歳で家に卒した。

［李賢注］

〔一〕『三輔決録注《さんぽけつろくちゅう》』に、「劉孟公《りゅうもうこう》の論には見るべきものがある」という。班彪《はんぴょう》は、京兆丞《けいちょうじょう》の郭季通《かくきつう》に書簡を与え、「劉孟公は、大器を身に隠し、心を用いること篤く堅く、まことに瑚《こ》璉《れん》のごとき貴器であり、宗廟の宝である」とした。

楊厚伝

楊厚《ようこう》は、字を仲桓《ちゅうかん》といい、広漢郡新都県《こうかんぐんしんとけん》〔四川省成都市の南東〕の人である。祖父の楊春卿《ようしゅんけい》は、図讖《としん》の学に長じ、公孫述《こうそんじゅつ》の将となった。漢《かん》の兵が蜀《しょく》を平定すると、春卿は自殺した。臨終の際に子の楊統《ようとう》を戒め、「わたしの厚手の絹袋の中に〔一〕、先祖伝来の秘文があり、漢家の役に立とう。汝はこれを修めよ」と言った。楊統《ようとう》は、父の遺言に感じ、喪に服し終わると、家を出て犍為郡《けんいぐん》の周循《しゅうじゅん》に従って、先祖の秘記を学び、同郡の鄭伯《ていはく》山《ざん》に就いて、河図《かと》・洛書《らくしょ》や推歩《すいほ》の術を授けられた〔二〕。建初《けんしょ》年間（七六〜八四年）、彭城《ほうじょう》令《れい》（江蘇省の徐州市）となり、州一帯が旱魃に遭うと、楊統《ようとう》は陰陽を推し計って（災いを）消伏《しょうふく》し、県は恩沢を蒙った。太守《たいしゅ》の宗湛《そうたん》は、楊統に郡のために雨を降らせようとすると、また直ちに慈雨が降り出した〔三〕。これより朝廷は災異があると、多く楊統に諮問した。楊統は『家法章句《かほうしょうく》』と『内讖《ないしん》』の二巻の解説を著し、位は光禄大夫《こうろくたいふ》に至り、国三老《こくさんろう》となった。九十歳で卒した。

〔李賢注〕

〔一〕（原文の綈《てい》について）『説文解字《せつもんかいじ》』（第十三篇上）に、「綈は、厚い絹である」という。綈は、音が提である。

〔二〕『益部耆旧伝《えきぶききゅうでん》』に、「楊統《ようとう》は、字を仲通《ちゅうつう》という。曾祖父の楊仲続《ようちゅうぞく》は、河東郡《かとうぐん》の方正《ほうせい》に挙げられ、祁令《きれい》（山西省祁県の南東）を拝命した。たいへん恵み深い政治をして、人々は（楊統の）ために祠《ほこら》を建てた。（楊統は）益州一帯の風俗を楽しみ、このため留まって新都《しんと》に家を建てた。代々儒学を修め、夏侯尚書《かこうしょうしょ》を伝承した」とある。

［三］袁山松《えんさんしょう》の『後漢書』に、「楊統《ようとう》が県に居た時には、瑞兆が時に述べられ、風雨は節度があり、嘉禾が官庁に生え、人々は（楊統を）神と称した」とある。

楊統《ようとう》は、楊厚《ようこう》を生んだ。楊厚の母は、はじめ前妻の子の楊博《ようはく》と不仲であった。楊厚は九歳ながら和親させようと思い、病気に託《かこつ》けて何も言わず何も食べなくなった。母はその意図を知り、愕然として心を改め［一］、恩を加え篤く養うようになった。楊博は、のち光禄大夫《こうろくたいふ》に至った。

楊厚は、若年より楊統の学業を学び、思索と著述に没頭した。これよりさき、安帝《あんてい》の永初《えいしょ》三〔一〇八〕年、太白星《たいはく》（金星）が北斗《ほくと》の中に入り、洛陽《らくよう》に洪水があった［二］。このとき楊統は侍中《じちゅう》となり、楊厚は随って京師に居た。朝廷は（この災異について）楊統に尋ねた。楊統は、「（わたしは）年老いて、耳目が不自由です。子の厚は図書《としょ》を読むことに長じ、概《おおむ》ね内容を理解しています」と答えた［三］。鄧太后《とうたいこう》は、中常侍《ちゅうじょうじ》に承制させてこれを（楊厚に）問わせた。楊厚は、「諸皇子は多く京師におられますが、あるいは非常事態があるでしょう。どうか速やかに出発させて、それぞれ本国に帰すべきです」と答えた。鄧太后はこれに従い、星（の災異）は、やがて消えて現れなくなった。また水が退く期日を予測したところ、すべて（楊厚の）言う通りであった。叙任されて中郎《ちゅうろう》となった。鄧太后は、特別に引見して、図讖《としん》について問うたが、楊厚の答えが意に叶わなかったので、免官されて（郷里に）帰った［四］。また学業を犍為《けんい》郡で習い、州郡や三公《さんこう》の辟召に応ぜず、方正《ほうせい》・有道《ゆうどう》・公車《こうしゃ》による特別な徴召にも、みな応じなかった。

［李賢注］

［一］（原文の）懼《く》は音が九具の反である。

［二］『続漢志《しょくかんし》』（志十五　五行三）に、「時に正月の己亥《きがい》、太白《たいはく》星が北斗《ほくと》の中に入ったが、それは、貴顕の大臣にとって凶である。また京師及び郡国四十一に大雨があった。鄧太后《とうたいこう》が政治を専らにしているためである」という。

［三］（原文の）亟《きょく》は、音が紀力の反である。

［四］袁山松《えんさんしょう》の『後漢書』に、「鄧太后が楊厚《ようこう》に、「大将軍《だいしょうぐん》の鄧騭《とうしつ》は、輔弼の臣の星に当たるか否か」と尋ねた。楊厚は、「当たりませぬ」と答えた。これにより鄧太后の意に叶わなかったのである」という。

永建《えいけん》二〔一二七〕年、順帝《じゅんてい》が特別に徴召し、郡県《ぐんけん》に告げ督促して出立させた。楊厚《ようこう》は已むを得ず、出発して長安《ちょうあん》に至ると、病気として自ら書簡を奉り、漢《かん》の三百五十年目の災厄〔二〕、よろしく法を明らかにし、国の大綱を改める方途〔三〕、および災異の消伏の仕方など、およそ五事を述べた。（順帝は）制書によりその陳述を褒め、詔して太医《たいい》より薬を届けさせ、太官《たいかん》より羊酒を賜らせた。（洛陽に）至るに及んで、議郎《ぎろう》を拝命し、三度転任して侍中《じちゅう》となり、特別に引見され、時の政事を下問された。永建四〔一二九〕年、楊厚は上言して、「今年の夏は必ず極めて寒く、疫病と蝗の害があります」とした。この年、果たして六州で大いに蝗が発生し、疫病が流行した。後にまた頻《しき》りに上奏して、「西北の二方面に兵の気がありますので、辺境の入寇にお備えください」とした。順帝は西巡する予定であったが、楊厚の言葉に感じて中止した。陽嘉《ようか》三〔一三四〕年に至り、西羌《せいきょう》は隴西《ろうせい》に侵攻し、翌年、烏桓《うがん》は度遼《どりょう》将軍《しょうぐん》の耿曄《こうよう》を包囲した。永和《えいわ》元〔一三六〕年、また上奏して、「京師に水難があります。また火災があり、三公が免ぜられます。蛮族が反乱を起こします」とした。この年の夏、洛陽で洪水があり、千名余りが死んだ。冬に至ると承福殿《しょうふくでん》に火災があり、太尉《たいい》の龐参《ほうさん》が免ぜられた。（また）荊州《けいしゅう》と交州《こうしゅう》の二州の蛮族が長吏を殺害し、城郭を侵略した。また上奏して、「近臣や外戚や皇妃の取り巻きが禍を受けます」とした[三]。翌年、宋阿母《そうあぼ》は宦官の褒信侯《ほうしんこう》の李元《りげん》たちと陰謀を行い廃されて退けられた[四]。また二年後、中常侍《ちゅうじょうじ》の張逵《ちょうき》たちは、また大将軍《だいしょうぐん》の梁商《りょうしょう》の専政を誣告したことに坐し、尽く誅に伏した。災異があるたびに、楊厚は消滅させる方法を上奏したが、宦官たちが政事を専らにしていたので、その言葉は信用されなかった。

［李賢注］

［一］『春秋命歴序《しゅんじゅうめいれきじょ》』に、「四百年の間、（人材を登用する）四門《しもん》を閉ざし、外難を聞き、災異が並びに損ない、官には佞臣があり、州には兵乱がある。（これは）五七のときに弱体化し、一気に加速する証《あかし》である」という。宋均《そうきん》は、注をつけて、「五七は（漢が建国されてから）三百五十年であり、順帝《じゅんてい》の時に当たり、次第に衰退して、四方に逆賊が多くなった」とする。

［二］（原文の）钃は、明という意味である。

［三］（原文の）陰は、私という意味である。

［四］阿母《あぼ》は、順帝の乳母である山陽君《さんようくん》の宋娥《そうが》である。

このとき大将軍《だいしょうぐん》の梁冀《りょうき》は、威勢が朝廷を傾けるほどであった。弟である侍中《じちゅう》の梁《りょう》不疑《ふぎ》を遣わして、車馬や珍宝を楊厚《ようこう》に贈り、面会しようとした。楊厚は、それに応ぜず、堅く病気と称して引退を求めた。順帝《じゅんてい》はこれを許し、車馬や銭帛を下賜して家に帰らせた。（帰郷した後、楊厚は）黄老《こうろう》思想を修め、門生に教授し、門生名簿に名を記された者は三千名余りに及んだ。太尉《たいい》の李固《りこ》は、しばしば楊厚を薦めて言及した。本初《ほんしょ》元〔一四六〕年、梁太后《りょうたいこう》は、詔して、古礼により楊厚を招聘したが〔一〕、ついに病気と称して応じなかった。建和《けんわ》三〔一四九〕年、梁太后は、また詔して、楊厚を徴召したが、建和《けんわ》四〔一五〇〕年になっても至らなかった。八十二歳で、家に卒した。策書により弔祭した。郷里の人々は、諡《おくりな》して文父《ぶんほ》と呼んだ。門人は、楊厚のために廟を建て、郡《ぐん》の文学掾《ぶんがくえん》史《し》は、春と秋に郷射《きょうしゃ》の礼により楊厚を常に祀った。

〔李賢注〕

〔一〕古礼とは、束帛《そくはく》に璧を加えて贈り、安車《あんしゃ》の車輪を蒲で包んで迎えることをいう。

郎顗襄楷列伝第二十下

郎顗伝

郎顗《ろうぎ》は、字を雅光《がこう》といい、北海国安丘県《ほくかいこくあんきゅうけん》〔山東省安丘の南西〕の人である。父の郎宗《ろうそう》は、字を仲綏《ちゅうすい》といい、京氏易《けいしえき》を学び、風角《ふうかく》・占星・六日七分に長じ〔一〕、よく望気《ぼうき》により吉凶を占い、常に占いにより生計を立てていた〔二〕。安帝《あんてい》は、郎宗を徴召し、（郎宗は）対策《たいさく》により諸儒の鏡とされた。後に呉令《ごれい》〔江蘇省蘇州市〕を拝命した〔三〕。あるとき、俄《にわ》かに暴風があり、郎宗は占って京師に大火事が起こると知り、その日時を記し、人を派遣して確認させたところ、果たして郎宗の言葉通りであった。諸公はこれを聞き（郎宗のことを）上表し、（帝は）博士《はくし》として郎宗を徴召しようとした。郎宗は、占いにより名を知られたことを恥じ、徴書が来たと聞くと、夜に（県令の）印綬を県の役所に懸けて逃亡し、ついに生涯仕えなかった。

郎顗は、若いころから父の学業を伝え、加えて経典にも明るく、海の畔《ほとり》に隠居して、常に数百人の学徒を集めた。昼は経義を研鑽し、夜は天象の度数を占い、心を励まし専心して、朝夕倦《う》むことがなかった。州郡《しゅうぐん》は辟召し、有道《ゆうどう》や方正《ほうせい》に察挙されたが、すべて応じなかった。

〔李賢注〕

〔一〕京氏は、京房《けいぼう》であり、『京氏易伝《けいしえきでん》』を作った。風角とは、四方四隅の風をうかがい、それにより吉凶を占うことをいう。（原文の）星筭とは、天文の計算に長じることをいう。『易稽《えきけい》覧図《らんと》』に、「甲子《こうし》の卦気は、中孚《ちゅうふ》から起こり、（一卦は）六日と八十分の七日に当たる」とある。鄭玄《じょうげん》は注をつけて、「六で候する。八十分して一日の七とすると、一卦は六日七分となる」としている。

〔二〕（原文の）奉《ほう》は、音が扶用の反である。

〔三〕呉は、県の名であり、会稽郡《かいけいぐん》に属する。唐の蘇州県《そしゅうけん》である。

順帝《じゅんてい》のとき、災異がしばしば現れた。陽嘉《ようか》二（一三三）年正月、郎顗《ろうぎ》は、公車《こうしゃ》で徴召され、そこで闕に至り、かしこんで上奏して、次のように言った。

「臣《わたくし》が聞くところでは、天が怪しげな現象を下し、地が災異の兆《しるし》を現すのは、人主を譴《けん》責《せき》し、我が身を責めて徳を修め、政治の枢要を正しく平らかにし、教化を及ぼし、政治を興させるためであるといいます。『周易』の内伝〔緯書〕に、「およそ災異が生ずるのは、それぞれその政治のためである。政治を変えれば（災異は）除かれ、過ちを改めれば除かれる」とあります［一］。伏して思いますに、どうか陛下には日が西に傾くまで朝政を聴き、三省《さんせい》の勤めにより思いを温め［二］、過失を省みて咎を考え、努めて大いなる悔いを消すことに務められますよう［三］。

〔李賢注〕

［一］『易稽覧図《えきけいらんと》』に、「およそ異の生ずるところ、災の起こるところは、それぞれその政治を理由とする。政治を変えれば（災異は）除かれ、変えられなくとも、これに施せばまた（災異は）除かれる」とある。鄭玄《じょうげん》は注をつけて、「その政治を改めるとは、火令（五行の火に配当される時令）を失すれば水令を行い、土令を失えばすれば木令を行い、金令を失すれば火令を行うことをいい、そうすれば災異は除かれる。変えられないとは、賢者を殺すということである。これに施すとは、死者は再び生き返らせられないので、その子孫を封じて禄を与え、祖先の祭りを絶えさせないようにすれば、それにより災異は除かれるということである」とする。

[二]『論語《ろんご》』（学而篇）に、「曾子《そうし》は、「わたしは一日に三たび我が身を省みる」と言った」とある。
[三]（原文の）祇《し》は、大という意味である。『周易』の復《ふく》の卦の初九に、「大いに後悔することがない。大吉である」という。

いま時俗は奢侈で、恩に浅く義に薄い状況です。そもそも奢侈を改めるには必ず倹約をし、（恩義に）薄い風潮を救うには厚い人情の他なく、上を安んじ人々を治めるには、礼より良いものはありません。礼を修めて倹約に従うのは、必ず上より興るものであり、文化を改め（情に）薄き（状態）を変えるのに、下からはありません。そのために周南《しゅうなん》の徳、関雎《かんしょ》こそが政治の大本なのです[一]。大本が立てば道ができ、風が行き渡れば草が靡《なび》き、水源が澄めば流れは清くなり、本源が濁れば下流も濁ります。天地の道とは、太鼓や籥《やく》のようなもので、空虚であることを徳とし、（音そして教化を）近くから遠くに及ぼすものです[二]。伏して見ますに、先年より以来、園陵《えんりょう》にしばしば火災があり[三]、その炎は熾烈《しれつ》を極め、神霊を驚かせています。『易天人応《えきてんじんおう》』に、「君子が利に従うことを思わない。これを無沢といい、その災異は火で、宮殿を焼く」とあります。また、「君主が宮殿を高くし、陰を犯し陽を侵せば、その災異は火であり、君が台府を高くし、陰を犯し陽を侵せば、その災は火である」とあります。また、「上は倹約せず、下も節制しなければ、災火が並びに発生して君の寝殿を焼く」とあります。先頃より西苑《せいえん》を修理し、太学《たいがく》を修復し[四]、宮殿・官府は、多く飾り立てています。むかし、盤庚《ばんこう》は、殷《いん》（の地）に遷ると、奢侈を捨て倹約に努め[五]、夏后《かこう》（の禹）は、宮室を質素にして、（水利に）力を尽くし、美をいたしました[六]。また、魯《ろ》の人が長府《ちょうふ》を造ると、閔子騫《びんしけん》は、「旧い府によろう。なぜ必ずしも改めて造る必要があろうか」と言いました[七]。臣が思いますに、（西苑や太学など）諸々の修繕は、仕事を省き削るべきです。（その分を）貧民に分け与え、鰥《やもめ》・寡婦・孤児・独居者に賑恤《しんじゅつ》することは、天の意志であり、人々の喜びであり、仁の本であり、倹約の要諦《ようたい》です。天に応じて人々を養い、仁を行い倹約をしても、（天が）福を降さない、ということがありましょうか。

［李賢注］

［一］周南《しゅうなん》の詩序《しじょ》に、「関雎《かんしょ》は、教化の始めであり、天下を教化するために夫婦（の関係）を正す理由である」という。このため夫婦（の関係）は、政治の大本なのである。

［二］籥《やく》は、笛のようで、六つの穴がある。太鼓や籥の形状は、内部は空虚で、気が尽きることはない。『老子《ろうし》』（第五章）に、「天地の間は、橐籥《たくやく》〔ふいご〕のようなもので、空虚であるが窮まることなく、動けばますます（気が）出る」とある。

［三］陽嘉《ようか》元〔一三二〕年の冬、（安帝の）恭陵《きょうりょう》の百丈の廊下に火災があった。永建《えいけん》元〔一二六〕年の秋、（武帝の）茂陵《もりょう》の園寝《えんしん》に火災があった。

［四］永建《えいけん》六〔一三一〕年に、太学《たいがく》を修復した。

［五］『帝王世紀《ていおうせいき》』に、「盤庚《ばんこう》は、（都の）耿《こう》〔山西省河津県の南東〕が黄河《こうが》の北にあり、山川に近接して、祖辛《そしん》の代より、奢靡《しゃび》が絶えないため、黄河を渡り都を亳《はく》の地に遷《うつ》そうとした。人々は嘆き恨み、移住を嫌がった。盤庚は、そこで書三篇を作って人々を教え諭した」とある。『尚書《しょうしょ》』盤庚の三篇がこれである。亳は、偃師《えんし》にある。

［六］『論語《ろんご》』（泰伯篇）に、「孔子《こうし》が、「禹《う》は、衣服を粗末にして（祭祀で着る）黻冕《ふつべん》を美しくし、宮室を質素にして水利に尽力した」と言った」とある。

［七］長府《ちょうふ》は、魯の府の名である。（原文の）仍《じょう》は、因という意味である。（原文の）貫《かん》は、事という意味である。古いものを使えば良いのに、なぜ必ずしも改めて造る必要があろうか、といっている。『論語』（先進篇）に見える。

土は、地の神であり、陰の性質は、澄静です。教化を施すときには、謹んで乱さぬようにすべきです。秘かに見ますに、正月より以来、陰鬱《いんうつ》で暗い日が続いています。『周易』の内伝〔緯書〕に、「久しく陰《くも》りが続き、雨が降らないのは、乱気であり、蒙《もう》が頻繁だからである。蒙とは、君臣の上下が、互いに乱れることである」とあります〔一〕。また、「徳（のある人）を望んでも用いなければ、その災異は、常に陰《くも》りとなる」とあります。そもそも賢者は、教化の大本であり、雲は雨の本体です。賢者を得ても用いないのは、久しく曇りが続いて雨が降らないようなものです。また近ごろ数日、寒さが節度を過ぎ、氷はすでに溶けましたが、復た凍結しました。寒さが過ぎれば暑さが来て、暑さが過ぎれば寒さが来ることは〔二〕、日月が互いに移り、寒暑が互いに避けて、物が生成することを言っています。いま立春の後、火卦が事を用い、温かくなるべきなのに寒く、時の季節に反しているのは、賞が行き渡らず、刑罰が必ず加えられていることによるものです。どうか立秋になるのを待って、節気に従って罰を行うべきと存じます。

［李賢注］

［一］『易稽覧図《えきけいらんと》』に、「日食が頻繁に起こるのは、陰が陽を覆《おお》っているからである。蒙《もう》が頻繁に起こるのは、陰が陽を冒《おか》しているからである」という。鄭玄《じょうげん》は注をつけて、「蒙《もう》は、気である。（原文の）比《ひ》は、一度ではないことである。邪臣が主君を冒そうと謀れば、まず霧が夜明け近くから起こり、あるいは夜中、あるいは真昼から起こる。主君が気づかなければ、日中も（霧は）消えず、ついに蒙となる。主君がさらに気づかなければ、臣下は霧消してしまう」とする。比は、音が庇である。

［二］『周易《しゅうえき》』の繋辞下伝《けいじかでん》の文である。

臣が伏して『易飛候《えきひこう》』を調べ［一］、諸々の政治のあり方を観察して考えますに、夏至の後、地震と洪水の害があります。また近ごろ熒惑星《けいわく》（火星）は軌道を失い、前進し後退して往来しつつ、輿鬼宿《よきしゅく》を巡り、軒轅《けんえん》を廻っています［二］。火精《かせい》は、南方、夏の政を掌《つかさど》ります。政治に礼を失うことがあり、夏の月令に従わなければ、熒惑星は正常な運行を失います［三］。正月の三日から九日に至るまでは、三公《さんこう》の卦に当たります［四］。三公は、天上では台階《だいかい》（の星）に当たり、地上では人君と変わりません［五］。政治が道を失えば、寒陰は時節に反します。「高き哉《かな》かの南山《なんざん》」とは、周《しゅう》の詩に詠ぜられ［六］、「股肱《ここう》良きかな」とは（『尚書《しょうしょ》』の）虞典《ぐてん》に記されています。しかし、今の（三公）在位者は、競って虚声を高めあい、何鐘《しょう》もの贈り物を受け、天下の憂いを忘れ［七］、怠《なま》けて暇をもてあまし、病気として臥《ふ》して、安逸にしていても、策文を受け、賜銭を得れば、直ちにまた起き出します。なぜ病むことは易く、癒えることは速やかなのでしょう。このような有様で災異を消し、平和な世を興し招こうとしても、どうしてできましょうか。いま州牧《しゅうぼく》や太守《たいしゅ》の察挙は、三公《さんこう》に委任しています［八］。（地方の上位の役人である）長吏が良くなければ、みな州郡《しゅうぐん》（の長官）が咎められます。州郡（の長官）に失態があれば、責任を（かれらを）察挙した者たちに帰すべきです。しかし陛下は、三公をいよいよ厚く尊び、臣下（である三公）がますます甚だしく事を侮り、所謂《いわゆ》る大網は粗いのに、小網は細かすぎるというものになっております［九］。三公は臣《わたくし》の仇ではなく、また臣は狂夫の仕業をなそうとする者でもありません。怒りを発して食するのも忘れ、懇々として止まない理由は、誠に朝廷が平穏を興すことを思うがためです。（上辺を取り繕って）媚び諂《へつら》えない訳ではありません。

臣は、草深い田舎に育ち、禁忌に明らかでなく、思いを披瀝《ひれき》する際に、書簡に言葉を選びませんでした。鑕《しつ》や鼎鑊《ていかく》に伏して、死してもあえて恨むところはございません。謹んで闕《けつ》に至りて章を奏し、伏して誅を待つ次第です」と述べた。

[李賢注]

[一] 京房《けいぼう》が、『易飛候』を作った。

[二] （『史記』巻二十七）天官書《てんかんしょ》に、「輿鬼《よき》は、南方の宿である。軒轅《けんえん》は、黄龍の形で、女主であり、後宮を象《かたど》る」とある。

[三] 熒惑星〔火星〕は、南方であり、夏を掌り、（五常の）礼にあたり、（五感の）視にあたる。礼を欠き視が失われ、夏の月令が行われなければ、熒惑星は逆行する。（『漢書』巻二十七）天文志に見える。

[四] およそ卦の法は、一（初爻）を元士となし、二を大夫となし、三を三公となし、四を諸侯となし、五を王位となし、六を宗廟となす。『漢書《かんじょ》』（巻七十五 京房伝）に、「梁《りょう》の人の焦延《しょうえん》寿《じゅ》は、字を贛《こう》といい、災異に長じ、六十四卦を分けて、それぞれ日に当てて事を用い、風・雨・寒・温を候とした」とある。『前書音義』に、「卦を分けて日にあてる方法は、爻ごとに一日を掌る。三日より九日までは、みな三公の卦となす」という。

［五］『春秋元命包《しゅんじゅうげんめいほう》』に、「魁《かい》の下の六星の、二つ並んでいるものを三台《さんだい》という」とある。『前書《ぜんしょ》音義《おんぎ》』に、「泰階《たいかい》とは、三台である」という。また『黄帝泰階六符経《こうていたいかいりくふけい》』に、「泰階は、天の三階である。上階を天子とし、中階を諸侯・公卿・大夫とし、下階を士・庶民とする。（この）三階が平穏であれば、陰陽は調和し、風雨も時を得る」とある。『尚書』に、「君を元首とし、臣下を股肱とする」とある。言いたいことは、三公は天上では天の台階を象徴し、地上では人君と体を同じくする、ということである。

［六］『詩経《しきょう》』小雅《しょうが》（節南山）に、「高き哉《かな》かの南山、それ石は巖巖《げんげん》とし、赫赫《かくかく》たる師尹《しいん》、人々は共に汝を見る」とある。注に、「節は、高く峻険な様子である。三公の位は、人が尊ぶことを喩えている。赫赫《かくかく》は、明らかで盛んな様子である。師尹《しいん》は、三公である」という。三公の位は、天下の人が共にこれを仰ぎ見ることをいう。

［七］六斛《こく》四斗《と》を鐘《しょう》という。『春秋左氏伝《しゅんじゅうさしでん》』（昭公伝三年）に、「四升《しょう》を豆《とう》とし、四豆を区《く》とし、四区を釜《ふ》とし、十釜を鐘とする」とある。

［八］（原文の三府とは）三公である。

［九］三公に緩く、州郡に厳しいことをいう。

（郎顗《ろうぎ》の）書は上奏された。安帝《あんてい》は、尚書《しょうしょ》に（郎顗に）対策《たいさく》するようにさせた［一］。郎顗は、対策して次のように言った。

「臣《わたくし》の聞くところでは、明王や聖主は、自らの過ちを聞くことを好み、忠臣や孝子は、言葉に情を隠すことは無いといいます。臣は、耳と目を備えた人間として生を受けたものの、生まれながら愚直で、忌諱することを知らず、そのため死を冒して（我が）命を忘れ、懇々と重ねて述べることにいたします［二］。それも陛下が聖人の徳を修め、日月のような聡明を発揮し、図籍を開き、経典を繙《ひもと》いて、帝王の任務を御覧になり、前後の政治（のあり方）を知っていただきたいと思えばこそです。もし遺漏があれば、退いて自ら改めてください。文王《ぶんおう》・武王《ぶおう》の業を本とし、尭《ぎょう》・舜《しゅん》の道に準《なぞら》え、災異を払い慶びをもたらし、天下に号令してください。これは臣顗《わたくし》の一途の願いであり、昼夜に夢み、心を尽くして願っています。謹んで先の上奏を箇条書きにまとめて［三］、その主旨を述べ、便宜のため七項として、詳しく対策いたします。

［李賢注］

［一］尚書により、改めて対策させたのである。

〔二〕重は、再という意味である。
〔三〕先に闕に至り、奉った上奏文をいう。

第一。陵園は荘重で、天子の神霊の依る所ですが、災火が赫然《かくぜん》として、寝殿に迫り近づきました。魂に霊があるならば、やはり驚きたじろいだでしょう。聞くところでは、宮殿や官府（の造営）は、近く永平《えいへい》年間〔五八～七五年〕に始まり、歳月がまだ久しくないのに、改めて修造しています。また、西苑を設けた際、禽獣をここに置き、離宮や別荘の高殿は、いつもそこに住む訳ではないのに、精根込めて土木に勤め、建設を止めず、労を費やし財を尽くし、巨億を（支出の）単位としています。『周易』の内伝〔緯書〕に、「人君が奢侈で、多く宮室を装飾すれば、時に旱魃となり、その災異は火となる」とあります。このため魯《ろ》の僖公《きこう》は、旱魃《かんばつ》に遭うと、政事を修め自ら戒め、鐘や太鼓（の楽器）を撤去し、造営の官を休ませ〔一〕、それで安んずることはなくても、時を得た雨が自然と降りました〔二〕。これをよって言えば、天が人に応じることは、音響よりも速いのです〔三〕。今月十七日の戊午《ぼご》の日は、徴《ち》の日です〔四〕。日は申《しん》の方角にあり〔五〕、風は寅《いん》の方向から吹き、丑《ちゅう》の時に止みます。丑・寅・申はみな徴であり、火災がなければ、必ず旱魃となります〔六〕。どうか陛下、修繕の費用を計算し、長く民衆の労苦を思い、将作の官を止め、彫刻や文様の装飾を減らし、料理の品を少なくし、私的な宴会による歓楽を退けくださいませ。『易中孚伝《えきちゅうふでん》』に、「陽が天を感応させることは、日を移さない（うちに天が福を下す）」とあります〔七〕。このようにすれば、五色の雲が下り、災異も止みましょう〔八〕。

〔李賢注〕

〔一〕『春秋考異郵《しゅんじゅうこういゆう》』に、「僖公《きこう》三（前六五七）年、春と夏に雨が降らなかった。ここにおいて僖公は憂い悩み、黒服に着替えて（公務を）避けて宿り、人頭税の滞納を赦し、軍隊を出動させる誅伐を止め、厳格で重い法律に基づく酷《むご》い教令を撤去し、廃止した不要な法令は四十五にのぼった。そして（僖公は）「いま天は旱魃をくだし、野に作物がない。寡人は死ぬべきであるが、民には何の罪があろう。あえて人を煩わせて命請いはせぬ。願わくは万人の害を除き、我が身をもってこの窮状を止めんことを」と言った。祈禱が終わり、南郊《なんこう》に舎を移して斎戒すると、雨が大いに降った」とある。

〔二〕『春秋左氏伝《しゅんじゅうさしでん》』（僖公 経三年）に、「僖公（三年）六月、雨が降る」とある。

［三］（原文の）敏は、疾という意味である。

［四］陽嘉《ようか》二（一三三）年正月（の十七日）である。

［五］日が申にある時である。

［六］南方を徴とするので、火か旱魃となる。

［七］『易中孚伝《えきちゅうふでん》』に、「陽（天子）が天を感応させること、日を移すことはなく、諸侯は時を置かず、大夫は一日を過ぎない」とある。鄭玄は注をつけて、「陽というものは天子である。（天子が）善を一日行えば、天は直ちに善で応ずる。悪を一日行えば、天は直ちに悪で応ずる。諸侯が一時善を行えば、天は直ちに善で応ずる。悪を一時行えば、天は直ちに悪で応ずる。大夫が善を一年行えば、天もまた直ちに善で応ずる。悪を一年行えば、天もまた直ちに悪で応ずる」とする。一説に、「日を旋《めぐら》さずとは、直ちに応ずることである。時を過ぎずとは、三辰（六時間）の間である。咸を過ぎずとは、本日の朝から次の日の朝までの間である」という。陽は、すなわち天子を指す。

［八］（原文の）景雲は、五色の雲であり、あるいは慶雲《けいうん》ともいう。『孝経援神契《こうけいえんしんけい》』に、「徳が（天子の）御陵に及べば景雲が出る」とある。郎顗は、陵園に火災があったために、これを引いたのである。（原文の）眚沴《せいれい》とは、災気をいう。

第二。昨年より以来、兌《だ》の卦が歳を支配する時期に当たっていますが、概《おおむ》ね多くはその効果がありません。『周易』の伝に、「上辺があっても実がないのは、佞人《ねいじん》である。実があっても外見が伴わないのは、道人《どうじん》である。寒温を実とし、清濁を貌とする」とあります〔二〕。いま三公《さんこう》は、みな人に媚びるうわべの愛嬌と度を過ぎた恭《うやうや》しさで、外は激しくとも実は柔弱で、虚により上に仕え、国を輔佐する実はなく、このため清濁〔うわべ〕では効があっても、寒温〔実〕では効がなく、これは陰寒が消息を侵犯していますです〔三〕。占に、「太陽が明る過ぎると妖風があり、太陽がぼんやりと薄暗いと地が裂ける」とあります。このようなことが三年で、日食が起こります。陰が陽を侵し、次第に積もった結果です。立春の前後に、温暖が節季に応じていたのは、詔令が寛であったからです。その後にまた寒くなったのは、寛に実がなかったためです。十室の邑にも、必ず忠信なる者が居ります。天下の人に、どうして貞賢《ていけん》な者がいないでしょうか。（それにも拘《かかわ》らず）まだ朝廷が（優れた人を）賞し抜擢した話を聞かないのは、善良な者を求めて政務を助けさせ、広く民を救おうとするものではありません。どうか良臣を採用して、聖化を助けさせせくださいますように。

［李賢注］

［一］『易稽覧図《えきけいらんと》』に、「実があっても外見が伴わないのは、道を屈する人である。上辺があっても実がないのは、佞人である」という。鄭玄《じょうげん》は注をつけて、「寒温〔実〕があっても、外見が伴わず清浄を汚すものは、これは賢者であっても道を屈して、不肖の君主に仕える。上辺があっても清浄を汚し、寒温（実）も無いものは、佞人であり諂《へつら》いにより世に仕える」とする。

［二］『易稽覧図』に、「消息を侵すということは、あるいは陰が政治を専断したり、あるいは陰が陽を侵したりすることである」という。鄭玄の注に、「温の卦は温により侵し、寒の卦は寒により侵す。陽というものは君であり、陰というものは臣である、君の政治を（臣が）専らにするのもまた陰が陽を侵すことである」という。

第三。臣《わたくし》の聞くところでは、「天道は遠くなく、三正・五行により返る」と聞いていります［一］。今年は少陽《しょうよう》の歳（であり、十二消息卦以外の雑卦が支配する臣下の強い歳）で、法として乗起《じょうき》すべきです。恐らく後年より以降、こうして驚き動き、天門《てんもん》（甲戌《こうじゅつ》、乙《いつ》亥《がい》）の年をわたって、災異は戊寅《ぼいん》から己卯《きぼう》の年に起こるでしょう〔二〕。今春は旱魃となり、夏には洪水があるでしょう。臣は、六日七分（の法）により予知することができました。そもそも災異が来るのは、（人間の行為と）同類の（現象に）よって応ずるのです。行いに落ち度があれば、気は天に逆らい、精妙に感応して異変が現れ、人君を戒めます。王者の義では、時に不作であれば、滋養（の摂取）を少なくし、膳も減らします。数年より以来、穀物の収穫高は漸次減少し、家ごとに貧しく、戸ごとに飢え、収穫は昔日ほどではありません。民が不足していれば、君主は誰と共に足りるでしょうか。洪水や旱魃の災異は、まだ至りませんが、それでも君子は遠くを見通し、微であるうちに防ぎ、発生を憂慮するのです。『老子《ろうし》』に、「人が飢えるのは、主上が税を多く取るからである」とあります。このため孝文皇帝《こうぶんこうてい》は、つむぎの着物を着て、なめさない革の靴を履き、木の器には模様を施さず〔三〕、自ら倹約して賦税を低くし、当時を平穏な世と致しました。いま陛下は、聖徳により中興されました。どうか前世の典故に従われ、節約に努められれば、天下は幸いです。『周易』に、「天道は（特定の者に）親しまず、常に善人の味方をする」とあります。このため（殷の）高宗《こうそう》は、福を享受し〔四〕、宋《そう》の景公《けいこう》は、余命を延ばしたのです〔五〕。

［李賢注］

［一］『春秋合誠図《しゅんじゅうごうせいと》』に、「至道は遠くなく、三正・五行により返る」とある。宋均《そうきん》の注に、「三は、三正である。五は五行である。三正・五行は、王者が改代する際会である。よくこの際に、初心に返るように自ら新たになれれば、無窮に通じる」という。

［二］戌《じゅつ》・亥《がい》の間を天門とする。

［三］『漢書《かんじょ》』（巻六十五 東方朔伝）に、「孝文帝は、身に黒のつむぎを着け、足に（なめしていない）革の靴を履き、武器は木で刃が無く、衣装は屑麻の綿入れで、模様を施しません」とある。

［四］高宗は、殷王《いんおう》の武丁《ぶてい》である。『尚書大伝《しょうしょだいでん》』（巻二）に、「武丁が成湯《せいとう》を祀ると、雉があり、飛んで鼎の耳に登って鳴いた。祖己《そき》は、「雉は野鳥です。鼎に登ったのは用をなそうとしたのでしょう。そうでなければ遠方より来朝する者がありましょう」と言った。このため武丁は、内に秘かに己を省み、先王の道を慕った。三年の後、髪を束ね通訳を重ねて来朝する国は、六国に及んだ。孔子《こうし》は、「わたしは（『尚書』の）高宗肜日《こうそうゆうじつ》により徳の報いられることが早いことを知った」と言った」とある。『帝王世紀《ていおうせいき》』に、「高宗は、国を治めること五十九年、年は百歳になった」とある。

〔五〕『呂氏春秋《りょししゅんじゅう》』（季夏紀 制楽）に、「宋の景公《けいこう》のとき、熒惑《けいわく》星（火星）が心宿《しんしゅう》にあり、（景公は）子韋《しい》を召して（その禍いについて）問うた。子韋は、「禍いが君に当たるでしょう。しかし、宰相《さいしょう》に移せます」と言った。公は、「宰相は、寡人《わたし》と共に国を治めているのだ」と言った。子韋は、「民にも移せます」と言った。公は、「民が死ねば、寡人は誰に君主となれるのか」と言った。子韋は、「収穫にも移せます」と言った。公は、「収穫が乏しく人が飢えれば、誰がわたしを君となそうか」と言った。子韋は、「わが君には至徳の言葉が三つありました。天は必ず我が君を三回賞し、熒惑星は必ず三舎を退くでしょう。一舎は七星を巡り、星ごとに一年に相当します、我が君は二十一年（寿命が）延びるでしょう」と言った。熒惑星は果たして三舎を退いた」とある。

第四。臣が秘かに見ますに、皇太子はいまだ立てられず、東宮に主がおらず、仰いで天文を観察しますに、太子の星が明らかではありません〔一〕。熒惑《けいわく》星（火星）は去年の春分の十六日後に、婁宿《ろうしゅう》の五度にあり〔二〕、三統暦《さんとうれき》により推算しますと、熒惑星はいま翼宿《よくしゅう》の九度にあるべきですが〔三〕、かえって柳宿《りゅうしゅう》の三度にあり〔四〕、五十余度、及ばないことになります〔五〕。去年の八月二十四日戊辰の日に、熒惑星は輿鬼宿《よきしゅう》を経て東に向かい軒轅《けんえん》に入り、后星《こうせい》の北に出て、東に行くこと四度、北を旋回してまた（軒轅に）帰りました。軒轅とは後宮で、熒惑星とは至陽の精で、天の使いです〔六〕。それなのに軒轅に出入りし、巡り還って往来したのです。『周易』（繋辞上伝）に、「天は象を垂れ、吉凶を示す」とあります。その意は明らかに見られます。『礼《れい》』〔逸礼の『王度記《おうどき》』〕に、「天子は一度に九人の妃を娶り、嫡室も媵《よう》〔妾〕もすべて具わる」とあります。（しかし）いま宮女は、千を単位に数えるほどおり、ある者は生きながら幽閉されるような状態で、人道が通じず、鬱積した気が、上の皇天《こうてん》を感応させるのです。このため（皇天は）熒惑星〔火星〕が軒轅に入り、人間としてのあるべき男女の道を修めさせ、異常な天象を呈して、陛下を悟らせようとしたのです。むかし武王《ぶおう》は（殷を破り戦）車から降りると、傾宮《けいきゅう》（という紂王の後宮）の宮女を解放し、（紂王を直諫した）商容《しょうよう》の閭《りょ》を顕彰することで〔七〕、人間としてのあるべき男女の道を治め、徳高き賢者を表彰しました。このため天は、聖なる子を授けたのであり、成王《せいおう》がこれに当たります。いま陛下は、多くの宮女を集め、天意に背いています。このため皇子たちは多く夭折し、継嗣を定められないのです。『詩経《しきょう》』（大雅 板）に、「天の怒りを敬い、あえて遊び暮らさない」とあります〔八〕。現在の福は、継嗣を広める以上のことはなく、継嗣を広めるための方途は、深く思わねばなりません。どうか選んで宮女を解放し、その婚姻を許せば、天は自然と福を（皇室に）降して、子孫は千億にもなるでしょう。思うに陛下、再三ご忠告申し上げます次第、どうか御心にお留めください。（陛下の）左右の寵臣たちも、またどうか臣の言葉を思い、陛下を悟らせてくださいますように。考えるに、古《いにしえ》のことを言う者は今に適合し、天事を言う者は人事に通ずると申します[九]。どうか百僚に尋ね、臣の言葉に違う者があれば、臣は甘んじて巧舌の罪を受けましょう[一〇]。

［李賢注］

［一］『洪範五行伝《こうはんごぎょうでん》』に、「心宿《しんしゅう》の中心の星は、天王《てんおう》であり、その前の星が太子《たいし》であり、後の星が庶子《しょし》である」という。

［二］婁《ろう》は、西方の宿である。

［三］翼《よく》は、南方の宿である。

［四］柳《りゅう》は、東方の宿である。

［五］熒惑星の運行が遅いことをいう。

［六］熒惑星は南方の火であり、盛陽の精である。『天文要集《てんもんようしゅう》』には、「天に五帝《ごてい》があり、五星《ごせい》は

その使いとなる」とある。

[七]『尚書大伝《しょうしょだいでん》』（巻三）に、「武王は殷《いん》に入ると、商容《しょうよう》の閭《りょ》を顕彰し、傾宮《けいきゅう》の宮女を嫁がせた」とある。

[八]『詩経《しきょう》』の大雅《たいが》の板《ばん》の文である。注に、「（原文の）戯予《ぎよ》は、逸予《いつよ》〔遊び暮らす〕という意味である」という。

[九]『漢書《かんじょ》』（巻五十六 董仲舒伝）の武帝の詔に、「天事を適切に言う者は、必ず人事にも徴《しるし》があり、古《いにしえ》を適切に言う者は、必ず今にも験《ききめ》がある」という。

[一〇]『論語《ろんご》』（子路篇）に、「孔子《こうし》は、「君子は言葉が疎《おろそ》かにならないようにするのみである」と言った」とある。

第五。臣が密かに見ますに、去年の閏月十七日の己丑《きちゅう》の夜に、白気があり西方の天《てん》苑《えん》から趨《はし》り、左足《さそく》は玉井《ぎょくせい》に入り、数日すると消滅しました[一]。『春秋《しゅんじゅう》』（公羊伝、昭公十七年）に、「彗星が大辰《たいしん》に現れた」とあります[二]。大辰とは、大火《たいか》です。大火は大辰で、伐《ばつ》もまた大辰で[三]、北極もまた大辰です[四]。一つの宿に彗星《すいせい》が現れ三宿に関連するのは、北辰《ほくしん》が王者の宮であることを言おうとしているからです。およそ後宮に節度が無く、政教が乱逆し、威武が衰微すれば、この（大辰の）三星がそれに応ずるのです。罰とは（西方七宿の）白虎《びゃっこ》で、その星宿は兵を掌《つかさど》り、その（分野にあたる）国は趙《ちょう》と魏《ぎ》であり〔五〕、異変は西方に現れて、また三輔《さんぽ》に応じます。およそ金の気が変をなすとき、それが発動するのは秋の時節です〔六〕。臣が恐れるには、立秋以降、趙と魏と関西《かんせい》に羌《きょう》族《ぞく》の反乱があるのではないか、ということです。ぜひ予《あらかじ》め諸郡に宣告して、謹んで人に（仕事に励める）時を授け、徭役《ようえき》を軽くし、賦税を減らし、妄《みだ》りに修築せず、倉や獄を堅くし、守衛を備え、賢能の人を新たに選んで、これを鎮撫させるべきです〔七〕。金精《きんせい》の変は、責任は上司に帰します〔八〕。どうか五月の丙午《へいご》の日に、太尉《たいい》を派遣して楯と斧を持たせ、井を画いた旟《よ》の旗を建て〔九〕、玉板の策に書いて〔一〇〕、白気の災異を引かせ、西郊《せいこう》で自責して罪を求め、咎《とが》を天に謝罪して、妖気を消滅させてください。こうすれば火によって金に勝ち、禍を福に転じることができましょう〔一一〕。

〔李賢注〕

〔一〕『続漢志《しょくかんし》』（志十一 天文中）に、「時に客星の気は白く、広さは二尺、長さは五丈で、天苑《てんえん》の西南に起こった」とある。（『史記』巻二十七）天官書《てんかんしょ》に、「西に勾曲《こうきょく》九星《きゅうせい》があり、三箇所に連なる。一を天旗《てんき》といい、二を天苑といい、三を九游《きゅうゆう》という」とある。参星《さんせい》の下の四つの小星を玉井《ぎょくせい》となし、その他の四つの星を左右の肩股となす。

〔二〕『春秋（公羊伝）』昭公《しょうこう》十七年に、「彗星があり、大辰《だいしん》に現れた」とある。『爾雅《じが》』（釈天）に、「大辰は、房宿《ぼうしゅう》と心宿《しんしゅう》と尾宿《びしゅう》である」という。孫炎《そんえん》は、「龍星《りゅうせい》〔東方七宿の総称〕が明るいのは季節を知る徴《しるし》となすべきで、そのため大辰という」と言っている。

〔三〕『広雅《こうが》』に、「伐とは、大辰という」とある。

〔四〕『爾雅』（釈天）に、「北極とは、北辰という」とある。李巡《りじゅん》は、「北極とは、天心《てんしん》であり、北方にあり、四時《しいじ》を正す、これを北辰という」と言っている。

〔五〕（『史記』巻二十七）天官書に、「参宿《しんしゅう》（など）を白虎《びゃくこ》〔西方七宿〕となす。下に三つの星があるものを罰といい、斬刈《ざんがい》〔刈り切る〕のことをなす」とある。このため（罰は）兵を掌るのである。昴宿《こうしゅう》と畢宿《ひつしゅう》の間は、趙と魏の分野である。

〔六〕西方の白気が玉井《ぎょくせい》に入る。これが金の気の変である。

〔七〕（原文の）回は、易という意味である。

〔八〕上司とは、（大）司馬《しば》をいう。（大司馬は）建武《けんむ》二十七〔五一〕年、改めて太尉とした。『韓《かん》詩外伝《しがいでん》』（巻八）には、「司馬は天を掌る。陰陽が整わず、星辰が軌道から外れれば、これを司馬に責める」とある。このため責は、上司に帰すというのである。

［九］（原文の）干は、楯という意味である。（原文の）戚は、斧という意味である。西方は兵を掌るため、太尉は楯と斧を持つ。金の気を祓《はら》うためである。井《せい》は、南方の火の星宿である。隼《はやぶさ》（を画いた旗）を旟《よ》という。火は金に勝つので、井の星宿の紋様を旗に画《えが》いてこれを建てるのである。

［一〇］祝辞を玉板に書くのである。

［一一］五月の丙午《へいご》の（南方の火気の盛んな）日に、火は金に勝つのである。

第六。臣が密かに見るところでは、今月十四日乙卯《いつぼう》の日の巳《み》の時に、白虹《はくこう》が日を貫きました。およそ日の傍《かたわら》の気の色が純白であるものを名づけて虹といいます。（虹が）日の中を貫いたのは、太陽を侵したということです。（それが）春に現れるのは、政治が常《じょう》を変えていることを理由とします。いま中官《ちゅうかん》と外司《がいし》は、それぞれ弾劾をしていますが［一］、弾劾の内容には、急務とは言えないものもあります。また恭陵《きょうりょう》に火災がありましたが、首謀者の名はいまだ定まらず［二］、逮捕する者は多く、手酷い取り調べをしています。考えてみますに、（天は）火を天の戒めとし、人君を悟らせようとしているのでしょう。従うべきで違《たが》えてはならず、慎むべきで侮ってはなりません。陛下は、どうかご自分を恭謙にして内省し、後の災異にお備えください。およそ諸々の弾劾や取り調べは、すべて立秋までお待ちください。また『周易《しゅうえき》』の伝《でん》に、「公が、任務をよく遂行し、賢者を叙任して士を進めれば、後に必ず慶事がある」とあります。これに反すれば、白虹が日を貫きます。それが甲乙《こうおつ》の日に現れたということは、責は中台《ちゅうだい》〔司徒〕にありますり〔三〕。（そもそも）司徒が位に就いてから、陰陽が調和を失うことが多く〔四〕、久しく己を謙虚にして賢者を薦める策もないので、天下（の士）は議を興して、それぞれ歎いていますす〔五〕。かつ立春より金の気が再び現れました〔六〕。金の気は、木の気に勝ち、必ず兵の気がありましょう。どうか司徒を退けて、天の意に応じてください。陛下が早くこれを祓《はら》わなければ、臣の言葉に反して、禍を民に残すことになりましょう。

〔李賢注〕

〔一〕（原文の）考は、劾という意味である。

〔二〕（原文の）立は、定のような意味である。このとき延焼させた者を訊問していたが、（主犯の）姓名がいまだ定まっていなかったのである。

［三］（原文の）譴は、責という意味である。『韓詩外伝《かんしがいでん》』（巻八）に、「三公とは何か。司空《しくう》・司《し》徒《と》・司馬《しば》である。司馬は天を掌り、司空は地を掌り、司徒は人を掌る。このため陰陽が調和を得ず、星辰が軌道を外れれば、司馬を責める。山や谷が崩壊し、川が谷を流れなければ、司空を責める。五穀が育たず、草木が茂らなければ、司徒を責める」とある。甲乙《こうおつ》は東方であり春を掌り、五穀を生殖させる時である。そして白虹が甲乙の日に現れた。（日が侵されれば五穀が育たないので）明らかに責は司徒にある。

［四］このとき劉崎《りゅうき》が司徒であったが、陽嘉《ようか》三〔一三四〕年に至り、策により免ぜられた。

［五］（原文の）咨は、嗟歎である。

［六］（陽嘉）元〔一三二〕年閏十二月己丑《きちゅう》の夜、白気があり玉井《ぎょくせい》に入り、（陽嘉）二〔一三三〕年正月乙卯《いつぼう》、白虹が日を貫いたという。これは金の気が再び現れたのである。

第七。臣が伏して考えますに、漢《かん》が興ってより三百三十九年になります。『詩《し》』の三《さん》咸《き》の法では、高祖《こうそ》は亥の仲二年に起こり、今は戌の仲十年にあたります［一］。『詩氾歴《しはんれき》枢《すう》』に、「卯酉《ぼうゆう》を革政とし、午亥《ごがい》を革命とし、神は天門《てんもん》に在り、出入りしながら窺っている」とあります［二］。（これは）神は戊亥《ぼがい》の間にあり、帝王の興亡や得失を窺い、善であれば盛んにし、悪であれば滅ぶことをいっているのです。『易雄雌秘歴《えきゆうしひれき》』では、今は困乏《こんぼう》に当たります。およそ困卦《こんけ》の九二は、多くの小人が共に君子を困らせ害を与えようとするものです。（易の困卦の）経に、「困《こん》にあっても、その所を失わないのは、ただ君子であろうか」とあります[三]。ただひとり聖賢なる君主だけが、困《くる》しみや険《けわ》しさに遭遇しても、よく天命を行い志を遂げ、本道を失わないのです[四]。陛下は先ごろ（太子を廃位され）潜龍《せんりゅう》〔身を潜める龍〕として徳を養い、隠れ潜んで抑屈《よくくつ》状態にありました[五]。即位のはじめ、紫微宮《しびきゅう》は驚動し、天文の運行に季節の移行が応じました。しかしながら、なお妖祥が止まないことを恐れます。君子は患いを思って予《あらかじ》め防ぐと申します。臣が思いますに、戌《じゅつ》の仲《ちゅう》はすでに終わり、来年は戌の季《き》に入ります。文帝《ぶんてい》が法を改め、肉刑の罪を除いてから[六]、今に至るまでちょうど三百年となります[七]。この節目により、大いに法令を明らかにすべきです。官名や称号、輿服《よふく》や道具類など改める所があれば、大を変えて小とし、奢侈を去り倹約に努め、枢機の政務は、繁雑を除き簡易とし、改元して新たな年を始め、隠者を登用し、方正を挙げ、有道を徴召して、広く優れた建議を採用し、直諫の道をお開きください。

臣は（いま変革の）時期にあることを陳述し、禁忌を犯したことを恐れます。書には言葉を尽くすことができず、突き詰めて論じないところもありました」と。

［李賢注］

［一］（原文の）基の字は、朞の字に作るべきである。三朞《さんき》の法により推察したのである。『詩氾《しはん》歴枢《れきすう》』に、「およそ数を推察するには、亥《がい》の仲より始める。これは天地が定めた位であり、陰陽の気が巡ってまた始まり、万物が死んでまた蘇る、大統の始めである。このため王の命数の一節を十年となすのである」という。

［二］宋均《そうきん》は注して、「神は陽の気であり、主君の象である。天門《てんもん》は戊亥《ぼがい》の間であり、乾《けん》の拠る所である」とする。

［三］『周易《しゅうえき》』の困《こん》卦の言葉である。

［四］『周易』の困卦に、「沢に水がないのは困である。君子はそれでも命を擲《なげう》ち、志を遂げる」とある。困の卦は、坎《かん》が下で兌《だ》が上である。坎は水であり、兌は沢であり、水が沢の下にあり、これを枯渇《こかつ》の象という。このため困に喩えるのである。命を擲ち志を遂げるとは、君子は命を捨てて窮《くる》しきを守り、その道を失わないことをいう。

［五］順帝《じゅんてい》が太子《たいし》であったとき、廃位されて済陰王《せいいんおう》となったことをいう。

〔六〕漢の法では、肉刑は三種類あり、黥《げい》〔入れ墨〕と劓《ぎ》〔鼻そぎ〕と左右趾《さゆうし》〔左足または右足の足首の切断〕である。文帝はこれを廃止し、黥に当たる者は髡鉗城旦《こんけんじょうたん》舂《しょう》とし、劓に当たる者は笞《ち》三百、左右趾に当たる者は笞五百としたのである。

〔七〕文帝十三年に肉刑を廃止してから、順帝の陽嘉《ようか》二〔一三三〕年に至るまで、あわせて三百年である。

尚書台《しょうしょだい》は、郎顗《ろうぎ》に詰問して、「対策《たいさく》に、「白虹が日を貫いたのは、政治が常を変えたからである」とあった。朝廷は、旧法に従い拠っている、どこに変わった所があり、常を変えたと言うのか。また、「大いに法令を明らかにして、官号を変更すべきである」とあった。一方で常を変えれば災異を致すと言いながら、他方で旧を改めて災異を除けとは、どういうことか。また、陽嘉《ようか》（の元号）は、建てたばかりであるのに、また改元せよというのは、どの経典を根拠とするのか。ありのままに対《こた》えよ」とした。郎顗はそれに対《こた》えて、

「いま春は農事の季節で、徳を布く初めであり、陽の気が発せられ、万物が養育される時です。王者は天により見聞きし、時節の気を奉って従います。よろしく務めて温柔を

尊び、その月令《がつりょう》に従わねばなりません［一］。それなのに、いま立春の後でも、獄事は止まず、秋冬の政治が、春夏に行われています。このため白虹が春に現れ、日の輝きを覆い隠したのです。およそ邪気が陽を凌《しの》げば、虹は日に現れるものです。これは、みな臣下が事を行うのに、苛酷で性急なことが致したものであり、朝廷の寛宥な本意ではありません。これが（わたしの言う）常を変えることによる咎です。また、今や察挙（の権限）は、みな三公《さんこう》に帰し、（三公は）周公《しゅうこう》や召公《しょうこう》の才があるわけではないのに、官吏を銓衡《せんこう》する重責にあたり［二］、察挙があるごとに（三公府の）掾属《えんぞく》に与《あずか》らせ［三］、公府の門《もん》巷《こう》には、賓客たちが蝟集《いしゅう》し、去るを送り来るを迎えて、財貨（の行き交い）は止むことがありません。転任・昇進を控えたものは、競って拝謁し、子弟を（三公のもとに）遣わして、道路を塞ぎ、非行・悪事を募らせ、浮華を興隆させています。（この有様は尚書台の言うような）いわゆる旧法に従い拠るという状況ではありません。尚書の職は枢機にあり、宮殿は厳密であるので［四］、私党の意志や恩情が、通じる余地はありません。察挙の任は、戻して機密（が守られる尚書）に置く方がよいでしょう［五］。臣は誠に暗愚で、折中する術を知りませんが、これこそ誠に将来のための論であり、現在の良策であります。また孔子《こうし》は、「漢《かん》は三百年で、暦を改める」と言っています［六］。三百四年を一徳とすれば、五徳は千五百二十年で、（千五百二十年後に）五行《ごぎょう》が（一回り循環して）改めて用いられます[七]。王者は天に従うとは、たとえば春から夏に向かう際に、青を改めて赤い服を着るようなものです[八]。文帝《ぶんてい》が肉刑を省いてから三百年となりますが、些細な禁令は、漸次増加して大いに堆積しています。王者の法とは、譬えるならば大河のようなもので、（適用されるのを）避け易く、かつ犯し難くせねばなりません。このため『周易』（繫辞下伝）に、「易しければ知り易く、簡であれば従い易い、簡易であってこそ、天下の理を得られる」とあります。いま奢侈を除いて倹約に就いて、天下に先んじて、（官や器物の）名称を改変して、実態に従って呼ぶことにしましょう。『周易』（繫辞下伝）に、「君子の道は、あるいは出仕しあるいは野に処し、帰結は同じであるが道を異にし、（最後は）一致するが（その過程では）何百も考える」とあります。常を変えて善であれば、災異を除くことができ、常を変えて悪であれば、必ず災異を致すことをこうして知るのです。今年は仲が終わり、来年は季に入ります。仲が終わり季が始まれば、暦は改められます。そこで改元すべきことが、天道に従う所以《ゆえん》です。臣《わたくし》顗は愚昧につき、聖問に答えるには不足であります」と述べた。

［李賢注］

［一］『礼記《らいき》』月令《がつりょう》に、「孟春〔一月〕は、天子は宰相に命じ、徳を布き令を緩和させ、喜びを行い恵みを施し、下は民草に（そうした恩恵を）及ぼす。仲春〔二月〕は、（万物の）芽生えを安んじ、幼少の者を養い、孤児を慰問し、牢を少なくし、手枷足枷《てかせあしかせ》を取り、訴訟を止める」とある。これが月令に従うということである。

［二］『尚書《しょうしょ》』（皐陶謨）に、「人を知り賢哲を知る」とある。

［三］（原文の）参は、予という意味である。

［四］北斗《ほくと》の魁星《かいせい》の第三の星を機《き》となし、第五の星を衡《こう》となす。（これらの星を）天文では喉舌《こうぜつ》とする。李固《りこ》は対策《たいさく》し、「陛下が尚書を持つのは、天に北斗があるようなものです。喉舌となり、元気《げんき》を斟酌し、四時《しいじ》の運行を保ち、王命の出納《すいとう》を掌る」と述べている。

［五］尚書に選挙を専ら掌らせようとしているのである。

［六］『春秋保乾図《しゅんじゅうほけんと》』に、「陽は、一に立って天帝を北斗とし、気は三になって、五神を立てれば、三五が転々して機が運行される」とある。このため三百年で、暦が改められるのである。

［七］『易乾鑿度《えきけんさくど》』に、「孔子《こうし》が、「徳を立てる数は、木・金・水・火・土の徳を立て、それぞれ三百四歳である」と言った」とある。五徳が備わり、およそ千五百二十歳で、大いに終わっ

て初めに戻る。このため五行は変わり用いられるという。〔原文の〕更は、変改という意味である。

〔八〕『礼記』月令篇に、「孟春〔一月〕に天子は青い衣服を着て、蒼い玉を帯び、孟夏〔四月〕には朱い衣服を着て、赤い玉を帯びる」とある。

郎顗は、また上書して黄瓊《こうけい》と李固《りこ》を推薦し、並びに災異を消滅させる術について、次のように申し上げた。

「臣は先に七事について対策《たいさく》しました。政治の要点や急務、今に良いものは、施行してください。（臣は）誠に愚かで浅はかであり、聖聴に適《かな》わず、人品が賤しいので言葉は受け入れられず、誅罰を受けるべきことを知って〔一〕、自ら安んぜずに恐怖し、どこに身をおけばよいのか分かりません。

臣が聞くところでは、舟を（木を）えぐって（つくり）楫を（木を）けずってつくるのは、川や海を渡ろうと考えたためである〔二〕。（同じように）賢者を招き輔佐を選ぶのは、それにより天下を安んじようとするためであるといいます。むかし唐尭《とうぎょう》が上にあると、群龍（のような賢臣）が用をなし〔三〕、文王《ぶんおう》と武王《ぶおう》が徳を始めると、周公と召公が輔政をして、天地の功を建て、（主君の）日月の輝きを増しました。『詩経《しきょう》』（大雅 烝民）に、「赫赫《かくかく》たる王命は、仲山甫《ちゅうざんほ》がこれを行った。邦国の善悪は、仲山甫がこれを明らかにした」とあります[四]。宣王《せんおう》は、仲山甫に頼って、太平を実現したのです。（このように宰相の位は重要であるにも拘らず）陛下は、即位されてより御心を政務に傾けていますが、しかし三公《さんこう》と九卿《きゅうけい》には、いまだ適材を見ません[五]。これにより災異がしばしば至り、周辺諸国は寧《やす》んじないのです[六]。臣が国典に考え、見聞に調べますと、賢者を得ることを功となし、士を失うことを敗としないものはありません。また賢者の進退は、旋《めぐ》って（様子を窺って）から後に集まるものです[七]。官爵が徳により進めば、人はいい加減な気持ちにはなりません、そのあとに、君子に貧賤を恥じ、富貴を楽しませるのです。もし徳があっても報いず、（よい）言があっても報いず、来ても楽しむところがなく、進んでも得るところがなければ[八]、（君子は）みな懐かしんで草沢に帰り、昔の志を修めるでしょう。そもそも賢者を求めるには、上は天の意を受け、下は人のためにいたします。賢者を用いなければ、天の秩序に逆らい、人望に違《たが》います。天の秩序に逆らえば災異が降り、人望に違えれば教化が行われません。災異が降れば下は怨嗟し、教化が行われなければ君道が毀損します。（『詩経』の）四始（に描かれる教化）の欠乏と、五際の災厄、その咎はこれによるのです［九］。質実剛健で、恭倹謙譲になり、天の功の盛徳大業を守らずにおられましょうか［一〇］。

［李賢注］

［一］『論語《ろんご》』（衛霊公篇）に、「孔子《こうし》は、「人（のあり方）によって言葉を聞かないことはない」と言った」とある。

［二］『周易《しゅうえき》』（繫辞下伝）に、「黄帝《こうてい》は、木を刳《ほじ》って舟をつくり、木を削って楫《かい》をつくった」とある。

［三］群龍は、賢臣を喩えている。鄭玄《じょうげん》は『周易』乾卦《けんか》に注をつけて、「爻《こう》は、みな乾を体とし、群龍の象である」という。（堯の臣下としては）舜《しゅん》は、受禅したほか、禹《う》や稷《しょく》と契《けい》と咎繇《こうよう》といった者たちが、並びに朝廷にあった。

［四］『詩経《しきょう》』大雅《たいが》（蒸民）である。（原文の）若は、順という意味である。順否は、臧否という意味であり、善悪をいう。国に善悪があるのは、仲山甫が明らかにしたことをいう。

［五］（原文の三九とは）三公九卿である。

［六］（原文の四国とは）四方の国々である。

［七］『論語』（郷党篇）に、「（主君が）色をなせば立ち去り、しばらく旋《めぐ》ってからまた集まる」とある。

［八］爵賞がないことである。

［九］四始とは、関雎《かんしょ》を国風《こくふう》の始めとし、鹿鳴《ろくめい》を小雅《しょうが》の始めとし、文王《ぶんおう》を大雅の始めとし、清《せい》廟《びょう》を頌《しょう》の始めをすることをいう。（原文の）缺は、廃のような意味である。（『漢書』巻七十五）翼奉伝《よくほうでん》に、「易に陰陽五際《ごさい》がある」という。孟康《もうこう》は、「『韓詩外伝《かんしがいでん》』には、「五際とは、卯《ぼう》・酉《ゆう》・午《ご》・戌《じゅつ》・亥《がい》である。陰陽が終始する節目の歳、ここにおいて変革の政がある」という」としている。

［一〇］『周易』繋辞上伝には、「日ごとに新たであることを盛徳といい、富んでから保つことを大業という」とある。


臣が伏して見ますに、光禄大夫《こうろくたいふ》である江夏《こうか》の黄瓊《こうけい》は、学術に深く楽しみ、清らかで澄明であり自然です。粗末な皮衣を着て、宝のような資質を懐き、経籍を熟読していますが〔一〕。また、政務にも果断で、災異の消滅にも明らかに通じています〔二〕。朝廷は先に（かれを）優遇し、上位に列しましたが、黄瓊《こうけい》は、朝廷に入って日が浅く、謀略が成らないうちに、服喪と病気により、（不本意のうちに）命を致し志を遂げました。『老子《ろうし》』（第四十一章）に、「大きな音は希《まれ》な音であり、大きな器は晩成する」とあります[三]。また善人が国を治めること、三年でようやく成果が現れるものです[四]。天下の人で、朝廷に良き人がいることを祝福しない者はありませんが、また時を見て再任されないことを怪しんでいます。どうか陛下（黄瓊に）格別の恩を加えられ、賢者を養う礼を尽くして、徴召して京師に戻し、天下を慰めてください。また処士《しょし》である漢中《かんちゅう》の李固《りこ》は、年は四十で子游《しゆう》や子夏《しか》のような学芸に通じ、顔淵《がんえん》や閔子騫《びんしけん》のような仁を体しています。その潔白の節義は、輝く太陽にも等しく、忠貞の節操は、正直を愛してひたむき、古人たちを凌ぎ、当世に及ぶ者はいません。天の精気が生むのは、王佐の臣であり[五]、天が李固を生んだのは、必ず聖漢《せいかん》のためでしょう。どうか特別に徴召して、四方に顕揚ください。そもそも抜群の才能があれば、官僚としての年功に囚われる必要はありません。むかし顔回《がんかい》は十八歳で、天下はその仁に帰服しました[六]。子奇《しき》も幼年のうちに、阿邑《あゆう》を教化して名声がありました[七]。もし黄瓊を戻し、李固を徴召して、時の政治を委任すれば、伊尹《いいん》や傅説《ふえつ》も、比するに足らず、めでたい光が降り、瑞祥が至ります。臣顗《わたくし》は、人物を見抜く明智はありませんが、伏して人々の意見を聞きますに、（黄瓊と李固は）

人々の帰服するところであり、その人物を品評して共に称えています。どうか（かれらについて）広く群臣に問い、その名声や行跡をお調べになり、もし（臣の言葉に）一つでも合わない点があれば、臣を国を欺く者としてください。（臣の言葉を）御心に留め、（愚かなる臣の）為人《ひととなり》により言葉を退けぬようお願いいたします。

〔李賢注〕

〔一〕『孔子家語《こうしけご》』（三恕）に、「子路《しろ》が孔子《こうし》に、「ここに人があり、粗末な皮衣を着て宝のような資質を懐いています。（かれは）どうしたものでしょうか」と問うた。孔子は、「国に道が無ければ、隠れるのもよいであろう。国に道があれば、袞冕《こんべん》〔大礼服〕を着て、玉を執るべきである」と言った」とある。

〔二〕災異を消滅させる術に明らかであることをいう。

〔三〕声が天下を震撼させるのを大音といい、それが発するのは時が限られる。このため希《まれ》な声なのである。容れないものはないのを大器といい、その働きはすでに広い。このため晩成なのである。

〔四〕『論語《ろんご》』（子路篇）に、「孔子が、「もしわたしを用いる者があれば、期月〔一年〕でもかまわない。三年であれば功を成そう」と言った。また、「善人が国を治めること百年で、（法や刑による）残虐や死罪を除くことができる」と言った」とある。

[五]（原文の）元は、天の精であり、これを精気という。『春秋演孔図《しゅんじゅうえんこうと》』には、「正気を帝とし、間気を臣とし、宮商《きゅうしょう》を姓とし、秀気を人とする」とある。

[六]『論語』（顔淵篇）に、「顔淵が仁を孔子に尋ねた。孔子は、「己を克《つつ》しみ礼に立ち返ることを仁となす。一日己を克しみ礼に返れば、天下は仁に帰す」と言った」とある。

[七] 子奇は、斉《せい》の人である、年十八にして阿邑の長官となり、倉庫から（穀物を）出して貧民に分け与え、邑内は大いに教化された。『説苑《ぜいえん》』に見える。

謹んで、また便宜四事を箇条書きにし、左に附して上奏いたします。

第一。孔子が『春秋』を著し、正月と書いた理由は、歳の始めを敬うためでした[一]。王者は、天文の現象を模範とし、季節の秩序に基づいて政治をします。どうか恩徳を施行する号令を大々的に発し、賢者に官爵を与え士に命令を下し、寛大の恵みを流して、仁厚の徳を垂れ[二]、根源の気に従ってそれを助け、万物を包容して養育してください。このようにすれば、天体は明るく輝き、星辰はきらきらと天空に列なり、五星は軌道に従い、四季は穏やかになりましょう〔三〕。そうでなければ太陽は輝かず、天地は混濁し、時節は乱れ、霾や霧が日を蔽うでしょう〔四〕。立春より何十日も経過しましたが、まだ仁徳が施された所は見られず、ただ刑罰や訊問の声が聞こえるだけです。そもそも天が人に応ずるのは、光や音よりも早いものですが、今年に入ってから、常に蒙の気が覆い、月は光を延ばさず、日は輝きません。日とは太陽で、人君の象《しょう》です。政治が下〔の人間世界〕に変化すると、〔天界では〕日は天に応ずるのです。〔天文現象の〕清濁についての占断は、政治に従って消長するものです。天が異変を現す場合、偽りであることはありません。〔天が災異を降すのは〕どうして陛下が政務に倦《う》み、謀臣による政治に欠ける所があるだけでしょうか〔五〕。なぜ天の戒めはしばしば現れるのでしょうか。臣《わたくし》は、陛下が剛健な乾の徳〔天子の権威〕を発揚して、賢能の人を登用し、〔かれらに〕枢機への参画を求め、〔共に〕金も断つような鋭さを得られるよう願っています〔六〕。臣が述べた中で、専ら太陽を優先したのは、〔太陽は〕いつまでも暗くあってはならず、急いで〔現状を〕改革すべきことを明らかにしたかったためです。その異変は微細ですが、その事柄はとても重大です。臣の言は簡潔ですが、その内容は広いものがあります。陛下は、どうか臣の上奏を顧みて、深く御心にお留めください。

［李賢注］

［一］『春秋公羊伝《くようでん》』（隠公元年）に、「元年春正月、元年とは何か。君の始めの年である。春とは何か。歳の始めである」という。

［二］『礼記《らいき》』（月令篇）に、「正月に、春を東の郊外で迎え、帰ると公卿《こうけい》・諸侯《しょこう》・大夫《たいふ》を朝廷で賞し、宰相に命じて徳を布き法令を緩和し、慶事をして恵みを施し、（そうした恩恵を）下々の民に及ぼす。慶賞はこうして行われ、与《あずか》らぬ者がないようにする」とある。

［三］（原文の）五緯《ごい》は、五星《ごせい》という意味である。

［四］『爾雅《じが》』釈天に、「風が吹いて土を降らすことを霾《ばい》という」とある。

［五］（原文の）帷幄とは、謀臣をいう。

［六］『周易《しゅうえき》』（繋辞下伝）に、「（君子）二人が心を同じくすれば、その鋭さは金をも断つ」とある。

第二。孔子《こうし》は、「雷が初めて発するのは（二月の辟に当たる）大壮《だいそう》より始まり、君が弱く臣が強いのは（二月の三公に当たる）解《かい》より起こる」としました。今月の九日から十四日までは、大壮が事を用いる消息の卦に当たります。この六日中において、雷は音を発するべきで、雷が鳴れば歳気は和し、王道も興隆するでしょう[一]。『周易』（予卦）に、「雷が地を出て奮うのは喜びである[二]。先王はこれにより楽を作り徳を高くし、盛んにこれを上帝に勧める」とある[三]。雷とは、万物を芽生えさせ、陰の気を退け、害悪を除くためのものです。万物は、雷を待って解け、雨によって潤います[四]。このため『周易』に、「雷は万物を動かし、雨は万物を潤す」とあるのです[五]。王者は、寛大を尊び、春の月令《がつりょう》に従えば、雷は時節に応じ、そうでなければ（季節はずれの）冬に動いたり、（雷が）轟くべきなのに、かえってひっそりと姿を隠すでしょう。このため『易伝《えきでん》』に、「雷になるべきなのに雷にならないのは、太陽が弱いからである」とあります。いま（天を覆う）蒙気は除かれず、日月が色を変えているのは、その効《しるし》です。天網は恢々《かいかい》として、目は粗くとも取り逃がすことはないように[六]、（天は）時勢に応じて行動し、政治の是非・得失に反応します。大人（である天子）は、天地とその徳を合わせ、日月とその明を合わせます[七]。（北斗の）琁璣《せんき》の動作は、天と応じています。雷とは号令であり、その徳は（万物を）生育させることです。号令がほぼ廃され、生かすべきものが殺されれば、雷は逆に作用して、その年の実りはありません[八]。もし陛下が災異を除き天の福を明らかにし、天に従い和を致そうとお望みであれば、臣下のうち最も残酷な者をお探しになり、速やかに退け、民を安んずれば、太皓《たいこう》〔天〕は喜び、雷の音は発せられるでしょう[九]。

［李賢注］

［一］『逸周書《いつしゅうしょ》』の時訓《じくん》に、「春分の日に玄鳥が至れば、その五日後に雷は音を発する。雷が音を発しなければ、諸侯は人を失う」とある。

［二］予《よ》の卦は、坤《こん》が下で震《しん》が上である。坤を地とし、震を雷とすれば、雷が地の上にあり、このため雷が地を出て動くことは、喜びであるという。（原文の）奮は、動という意味である。予は、喜という意味である。

［三］（原文の）殷は、盛という意味である。（原文の）薦は、進という意味である。上帝は、天帝である。雷が地を動けば、万物は喜悦する。（これは）楽を作る象である。

［四］『周易』の解卦に、「天地が解けて雷雨が起こり、雷雨が起これば百果・草木は、みな（その芽をもって地を）裂く」とある。

［五］『周易』の説卦伝《せつかでん》の文である。

［六］『老子《ろうし》』（第七十三章）の文である。

［七］『周易』乾卦の文言伝《ぶんげんでん》の文である。大人は、天子という意味である。
［八］雷が冬に鳴れば、その年は飢える。
［九］太皓《たいこう》は、天という意味である。

第三。去年の十月二十日の癸亥《きがい》の日に、太白星《たいはく》〔金星〕と歳星《さいせい》〔木星〕が房宿《ぼうしゅう》と心宿《しんしゅう》で合いました。太白星は北に、歳星は南にあって、互いに離れること数寸で、光芒は重なっていました。房宿《ぼうしゅう》と心宿《しんしゅう》は、天帝《てんてい》の明堂《めいどう》で、政治を行う宮です〔一〕。『孝経鉤命決《こうきょうこうめいけつ》』に、「歳星が心宿を守れば、穀物の実りは豊かである」とあります〔二〕。『尚書洪範記《しょうしょこうはんき》』に、「月が黄道を進み、季節を改めて時節に応じれば、その徳は手厚く福をもたらし、重華《ちょうか》は黄道に留まる」とあります〔三〕。重華とは、歳星が心宿にある状態をいいます。いま太白星が歳星に従い、明堂で交わりました。金と木は損ないあうのに、かえって共に合ったのは〔四〕、陰が陽を凌ぎ、臣下が専権する災異です。房宿と心宿は東方にあり、その国は宋《そう》を掌《つかさど》ります〔五〕。『石氏星経《せきしせいけい》』に〔六〕、「歳星が、左に出れば実りがあり、右に出れば実りはない」とあります。いま金星と木星は共に東にいき、歳星〔木星〕は南にあり、これは右に出たとなります。恐らく穀物の実りはなく、宋の人々は飢えるでしょう。陛下は、どうか明堂に政治を行う務めを詳細に審査すべきです。その後に妖しい災異は消すことができ、五星《ごせい》は軌道に従うでしょう[七]。

[李賢注]

[一]『春秋元命包《しゅんじゅうげんめいほう》』に、「房宿は、四つの星、心宿は、三つの星である」という。

[二] 歳星（木星）が心宿にあることを重華とする。このため実りは豊かなのである。

[三]（『史記』巻二十七）天官書《てんかんしょ》に、「歳星（木星）は一名を摂提《せってい》といい、一名に重華という」とある。

[四] 太白星は、金星である。歳星は、木星である。金は木に勝つ。このため相損なうのである。

[五] 卯《ぼう》は房宿と心宿で、宋の分野である。

[六] 石氏《せきし》は、魏《ぎ》の人の石申夫《せきしんふ》であり、（『漢書』巻三十）芸文志《げいもんし》に見える。

[七]（原文の）五緯《ごい》は、五星という意味である。

第四。『易伝《えきでん》』に、「陽に徳がなければ旱魃《かんばつ》となり、陰が陽に驕《おご》ればまた旱魃となる」とあります。陽に徳がないとは、人君の恩沢が人に施されないことです。陰が陽に驕るとは、禄（を与える主体）が公室から去り、臣下が専権を振るうことです。冬から春にわたって、よい恩沢（が施されること）がなく、しばしば西風が吹き、時節にそむき逆らいました[一]。朝廷は憂えて、広く祈禱を行い、山川を供物を捧げて祀り、雨乞いをして市を移しました[二]。臣が聞くところでは、皇天が人（の行為）に感応するには、偽りの行為によっては動かず、災異が人の行為により消滅するには、必ず人が自分を責めて反省することが大事であるといいます。もし雨を請い降らせることができ、水を祓《はら》って止められるのであれば、歳に水害や旱魃の異常はなく、太平を待つことができます。それなのに災異が止まないのは、問題は（雨乞いの）祈禱にあるのではないからです[三]。立春より、まだ朝廷が功ある者を賞して記録し、徳ある者を顕彰し、孤児や寡婦を慰問し、貧者に振恤するのを見たことはなく、ただ洛陽《らくよう》のすべての官僚が車を東西に走らせ、小物を捕らえ、牢獄が充満するのを見ただけです。臣が聞くところでは、（安帝の）恭陵《きょうりょう》の火災があった所に、頻《しき》りに輝く光があるといいます[四]。これが天災であることは明らかであり、人の仕業ではありません。丁丑《ていちゅう》の日に大風が吹き、天地を覆い隠しました。風とは号令であり、天の怒りであり、みな人君を悟らせるための忠厚な戒めです。また連月、雨が無く、昨年来の麦を損なおうとしています。もし一つの穀物が実らなければ、飢える者は十に三、四にのぼります。陛下は誠に広く恩沢を施し、民草を振恤すべきです。むかし尭《ぎょう》は、九年の洪水に遭いましたが、人々に十年分の蓄えがあった（ので救われた）のは、税を少なくして災害を防ぎ、その方策を立てていたからです［五］。願わくは陛下は、早く徳を宣揚して、天の兆候に応じられてください。もし臣の言葉が用いられず、朝政が改められなければ、立夏の後に降るはずの雨も、いまの時点では期待できないことになります。もし政治が一朝にして変わり、それでも天が雨を降らせなければ、臣は陛下を欺むいたことになります。愚かで量ることを知らず、当然の報いとして釜茹でにしてください」とした。

［李賢注］

［一］春は、東風（が吹く季節）にあたる。

［二］董仲舒《とうちゅうじょ》は『春秋繁露《しゅんじゅうばんろ》』に、「春に旱魃になれば、甲乙《こうおつ》の日に長さ八尺の蒼龍《そうりゅう》一体をつくり、中央に置く。小龍は長さ四尺のものを七体つくり、東に置く。みな東を向かせ、その間隔はそれぞれ八尺とする。童子は八人、みな斎戒すること三日、青い服を着て龍を舞わせる。夏には、丙丁《へいてい》の日に赤龍をつくり、赤い服を着る。晩夏には、戊己《ぼき》の日に黄龍をつくり、黄

色い服を着る。秋には、庚辛《こうしん》の日に白龍をつくり、白い服を着る。冬には、壬癸《じんき》の日に黒龍をつくり、黒い服を着る。犠牲はそれぞれの方角の色により、つねに雄鶏を焼き、豚の尾を焼いて、里の北門および市の中で祈る」とある。『礼記《らいき》』に、「歳が旱魃となり、魯《ろ》の穆公《ぼくこう》は県子《けんし》に（どうすればよいかを）尋ねた。県子は、「これのためには市を移すことが、よいのではありませんか」と言った」とある。檀弓篇《だんぐうへん》に見られる。

［三］（問題は）祈禱ではないのである。

［四］（原文の）比《ひ》は、頻という意味である。このとき（安帝の）恭陵の百丈の庇《ひさし》に火災があり、頻りに光が輝いて絶えなかった。

［五］（原文の）簡は、少という意味である。（原文の）方は、法という意味である。

書は、上奏された。特別に詔して、（郎顗を）郎中《ろうちゅう》に拝命したが、病気と辞して就任せず、すぐに去って家に帰った。四月に至り、京師に地震があり、ついに（洛陽の地が）陥没した［一］。その夏は大旱魃《だいかんばつ》があった。秋、鮮卑《せんぴ》が馬邑城《ばゆうじょう》〔山西省朔州市〕に侵入し、代郡《だいぐん》の兵を破った。翌年、西羌《せいきょう》が隴右《ろうゆう》に侵寇した［二］。これらはみな概ね郎顗の言葉の通りであった。後にまた公車《こうしゃ》により徴召されたが、行かなかった。

（郎顗と）同県の孫礼《そんれい》という者は、悪事を重ねて凶暴で、遊侠を好んだが、同郷の人々と常に郎顗の名声と徳義を慕い、誼《よしみ》を通じよう願っていた。（しかし）郎顗は相手にせず、怨恨が生じ、ついに孫礼に殺害された。

［李賢注］

［一］陽嘉《ようか》二（一三三）年四月己亥《きがい》、地震があった。六月丁丑《ていちゅう》、洛陽《らくよう》の地が陥没し、同月に旱魃《かんばつ》があった。

［二］陽嘉三（一三四）年七月、種羌《しゅきょう》が隴西《ろうせい》に侵寇した。

襄楷伝

襄楷《じょうかい》は、字を公矩《こうく》といい、平原郡隰陰県《へいげんぐんしついんけん》（山東省斉河県の北東）の人である［一］。学問を好み、古事に通じて、天文や陰陽の術をよくした。

桓帝《かんてい》のとき、宦官が朝政を専断し、政道と刑罰は暴虐非道となり、また頻《しき》りに皇子が没し、災異が甚だ頻繁であった。延熹《えんき》九（一六六）年、襄楷は、家から闕に至り、上疏して次のように述べた。

「臣《わたくし》の聞くところでは、皇天は物を言わず、天象により教えを設ける、といいます。尭舜《ぎょうしゅん》は（もともと）聖であるとはいえ、必ず日月・星辰を観察し、五星《ごせい》の所在を観察し（天象より教えを受けたために）、百年（以上）の寿命を享受し、万世の法となりました［二］。臣が密かに見ますに、昨年五月、熒惑《けいわく》星〔火星〕は太微《たいび》に入り、帝《てい》の座を犯し、端門《たんもん》より出て、通常の軌道に依りませんでした［三］。その閏月の庚辰《こうしん》の日には、太白《たいはく》星〔金星〕が房宿《ぼうしゅう》に入り、心宿《しんしゅう》の小星を犯し、中耀《ちゅうよう》〔心宿の中央のきらめく星〕を震動させました。中耀は、天王《てんおう》です。傍らの小星は、天王の子です。そもそも太微は、天廷《てんてい》であり、五帝《ごてい》の座ですが、それなのに金星と火星という罰星《ばっせい》が、光をその中に発しました［四］。占いでは、天子に凶があります。また（金星と火星が）共に房宿と心宿に入ったことは、（占）法では継嗣がないということです。今年、歳星《さいせい》〔木星〕は久しく太微を守っていましたが、逆行して西に向かって掖門《えきもん》に至り、戻って執法《しっぽう》に迫りました［五］。歳星は、木の精であり、生を好み殺を憎みます。しかし、停留して去らないのは、咎は仁徳が修められず、誅罰が過酷な点にあります。先に（延熹）七〔一六四〕年十二月に、熒惑星は歳星と共に軒轅《けんえん》に入り、逆行すること四十余日、そして鄧皇后《とうこうごう》が誅されました。その冬は大いに寒く、鳥獣を殺し、魚鼈《ぎょべつ》を害し、城傍《じょうぼう》の竹柏の葉にも、傷み枯れたものがありました［六］。臣が師より聞くところでは、「柏が傷み竹が枯れれば、三年未満のうちに天子が災異を受ける」と言っています。いま洛陽《らくよう》城中の人で、夜に理由無く叫び、火の玉が出た、と言っている者がいましたが、人の声がこのように騒がしいのは［七］、占いでは竹や柏が枯れるのと同じ（三年以内に天子が災異を受ける凶兆）です。春夏より頻りに霜や雹《ひょう》および大雨や雷があり、しかも臣下が賞罰をする権限を握っています。（災異が起こるのは）刑罰が酷であることに（天が）感じたためです。

［李賢注］

［一］『風俗通義《ふうぞくつうぎ》』に、「襄《じょう》の姓は、楚の大夫の襄老《じょうろう》の後裔である」という。隰陰《しょういん》は、県であり、隰水の南にある。故城は唐の斉州《せいしゅう》臨邑県の西にある。

［二］尭は寿命百十七歳、舜は寿命百十二歳であった。百年と言ったのは、概数を挙げたからである。

［三］（『史記』巻二十七）天官書に、「太微《たいび》の南の四星、その中のものを端門《たんもん》とする」とある。（原文の）軌は、依のような意味である。

［四］（原文の）太白星は金星であり、（原文の）熒惑《けいわく》は火星である。（『漢書』巻二十六）天文志に、

「夏令に逆らい、火の気を傷つければ、罰は熒惑に現れる。秋令に逆らい、金の気を傷つければ、罰は太白に現れる」とある。このため金星と火星を共に罰星とする。

[五]（『史記』巻二十七）天官書に、「端門の左右の星を掖門《えきもん》となす。太微の南の四つの星を執法《しっぽう》とする」とある。（原文の）切とは、迫り近づくことをいう。

[六]『続漢志』に、「延熹《えんき》九〔一六六〕年、洛陽城の傍《かたわ》らの竹や柏の葉に傷つくものがあった」とある。

[七]『続漢志』に、「桓帝の延熹《えんき》九〔一六六〕年三月、京師に火の玉があって転がり行き、人はみな驚嘆した」とある。

太原《たいげん》太守の劉瓆《りゅうしつ》と南陽《なんよう》太守の成瑨《せいしん》は、悪人を除こうと志し、かれらの誅滅したところは、すべて人望に叶っておりました[一]。しかし、陛下は宦官の讒言を受け、遠方に訊問し、逮捕させました。三公は、上書して劉瓆たちに憐れみを垂れることを乞いましたが、取り入れられず[二]、しかも厳しく譴責を受けました。ここに憂国の臣は、今にも口を閉ざそうとしています。

臣が聞くところでは、無罪の者を殺し、賢者を誅すれば、禍いは三代に及ぶといいます〔三〕。陛下は即位してより頻《しき》りに誅殺をして、梁氏・寇氏・孫氏・鄧氏は、すべて族滅され〔四〕、それに連坐した者は、数えきれません。李雲《りうん》の上書は、明主が忌み嫌ってはならぬものであり、杜衆《としゅう》は死を乞い、誠により聖朝〔天子〕を悟らせようとしたものですが〔五〕、（両人は）共に殺戮を被り、天下の人は、みな冤罪であることを知っています。漢が興ってより、諫言を拒み賢者を誅し、刑をこれほど甚だしく用いることは今までありませんでした。

［李賢注］

［一］謝承《しゃしょう》の『後漢書』に、「劉瓆《りゅうしつ》は、字を文理《ぶんり》といい、平原《へいげん》郡の人である。太原《たいげん》太守に遷った。郡に豪強な宦官の親戚があり、民の患うところとなっていた。劉瓆は、深くこれを憎み、役所に着くと、その首魁を収監して殺し、匿《かくま》おうとした家の主人は、すべて連坐して誅に伏した。桓帝《かんてい》は、劉瓆を召して廷尉《ていい》にいたらせたが、劉瓆が宗室であることから、刑を加えるに忍びず自殺させた。成瑨《せいしん》は、字を幼平《ようへい》といい、弘農《こうのう》郡の人である。南陽《なんよう》太守に遷った。ときに桓帝の美人《びじん》の外親である張子禁《ちょうしきん》は、尊貴を恃み、法を恐れなかった。この成瑨は、功曹の岑《しん》晊《しつ》と共に張子禁を捕らえて宛の獄に下し、笞で打ち殺した。桓帝は、成瑨を召して廷尉にい

たらせ、（成瑨は）獄に下って死んだ」とある。璝は、音が質である。瑨は、音が晉である。

〔二〕このとき太尉の陳蕃《ちんばん》と司徒の劉矩《りゅうく》と司空の劉茂《りゅうぼ》は、共に上書して劉璝たち（の無罪）を訴えたが、桓帝は受け納《い》れなかった。

〔三〕『黄石公三略《こうせきこうさんりゃく》』に、「賢者を傷つける者は、禍いが三代に及び、賢者を蔽い隠す者は、その身を害され、賢者を薦める者は、余福が子孫に流れ、賢者を憎む者は、名声を全うできない」とある。

〔四〕梁冀・寇栄《こうえい》・孫寿《そんじゅ》・鄧万世《とうまんせい》たちである。

〔五〕このとき弘農郡《こうのうぐん》の五官掾《ごかんえん》の杜衆《としゅう》は、李雲が忠諫により罪を得たことを痛み、ついに上書して、「どうか李雲と同じ日に死にたく存じます」といった。

永平の旧典において、諸々の重罪で（しかも判決を下しかねる）重ねて論ずべき案件は、みな冬の獄を待ち、まず（廷尉に）讞《げつ》を請うて後に刑に処したのは、人命を重んずるためです。近ごろ数十年以来、州郡は馴れ合いで事を済まし、（廷尉に）讞を請う煩わしさを避けようと考え〔一〕、そのたびごとに疾病ということにして、多くの者を牢獄で殺しています。（州郡の）長吏が殺すも生かすも自分の考え一つであり、死者の多くはその罪には当たらず、魂魄の恨みは募り、帰り訴える所もないので、悪病や疫病が起こっているのです〔二〕。むかし（周の）文王は一人の妻で、生まれた子は十人に及びましたが〔三〕、いまは宮女が数千もいるのに、めでたき皇子の誕生を聞きません。どうか徳を修め刑を省いて、子宝に恵まれる福をお広めください〔四〕。

〔李賢注〕

〔一〕『広雅』に、「讞《げつ》は、疑という意味である」という。罪に疑いのある者は、廷尉《ていい》にはかることをいうのである。

〔二〕（原文の）淫は、過という意味である。『春秋左氏伝』（昭公 伝元年）に、「陰が過ぎれば寒《かん》疾《しつ》となり、陽が過ぎれば熱疾《ねつしつ》となります」とある。

〔三〕『史記』（巻三十五 管蔡世家）に、「太姒《たいじ》は、（周の）文王の正妃である。その長子は伯邑考《はくゆうこう》、次は武王発《ぶおうはつ》、次は管叔鮮《かんしゅくせん》、次は周公旦《しゅうこうたん》、次は蔡叔度《さいしゅくど》、次は曹叔振鐸《そうしゅくしんたく》、次は成叔武《せいしゅくぶ》、次は霍叔処《かくしゅくしょ》、次は康叔封《こうしゅくほう》、冉季載《ぜんきさい》であり、同母の兄弟は十人である」という。

〔四〕（原文の螽斯について）『詩経《しきょう》』国風の序に、「螽斯《しゅうし》は、后妃の子孫が多いことで、螽斯のように嫉妬しなければ、子孫が多くなることをいう」とある。注に、「螽斯は、蚣蝑《しょうしょ》（機織り虫〕である。およそ情欲のあるもので妬忌しないものはないが、蚣蝑だけはそうではなく、それぞれが気を受けて子を生むことができる。このためこれに喩えているのである」という。（原文の）祚は、福という意味である。

また（延熹）七〔一六四〕年六月十三日、河内郡《かだいぐん》の野王県《やおうけん》〔河南省の沁陽〕の山上に、龍の死んでいるのが見つかり、長さは数十丈ばかりでした〔一〕。扶風郡《ふふうぐん》に星が隕《お》ちて石となったものがあり、その音は三郡に響き渡りました。そもそも龍は形状が一つではなく、大小常なく、このため『周易《しゅうえき》』はこれを大人《たいじん》に喩え、帝王はこれを符瑞とするのです〔二〕。あるいは聞くところでは、河内郡で龍が死んだのに、これを諱んで（龍を）蛇といったそうです。そもそも龍は変化でき、蛇にも神が宿っており、共に死ぬべきものではございません。むかし秦《しん》が衰えようとすると、華山《かざん》の神が璧を取って鄭《てい》の客に授けて、「今年、祖龍《そりゅう》が死ぬであろう」と言いました〔三〕。始皇帝はそれから逃れようとしましたが、沙丘〔河北省広宗の北西〕で死にました〔四〕。王莽の天鳳《てんほう》二〔一五〕年、でたらめを言う者がおり、黄山宮《こうざんきゅう》に龍が死んだ災異があるとしました〔五〕。後に漢は王莽を誅し、光武帝が（漢を）復興しました。虚言ですら、このよう（に実際のこととして応がある）のですから、実際のことであれば、なおさら（危惧すべきこと）です。そもそも星辰が天に輝くのは、あたかも万国が王者に付いているようなものです。下が上に背こうとしたので、このため星もまた天に背いたのです。石は安泰なものですが、墜ちるのは勢いを失ったからです。『春秋』によると、五つの石が宋に隕ち、その後に襄公は楚に捕らえられました［六］。秦が滅びようとする時には、石が東郡に隕ちました［七］。いま扶風に隕ちましたが、（ここは）先帝の御陵の近くです［八］。崩御がなければ、必ず反逆がありましょう。

［李賢注］

［一］延熹七（一六四）年のことである。袁山松《えんさんしょう》の『後漢書』に、「（龍の）長さは百余尺ばかりであった」とある。

［二］大人は、天子という意味である。（『周易』の）乾卦の九五に、「飛龍が天にあり、大人が至る」とある。九五は天子の位に居るので、このため飛龍により喩えるのである。『尚書中候《しょうしょちゅうこう》』に、「舜《しゅん》が璧を澄んだ河に沈めると、黄龍が図《と》を背負って水から出てきた」とある。

［三］祖龍とは、秦の始皇帝をいう。楽資《がくし》の『春秋後伝《しゅんじゅうこうでん》』に、「使者の鄭の客が、函谷関《かんこくかん》に入り、

平舒県《へいじょ》〔山西省広霊の北西〕に至ると、白木造りの車と白馬を見る。（現れた華山君《かざんくん》は）「わたしは華山君である。どうか一通の書簡を滈池君《こうちくん》に届けよ。あなたが咸陽《かんよう》に行くとき滈池を過ぎると、一本の大きな梓の木を見よう。文が書かれた石がある。（それを）取って木を叩けば、応じる者がいるはずである。書簡をその者に与えてほしい」と言った。鄭の客は、言葉の通りにし、宮殿で王者の居城のようなものを見た。謁者《えっしゃ》が出てきて書簡を受け、入ってしばらくしてから、「今年、祖龍が死ぬであろう」と言った」とある。

〔四〕『史記』（巻六 秦始皇本紀）に、「始皇帝は沙丘の平台《へいだい》で崩じた」とある。沙丘は、唐の邢《けい》州平郷県《しゅうへいきょうけん》の東にある。

〔五〕（『漢書』巻九十九中）王莽伝（中）に、「時にでたらめを言う者がおり、黄龍が地に墜ち、黄山宮の中で死んだとした。民たちは奔走し、見に行こうとする者が、万を単位に数えるほどいた。王莽はこれを憎み、捕縛して（流言の）出所を詰問したが、ついに分からなかった」とある。

〔六〕『春秋左氏伝《しゅんじゅうさしでん》』の魯《ろ》の僖公《きこう》十六年に、「石が宋に隕ちること五つ、隕星である」という。（僖公）二十二年に至って、諸侯は、宋公と堪《う》〔山西省陽曲の北東〕に会盟した。ここで楚は、宋公を捕らえて宋を攻撃した。

［七］『史記』（巻六 秦始皇本紀）に、「始皇三十六（前二一一）年、星が隕ちて東郡に下り、地に至って石となった。ある人がその石に、「始皇帝が死んで地が分かれる」と刻んだ。始皇帝は聞いて、石の傍の住民を尽《ことごと》く集めて誅殺し、その石を焼いた」とある。

［八］桓帝《かんてい》の延熹七（一六四）年、鄠県《こけん》（陝西省の鄠県）に隕石があった。鄠県は、扶風郡に属し、前漢の高祖たちの諸陵とも近い。

考えますに、春秋以来および古《いにしえ》の帝王のときに、いまだ黄河が澄み、太学《たいがく》の門が自然に壊れたことはありません［一］。臣が思いますに、黄河は、諸侯の位です［二］。清とは陽に属し、濁とは陰に属します。黄河は濁るものなのにかえって澄んだのは、陰が陽になろうとし、諸侯が皇帝になろうとしているからです。太学は、天子の教化の宮であり、その門が理由なく自然に壊れたのは、文徳が失われ、教化が廃《すた》れようとしていることを言うためです。京房《けいぼう》の『易伝《えきでん》』に、「黄河の水が澄み、天下は太平である」とあります。（しかし）いま天は異変を垂れ、地は妖を吐き、人には悪疫があります。この三者が時を同じくしながら黄河が澄んだのは、あたかも『春秋』において麒麟が現れるべきではないときに現れ、孔子《こうし》がこれを書き記して異としたのと同じようなものです［三］。

臣は先に宮崇《きゅうすう》が干吉《かんきつ》より受けた神書を献上しましたが、お聞き入れられませんでした[四]。臣が聞くところでは、布穀《かっこう》は初夏に鳴き、蟋蟀《こおろぎ》は初秋に吟ずるといいます。（それは）物には微でありながらも、その内実は信じれるものがあり、人には賤でありながら、その言葉は忠である人がいるからです[五]。臣は至って賤しい者ですが、どうかご高覧を賜り、（臣の）言う所をよく検討ください」とした。書は上奏されたが、閲覧されなかった。

［李賢注］

［一］延熹《えんき》五〔一六二〕年、太学の西門が自然に壊れた。（延熹）八〔一六五〕年、済陰《せいいん》・東郡《とうぐん》・済北《せいほく》の河の水が澄んだ。

［二］『孝経援神契《こうきょうえんしんけい》』に、「五岳《ごがく》は三公《さんこう》に準《なぞら》え、四瀆《しとく》は諸侯《しょこう》に準える」とある。

［三］『春秋公羊伝』（哀公十四年）に、「西方に狩りをして麟《りん》を得たのは、どうして記されたのか。異を記したのである。どうしてこれを異とするのか。麟は、中国の獣ではないからである」という。

［四］干《かん》は姓、吉《きつ》は名である。神書とは、今の道家の『太平経《たいへいきょう》』である。その経は、甲・乙・

丙・丁・戊・己・庚・辛・壬・癸により部とし、部ごとに十七巻ある。

［五］布穀《ふこく》〔かっこう〕は、一名を戴紝《たいじん》といい、一名を戴勝《たいしょう》という。蟋蟀《しつしゅつ》〔こおろぎ〕は、促織《そくしょく》である。『春秋考異郵《しゅんじゅうこういゆう》』に、「孟夏に戴勝《かっこう》が降り、立秋に促織《こおろぎ》が鳴く」とある。「微細な物でも信を失わないことをいう」とある。紝は、音が女林の反である。

十日余りして、（襄楷は）また上書して、

「臣が伏して見ますに、太白《たいはく》星〔金星〕が数日、北に入り、また東方に出ました。その動きは占いでは、大きな戦いが起ころうとしており、中国《ちゅうごく》は弱く四夷《しい》は強いというものです。臣がまた天文の運行を推算しますに、熒惑《けいわく》星〔火星〕はいま出るべきなのに潜んでおり、これは必ずや陰謀があるからです。みな獄に冤罪が多く、忠臣が殺戮されたことによるもので、徳星《とくせい》〔木星〕が長く執法《しっぽう》を守っているのも、またこのためです［一］。陛下はどうか天意を受け、冤罪を再審し、劉瓆《りゅうしつ》と成瑨《せいしん》のために罪を除き、李雲《りうん》や杜衆《としゅう》たちの子孫を記録すべきです。

そもそも天子《てんし》が、天に仕えて孝でなければ、日食は起こり星は争います。近年、正月朔日《さくじつ》に日食が起こり［二］、三光〔日・月・星辰〕は明るくなく、五星《ごせい》〔木・火・土・金・

水星〕は軌道から外れています。先ごろ宮崇《きゅうすう》が献上した神書は、天地を奉り五行《ごぎょう》に従うことを本とし、国を興し継嗣を広める術でした。その文は平易で明解、経典を参照しているにも拘らず、順帝《じゅんてい》は取り上げませんでした。このため子孫が栄えず〔三〕、沖帝《ちゅうてい》・質帝《しってい》と短命の皇帝が続いたのです。

〔李賢注〕

〔一〕徳星は、歳星《さいせい》〔木星〕である。

〔二〕延熹《えんき》八〔一六五〕年正月辛巳《しんし》の朔〔一日〕、日食があった。〔延熹〕九〔一六六〕年正月辛卯《しんぼう》の朔にも、日食があった。

〔三〕『太平経《たいへいきょう》』興帝王篇に、「真人《しんじん》が神人《しんじん》に、「わたしは、帝王にすぐに太平をもたらして欲しいと思っていますが、（その方法を）聞けるでしょうか」と尋ねた。神人は、「ただ天地の道に従い、寸分も違わなければ、すぐに太平をもたらすことができよう。元気には三あり、名づけて太陽・太陰・中和という。形体には三あり、名づけて天・地・人という。天に三あり、名づけて日・月・星といい、北極は中とする。地に三あり、名づけて山・川・平地という。人に三あり、名づけて父・母・子という。政治に三あり、名づけて君・臣・人という。これら三種は、常に互いに腹心の関係であり、少しでも失われてはならない。これらに憂いを同じくし、一家を成させられれば、すぐに太平をもたらし、寿命を延ばすこと疑いない」と言った。（真人は）また、「今、なぜ子が生まれるのが少ないのでしょうか」と尋ねた。天師は、「良いな、君の質問は。（子が生まれないのは）ただ施すことが、その意を得ていないだけである。もしその人に生んで欲しければ、その玉戸を開き、種を中に施せばよい。たとえば春に地に種まけば、十に十は和に応じて生まれるようなものである。それが施すのに相応《ふさわ》しい時でなく、たとえば十月に物を地に種《う》えれば、十に十すべて死に、生きる者は無いようなものである」と言った。真人は重ねて詳細を知りたいと思った。（神人は）「いま子種が無い女に、日ごとに百回をその中に施しても、生まれるはずはなかろう。生まれるに所を得ないとは、たとえばこのようなことである。このため古の聖賢は、妄《みだ》りに不毛の地に施さなかった。（そういうものを）名づけて亡種《ぼうしゅ》とし、気を尽くしても生成しないからである。いま太平の気が至っても、子を生まない者はおり、かえって天地の連続を断絶し、国に人を少なくしている。国を治める道では、人が多ければ国は富み、人が少なければ国は貧しい。いま天上皇の気はすでに至っており、天皇の気は物を生ずれば、その初めの天地の状態の万倍にもなろう」と言った」とある。

臣は、またこう聞いています。主君の好むことをする際に、正道でない方法によれば、精神に虐《ぎゃく》が生ずると。このため周《しゅう》が衰え、諸侯が力による征服を尊ぶと、力を尊ぶ風習により夏育《かいく》・申休《しんきゅう》・宋万《そうまん》・彭生《ほうせい》・任鄙《じんぴ》という力自慢が、その時に現れました［一］。殷《いん》の紂王《ちゅうおう》は色を好み、妲己《だっき》が出で［二］、葉公《しょうこう》は龍を好み、本物の龍が庭に遊びました［三］。いま黄門《こうもん》や常侍《じょうじ》（に就いている宦官）は、天の刑を受けた者たちですが、陛下の（かれらへの）寵愛は、常の寵の倍です。継嗣の兆しが、いまだにないのは、このためではないでしょうか。天において宦官星は、紫微宮《しびきゅう》にはなく天市《てんし》にあり、給仕して市を掌《つかさど》る者なことは明らかです［四］。いまかえって（宦官たちを）侍中の位に就けているのは、誠に天の意ではありません［五］。

［李賢注］

［一］すべて力の強い人である。夏育は、衛《えい》の人で、その力は千鈞を挙げられた。宋万は、宋の人で、湣公《びんこう》を殺し、大夫《たいふ》の仇牧《きゅうぼく》に会うと殴ってこれを殺し、その歯は門扉に突き刺さった。彭生は、斉《せい》の人で、魯《ろ》の桓公《かんこう》の背骨を砕いて殺した。范雎《はんしょ》は、「任鄙《じんぴ》の力ですら死にます」

と言った。中休は、いつの世の者なのか詳《つまび》らかではない。

[二] 妲己《だっき》は、蘇《そ》の美しい娘であり、紂王に献ぜられると、紂王は納れて妻とし、常に共に酒に耽った。このことは、『列女伝《れつじょでん》』に見える。

[三] 子張《しちょう》は、魯の哀公《あいこう》に面会したが、七日、哀公は礼をしなかった。子張は、「君の士を好む様子は、葉公子高《しょうこうしこう》が龍を好んだことに似ています。葉公子高は、描いた龍を好み、天の龍がこれを聞き、葉公子高の元に降り、頭を窓から覗かせました。葉公子高は、これを見ると、その場を棄てて逃げ出し、顔色は千変しました。つまり葉公子高は、龍に似たものを好み、本物の龍を好むのではなかったのです」と言った。このことは、『新序《しんじょ》』（巻五 雑事）に見られる。

[四]『山陽公載記《さんようこうさいき》』に、「市垣《しえん》は二十二星であり、帝座《ていざ》はその中にあるが、宦官の四星は、ただ市場での買いつけの仕事などに従事するだけである」という。

[五]（原文の）常伯《じょうはく》は、侍中《じちゅう》である。『尚書《しょうしょ》』（立政篇）に、「常伯は常に任ぜられる」とある。

また聞くところでは、宮中に黄老《こうろう》と浮屠《ふと》の祠を建てたといいます[一]。かの道は清虚で、無為を尊び、生を好み殺を憎み、欲を省き奢を去ります。いま陛下は欲を貪り去らず、殺害や断罪は理に過ぎ、すでにかの道に悖《もと》っており、どうしてその幸いを得られましょう。あるものは、老子《ろうし》が夷狄《いてき》に入って浮屠となったと申しています[二]。浮屠は、桑の下にも三日泊まることなく、恩愛が生ずることを欲しませんが、（それは）精の至りといえましょう[三]。天神が美女を遣わしても、浮屠は、「これは革の袋に血を盛ったものに過ぎない」と言って、一顧だにしませんでした[四]。初志を守ることが、このようにして、ようやく道を成せるのです。いま陛下のもとの美女・艶婦は、天下の麗を極め、食物や飲料は、天下の美味を尽くしています。どうして黄老のようにありたいと考えられるのでしょうか」と述べた。

［李賢注］

［一］浮屠とは、仏陀《ぶつだ》のことである、ただ音が転じただけであり、共に仏をいうのである。（仏の）解は（『後漢書』列伝三十二光武十王）楚王英《そおうえい》伝に見える。

［二］（原文の）或言とは、当時の言葉をいう。老子は西に向かって夷狄に入り、はじめて浮屠《ふと》の仏教《ぶっきょう》をおこした。

［三］浮屠が、人の桑の下に寄宿するとは、三日を経ずして立ち去り、執着心のないことを示す

ことをいう。

[四]『四十二章経《しじゅうにしょうぎょう》』に、「天神は玉女を仏に献じたが、仏は、「これは革袋に汚物を盛っただけである」と言った」とある。

（襄楷《じょうかい》の）書が上奏されると、（桓帝《かんてい》は）即座に（襄楷を）召して尚書省《しょうしょしょう》に至らせ状況を聞かせた。襄楷は、「臣が聞くところでは、古《いにしえ》はもともと宦官《かんがん》はいませんでしたが、武帝《ぶてい》の末年、高齢でしばしば後宮に遊ぶため、はじめてこれを置いたといいます[一]。後に漸次任ぜられ、順帝《じゅんてい》の時に至ると、ますます繁殖しました。いま陛下は宦官に前（順帝）よりも十倍も賜爵しており、今に至っても後継ぎが（宦官のせいで）無いのに、どうしてただ宦官を好み、このように優遇されるのでしょう」と答えた。尚書はこの対《こた》えを（桓帝に）奏った。詔があり、担当の役人に下して、しかるべく判断をせよとのことであった。尚書は、その旨を受けて上奏して、「そもそも宦者の官は、近い世に置くことになったものではありません。漢《かん》の初めには、張沢《ちょうたく》が大謁者《だいえつしゃ》となり、絳侯《こうこう》（周《しゅう》勃《ぼつ》）を助けて呂氏《りょし》を誅滅しています[二]。（また）文帝《ぶんてい》は趙談《ちょうだん》を（車に）陪乗させ、それでも（宦官を重用すれば子孫に恵まれないという襄楷の主張に反して）子孫は繁栄しています[三]。襄楷の言葉はでたらめで、重要な政務を指弾し、詭弁により法令を破り、経典に背き、星宿に託《かこつ》け、神霊を偽託し[四]、我意を拵《こしら》え、陛下を欺《あざむ》き、事を捏造《ねつぞう》していまず。どうか司隷校尉《しれいこうい》に下して、襄楷の罪を正すべきです」と述べた。捕らえて洛陽の獄に送った。（しかし）桓帝は襄楷の言葉は激烈だが、天文暦数の道理に従っていることから、誅殺はせず、司寇《しこう》（二年刑）とした[五]。

〔李賢注〕

〔一〕元帝のとき、宦官の石顕《せきけん》を任命して中書令とした。前将軍の蕭望之《しょうぼうし》たちは、「尚書は百官の本であれば、公正な者をこの位に任用くださいい。武帝は後宮で遊宴し、このため宦官を用いましたが、古制ではありません。どうか中書の宦官を罷《や》め、古の刑を受けた者を近づけないという法にお従いくださいい」と申しあげた。

〔二〕張沢《ちょうたく》は、宦官である。絳侯《こうこう》の周勃《しゅうぼつ》が呂氏を誅し、代王《だいおう》を迎え立てて宮殿に入れ、（滕公が少帝の）左右の衛兵を一瞥して合図をすると、みな武器を捨てた。（それでも）数人（武器を）捨てない者がいたが、宦者令《かんじゃれい》の張沢が諭すと、ようやく去った。これが張沢の呂氏を誅することを助けた功である。『漢書』（巻四十　周勃伝）に見える。

［三］文帝が、宦官の趙談を（車に）陪乗させると、爰盎《えんおう》が車の前に伏して、「陛下はなぜ刑余の人と一緒に乗っているのですか」と申しあげた。ここで文帝は笑い、押して趙談を（車から）降ろし、趙談は泣いて車を降りた。文帝は景帝《けいてい》を生み、子孫は繁栄した。

［四］干吉《かんきつ》が、神書を奉ったことをいう。

［五］『漢書』（巻二十三 刑法志）に、「司寇《しこう》は、二年の刑である」という。

これよりさき、順帝《じゅんてい》のとき、琅邪郡《ろうやぐん》の宮崇《きゅうすう》は闕に至り、その師である干吉《かんきつ》が曲陽《きょくよう》の泉水《せんすい》のほとりで得た神書百七十巻を奉った。みな青白い絹に、朱の罫線、青の表紙、朱の題目で、太平清領書《たいへいせいりょうしょ》と題されていた［一］。その内容は、陰陽五行《いんようごぎょう》を本としたが、巫《ふ》覡《げき》の雑語が多かった［二］。担当の官僚は、宮崇の献上書は妖妄《ようもう》で、経ではないと上奏し、そこでこの書を収蔵した。後に張角《ちょうかく》はとてもこの書を尊重していた。霊帝《れいてい》が即位すると、襄楷《じょうかい》の上書をその通りであるとした。太傅《たいふ》の陳蕃《ちんばん》は（襄楷を）方《ほう》正《せい》に察挙したが応じなかった。郷里はこれを尊重し、太守《たいしゅ》が至るごとに、礼により任官を請われた。中平《ちゅうへい》年間（一八四〜一八九年）、荀爽《じゅんそう》と鄭玄《じょうげん》と共に、博士《はくし》として徴召されたが応ぜず、家で卒した。

［李賢注］

［一］いま潤州《じゅんしゅう》に曲陽山《きょくようざん》があり、神渓水《しんけいすい》がある。定州《ていしゅう》に曲陽山があり、神渓水がある。海州《かいしゅう》に曲陽城があり、北に羽潭水《うたんすい》がある。寿州《じゅしゅう》に曲陽城があり、また北渓水《ほくけいすい》がある。干吉と宮崇は、共に琅邪《ろうや》郡の人であるから、おそらく東海《とうかい》の曲陽であろう。（原文の）縹《ひょう》は、青白という意味である。（原文の）素《そ》は、縑《けん》〔絹〕という意味である。朱により罫線とする。（原文の）首は、幖《ひょう》〔表紙〕という意味である。（原文の）目は、題目という意味である。『太平経《たいへいきょう》』に、「わたしの書の中で、善いものはすべて青い用紙に朱の題目とした。わたしの道に叶い、丹青の信としたのである。青とは、仁を生じて心がある。赤とは太陽で、天の正色である」という。『江表伝《こうひょうでん》』に、「このとき道士の琅邪郡の干吉がいた。先に東方で寓居し、呉郡《ごぐん》と会稽郡《かいけいぐん》に来て、精舎《せいしゃ》を建て、焼香して道書を読み、符水《ふすい》を作って病を癒やした。呉郡と会稽郡の人々は多く干吉に師事した。孫策《そんさく》がかつて郡の城楼の上で賓客を招き会していると、干吉が盛装で門の下を通りすぎた。諸将や賓客の三分の二は、楼を降りて干吉を礼拝し、宴会の司会者が、大声で制止しても止められなかった。孫策は直ちに干吉を捕らえさせた。干吉に師事する者たちは、尽く妻や娘を孫策の母に面会させ、（赦免を）請わせた。母は孫策に、「干先生

も、また軍を助けて福を行い、将士を医療しています。殺してはなりません」と言った。孫策は（母親や諸将に）、「むかし南陽郡《なんようぐん》の張津《ちょうしん》は交州《こうしゅう》刺史《しし》になると、聖人の経典を捨て、漢家の法律を廃し、常に赤い頭巾を被って、琴を弾き香を焚き、邪教の道書を読み、それで（万物の）化を助けるなどと言ったが、ついに蛮族に殺された。このようなことは何の益もない。諸君は、まだ分からないだけである。今かの男はすでに鬼籍にある。もう紙や筆を費やす（て助命を嘆願する）ことはするな」と言った。直ちに促して干吉を斬り、その首を市に懸けた」とある。

［二］『太平経』に、「天が陰陽を失えばその道を乱し、地が陰陽を失えばその財を乱し、人が陰陽を失えば、その後継ぎを絶やし、君臣が陰陽を失えば、その道は治まらず、五行や四季が陰陽を失えば、災異となる。いま天は象を垂れて人の法としている。このためそれを承け従うべきである」とある。また、「天上には、常〔不変〕なる神聖の要語があり、時に（天を）下って人に言葉として授けられ、これにより神吏を気に応じて往来させられる。人々はこれを得て神呪《しんじゅ》という。呪すること百ならば中《あ》たること百、十ならば中《あ》たること十、その呪は神に悪疫を除くこともでき、これを用いれば向かうところ癒えない病気はない」とある。

論にいう、古人に言があり、「よく天の事を言う者は、必ず人事にも験《しるし》がある」という〔一〕。張衡《ちょうこう》もまた、「天文暦数と陰陽占候は、今の急務とすべきものである」と言った。郎顗《ろうぎ》と襄楷《じょうかい》は、よく天地を観察して、人事に照合し、禍福・吉凶は（かれらの占断どおりに）応験があり、これを政治の教化の義として引用する立場も、また明確であった。これはおそらく道術が、時（の政治）を補い得る理由であり、後人が鑑として参考すべきものと言ってよいであろう。しかしながら、その欠点は巫を好むことで、このため君子はこれには専心しなかった〔二〕。

〔李賢注〕
〔一〕『漢書』（巻五十六 董仲舒伝）の、武帝が茂才に策した時の言葉である。
〔二〕巫を好むとは、鬼神の事を好むことをいう。范寧《はんねい》は、『春秋穀梁伝』の序に、「『春秋左氏伝』は美文で（内容が）豊富だが、その欠点は鬼神を好む傾向にある」と述べた。

賛にいう、仲桓《ちゅうかん》〔楊厚《ようこう》〕は道術が深く、蒲輪《ほりん》（の車）がしばしば訪れ（しきりに徴召し）た〔一〕。蘇竟《そきょう》は手紙を出して、我らが郷里の陰県《いんけん》〔湖北省老河口市の北西〕を平穏にした[二]。襄楷《じょうかい》と郎顗《ろうぎ》の災異の戒めは、誠に政治が乱れたことによると。

［李賢注］

［一］頻《しき》りに徴召したが、至らなかったのである。

［二］陰は、県であり、南陽郡に属する。光武帝と同郡で、このため（原文で）「我が旧」というのである。

本書は、二〇〇一年から二〇一六年にかけて汲古書院より刊行された『全譯後漢書』（全十九冊）のうちの「第十二冊　列傳（二）」を底本とし、范曄が著した『後漢書』の列伝と李賢がつけた注を現代日本語に翻訳し、収録したものである。

渡邉義浩（わたなべ　よしひろ）
1962年、東京都生まれ。文学博士。早稲田大学文学学術院教授。専攻は「古典中国」学。
著訳書に、『後漢国家の支配と儒教』（雄山閣出版）、『三国志よりみた邪馬台国』（汲古書院）、『全譯論語集解』（主編、同）、『全譯後漢書』（主編、同）、『儒教と中国──「二千年の正統思想」の起源』（講談社選書メチエ）、『「論語」──孔子の言葉はいかにつくられたか』（同）、『魏武注孫子』（講談社学術文庫）、『関羽──神になった「三国志」の英雄』（筑摩選書）、『漢帝国──400年の興亡』（中公新書）、『孫子──「兵法の真髄」を読む』（同）、『三国志辞典』（大修館書店）、『『韓非子』入門』（ミネルヴァ書房）、『論語集解──魏・何晏（集解）（上／下）』（早稲田文庫）、『後漢書 本紀［一］／本紀［二］／志［一］／志［二］／列伝［一］』（同）など多数。

早稲田文庫008

後漢書《ごかんじょ》 列伝《れつでん》［二《に》］

2024年12月16日　初版第1刷発行

訳　者　渡邉義浩
発行者　須賀晃一
発行所　株式会社　早稲田大学出版部
〒169-0051　東京都新宿区西早稲田1-9-12
電話　03-3203-1551
https://www.waseda-up.co.jp/
印刷・製本　中央精版印刷株式会社
校正・校閲　海老沢基嗣
装丁　精文堂印刷株式会社デザイン室

ISBN 978-4-657-24011-8